江苏地域文化通论

陈书禄
纪玲妹
沙先一
主编

江蘇鳳凰教育出版社
Phoenix Education Publishing, Ltd

图书在版编目（CIP）数据

江苏地域文化通论 / 陈书禄主编. -- 南京：江苏凤凰教育出版社，2014.10
ISBN 978-7-5499-4480-4

Ⅰ. ①江… Ⅱ. ①陈… Ⅲ. ①区域文化—研究—江苏省—教材 Ⅳ. ①K295.3

中国版本图书馆CIP数据核字(2014)第235793号

书　　名　江苏地域文化通论
主　　编　陈书禄　纪玲妹　沙先一
责任编辑　徐宗文
装帧设计　徐　慧
出版发行　凤凰出版传媒股份有限公司
　　　　　江苏凤凰教育出版社(南京市湖南路1号A楼　邮编210009)
苏教网址　http://www.1088.com.cn
照　　排　南京前锦排版服务有限公司
印　　刷　镇江中山印务有限公司(电话 0511—86917816　86917818)
厂　　址　丹阳市朝阳路1-3号
开　　本　890毫米×1240毫米　1/32
印　　张　13.375
版　　次　2014年10月第1版　2014年10月第1次印刷
书　　号　ISBN　978-7-5499-4480-4
定　　价　35.00元
网店地址　http://jsfhjycbs.tmall.com
新浪微博　http://e.weibo.com/jsfhjy
邮购电话　025-85406265,85400774 短信 02585420909
盗版举报　025-83658579

目　录

第一章　江苏地域文化的特色 / 1

第一节　“江苏地域”的界说 / 1

第二节　“文化”界说 / 2

第三节　“江苏地域文化”界说 / 6

第二章　江苏地域文化的发展历程 / 23

第一节　江苏地域文化的萌生、发展期——史前时期 / 23

第二节　江苏地域文化的初步成型期——早期国家时期 / 27

第三节　江苏地域文化的融合、发展期——秦汉时期 / 30

第四节　江苏地域文化的初盛期——魏晋南北朝时期 / 34

第五节　江苏地域文化的快速发展期——隋唐时期 / 39

第六节　江苏地域文化发展的再盛期——宋元时期 / 43

第七节　江苏地域文化发展的高潮期——明清时期 / 47

第三章　江苏地域文化的多元性 / 55

第一节　吴文化 / 56

第二节　金陵文化 / 62

第三节　维扬文化 / 68

第四节　徐淮文化 / 73

第五节　苏东海洋文化 / 80

第四章　江苏经济与科技文化 / 87
第一节　江苏农业经济与科技文化 / 87
第二节　江苏工业经济与科技文化 / 94
第三节　江苏商业经济与科技文化 / 102

第五章　江苏科举与教育文化 / 110
第一节　江苏教育文化 / 111
第二节　江苏科举文化 / 125

第六章　江苏宗教文化 / 136
第一节　江苏的道教 / 136
第二节　江苏的佛教 / 142
第三节　江苏的伊斯兰教 / 149
第四节　江苏的基督教 / 153

第七章　江苏学术文化 / 159
第一节　汉代的经学与目录学 / 160
第二节　魏晋南北朝时期的经学、玄学、史学 / 162
第三节　唐宋时期的经学和史学 / 167
第四节　明清时期的哲学、史学、经学 / 171

第八章　江苏语言文化 / 185
第一节　吴方言文化 / 187
第二节　江淮方言文化 / 194
第三节　徐州方言文化 / 199
第四节　江苏语言学家及家学传承 / 204

第九章　江苏文学 / 213
第一节　含英咀华的江苏诗坛 / 214
第二节　推源扬波的江苏词坛 / 221
第三节　风流蕴藉的江苏散文 / 228
第四节　世情广大的江苏小说 / 235
第五节　群星璀璨的 20 世纪以来的江苏文坛 / 239

第十章　江苏戏曲文化 / 243
第一节　昆曲发源地 / 243
第二节　缤纷多彩的地方戏文化 / 249
第三节　江苏戏曲文化特色 / 256

第十一章　江苏书画艺术 / 260
第一节　江苏绘画艺术 / 260
第二节　江苏书法艺术 / 272

第十二章　江苏建筑与园林文化 / 285
第一节　江苏的建筑艺术 / 286
第二节　江苏园林文化历史发展概述 / 297
第三节　江苏园林的特点及园林理论研究 / 303
第四节　江苏园林拾翠 / 308

第十三章　江苏饮食文化 / 318
第一节　江苏饮食文化的起源与发展历史 / 318
第二节　江苏饮食的主要菜系与特色菜品名点 / 322
第三节　江苏传统节日的饮食文化 / 332
第四节　江苏茶文化与酒文化 / 336

第十四章　江苏民间艺术 / 342
第一节　江苏民间文学 / 342
第二节　江苏民间工艺 / 357

第十五章　江苏城市文化精神 / 370
第一节　江苏城市的建立 / 370
第二节　江苏城市的发展 / 374
第三节　江苏城市文化精神 / 379
第四节　新时期江苏城市文化精神的构建 / 385
第五节　江苏都市圈建设中的城市文化精神 / 389

第十六章　江苏与世界文化交流 / 398
第一节　唐前江苏与世界文化的交流 / 398
第二节　唐宋时期江苏与世界文化的交流 / 405
第三节　元明清时期江苏与世界文化的交流 / 408
第四节　近现代时期江苏与世界文化的交流 / 412

后记 / 421

第一章 江苏地域文化的特色

本书名为《江苏地域文化通论》，意在展示江苏地域文化发展的大致风貌，探究江苏地域文化的特色和基本规律，使人们更加具体、更加深入地了解江苏地域的人民是怎样在这块古老的土地上，在悠久的历史进程中，在特定的自然环境和社会历史条件下创造自己的文化，形成至今犹存的地域文化特色的。因此，首先应该对“江苏地域”与“文化”及“江苏地域文化”等三个概念作简要的界定。

第一节 “江苏地域”的界说

江苏，是一个行政区域的概念。江苏省的得名，始于清朝康熙六年(1667)。这一年将江南省一分为二——江苏省、安徽省，江苏的省名取江宁、苏州二府的首字组成。

虽然江苏建省只有三百多年的历史，但在建省之前与建省之后都有一个演变的过程。在我国最早的地理著作《禹贡》中，今江苏在九州中分别属于徐州和扬州，二州大致以淮河为界。春秋时，今江苏分属吴、楚、宋等国。战国时，先是分别为越、楚、齐等国的一部分，后来全归并于楚国。秦始皇统一中国以后，设置 36 郡，秦末置 46 郡，今江苏辖境分别属于会稽、东海、泗水、九江及琅琊等郡。两汉时期实行国与郡并行制，今江苏分别属于扬州、徐州刺史和吴、楚等诸侯国。三国鼎立之时，今苏南、苏北分别为孙吴、曹魏二国所统治。西晋建国之初分全国为19州(后又增加2州),今江苏境内的长江以南属扬州,长江以北主要属徐州。东晋和南北朝时期,南北纷争,行政区域变动较多。定都于建康(今南京)的东晋和宋、齐、梁、陈,在较长时期控制着今江苏的相当一部分境地,但至南朝陈时仅领有江南,长江以北先属北齐,后属北周。隋文帝统一全国后,在今江苏境内置苏州、常州、润州(治所在今镇江)、扬州、楚州(今淮安市东南部)、海州和徐州等。唐太宗贞观元年(627)分全国为10道,今江苏分别属于河南、淮南、江南三道。五代时今江苏先后属吴、南唐、吴越等国。北宋时分属两浙路、江南东路、淮南东路和京东西路。南宋偏居江南和淮南时,今江苏分属两浙、江南东和淮南东等3路;金人领有淮北,置徐州、泗州、邳州,分属山东西路和山东东路。元代,今江苏的长江以北属于河南行省,长江以南属于江浙行省。明代初期为京师(直隶),后为南京(南直隶),南京的辖区大致相当于今江苏、安徽二省和上海市。当时,今江苏辖境内分设应天府、淮安府、扬州府、苏州府、镇江府和徐州府等。清初改南京(指明代的南直隶辖区)为江南省。康熙六年(1667)将江南省一分为二——江苏省、安徽省,江苏简称苏,这是江苏建省之始。1927年,原属江苏的上海市划为中央直辖市。至此,江苏分为61个县。1949年中华人民共和国成立后至1952年,南京市由中央人民政府直辖,全省以长江为界分置苏南、苏北两个行署区。1952年撤销行署区而重建江苏省,复改南京为省辖市和省政府驻地。后来,省内区划几经变动,现设南京、苏州、无锡、常州、镇江、扬州、泰州、南通、盐城、淮安、连云港、宿迁、徐州等13个省辖市。

第二节 “文化”界说

什么是文化?“文化”这个词,有从小到大、从狭义到广义的多种涵义。在老百姓中间,曾经有人将“识文断字”叫做有文化,这大概是最狭义的文化。一般人将文化部、厅、局管理的事叫做文化,这是“小文化”；也有将与政治、经济、军事并列的文化类——思想理论、宣传教育、新闻出版、文艺演出、文物管理等文化部门和文化产业的事叫文化，这是“中文化”；还有一个“大文化”的概念。

什么是“大文化”呢？

“文化”的定义，往往是“仁者见仁，智者见智”。美国人类学家克鲁伯和克拉克洪有一本写于上个世纪 50 年代的书《文化：概念和定义的批评考察》，其中说 1871—1951 年有关文化的定义有 164 种。至今的说法更多，大大超过一百六十多种。中国先秦时期的《周易·贲卦·彖传》中就有“观乎天文，以察时变；观乎人文，以化成天下”的说法。观察人文用来感化天下人，这大概是汉语中“文化”最早的提法。西汉的刘向在《说苑·指武》中写道：“凡武之兴，为不服也，文化不改，然后加诛。”西晋的束皙《补亡诗》中有“文化内辑，武功外悠”之句。南朝齐梁的王融《三月三日曲水诗序》中也说：“敷文化以柔远，泽普汜而无私。”其中“文化”的含义均指“文治教化”，用诗书礼乐等教化世人，与“武功”等相对而言。大体说来，中国古代的“文化”概念，基本上属于精神文明的范畴，与没有教化的“野蛮”等形成反照。近代以来，人们对文化概念进行多方面的探讨。上个世纪二三十年代出现“文化热”，中国一些著名的学者纷纷回应“什么是文化”的问题，例如梁漱溟说：文化是“人类生活的样法”（《东西文化及其哲学》）；蔡元培说：“文化是人生发展的状况”（《何为文化？》）。这就是说文化包括精神文明与物质文明，这是“大文化”的概念。从“大文化”角度来看，文化应包括四个层面：

一、物态文化

“物态文化”或称“物质文化”。所谓“物态文化”是由“物化的知识力量”所构成的，包括人类加工制造的各种器具，是可以看得见、摸得着的具有物质实体的文化，也是人们的物质生产活动方式的总和。小而言之，“开门七件事，柴米油盐酱醋茶”；大而言之，那气势宏大的秦始皇陵兵马俑，雄伟壮观的万里长城，琳琅满目的敦煌石窟，巍峨壮丽的曲阜孔庙，清静幽雅的成都武侯祠，金碧辉煌的北京故宫，庄严肃穆的明孝陵，小巧玲珑的苏州拙政园，风景如画的江南古镇，中西合璧的南京民国建筑，飞架南北的长江大桥，遨游太空的宇宙飞船等，这些都有不同程度的人的智力的作用，都是物化的知识力量，都称之为物态文化。

二、制度文化

所谓“制度文化”，是由人类在社会实践中的各种行为规范、准则以及各种组织形式所构成的。制度文化反映的是人与人之间的关系，这种关系表现为各种各样的制度，包括政治制度、经济制度、文化制度、教育制度、军事制度、法律制度、婚姻制度等。当然，不同时期的制度文化有着不同的形态，比如中国古代的铨选（选拔官员）制度，春秋时为世袭制，那就是“龙生龙，凤生凤，老鼠生的儿子会打洞”。战国时又以客卿制作补充。客卿，就是外来的人才，客卿制就是引进人才的制度。两汉实行察举制，察举是考察推举。但两汉的察举制带来的是“举秀才，不知书；举孝廉，父别居”的弊端。魏晋南北朝的“九品正中”制，分为上上、上中、上下、中上、中中、中下、下上、下中、下下九等考核人才、选拔官吏。从隋唐到明清推行了科举制度，才有了秀才、举人、进士，所以当时来华的外国传教士说中国是个“文凭社会”（秀才、举人、进士，大体相当于学士、硕士、博士），这是具有中国特色的选官制度，在当时的世界上是独一无二的。

三、行为文化

所谓“行为文化”，是人类社会实践中尤其是在人际交往中约定俗成的行为习惯，往往以礼俗、民俗、风俗等形态出现的行为规范。比如我国传统节日习俗中，除夕夜吃“团圆饭”、元宵节赏灯、清明节扫墓、端午节裹粽子和划龙舟、中秋节赏月并吃月饼、重阳节登高和赏菊等。应该说，行为文化具有较强的时代色彩。在中国封建社会，“三纲五常”等伦理道德往往束缚并扭曲了人们的行为方式，但在中国传统的行为方式中也有良风美俗，例如敬父母、尊师长、爱兄弟、重友朋等传统美德和行为规范，在新的历史条件下不仅不会消亡，而且还应该发扬光大。例如，在交友方面要注意择交。孔子告诫他的弟子们说：“益者三友，损者三友。友直，友谅，友多闻，益矣。友便辟，友善柔，友便佞，损矣。”（《论语》）意思是说：和正直的人、诚实可信的人、见闻广博的人交朋友，就会得到益处；和逢迎谄媚的人、当面奉承背后毁谤的人、花言巧语华而不实的人交朋友，就会受到损害。这“三益”、“三损”的交友原则，对于我们今天的行为方式颇有借鉴意义。

四、心态文化

“心态文化”或称“精神文化”、“社会意识”。所谓“心态文化”，是由人类社会在社会实践和意识形态活动中长期形成的价值观念、道德情操、宗教情感、民族性格、审美情趣、思维方式等。这是“大文化”整体中的核心部分。如儒家、道家、墨家的哲学思想，又如《诗经》、楚辞、汉乐府、唐诗、宋词、元曲、明清小说和绘画、书法等文学艺术，再如佛教、道教、伊斯兰教、基督教等宗教。作为心态文化的重要特征之一的思维方式，中西方人也有较大的差异。中国人传统的思维方式往往将世界看成一个和谐的整体，有“天人合一”说，认为天与地、人与世界是一个动态平衡的整体，两者之间相互协调，和谐相处，因而往往侧重于内向的、亲和的、协调的而又直觉的思维。与此不同，西方人的思维方式是较多地强调人与物、人与社会、人与人之间的对立与冲突，因而侧重于外向的、个人的、功利的而又是逻辑的理性思维。有个幽默的小故事，几个不同国家的人以大象为题作文，其中德国人的论题是“大象的思维”，法国人的论题是“大象的情爱”，俄国人的论题是“俄罗斯的大象是世界上最伟大的大象”，中国人的论题是

“大象的伦常(伦理道德)”。还有一个故事,说某幢大楼失火,大家纷纷逃命,犹太人跑出来时,手里拎着钱袋;法国人跑出来时,怀里抱着情妇;中国人跑出来时,背上负着老母。从这两个例子可以看出:德国人长于思辨,法兰西人注重情爱,俄国人惯有一种自豪感,犹太人重视经济,中国人推崇孝道。

不同民族有不同的文化心态。当然,文化心态又分两个层面,一是社会心理,或称之为大众文化、俗文化、草根文化;二是社会意识形态,或称之为雅文化、精英文化。

第三节 “江苏地域文化”界说

其实,“江苏地域文化”,不仅可以说是“江苏地域”的“文化”,也可以说是“江苏”的“地域文化”。前者的界说已在上文讨论,后者的含义呢?“地域文化”既有空间性(地理),也有时间性(历史),从时间上来说是指从古至今的文化遗产。也就是说“地域文化”是特定区域源远流长、独具特色、传承至今仍发挥作用的文化传统。“江苏地域文化”,是指江苏地域(不仅包括建省后,也包括建省前)源远流长、独具特色、传承至今仍发挥作用的文化传统,江苏传统文化最早的源头是距离今天大约35万年前的“南京猿人”(1993年在南京市东郊汤山葫芦洞发现了两块古人类头骨化石——大约35万年前的“南京猿人”的头骨化石)。

江苏,既是一个行政区域,又是一个文化地域。而文化地域的划分,往往以自然环境、社会结构乃至民俗、语言的差异等为参照,其中还有历史渊源,如吴文化、越文化、齐文化、鲁文化、楚文化等,与春秋战国时分封的诸侯国吴、越、齐、鲁、楚等国有渊源;有的与行政区划有关,比如说“徽州文化”,其文化区域大体是明清时代徽州府的辖区。显然,文化地域通常是古代相互沿袭或约定俗成的历史区域。区域文化在产生之初的区域界定比较明确,但由于漫长的历史逐渐泯灭了它们的地理学意义，疆域变得比较模糊，只存下大致所在的区域了。地域文化有两个维度：空间上的地理疆域，时间上的历史发展。从时间上来说，江苏地域文化的历史可以上溯到数千年甚至数十万年以前，传统文化源远流长；从空间上来看，江苏地域文化是多元的、多区域性的。因此，从空间与时间的两个维度来看，江苏地域文化应该分为吴文化、金陵文化、维扬文化、徐淮文化、苏东海洋文化等五个文化区域。本书主要关注江苏传统文化的范围（从先秦至民国），而且希望以古鉴今。

一方水土养一方人，一方水土也孕育出一方特色文化。特色文化是区别于其他区域文化所显现的独特的风格。特色文化是江苏地域文化的灵魂与生命力，没有特色文化，就没有江苏地域文化的灵魂与生命力。而且，越是具有特色的地域文化，越是能走向全国、走向世界。那么，江苏地域文化的特色是什么呢？简略地说是 16 个字：**智者乐水、农商同道、海纳百川、日新其业。**具体说，有四个方面：

一、智者乐水

江苏地域文化的主要特色之一是水文化、智者文化，长于以柔克刚、刚柔相济，处事善于发挥所长，行动善于把握时机。

所谓江苏的“水文化”，分而论之：一是吴地素有“水乡泽国”之称，所谓“吴东有……三江五湖之利”（《汉书·地理志》）。“太湖美，美就美在太湖水”，太湖“包孕吴越”，其中也孕育着吴地传统文化。吴地人的传统是“饭稻羹鱼”，其饮食与稻作文化、鱼文化息息相关，江苏的“苏”字的繁体字“蘇”，上方为草头、左边为“魚”，右边为“禾”。

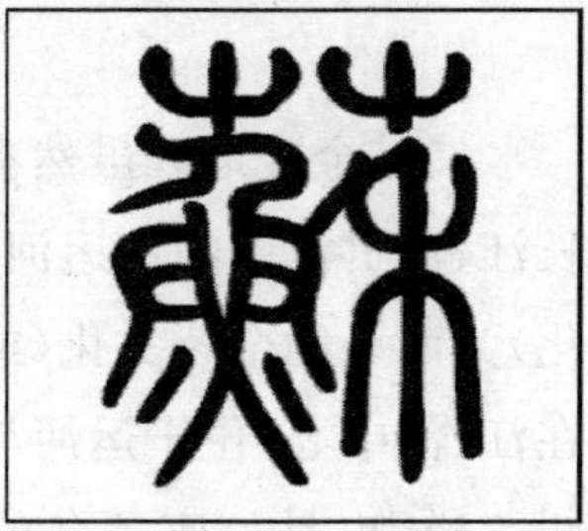

小篆“苏”字

吴地的太湖流域适宜蚕桑，其服饰与

蚕桑文化、丝绸文化相互促进；吴地人的传统往往是临水而居，其民居有“小桥流水人家”的特色；吴地人的传统往往是“以船为车，以桥为马”，其行旅有“水上交通”的特色。有位从未到过姑苏城的游客，将要踏上前往苏州旅途，唐代诗人杜荀鹤在送别之际，热情地介绍说：

> 君到姑苏见，人家尽枕河。古宫闲地少，水巷小桥多。夜市卖菱藕，春船载绮罗。遥知未眠月，乡思在渔歌。（《送人游吴》）

一幅令人神往的水乡城市的风貌，可以与意大利威尼斯水城相媲美。

江南水乡

二是金陵地区虽然有宁镇山脉迤逦其中，但此地有气势磅礴的长江、流贯江南的古运河，而且秦淮河也是以湖熟文化（早期青铜文化）为源头的金陵文化（或称“宁镇文化”）的摇篮。三是维扬地区处在江、淮中心，位于运河与长江的交汇点上。此地的扬州与吴地的苏州一样，也是一座著名的水城，尤其是大运河沟通了海河、黄河、淮河、长江、钱塘江五大水系，有力地促进了全国特别是维扬地区经济与文化的发展，所谓“北通涿郡之渔商，南运江都之转输，其为利也博哉”（皮日休《汴河铭》）！四是徐淮区域最引人注目的是辽阔的黄淮平原，而黄淮平原是由黄河、淮河及其支流冲积平原和洪泽湖盆地共构而成的。向上追溯，徐淮文化的源头之一是古老的淮夷文化，淮夷从淮河而得名，依赖淮河而生成、发展、壮大。合而论之，江苏处在我国东部沿海中心地带，长江、淮河下游，东临黄海，远接重洋，有大小江河二千九百多条，湖荡二百多处，真所谓水网纵横交错，湖荡星罗棋布。因此，江苏区域文化富有“水”性，依赖于“水”的浸润与滋养，江苏文化的主要特色之一是水文化。所谓“水文化”，既有物态文化的层面，如由此而形成的稻作文化、鱼文化等，又有心态文化层面：一是“知者乐水”——“知者乐水，仁者乐山。知者动，仁者静”（《论语》），水文化是与儒家“仁者文化”对立互补的道家“智者文化”，具有聪颖灵慧的特性；二是水文化的柔性之中蕴藏着坚忍不拔的性格——“天下莫柔弱于水……弱之胜强，柔之胜刚”（《老子》）；三是心胸善于保持沉静，处事善于发挥所长，行动善于把握时机——“上善若水……事善能，动善时”（《老子》）。

当然，我们并非忽视江苏区域内南北文化的差异性。处于苏北的徐淮文化偏于刚劲，但也长于智谋，善于把握时机。如那“威加海内”的汉高祖刘邦，其特长是“善将将”（《史记·淮阴侯列传》），是一位“韬略”型的皇帝；淮阴侯韩信早年受“胯下之辱”，却能忍小辱，谋大事，在楚汉相争中拜将封侯，建功立业；汉初三杰之一的张良“运筹策帷帐之中，决胜于千里之外”（《史记·高祖本纪》）。这些都说明“楚汉雄风”中蕴含着智者文化和刚柔相济等因素。处于苏南的吴文化偏于柔和，但其中也不乏刚劲等因素，如《汉书·地理志》中指出：“吴、粤之君皆好勇，故其民至今好用剑，轻死易发。”尽管如此，吴文化区域或徐淮文化区域乃至江苏各个文化区域都有一个共同的文化环境——水文化，由此而形成了江苏传统文化的特色之一：聪颖灵慧，以柔克刚，善于发挥所长，善于把握时机。当然，这主要是从正面强调江苏“水”文化的特色的，至于说历史上金陵地区孙吴、东晋和南朝宋、齐、梁、陈以及南唐等君主的偏安心态，其形成与发展的重要原因之一则是受到水文化负面(即柔弱)的影响。

二、农商同道

江苏地域文化的特色之二是士农工商同道，义利相互兼顾，经济与文化重心同步推进。

中国是传统的农业社会，千百年来统治者的主导思想是“重农抑商”。中国历史上几乎形成一种思维定势：传统的儒学重农抑商、重义轻利，所谓“君子喻以义，小人喻以利”(《论语》)。其实，早期儒家思想中还有另一面，那就是儒商同道、义利兼顾。孔子的学生子贡善于经商，是三千弟子中最富有者，孔子周游列国时得到他经济上的资助。孔子对他评价说：“赐(端木赐，字子贡)不受命，而货殖焉，億(同“臆”，臆测，猜测)则屡中。”(《论语》)可见这位中国历史上最早下海的文人有善于分析、预测市场行情的才能，千百年来子贡的德与才也得到民间的推崇，许多商店门前有副对联：“经营不让陶朱富，货殖何妨子贡贤。”

江苏文化中较多地继承并弘扬了先秦儒学中义利相容、经商求富的精神。早在三国东吴和西晋时期，今江苏境内的建业(南京)、京口(镇江)、吴郡(苏州)、广陵(扬州)等城市的商业就逐渐地发展起来了。建业城中的工商业相当兴盛，左思在《吴都赋》中就写到吴都建业繁华的商业：“开市朝而并纳，横阛阓(街市)而流溢……士女伫眙，商贾骈坒。”在前面我们已经说到：隋唐时，扬州是当时富甲天下的商业大城市，那里中外“商贾如织，故谚称‘扬一益(成都)二’”(《容斋随笔》卷九)。当时的苏州也是商贾云集，市场繁荣。《吴郡志》中说：“在唐时，苏之繁雄，固为浙右第一矣。”到了明代中叶以后，江苏地区的商品经济有了进一步的发展。何良俊在《四友斋丛说》中曾经分析了正德(1506—1521)前后的情况：“余谓正德以前，百姓十一在官，十九在田。盖因四民各有定业，百姓安于农亩，无有他志……今去农而改业为工商者，三倍于前矣。”这种弃农经商、活跃商品经济的势头，在当时的江苏境内发展较快。如苏州府的吴县人，“人生十七八，即挟资出商楚、卫、齐、鲁，靡远不到，有数年不归者”（崇祯《吴县志》）。在这种环境中，孕育出资本主义萌芽：“吴民……家杼轴而户纂组，机户出资，织工出力，相依为命久矣。”（《明神宗实录》卷361引曹时聘语）商品经济的发展与资本主义萌芽的出现，势必促成人们价值观念的更新，“至今吴中缙绅士大夫多以货殖为急”（黄省曾《吴风录》），打破了“重义轻利”的传统观念，涌现出一批亦儒亦商的人物，如王阳明在《节庵方公墓表中》写的苏州昆山人方麟，便是吴地亦儒亦商的一个较早的典型。他借助于这个典型人物，对士、农、工、商的价值作了新的评论：

> 士以修治，农以具养，工以利器，商以通货，各就其资之所近，力之所及者而业焉，以求尽其心。其归要在于有益于生人之道，则一而已。士农以其尽心于修治具养者，而利器通货，犹士与农也；工商以其尽心于利器通货者，而修治具养，犹其工与商也。故曰：四民异业而同道。

对于这种士农工商同道、义利相互兼顾的观念，吴地文士也同声相应。早在弘治、嘉靖年间，“吴中四才子”之一的唐寅以商人子弟的身份，在《阊门即事》诗中描写了苏州商业中心阊门一带的繁荣景象：“世间乐土是吴中，中有阊门更擅雄。翠袖三千楼上下，黄金百万水西东。五更市买何曾绝？四远方言总不同。若使画师描作画，画师应道画难工。”由此可见，士农工商同道、义利相互兼顾的观念，已深入到包括吴地在内的江苏人的文化心态之中，成为江苏传统文化的又一重要特色。

清代康熙皇帝有两句诗：“东南财赋地，江左人文薮。”（康熙《示江南大小诸吏》）。经过南北经济、文化的多次交流，至北宋末年以后，中国经济、文化的重心南移，江苏成为中国经济与文化的重心之一。究其原因，士农工商同道、义利相互兼顾的文化心态与“东南财赋地，江左人文薮”的社会现实是相辅相成的。也就是说，士农工商同道、义利相互兼顾与“东南财赋地，江左人文薮”是互为表里的江苏传统文化的特色之一。在这方面，宋元明清时期的江苏可以举出许许多多的实例。

南都繁会图卷（局部） 明 仇英绘

实例之一是苏州。在北宋时，苏州是“望郡”，经济发展与杭州齐名，但在杭州之上，所以《吴郡志·杂志》引谚语“天上天堂，地下苏杭”时说“谚犹先苏后杭”，说明当时苏州的经济地位高于杭州。就农业经济来说，苏州及常州在全国有举足轻重的地位，因而在南宋年间出现了“苏常熟，天下足”的谚语。明代中叶以后，苏州在农业、手工业、商业等方面一直处在全国领先地位，出现了中国十大商帮之一的洞庭商帮，是我国最早出现“机户出资，织工出力”等资本主义萌芽的区域之一。当时有句流行语：“钻天洞庭遍地徽”，说当时洞庭商帮有一种“钻天”——拼命钻营、善于钻营的精神。上个世纪的“苏南模式”中乡镇工业的蓬勃发展，其中就弘扬了这种“钻天洞庭”的精神，有所谓的“四千四万”精神——“走遍千山万水、吃尽千辛万苦、说尽千言万语，历经千难万险”，这就是明清时期“钻天洞庭”精神的继承与发扬。

实例之二是扬州和淮安。明清时期的两淮盐商，大多麋集于扬州、淮安等地。明盐业生产与销售相当发达，明朝政府从中得到财政收入的一半，而从淮盐中得到的收入最多。清代扬州及淮安等地盐业，至乾隆时达到高峰，四方盐商云集扬州，城中商民杂处，一度多达数十万家。扬州等地的盐商有一个显著的特点，那是“亦儒亦商”。如马曰琯、江春等盐商，大多“商而兼士”，并著有诗文集。扬州盐商不少附庸风雅，与文人交相唱和，所谓“邗上时花二月中，商翁大半学诗翁”（林苏门《续维扬竹枝词》）。对于高雅艺术如昆曲等的发展，扬州等地的盐商也有推波助澜的作用。《扬州画舫录》卷五中说：“昆腔之胜，始于商人徐尚志征苏州名优为‘老徐班’。”随后各盐商竞相效仿，“大洪班”、“德音班”、“春台班”等相继登台亮相，使扬州成为昆曲的第二故乡。后来“四大徽班”进京，被视为京剧诞生的前奏，在中国京剧发展史上具有重要意义。正是由于当时扬州、淮安等地的盐商既追求商贾之“厚利”，又崇尚儒家之诗书礼义，科举文化也相当发达。明清两淮盐商中出的进士多达160名，其中清代产生的进士多达139名。仅扬州一府，有清一代的进士总数高达348名，其中有11名一甲进士，成为当时全国文化发达地区之一。

实例之三是出现了南通张謇、常州盛宣怀等士商同道、义利兼顾的典型人物。张謇（1853—1926），南通人，光绪二十年（1894）中状元，曾任翰林院修撰。在日益严重的民族危机的刺激下，他提倡“实业救国”，在南通创办大生纱厂，后又陆续开办垦牧、轮船、面粉等公司及实业银行等；他又创下了近代史上“七个全国第一”：中国第一支股票、第一个农业企业、第一所师范学校、第一座博物馆、第一所纺织专科学校、第一所厂办大学、第一所水利工程学校、第一所盲哑学校。盛宣怀则较张謇更早些走上了亦儒亦商、亦官亦商、实业兴国、教育兴国的道路。盛宣怀（1844—1916），武进（今属常州）人，秀才出身，近代买办官僚，著有《愚斋存稿》等。他先后创办天津电报总局、华盛纺织总厂、汉阳制铁厂、萍乡煤矿和中国通商银行等，又分别在天津、上海创办北洋大学堂、南洋公学等。还有江苏早期资产阶级改良派“四大家”——冯桂芬、王韬、薛福成、马建忠，或提倡“采西学，制洋器”与“考科举”并行，或提倡“商为国本”，或提倡“通商致富”，或提倡“工商立国”、“用机器殖财养民”。正是在这股重商兴利、殖财养民的新思潮有力影响下，19 世纪末、20 世纪初江苏民族工业迅速崛起，如无锡荣氏兄弟创办面粉公司与纺织公司，顾楚臣在苏州创办碾米厂，吴寄儒在常州创办布厂，曾铸、尹克昌在镇江创办造纸厂，李经楚在南京创办电灯厂等。同时，江苏率先改革教育，创办新式学校，如在南京创办三江师范学堂，在苏州创办东吴大学等，还在各地创办了一批初、中级学校。

江苏地域文化中“士农工商同道”的精神在当代得到发扬光大。2013 年，江苏省一年的地区生产总值实现 5.9 万多亿元，财政总收入达到 6568.5 亿元，对国家的财政贡献在全国名列前茅。有一次中央电视台的节目主持人与江苏省委书记做了一档节目，带上了一个直径 60 厘米的大蛋糕，书记说：“我再切一刀，形成了一个 60%和 40%的比率，”接着又说，“60%的财政收入是上交国家的。”这是说江苏经济对全国的贡献。再说江苏文化在全国的地位：江苏高校的数量，特别是 985 名牌大学和 211 建设的重点大学，在全国名列前茅；两院院士已有 90 多位，位居全国第三。由此可见，士农工商同道，义利相互兼顾，经济与文化同步推进，是江苏文化的一个重要特色。

三、海纳百川

江苏地域文化的特色之三是长江文化与海洋文化互动，海纳百川，有容乃大，开放灵活，富有活力。

人们往往认为，在中华历史上形成了两大文化圈，一是以长江以南的江苏、浙江、福建、广东沿海一带和台湾、海南岛、香港诸岛以及散布在东南亚各国的华人社会形成的海洋文化圈，二是其他的内陆地区形成的大陆文化圈。江苏处在中华大陆文化圈与海洋文化圈的交汇点上，而且江苏历史上海岸线的变迁相当大。从旧石器时代开始，经历秦汉、南北朝、隋唐、宋元、明清，江苏的海岸不断向东延伸。如宋光宗绍熙五年(1194)黄河夺泗入淮后向外延伸 50 公里至 70 公里，还有长江泥沙冲击，促使江中沙洲发育和江岸沙滩拓展，出现了连云港、灌云、响水、滨海、射阳、大丰、东台、启东和上海(1927 年前属江苏省)等海岸区域。江苏现有一千多公里海岸线，拥有广阔的海洋资源，历史上海洋盐业、海洋捕鱼、海上运输乃至远洋航海等相对比较发达，为"海上丝绸之路"的开通与拓展做出了贡献，也为江苏传统的海洋文化奠定了物质基础。至于说江苏传统海洋文化的心态文化层面，西汉辞赋家、淮阴人枚乘在《七发》中的"广陵潮"(汉代时的扬州一带长江口靠近东海，所以有江水与海水汇合与冲撞的广陵潮)一节中展示一派大开眼界的气象：

> 秉意乎南山，通望乎东海；虹洞兮苍天，极虑乎崖涘。……似神而非者三：疾雷闻百里；江水逆流，海水上潮；山出内云，日夜不止。衍溢漂疾，波涌而涛起。其始起也，洪淋淋焉，若白鹭之下翔。其少进也，浩浩溰溰，如素车白马帷盖之张。其波涌而云乱，扰扰焉如三军之腾装。其旁作而奔起也，飘飘焉如轻车之勒兵。

枚乘

观涛者凝神远眺江潮从南山滔滔奔涌，又纵目注视江潮向东海滚滚流去，好一派大开眼界的气象！那"江水逆流，海水上潮"，也就是长江之水与东海之潮冲撞时所激起的"广陵潮"，像无数只白鹭俯冲而下，又像白色的车和马张着帷盖奔驰而来；波涛汹涌，像云那样杂乱，又像大军整装前进那样威猛；潮头横出，浪峰突起，像驾着轻便的战车指挥士兵的主帅一样轻松飘逸。作者笔下长江之水与东海之潮冲撞时所激起的“广陵潮”，气势不凡，惊心动魄，充满活力，催人奋起。这些都形象地展示了长江文化与海洋文化交织的精神——“海纳百川，有容乃大”。“海纳百川，有容乃大”八个字出自清代两广总督林则徐题写的堂联，其渊源是东晋袁宏的《三国名臣序赞》中的“方寸海纳”，唐代的李周翰注云：“方寸之心，如海之纳百川也。言其包含广也。”

如果说枚乘《七发》“广陵潮”中侧重从心态文化层面展示江苏传统的海洋文化，那么，从物态文化、行为文化等多方面来看江苏传统的海洋文化，那更是蔚为壮观。引潮水灌溉潮田，是江苏古代海洋农业文化的一个显著特点。早在三国东吴时代，孙权就在建业（今南京）开潮沟，引江潮，灌溉潮田。盐田生产，是江苏海洋经济文化的一个重要组成部分。汉初吴王刘濞在广陵（江苏江都）“煮海为盐”。以后，江苏沿海地区成为传统的海盐产区。以江苏为重要海盐产地的两淮地区历来为我国的盐业中心，因此有民谚“两淮盐，天下咸”。江苏历史上的海上交通也比较发达，尤其是明代郑和七下西洋，在江苏乃至世界海上航运史上留下了灿烂的篇章。在明朝永乐、宣德年间（1403—1435），郑和曾经在南京等地造船，率领240多艘海船、27 400多名士兵和船员组成的远航船队，从苏州刘家港出发，穿越马六甲海峡，横渡印度洋，航线从西太平洋穿越印度洋，直达西亚和非洲东岸，途经30多个国家和地区。他的航行比哥伦布发现美洲大陆早87年，对于当时的世界各国来说，郑和所率领的舰队，从规模到实力，都是无可比拟的。由此可见，在观念上放眼世界，在经济文化上对外开放，具有“海纳百川，有容乃大”的精神，是江苏传统海洋文化的一个重要特征。

从一定的意义上来说，正是因为有江苏海洋文化中“海纳百川，有容乃大”的精神，才能在江苏地域率先产生“五种精神”：那曾修过范公海堤的范仲淹的“先天下之忧而忧，后天下之乐而乐”的奉献精神；东林党人“家事国事天下事，事事关心”和顾炎武（江苏昆山人）

“天下兴亡，匹夫有责”的爱国精神；清代常州今文经学派崇尚实用、经世致用的现实精神；魏源（曾寓居金陵）等率先睁眼看世界，提出“师夷长技以制夷”口号，率先引进西方文明的开放精神；南通张謇、常州刘国均、无锡荣氏兄弟以工商为本、实力救国的开拓精神等等。

四、日新其业

江苏地域文化的特色之四是善于通变，具有“后来居上”的勇气，富有不断创新的精神。

《周易·系辞》中说：“穷则变，变则通，通则久。”南朝齐时曾居住在建康（今南京）、京口（今镇江）的文学批评家刘勰率先将“通变”思想运用到文学领域，他在《文心雕龙·通变》中说：“文律运周，日新其业。变则其久，通则不乏。”这种“通变”与“日新其业”的精神也是江苏地域文化的特色之一。

江苏地域文化中“日新其业”的精神集中表现为不断创新、后来居上的勇气。江苏区域文化是后来居上的文化。上古时期，江苏文化相对落后于中原文化，比如我国第一部诗歌总集《诗经》中多是北方歌谣，没有吴地等江苏地域的作品。春秋末期，虽然吴国崛起，一度争霸中原，吴王阖闾成为“春秋五霸”之一，但此后强大的政治中心始终在中原地带，包括吴文化在内的江苏地域文化在整个中华文化中占的比重开始并不大。这个转折点在什么时期呢？在六朝时期，尤其是两晋之际。永嘉五年（311），匈奴攻陷洛阳、掳走晋怀帝。不久，西晋灭亡，“五马渡江”，晋室南迁，建都建康（今南京），史书上说“洛京倾覆，中州士女避乱江左者十六七”（《晋书·王导传》）。南迁到长江流域的侨民有 70 万人。东晋在今江苏境内设置侨郡 23 个，侨县 75 个，居住在今江苏境内的侨民大约 26 万多人。其中王、谢等世家大族侨居在建康乌衣巷，当时有“王与马，共天下”的谣谚。王是指宰相王导家族，后来唐代诗人刘禹锡《乌衣巷》诗中写道：“朱雀桥边野草花，乌衣巷口夕阳斜。旧时王谢堂前燕，飞入寻常百姓家。”晋室南迁带来了什么变化呢？人口迁移带来了文化发展的动力，也激发了本土文化创新的活力。晋室南迁并且在建康（今南京）定都，北方世家大族与大批百姓南渡并在江苏境内侨居，在南北文化交流中大大改变了建康及江苏的政治、经济、文化、风俗乃至语言等的风貌。比如东晋官至宰相的谢安好作“洛阳书生咏”，建康一带名流多加摹仿，一时用洛阳书生声调咏唱诗歌成为风气，促进了“吴侬软语”（吴方言）与中原雅音的融合与变异。这就是侨居士族的“南化”，本土士族的“北化”，在南北交融中促进建康与江苏创新文化的形成与发展。例如，南朝梁萧统的《昭明文选》，是我国最早的一部选录多种文体的文学总集；曾居住在建康定林寺和镇江定林寺的刘勰所著的《文心雕龙》，是我国文学理论批评史上一部体大思精的划时代的巨著，开创了中国古代文学创作与理论批评的新局面。关于建康及江苏新文学、新文化的成果，再举两个例子。一是齐梁“永明体”——新体诗。以沈约、谢朓等为代表的讲究声律与对偶的新体诗，成为由古体诗向唐代律体诗（近体诗）过渡的桥梁。二是新兴的民间歌谣——吴歌。吴歌的第一个兴盛期是东晋和南朝。《乐府诗集》卷 44 中《吴声歌曲》题解引《晋书·乐志》指出：“盖自永嘉渡江之后，下及梁、陈，咸都建业，吴声歌曲起于此也。”南朝的百姓，往往在桃花绿水之间，秋月春风之下，载歌载舞，你唱我和。正是江南民间群体文化的繁盛带动了民间歌谣的兴盛。郭茂倩《乐府诗集》中载吴声歌曲 342 首，其中虽然有文人的拟民歌，但大多是民间歌谣，其中《子夜歌》、《华山畿》、《读曲歌》等，最为流行，动人心弦：“歌谣数百种，《子夜》最可怜。慨慷吐清音，明转出天然。”（《大子夜歌》）口出真声，清新自然，是江南乐府民歌最显著的美感特色。

清代阳湖（属今江苏常州）人赵翼在《论诗》诗中写道：“李杜诗篇万口传，至今已觉不新鲜。江山代有才人出，各领风骚数百年。”江苏地域的创新精神“各领风骚”，而且“代有才人出”。早在春秋时期，吴人干将“与欧冶子同师，俱能为剑。越前来，献三枚，阖闾得而宝之。

以故使剑匠作为二枚，一曰干将，二曰莫邪。莫邪，干将之妻也。”（《吴越春秋》）干将之剑身作龟裂纹，莫邪之剑身为水波纹。当代专家认为，这些花纹只有钢才能炼铸成，从而推断出干将、莫邪炼铸的是钢剑，这就为我国揭开了炼钢史的最早一页。东晋丹阳句容（今属江苏）人葛洪（约281—341）是一位道教理论家，著有《抱朴子》等。他是著名的炼丹家，为我们提供了原始化学的珍贵资料，成为近代化学的先驱；他是著名的医学和药物学家，在我国最早观察与记载结核病。有关他治疗狂犬病的记载，比法国微生物学者巴斯德制成狂犬疫苗的时间早1500多年；他对天花传染病的发现，比阿拉伯医学家雷撒斯在9世纪鉴别天花与麻疹早500多年。唐代彭城（今江苏徐州）人刘知幾（651—721）对唐初以前的史学编纂加以总结，完成了中国古代第一部史学评论专书，强调史学家必须兼“史才”、“史学”、“史识”三长，而“史识”更为重要。宋代晚年隐居润州（今江苏镇江）梦溪园的沈括，所著《梦溪笔谈》被英国科学史家李约瑟誉为“中国科学史上的坐标”。他在物理学、数学、天文、地理、医学等方面都有重要贡献。明代江阴（今属江苏）人徐霞客（1587—1641），开创了实地考察自然的新路，他的足迹遍于今江苏、浙江、安徽、福建、广东、广西、江西、陕西、山东、山西、河南、河北、湖南、湖北、云南、贵州、北京、天津、上海等地，对各地的地貌、地质、水文、气候、植物等科学问题，都作了深入而细致地考察，并且逐日写成考察记录，后经人整理成《徐霞客游记》。这既是一部科学著作，又是生动的文学游记。明清之际的启蒙思想家、昆山（今属江苏）人顾炎武（1613—1682），提倡了“天下兴亡，匹夫有责”的思想、“经世致用”的实际学问和朴实的考据方法，开清代朴学风气，导后来考据学中吴派、皖派之先路，与黄宗羲、王夫之并称明清之际三大启蒙思想家。

明清时期江苏地域文化在求实和创新的结合中达到中国传统文化的巅峰。以文学为例。明代永乐年间在南京所编纂的《永乐大典》，收入书籍七、八千种，共二万二千多卷，是当时世界上最大的百科全书。清代曹寅在扬州监刻的《全唐诗》，荟萃唐诗精华，是一部集大成之作。据《辞海》文学分册统计，我国古、近代著名作家中，江苏籍作家占 27.5%。尤其是明清时，江苏文学异军突起，江苏籍作家约占 37.5%。清代文学家中有籍贯可考者共 1741 人，江苏籍计 599 人，占全国达三分之一，为全国各省之冠。在小说方面，江苏兴化人施耐庵的《水浒传》，淮安人吴承恩的《西游记》，由安徽全椒迁居南京的吴敬梓的《儒林外史》，与江苏有渊源的曹雪芹的《红楼梦》，都是中国文学名著。晚清四大谴责小说之中，《官场现形记》的作者李伯元为江苏武进人，《老残游记》的作者刘鹗为江苏丹徒人，《孽海花》的作者曾朴是江苏常熟人。一部近代文学史，半数以上重要作家在江苏。至于在江苏昆山一带形成的昆曲，在 2001 年 5 月被联合国教科文组织宣布为首批"人类口头遗产和非物质遗产"代表作。"百戏之祖"拔得头筹，扩大了中国及江苏戏曲艺术的影响力。

再以吴文化区中的常州为例。清代常州孕育出常州今文学派、常州词派、阳湖文派、毗陵诗派、常州画派、孟河医派等六大派，中国近代启蒙思想家龚自珍（1792—1841）特别推崇清代常州文化在中国思想文化史上的地位，他在诗中说："天下名士有部落，东南无与常匹俦。"（《常州高材篇送丁若士》）近几年，常州"无中生有"地造了中华恐龙园等文化工程。最近，常州国家级文化和科技融合示范基地成为全国 16 家首批国家级文化和科技融合示范基地之一，具有产业链相对完整的主题公园、动漫游戏、创意旅游等产业集群，打造创意文化产业带、历史文化产业带、生态文化产业带，建设环球恐龙城、动漫嬉戏谷等体验区等。再以佛教为例。江苏人宗教信仰有两个显著的特点：一是兼容并蓄的态度，二是外来宗教进入江苏后迅速地方化、本土化。明清时吸收、融化、发展达到了高峰。以大报恩寺为例。大报恩寺传说是明朝永乐皇帝朱棣为纪念生母而建，位于南京中华门外、秦淮河畔。这是佛教文化集大成之作。为什么这样说呢？因为它是在"江南佛寺之始"——东吴长干寺和阿育王塔、宋代天禧寺、元代兴慈恩旌忠教寺等基础上修建的。特别是它的地宫铁函中藏有佛祖释迦牟尼的“佛顶真骨”，这是当今世界上惟一存在的。众所周知印度佛教在其本国至 13 世纪初趋于消亡，直到 19 世纪后才稍有复兴，大报恩寺出现在中国南京的 14 世纪，而且将佛教文化与儒家的忠孝文化、报恩文化融为一体，成为南京佛教文化一大景观，在明清为金陵四十八景之一。明清时代的一些欧洲商人、游客和传教士来到南京，将它与意大利罗马斗兽场、埃及亚历山大地下陵墓、意大利比萨斜塔相媲美，称之为中古世界七大奇观之一。现在，重修大报恩寺，不仅再现南京佛都的地位，而且也是再现南京和江苏传统文化的巅峰，成为江苏融合创新文化精神的一大标志。

以上四大特色主要是从江苏地域优秀的文化传统上立论的。当然，江苏地域文化中也有一些负面的因素。比如说到江苏地域文化，自然使人想到“南京大萝卜”的说法。我们认为，这与六朝的谈玄之风有关。在六朝时期的建康（今南京），一些贵族人士喜欢高谈阔论，谈论《老子》、《庄子》、《周易》的“三玄”之学，玄而又玄，一味务虚，这对于贵族人士来说是名士风流，而这种风气影响到民间老百姓，就是喜欢空谈，不务实事，经看不实用，好像“空心大萝卜”，这是对“南京大萝卜”的一种解释；另一种解释是“南京大萝卜”是“实心大萝卜”，比喻南京人的敦厚和朴实，其中隐含的贬意是木讷与愚笨。又比如东吴、东晋、南朝宋、齐、梁、陈都是短命的朝代，就有人说六朝文化是“亡国文化”，所谓“商女不知亡国恨，隔江犹唱后庭花”（杜牧《泊秦淮》）；或者说是“六朝金粉”、“秦淮风月”（其中有“秦淮八艳”等名妓）是醉生梦死的颓废文化、黄色文化。其实不尽然，六朝文化全面复兴中原文化，并且大大超过了中原文化的水平，将中华文化推向一个新的高峰，而在文化南移、南北交流中显示出后来居上的勇气，是六朝文化的时代内涵之一，也是作为六朝都城的建康及江苏文化的时代内涵之一。至于说明清时期的“秦淮八艳”等名妓，其中有醉生梦死的颓废文化的一面，也有蔑视权贵、取义爱国的一面。

关键词：

物态文化　制度文化　行为文化　心态文化　地域文化

思考题：

1. 什么是“大文化”？

2. 江苏建省在何时？为什么说“江苏地域文化”包含江苏建省前后的文化传统？

3. 为什么说江苏地域文化的特色之一是“智者乐水”？

4. 为什么说江苏地域文化的特色之一是“农商同道”？

5. 为什么说江苏地域文化的特色之一是“海纳百川”？

6. 为什么说江苏地域文化的特色之一是“日新其业”？

第二章　江苏地域文化的发展历程

江苏作为一级行政区域建省于康熙六年(1667),至今虽然只有三百多年的历史,但这方物华天宝、人杰地灵的沃土,拥有着悠久的历史、灿烂的文化,是中华文明乃至世界文明萌生、繁荣的重要区域,为人类文明的发展做出了重要的贡献。要了解江苏的文化,首先要清晰地把握江苏地域文化变迁发展的脉络。

第一节　江苏地域文化的萌生、发展期——史前时期

根据历史学的划分,秦代以前江苏的历史,可以划分为史前(原始社会和前国家时期)、早期国家时期(夏商周春秋战国)两个大的历史时期。通常所说的史前时期,可分为旧石器时代、新石器时代,属于传说中的“三皇五帝”时期,文献稀少,难成信史。夏、商、周、春秋、战国时期,考古学上称之为青铜时代,可征的文献不少,但其中鱼目混珠、真伪并存。因此,对江苏先秦文化史沿革的建构,难免会存在一些问题。

一、早期人类活动与江苏地域原始文化的萌生

江苏北临山东,南连浙江和上海,西邻安徽,东濒浩瀚的太平洋,

南临黄山、天目山脉，沂蒙山的余脉马陵山由北向南纵横于江苏的北部，域内微山湖、骆马湖、洪泽湖、宝应湖、高邮湖和邵伯湖等大小湖泊星罗棋布，形成了南北多山而东西多水的自然风貌，这里平原、丘陵、低山等多种地貌并存，江河交汇成网，四季分明，雨量充沛。优越的自然环境和气候，为生活在这里的史前人类提供了理想的生存空间。从远古时代的灵长类化石，到旧石器时代的古人类化石，从新石器时代马家浜文化到玉石文化、良渚文化，江苏境内的史前人类创造了辉煌灿烂的史前文化。

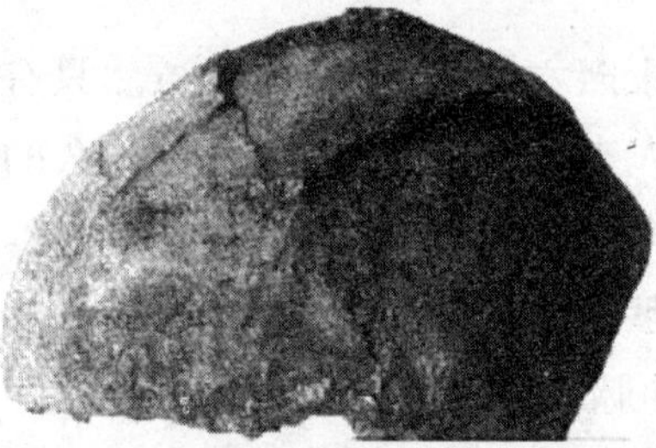

南京直立人头骨化石

1993年，考古人员在南京东郊汤山发现了南京直立人化石，证明了至迟在35万年前，江苏境内就有了早期的人类活动。正是在这些人类活动的基础上，江苏区域文化逐渐萌生、发展。此后经旧石器时代、新石器时代，江苏地区的人类活动不断发展，而江苏区域文化也不断向前演进。

旧石器时代，江苏境内的人类活动继续扩大，生产力进一步发展。镇江句容中部的低地山冈放牛山，是江苏目前发现的一处最早的露天旧石器时代遗址，是南京汤山文化的延续。从江苏北部东海县马陵山的大贤庄、何山头、南山、石碑与连云港桃花涧采集、发掘出多件打制和压制石器、细石器，不少都是我国旧石器时代晚期细石器遗址中常见的类型。石器地点增多和石器工艺的细化表明，旧石器时代晚期，江苏境内的人类活动范围不断扩大。

新石器时代，江苏地区的文化逐渐萌生出区域特色。江苏境内，长江和淮河自西向东横贯整个地区，天然的将江苏分为江南、江淮和淮北三个相对独立的单元。江南地区东部有烟波浩渺的太湖，西部有连绵起伏的宁镇山脉和茅山山脉，其地貌较之江淮平原和黄淮平原更加复杂，还可以进一步分为太湖平原和宁镇丘陵。据目前的考古发现和研究来看,太湖地区、宁镇地区、江淮地区、黄淮地区先后都形成了不同文化面貌的新石器时代遗址遗存,区域特色十分明显。其中良渚文化是太湖流域地区,也是江苏地区早期文明的突出代表,是我国同时代文化中发展水平较为领先的一支,其创造的辉煌灿烂的史前文化在我国史前文化中占有重要的地位,对中华文明的形成有着重要的影响。

在早期人类劳动的基础上,江苏境内的原始文化得以萌生。历经旧石器时代、新石器时代的变迁,江苏境内的人们创造了相对发达的原始文化,是中华文化的重要组成部分,也成为华夏文明的重要源头。

二、早期农业、手工业与江苏地域原始文化的发展

在新石器时代,太湖流域、宁镇地区、江淮地区已经有广泛的人类活动的遗迹。马家浜文化时期,太湖流域的人们已经掌握了水稻栽培技术,稻米已经是当时人们的主要食物来源之一。崧泽文化时期,水稻栽培技术获得进一步的发展,已有两种不同的稻种——粳稻和籼稻,稻田有高田和低田之分,水稻栽培已经成为人们主要的农业生产活动。良渚文化时期,生产范围进一步扩大,除水稻栽培外,人们还从事蔬菜、瓜果及油料作物的种植。农业生产水平的提高得益于新的生产工具的使用与耕作方法的改进。三角形石犁的使用大大超过了粗耕的方式,极大地促进了农业生产效率的提高,使农业生产水平提高到一个新的阶段。而除草和施肥技术的出现,可以大幅度提高农作物的单位面积产量。在水稻种植上,良渚先民在自马家浜文化以来三千年水稻栽培和田间管理经验的基础上,逐渐摸索出了井渠灌溉技术,从而使水稻抗旱与排涝的能力大大增加,使稻作农业生产更加稳定。而稻作农业的发展,也为社会其他事业的发展奠定了良好的物质基础。

农业生产的发展,使更多的人能够脱离农业生产,从而推动了手

工业等其他行业的萌生和发展。马家浜文化时期,人们不但能制作石器生产工具,还初步掌握了制陶、玉器加工、木器制作、纺织等手工业技术,已经有了以木结构为主的房屋。崧泽文化时期手工业继承了马家浜的成就并获得进一步的发展,良渚文化时期手工业达到新石器时代的高峰期。各地出土的良渚遗物表明,良渚先民已拥有陶器、石器、木器、竹器、线麻纺织、玉雕等多种手工业,而且都达到了较高的水平,在中国新石器时代晚期占有重要的地位。

良渚文化中的陶器种类繁多,形式多样。按其功能可分为炊器、盛贮器、食器和酒水器。许多陶器,既是美观、大方、实用的生活器皿,又是精致巧妙的工艺美术品。各种陶器胎质细腻纯净,器壁厚薄均匀,造型浑圆规整,器表光亮,常常用镂刻技巧加以装饰。良渚石器种类多样,有长方形穿孔石斧、肩穿孔石斧、段石锛、两端上翘的耘田器、带柄石刀、三角形穿孔石犁、石镞、石矛、石镰等,这些石器大多通体磨光,制作精致,棱脊分明。它反映了良渚文化生产力水平已处于较高的层次,同时也表明良渚文化石器已达到较高的制作水平。

良渚文化陶器——鼎

良渚文化中的玉器制造业非常发达,不仅玉器的数量和种类繁多,而且制作工艺高超,达到了中国新石器时代玉器制造的一个高峰,并成为后世商周礼器的一个渊源。其种类有玉璧、琮、钺、璜、环、镯、带钩、柱状器、锥形佩饰、镶插饰件、圆牌形饰件、各种冠饰、杖端饰等,还有鸟、鱼、龟、蝉和多种瓣状饰件组成的穿缀饰件,由管珠、珠、坠组成的串挂饰品以及各类玉珠组成的镶嵌饰件等。根据玉器制作工艺来看,当时的良渚玉匠们已完全掌握了选择和切割石料、琢打成胚、钻孔、磨光等系统的工艺技术,大至璧、琮,小至珠粒，均经精雕细琢，打磨抛光，显示出良渚文化中先民高度的玉器制造技艺。不少玉器，在玉石的自然属性之上，增加了观念形态的社会属性。其中的等级观念和宗教观念，成为中国玉石文化的重要传统

现在江苏境内的苏州、无锡、常州及南京东部区域属于环太湖地区，而环太湖地区在新石器时代是良渚文化的重要区域。其农业生产的范围进一步扩大，农业耕作技术进一步提高，手工业生产特别是玉器制作达到了当时的先进水平。在社会生产力发展的基础上，良渚文化时期的社会制度发生了激烈的变革，社会已经分化成不同的等级阶层，为吴越地区早期国家的出现奠定了重要的基础

第二节　江苏地域文化的初步成型期
——早期国家时期

随着早期社会的不断向前发展，江苏境内由于自然条件和社会面貌的不同，在不同的区域形成了各具特色的区域文化。史前时期，由于自然条件的差异，江苏境内已开始孕育不同区域的文化，进入前国家时期。在社会生产力发展的基础上，江苏境内初步形成了四个各具特色的文化区域，即以苏州为中心的环太湖流域、以南京为中心的宁镇区域、以扬州为中心的江淮区域和以徐州为中心的淮北区域。四大文化区域的划分是建立在一定的自然地理基础上的。长江、淮河、太湖、茅山实为四大区域的分界线。以长江为界，江苏可分为南北两大部分；以淮河为界，长江以北又可细分为江淮、淮北两个区域。长江以南，以茅山为分界线，长江和茅山之间，为宁镇丘陵地区；茅山以东地区，为太湖平原区，彼此形成独立的文化区域。这在语言上表现的最为明显，茅山以东，为吴方言区；茅山以西，为江淮方言区。在新石器时代，不同地区文化面貌与自然地理区域相对接近，到了青铜时代（夏、商、周、春秋战国），由于本地区文化的不断发展，也由于受

到周边文化的不同影响，以自然地理为基础，江苏境内逐步形成了区分明显的四大文化区域。如果将江苏沿海地区看作是一个具有特殊共性的区域，则江苏有五大文化区域。

（一）环太湖地区

这是指以太湖为中心广及周围诸水系在内的区域。北临长江，东濒东海，南接钱塘江，西界浙江天目山至江苏句容的茅山以东地区，流域内的江苏区域主要指今天的苏、锡、常地区。这一区域在文化上形成了马家浜文化—崧泽文化—良渚文化的完整序列，文化发展水平最高，是那个时代江苏区域文化最发达的地区。

（二）宁镇地区

宁镇地区东邻太湖地区（以常州为界），西连皖南地区，以丘陵低地为主。宁镇地区文化在新石器时代与江淮地区相近，与太湖流域差别较大，与太湖文化的分界线在常州一带。到了青铜时代，宁镇地区形成了江宁点将台文化，后来转变为湖熟文化，最后发展为吴文化。这一地区的文化受中原地区文化影响较大，但与当地荆蛮文化相结合，形成了独特的青铜文化。

（三）江淮地区

江淮地区以平原为主，分为滨海平原和江淮平原。该区由于地势低洼，受到海侵等因素，人类活动的空间受到较大影响。因为其北接淮北，南临宁镇、太湖区域，所以受外来文化影响较大。既受到了来自淮北地区新石器文化、中原龙山文化的影响，又吸收了太湖和宁镇地区文化的因素，其文化带有南北文化过渡地带的特点，但也有自身的特色，这在距今约 6600—5000 年的高邮龙虬庄文化上有较为明显的体现。

（四）淮北地区

淮北地区指淮河以北的江苏区域，包括徐州、宿迁、连云港等地区，境内有低山丘陵分布。主要受齐鲁地区新石器文化的影响，形成了北辛—大汶口—山东龙山文化的完整序列。虽然也受到来自江苏南部的良渚文化的影响，但基本上保持了自身的特色。

（五）苏东海洋地区

因为江苏区域有着漫长的海岸线，而且不断地东移，随着生产的不断发展和社会的不断进步，沿海区域的人们以海洋为依托谋生活，捕鱼、制盐逐步成为他们重要的生活方式。在此基础上，逐步形成了具有海洋特色的文化。

在漫长的前国家文明时期，这五大区域在自然条件不同的基础上，按照各自不同的步调，缓慢地向国家文明演进。区域文化虽有不同，但在生产力低下的水平下，区域文化的特色并不明显。夏、商、周时期，江苏境内的文化进入了由中原文化影响的新时期，其文明演进主要受到了夏、商、周早期国家的影响，文化发展的进程加快，逐步形成了具有自身鲜明特色的区域文化，其中以早期吴文化和徐文化的形成比较典型。

吴泰伯像

商、周之交“泰伯奔吴”之时，中原一个群落向南迁移，在荆蛮之地建立勾吴政权，江苏境内出现了早期的国家。周灭商后，吴国成为周王朝在东南地区的重要的姬姓诸侯国，后来成为春秋五霸之一，吴国所在的以苏州为中心的环太湖区域形成了原初时期的吴文化圈。西周中期，来自山东地区的徐人在淮夷聚居的淮河流域建立了徐国，徐国迅速强大并逐渐兼并了周围的小国，形成了足以与周王朝抗衡的东方王国集团。虽然其在与周王朝的斗争中失败了，但却在江淮区域文化形成过程中产生了重要影响，创造了独具特色的徐文化，这是后来楚汉文化（或称“徐淮文化”）圈得以形成的重要前提。

西周至春秋战国时期，江苏境内政治生态呈现多元共生的政治格局，至少出现了三个影响极大的政治区域，在此基础上形成了三个文化圈：一、早期以宁镇为中心，后期以苏州为中心的吴文化圈，前后两期差异较大，呈现一个较为复杂的演进过程；二、在淮河中下游，以泗洪一带为中心，在徐国统辖的区域内，形成了独具特色的徐文化；三、在淮河以北地区，形成了以徐州为中心的淮北文化圈，早期主要受到中原（河南、山东）文化的影响，后期则为楚文化所浸润，成为"三楚"文化的中心区域之一。这三个文化圈的形成，标志着早期江苏区域文化的基本成型，奠定了江苏区域文化发展的基础，对江苏区域文化的发展产生了深远的影响。

第三节　江苏地域文化的融合、发展期——秦汉时期

秦汉时期，可谓是中国历史上政治发生巨大变革的时代。秦统一中国后，欲加强对地方的控制，实行中央集权的郡县制，汉承秦制，加强了大一统的中央集权，这深刻地改变了中国的政治传统和生态，对中国社会产生了重要而深远的影响，表现在社会变迁的各个方面。这一时期，江苏的文化沿革与整个社会发生巨大变动的时代背景息息相关。一方面，国家大一统局面下实行的政治、经济、文化措施，加强了各地的联系和交流，促进了地方之间文化的碰撞和融合。在此形势下，江苏区域之间的文化融合的步伐加快了，江苏地区的民族转型基本完成。另一方面，汉朝长期相对稳定的统治，促进了社会的全面进步，为中华文化的发展创造了前所未有的新局面。在此大背景下，江苏地区的文化也获得了长期稳定的发展，取得了重要的成就。各地的区域文化特色更加鲜明，吴文化、楚汉文化、淮扬文化多元并存，道家文化、儒家文化、佛教文化交相辉映，共同构成绚丽多姿的文化景观。

一、国家的统一促进了楚汉文化的形成

秦帝国建立后，江苏地区由先秦时期分散多元的政治实体即诸侯国统治的格局，统一纳入王朝的疆域版图，成为中国统一王朝控制下的直属郡县。各地的联系加强，文化融合的步伐加快，促进了江苏地区经济文化的融合与繁荣。

在秦统一中国之前的战国后期，江苏地区基本上为楚国控制，属于楚国南、西、东三楚之地的西楚和东楚，江苏地区是楚人的一个聚居地。从楚国占有淮北，到公元前222年楚国被秦国灭亡为止，江苏淮河以北大部被楚国控制了二百多年，淮河以南和长江以南的江东地区，楚国控制了一百多年，江苏地区全境完全在楚文化的浸润之下。秦统一后，为加强中央集权，不但从政治上，也从思想文化上加强对地方的控制。江苏旧属楚国，是反秦的重要基地，一直是秦王朝严密防范的地区。秦始皇先后两次巡游到江苏境内，对吴越地区实行“扬吴抑越”的策略，加强对江苏地区的控制，据此可以推测，此时江苏地区的文化演进必然带有强烈的秦帝国色彩。只是因为秦朝国祚短暂，这种演化的倾向未能持久，很快就被随之而来的汉帝国的文化光芒所遮盖。汉朝建国后，吸取了秦亡的教训，调整了治国方略，在政治、文化上成功地加强了对全国的统治，大一统的局面正式形成，有力地促进了各地经济文化的融合和发展。由于汉高祖刘邦起于丰沛地区，汉初免除了该地区的赋税，对徐州地区社会安定、经济发展、文化繁荣起了重要的促进作用。在汉代长期稳定的发展局面下，淮河以北地区，在徐文化和楚文化的基础上，融合来自其他地区的多元文化，形成了独具特色的楚汉文化(徐淮文化)。因为皇室、权臣多来都来自楚汉文化地区，楚汉文化就成为汉代最显赫的文化之一。

二、经济中心南移促进维扬文化的形成与吴文化的发展

中华文明是一个多元聚合体，黄河流域一直是政治、经济、文化

的中心。商、周以降,由于北方战乱频繁,经济中心南移的进程就开启了。人口、技术的南移促进了南方的开发,在江苏区域文化形成的过程中,有着不可限量的重要作用。秦汉时期,经济中心南移既促成了江苏区域楚汉文化的形成,也对吴文化、维扬文化的形成和发展产生了重要的促进作用。主要表现在:一是汉代分封诸王,分封在广陵的吴王刘濞,大力经营以广陵为中心的江南地区,在楚汉文化影响下的江淮地区文化迎来了发展的契机,为以后淮扬文化圈的形成奠定了重要的基础。二是秦末中原地区发生频繁的战争,导致大量的人口南迁,秦灭六国后,大批六国贵族残余势力亦流亡江南,他们带来了先进的技术和文化,这对江南社会经济文化的发展厥功甚伟,吴文化因此获得了快速的发展。在此前提下,吴文化更加繁荣,作为区域文化的特色更加显著,成为中华文化最具特色的文化区域之一。

如果从文化类型上来考察,在秦汉近三百多年的时间中,江苏区域内儒、道、释三家也在各自的轨道上萌生、发展。

(一)道家与道教文化的生成与发展

历史上江苏的徐楚地区,是道家思想的发源地。这可从以下的情况中得到证明:一是生活于徐州地区的彭祖长寿八百岁的说法虽然不可信,但托名彭祖所创立的养生理论和养生实践,则是道家文化的重要源头。二是道家文化的创始人老子是徐州地区人。据《史记·老子韩非列传》记载,老子是楚苦县厉乡曲仁里人,《庄子·寓言篇》记曰:"杨子居南之沛,……遇老聃。"姚鼐《老子序文考》云:孔子南之沛见老子。沛,宋地,老子尝居之。三是发展了道家文化的庄子籍贯为蒙,蒙在汉时曾归属沛郡。可见从彭祖到老子再到庄子,徐楚地区的道家文化一直绵延不绝。长达数千年的传承最终形成了徐楚道家文化体系,成为对中华文化具有深远影响的文化传统。

在汉代,道教文化对中国社会产生了重要影响。沛国丰(今江苏丰县)人张道陵(34—156),经过几十年的努力,创立道派,名"正一盟威之道",为道教定型化之始。凡入道者纳米五斗,故称五斗米道;教人悔过奉道，用符水咒法治病。后来，张道陵被道教徒尊为天师。从那时至今天，道教已传承1800余年，对中国文化产生了深远的影响。

（二）后来居上的儒家文化

秦汉时期，作为中国传统文化三大支柱之一的齐鲁地区的儒家文化，对邻邦徐楚地区的楚汉文化、吴文化产生了重大的影响，出现了一大批著名的经师。徐楚地区的经师儒生一批接一批奔赴长安，拜师求学，在《易》、《诗》、《尚书》、《春秋》及《礼》等领域都卓有建树，汉宣帝时立的十三家博士中，徐籍就占了四家。他们各以家法教授经学，不仅促进了东汉经学的进一步复兴，而且使徐学在东汉得到广泛的传播，扩大了楚汉文化的影响。而南方的吴地亦出现了许多儒学大师，如《诗》学的包咸、赵晔，《尚书》学的皋弘，《易》学的陆绩，《礼》学的阚泽等，虽然吴地经学在深度和广度上不及北方，但也取得了不俗的成就，为吴文化的发展注入了更多的活力。

（三）首开风气的佛教传播

东汉开国皇帝实行高压的治国方略，在朝廷上下形成了相当恐怖的政治局面。在此形势下，"群臣莫敢正言"，各地的宗室诸王多在分封地纵情声色，以藏身远祸。当时封为楚王的刘英采取的是另外一种排解方式——诵经念佛，这导致了佛教在中国的广泛传播。徐州是汉代佛教最早盛行的地区之一，而刘英的封地正是徐州。据正史文献记载，刘英是东汉传播佛教的第一人，这种记载当然不太可信，但其中传递的信息是，刘英以诸侯王的身份信仰佛教，必然对周围的群臣和普通百姓产生示范效应，这应该是促使佛教在徐扬地区广泛传播的重要原因。正是统治者的身先示范，使得佛教在徐扬地区的传播得以迅速的展开，这为徐扬区域文化的发展注入了新的元素，为江苏地区的文化发展注入了新的活力，也为佛教在江苏地区的发展培育了深厚的基础。从此以后，江苏地区的佛教文化一直都很发达，与这一时期的佛教传播关系密切。

第四节　江苏地域文化的初盛期——魏晋南北朝时期

魏晋南北朝时期，江苏区域除一度为西晋短暂统一外，其余时间基本上都处在相继定都建康的东吴、东晋、宋、齐、梁、陈六朝政权之下，保持了政治上的相对独立和社会的长期稳定，这促进了江南的开发和发展。在此基础上，金陵文化逐渐形成。南方地区的思想日趋活跃，经学复兴，玄学盛行，佛教播扬，道教兴起，各种社会思潮风起云涌，相互激荡，呈现出学术自由开放的繁荣景象。此一时期，南方地区人才辈出，在哲学、文学、史学、艺术、宗教等各领域均取得了辉煌的成就，硕果累累。不但保存了华夏文化的优秀遗产，而且在很多方面能够发扬光大，继续发展，形成了新的文化，促成了新的文化格局的形成。

以南京（建康）为中心的宁镇地区，长期以来虽然受到来自北方地区的中原文化、楚汉文化的影响，但因为长江阻隔，这种影响与来自毗邻地区的吴文化相比，影响要弱得多。因此，三国东吴之前，宁镇地区主要受到吴文化的影响。魏晋之后，则有了很大的改变。在国家统一、经济中心逐步南移的背景下，长江南北的经济文化交流得到加强，文化融合的步伐加快。尤其是在晋室南渡之后，世家大族的入驻给宁镇地区带来了北方文化的巨大影响。此后，宋、齐、梁、陈四朝，皆以建康为都城。作为政治、文化中心，宁镇地区经济发达，人文荟萃，文化的发展迅速走向兴盛，形成了融汇万方的金陵文化，呈现出雄伟、开放、包容、多元共生的显著特色。

一、不断发展的经学、玄学

魏、吴分治时期，江苏区域的孙吴统治者，虽处于三国鼎立的变局中，主要精力专注于政治、军事，但也比较重视儒学，将其视为标榜正统、巩固统治的有效工具，对经学名家多采取保护和利用的政策，因而儒学仍能在江东世族中流行，且基本未受北方玄学的影响，较多地保留了汉代经学传统。经学名家主要有两部分学者组成，一为流寓江东的江淮儒者，学问以古文经学为主，多治《左氏春秋》和《礼记》。一为吴地本土学者，学问以今文经学为主，多传《易》学，精通历数，学风相对保守。两派学者相互相影响，促进了南方经学的发展。

西晋时期，司马氏政权基本遵循汉制，对儒学比较重视，出现了一大批经学名家，此时北学优于南学，北方人经学名家的到来，为江苏区域经学带来新的发展契机，经学逐渐复兴。

东晋统治者亦很重视儒学，大力倡导儒学教育，培养经学人才，但是，由于南北对峙，统治者忙于军事，推行儒学措施不力，经学复兴的局面没有多大起色，反而出现了经学玄化的倾向。这一时期的经学大致是曹魏、西晋经学的继续，突破性的成就不多，仅在礼学方面颇显活跃，有所进展。这是因为东晋政权建立在门阀士族的基础上，统治基础不够稳固，为了强化自身的统治地位，东晋帝王特别重视礼制建设，客观上推动了礼学的发展。

到了南北朝时期，儒学复兴的趋势明显增强，刘宋统治者积极提倡儒学，恢复国子学，鼓励诸生研习经学，使社会上重新形成崇尚儒学的风气。在统治者的重视和鼓励下，刘宋时期的儒学一度兴旺发达，出现了不少经学家，如臧焘、徐广、傅隆、裴松之、何承天等名家。这一时期经学受东晋影响，仍以礼学为研究重点。

齐国虽立国仅二十余年，但高帝、武帝提倡儒学不遗余力，国家既重视文献收集整理，又有系统的儒学教育机构——国子学。梁代齐后，由于统治者的大力提倡，特别是梁武帝萧衍身体力行，儒学全面复兴并有所拓展，呈现出一派兴盛的局面。

在齐梁时期，经学家人数众多并形成流派。如南齐时期的王俭、伏曼容、陆澄等，萧梁时期的徐勉、沈峻、裴子野等，都是经学名家。他们继承前辈治学传统，总结了东汉以来的学术成果，着重在礼学方面进行探讨，取得了丰富的经学成就，恢复了传统的经学文化，弘扬了儒学思想，促进了江苏文化教育事业的发展、繁荣。

玄学是魏晋时期的主要哲学思潮，对《老子》、《庄子》和《周易》的研究和解说，是道家和儒家融合而出现的一种哲学文化思潮。东晋时期，随着北方人士大量南迁，玄学开始在江南地区传播和兴盛起来，建康取代洛阳成了玄学的中心。其时，上至皇帝和大臣，下至一般士族和僧侣，多以祖尚玄虚，辨析义理相标榜，清谈玄学成为上流社会流行之风尚。

魏晋玄风群像

进入南朝，由于统治者大多推行尊儒政策，希望借助儒家所倡导的名教来巩固皇权，玄学的影响日渐式微。梁陈时期，儒学振兴，佛学盛行，统治者有意实行儒、佛、道合流政策，玄学不可避免地衰落了。

二、佛教的传播及其兴盛

魏晋南北朝时期，国家分裂，地方割据，战乱频仍，社会动荡，广大人民生活在水深火热之中，渴望精神寄托，重树生活信念。在此背景下，作为域外文化的佛教，以期救苦救难、普度众生的口号吸引了大批善男信女，逐渐在中国大地上广为传播。作为当时南方政权中心的扬、徐地区，深受佛教影响，上自皇帝，下至百姓，普遍信奉佛教，促使这里成为南方佛教文化中心。东晋时期，佛教在南方地区获得了长足的发展，首都建康逐渐变成南方佛教的中心。南北朝时期，佛教在扬、徐地区的影响继续扩大，各地寺院林立，僧尼众多，成为与北朝佛教遥相呼应的南方佛教中心，共同推动着佛教的中国化进程。在翻译学、音韵学、文学、美术、建筑、雕塑、音乐等各方面给中华文化带来了新元素、新动力，对当时的社会生活和后来的中国历史均产生了深远的影响，是江苏地域文化繁盛期的重要标志。

三、道教在江南的流变和定型

魏晋南北朝，是道教形成、流传和定型的关键时期。在由早期民间道教逐步演化为成熟的神仙道教的历史过程中，江南的道教学者发挥了关键作用。孙吴时，丹阳句容人葛玄道术高深，著有《道德经序》、《断谷良方》等，收有弟子五百余人，大力传播道教，江南的道教有了初步的发展。两晋时期，杰出的道教思想家葛洪创建了一套以外丹为主的神仙道教体系，总结了战国秦汉以来道教发展的历史经验方法，对民间道教进行了批判改造，全面阐述了道教理论，为日后道教的兴盛奠定了坚实的理论基础，在中国道教史上占有十分重要的地位。在其道教思想的影响下，许多士族成员信奉道教，道教呈现士族化的倾向，在思想上、组织上日益完善，形成了上清、灵宝等道教流派，为道教的兴盛创造了条件。南北朝时期，以皇帝为代表的上层社会加大了对道教的支持力度，促使道观兴起，道徒增多。陆静修、陶弘景等道教思想家对道教的改革和完善，加快了道教的成熟和定型，增强了社会影响力，使之成为与儒家、佛教并驾齐驱的文化力量，共同构成中国封建社会的三大精神支柱，为隋唐道教的兴盛奠定了良好的基础。

四、兴盛繁荣的文学、史学和艺术

秦汉时期，相对于中原地区，南方地区的文学相对落后，但魏晋以后，由于社会动荡，北人南迁，玄学盛行，佛教传播，各种文化思想相互碰撞、激荡，极大地激发了南方文人的创作欲望，文学开始进入自觉的时代，各种体裁的文学作品如雨后春笋般不断涌现，南方文学出现了前所未有的繁荣。西晋时期，陆机在诗歌创作、文学理论上都取得了令人瞩目的成就。其诗辞藻华丽，句式骈偶，追求美感，颇具艺术表现力，当时就备受推崇，章法和技巧对后世颇有影响。陆机的《文赋》是继曹丕《典论·论文》之后的一篇有关文学创作的重要理论文章，在中国文学批评发史上首次系统地论述了文学创作的过程和技巧，提出了文学的内容与形式的相互关系以及文学的构思、想象、体裁和风格等问题，其中有许多精到的见解。在总结文学经验、促进文学自觉等方面具有重要意义，对刘勰的《文心雕龙》多有启发。南北朝时期，南方地区社会稳定，经济进一步发展，为文人学士的学术活动提供了良好的社会环境和条件，文学名家层出不穷，文学发展成为一门独立的学科，其中诗歌的成就最大。

魏晋南北朝时期，由于时局的需要和统治者的重视，南方地区的史学迅速发展起来，不但修史制度日趋成熟，史学队伍不断扩大，而且史学著作数量激增，史书体裁多样，史学的地位有了明显提高。两晋时期，南方史学有了长足进步，成就体现在三个方面：一是官方和私家竞相修撰晋代国史；二是编年体成就超过纪传体；三是出现了起居志、地理方志、史评等新的史书体裁。进入南北朝，南方地区的史学更加兴盛，成就更大，地位进一步提高，主要体现为：一是史官制度有所发展和完善；二是史书众多，名家辈出。

六朝以前，江南地区的绘画艺术相当落后，几乎没有什么名家名作。进入六朝以后，产生了一大批绘画名家，不但在绘画题材上有了重大突破，而且艺术手法有明显改进，出现了山水画、花鸟画、宗教画和人物画。与此同时，绘画理论也有相当的发展。书法方面，楷书、行书、草书等各种新书体纷纷发展成熟起来，书论著作日益增多，书法则成了文人学士抒发个人情怀、展现自我才华的一种艺术追求。书法名家辈出，书法艺术的高潮时代来临，徐、扬作为当时的都城建康的京畿地区，自然成了书法名家的荟萃之所。

第五节　江苏地域文化的快速发展期——隋唐时期

隋唐时期，水利事业的进步，农业生产工具的不断改进，特别是耕作技术的不断提高，为江苏区域的农业发展创造了重要的条件，与此同时，制盐业、造船航运业、金银铜制造业、制瓷业、纺织业、酿酒业都获得了较快的发展，江淮地区逐步成为全国的财富中心。自高宗以后，因作为国家重要贡粮基地，江淮地区在国家事务中的地位急剧上升。安史之乱后，除徐州地区外，江苏省域大体上保持着长期安定的局面，社会稳定繁荣，经济文化蓬勃发展，逐步成为全国的经济文化中心。

隋灭陈（南朝陈代）后至唐代前期，统治者对六朝旧都建康采取了压制和防范的措施，建康不再是新朝政治、经济和文化中心，地位急剧滑落。而广陵作为新朝监视、控制旧朝核心区域的军政中心，伴随着运河的开通，迅速跃升为江南乃至全国的经济文化中心。此消彼长的政经格局对江苏区域文化的演进产生了重要的影响。就区域文化的地位而言，隋唐时期的几百年间，南京不再是南方的政治、经济、文化中心，金陵文化的影响减弱。扬州因为运河的原因，逐渐发展成为南方的政治和文化中心，以扬州为中心的淮扬文化圈逐步形成，并在全国逐步扩大影响。

有唐一代，江苏地区许多城市成为文人的汇聚之所。因运河而繁荣昌盛的扬州，史称“广陵大镇，富甲天下”（《扬一益（成都）二》），苏州号称十万商户，为东南雄州。其他如常州、润州及六朝故地金陵等地，也都是人杰地灵，英才辈出。以雄厚的经济实力为基础，江苏地区在学术研究、文学创作、书法、绘画等领域取得了令人瞩目的成就。

一、继往开来的史学理论

江苏地区的古代史家不仅注重史料的编纂，在训诂、勘误、注释

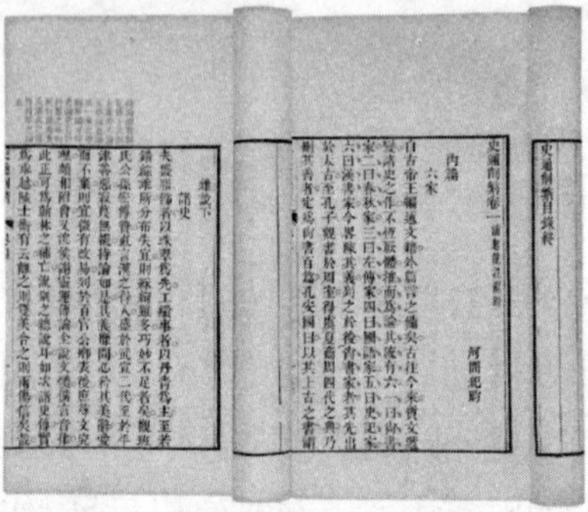

刘知幾《史通》

方面取得了重要的成就，而且在史学理论方面也颇有建树，其中最著名的就是来自彭城（今江苏徐州）的刘知幾（661—721）。刘知幾以毕生的精力，撰写成了我国历史上，也是世界史上首部系统的史学理论专著《史通》。全书主要评论史书体例与编撰方法，以及论述史籍源流与前人修史之得失，内容颇为丰富，可以概括为史学理论和史学批评两大类。史学理论指有关史学体例、编纂方法以及史官制度的论述；史学批评则包括评论史事、研讨史籍得失、考订史事正误异同等。其提出的史学方法，甚为系统和全面，从史料的范围、史料的采辑、史料的鉴别、史料的区分，到编纂的次序、史事的判断、人物的评论、篇幅的剪裁、文字的修饰等，都有创造性的研究，在总结前人史学得失的基础上，把史学又向前推进了一大步。

二、辉煌灿烂的文学、艺术成就

唐代的江苏地区涌现出了不少著名的诗人，为后世留下了不朽的诗作，为唐代文学的发展作出了重要的贡献。张若虚的《春江花月夜》，尽洗浮艳不实之弊端，开拓了唐诗发展的新境界，享有“孤篇压全唐”之盛誉。储光羲的诗作风格朴素，意境清朗，生活气息浓郁，与陶渊明诗歌一脉相承，为山水田园诗的重要作家。张籍、李绅是新乐府运动的积极参与者，为唐代现实主义诗歌运动的代表人物。陆龟蒙是晚唐诗人中屈指可数的人物，诗力求博奥，用平常的语言表现不平常的主题，以江南渔耕生活为主要内容，同情农民疾苦，成就很高。南唐时期，李璟、李煜、冯延巳在词学上成就斐然，于词学贡献卓著，在词史上具有不容置疑的重要地位。

除了诗、词外，唐代江苏文人在文学上的贡献还体现在传奇的创作上，代表人物有沈既济、蒋防。沈既济的《枕中记》、《任氏传》是中唐传奇中创作年代较早的名篇，标志着唐传奇创作进入全盛时期，对后世文学也有重要的影响。

江苏地区作为唐代经济发达的区域，在书法领域有很高的成就，出现了许多书法名家大师，如擅长新书的陆柬之、李邕，擅长狂草的张旭，都取得了杰出的成就。陆柬之传世作品有《兰亭诗》、《文赋》等，于虞世南、欧阳询、褚遂良外，自成一家，苏轼、黄庭坚、米芾、赵孟頫都受他的影响。张旭被称为唐代狂草之祖，在中国书法史上具有崇高的地位。

在绘画领域，江苏地区文人在理论上多有创见，继承了六朝的书画理论并有新的发展，其中代表人物有张璪、朱景玄。张璪是唐代水墨渲淡山水画的创始人之一，是江苏地区最早、最有成就和影响力的山水画家，在画论方面的创见为中国绘画史树立了里程碑。他的同乡朱景玄，在画论上也取得了很大的成就，所著《唐朝名画录》一书集中反映了其对绘画艺术的认识，强调绘画的真实性、概括性、形象性的统一，形与神的统一，代表了那个时代对绘画艺术的认识水平。

在雕塑艺术上，江苏文人也有建树，出现了杰出的雕塑家杨惠之。他成功地将张僧繇的绘画风格融入到雕塑中，被誉为“塑圣”。所塑人物气韵生动，栩栩如生。还创制了“塑壁”的新形式，对后世影响甚大，成为中国传统雕塑的重要组成部分。

三、宗教事业的兴盛

在道教发展史上，江苏地区有着重要的地位。进入唐代后，道教与唐代帝王的关系进入“蜜月期”，茅山上清派道士王知远以清净寡欲著名，隋时曾受到王室的礼遇，唐建国后，高祖、太宗待之甚厚，太宗封他为银青光禄大夫，在茅山建立太平观。在皇室的礼遇下，茅山上清派成为道教中最上乘的一派，在全国的影响很大。中唐以后，道教的发展呈现了南方盛于北方的趋势。句容县境内的茅山在当时与赤城山、衡山、罗浮山并列成为道教的中心。

佛教在江苏有很大的影响。隋唐时期佛教开始与中国文化融合，出现了本土化的趋势，逐渐产生了八大派别：三论宗、天台宗、法相宗、华严宗、律宗、密宗、净土宗、禅宗。在这些宗派的形成过程中，江苏地区的高僧作出了重要贡献。润州延陵（今江苏丹阳）人法融为禅宗支派牛头宗之开祖，其主张的顿悟观为后世的佛教南宗所倡导。为纪念法融，后世将他禅定所在的幽栖山改称祖堂山。一千多年来，牛首山的弘觉寺和祖堂山的幽栖寺，作为牛头禅宗的发源地，一直是国内外佛教徒心目中的圣地。润州丹徒的道宣（596—667），在律学和佛教史学研究上贡献很大。他是唐代律宗三派之一南山宗的开创者，撰有多部律学和史学著作。律学著述取百家之长而成一家之言，颇有见地，其学说不仅风靡当时内地佛教界，而且盛名远播西域。南山律宗也因此在律宗三个支脉中传承独盛，最终成为律宗的代表。

鉴真

唐代江苏地区的另一位律宗高僧鉴真，从 26 岁起就在扬州大明寺讲经布道，传授戒律。座下高徒辈出，影响甚大。天宝元年（742）受日本佛界和政府邀请东渡扶桑传戒，先后五次东渡皆失败，第六次终于成功。他其在日本受到朝野人士的热烈尊崇，被尊奉为日本律宗的始祖。

除道教、佛教外，伊斯兰教、祆教和摩尼教等外来宗教也相继传入。上层和民间对宗教兼收并蓄的态度，使得宗教文化事业对江苏文化产生了重大影响。

第六节　江苏地域文化发展的再盛期——宋元时期

宋元时期，无论是从生产力发展水平、经济与科学技术、思想文化、文学艺术等各个方面发展来看，都是极为繁荣的时期，即使放在世界范围内来看，也处于领先地位，江淮地区的社会发展与宋元时代大的历史环境紧密相关，同时又具有其发展的特殊性。首先，宋元时期江淮地区的发展，使六朝以来开始的中国经济重心南移成为定局，从而奠定了江浙地区在中国古代社会后期的地位与中国经济的基本格局。其次，宋元时期，江淮地区一度成为全国的军、政核心地带，在全国的地位日渐提高，举足轻重。再次，宋元时期，随着经济中心的南移，长期居于北方的中国文化中心，也在南宋之际完成了南移，江淮地区真正成为人文荟萃之地，维扬文化迎来了其发展的繁盛期。

从宋元时期各个方面的发展来看，江淮地区出现了经济发展、市井繁荣、人才辈出、文化昌盛、思想活跃、科技发展、对外交流不断扩大、世界影响远被欧亚的发展局面，成为当时世界上最发达的地区之一。江苏区域文化迎来了历史上最好的发展时期，形成了第一次兴盛繁荣的高潮。在经学、史学、文学、艺术、宗教等各方面都取得了令人赞叹的成就。

一、流派纷呈、百花齐放的经学成就

宋代经学，与汉晋注重章句训诂的经学传统有很大的不同，对传统经学表现出普遍的怀疑倾向，注重义理的阐释，在观念、方法、内容等方面都有极强的创新意识，表现出对当下社会现实的强烈关注，体现出学者在新形势下主体意识的增强。有宋一朝，经学形成了鲜明的特色，是中国儒学发展的重要阶段。宋学内部流派纷呈，颇有春秋时期百家争鸣的遗风。江淮地区的主要宋学派别有：

（一）范仲淹及高平学派。范仲淹是宋学初期开风气的领导人物，他不惑传注的大胆怀疑精神，不仅代表了这一时期对传统儒学的大胆挑战，而且为赵宋义理之学开辟了新路。（二）胡瑗及安定学派。以胡瑗为首的宋初三先生（胡瑗、孙复、石介）被公认为理学的先驱。理学创始人就程颐是胡瑗的学生。胡瑗被黄宗羲《宋元学案》列位宋代学者之首，其经学思想博大精深。（三）王安石及新学派。王安石将儒、释、道的学术融合贯通，在宋学的建立方面贡献更大。他的学说在当时被称为“荆公之学”、“金陵之学”，为北宋中期以来复兴的儒学注入了新鲜的血液，宋学从此进入了繁荣期。另外，还有刘颜及士刘学派、王萍及震泽学派、尹焞及和靖学派等，都取得了不俗的成就，在宋学发展史上有着独特的贡献。

二、史家辈出、成就卓著的两宋史学

宋代理学昌盛，史学成就突飞猛进。陈寅恪说：“中国史学莫盛于宋。”这一时期，史学的特点可谓是史家辈出，成就卓著。

江淮地区的史学名家众多，著述丰富，成就卓著。在起居注、时政记、实录、通史、断代史、史学考释、目录学、地方志等史书的编纂著述方面都取得了重要的成就，尤其是地方志的编纂，不仅数量多，而且质量上乘，成就卓著。王存纂修的《元丰九域志》是地方志代表作。朱长文编纂的《吴郡图经续记》被后人推为名志，受到高度肯定。范成大编纂的《吴郡志》“征引浩博，而叙述简核，为地志之善本”，被章学诚列为方志之首。马光祖修、周应合纂的《景定建康志》，是现存最早的官修南京志书，已成为研究南宋以前南京历史地理极可宝贵的重要文献。

元代继承了宋代修撰地方志的传统，编纂的方志数量多，体例上创立了新的方志种类“一统志”，在理论上也进行了总结探讨，为明清方志的进一步发展打下了较好的理论和实践基础。江淮地区的名志有俞希鲁的《至顺镇江志》、张铉的《至正金陵新志》、杨譓的《至正昆山志》、卢镇的《重修琴川志》等。

三、文备众体、名家辈出的文学艺术

宋代各体文学都取得了突出的成就，所谓“自秦以下，文莫盛于宋”。在诗、词、文领域都取得了杰出的成就，词更是被称为一代文学的代表。文备众体，名家辈出，异彩纷呈，是对宋代文学成就的生动概括。江苏地区在各体文学上也可谓名家荟萃，成就显著。在词的创作上，有张泌、潘阆、范仲淹、秦观、孙洙、王观、王昂、葛立方、葛胜仲、蒋捷等名家；在诗的创作上，则有徐铉、石延年、蒋堂、程师孟、陈师道、张耒、邹浩、李易、胡松年、范成大、尤袤、陈造等作手。他们在创作上都能各有成就，自成一家。范仲淹、张耒、范成大在散文领域，徐铉在骈文领域，也都取得了不俗的成就。元曲继唐诗、宋词之后，成为元代文学的代表。元杂剧本在北方，以大都为中心。元朝统一中国以后，江浙一带因为经济基础雄厚，很快取代大都成为创作的中心。江淮有不少的元曲名家，如扬州睢景臣、陆登善、溧阳孔文升、金陵谷子敬、彭城刘庭信、吴郡张雨、盱眙盍西村、无锡倪瓒、常熟黄公望、苏州阿里西瑛、常州谢应芳等。

两宋时期，江苏地区的著名书法家有徐铉、范仲淹、苏舜钦、米芾（流寓）等。来自扬州的徐铉，学问渊博，书法高超。他所撰写的序文，本身就是一部文字和书体的演变史，其中对书法艺术的独到见解，十分精要。范仲淹擅长正楷、行草，风格冲和平淡，稳健端秀。黄庭坚称其落笔痛快沉着，极近晋宋人风格，堪称大家。苏舜钦篆、隶、真草皆工，尤精草书。米芾虽是襄阳人，却长期寓居润州（今镇江），篆、隶、行、草、楷各体皆能，行草造诣尤高，为“宋四家”（苏轼、黄庭坚、米芾、蔡襄）之一。其书论《海岳名言》是古代书法理论著作中的重要文献。另外，还有朱长文、叶梦得、范成大等人。元代江苏书法家则有袁易、张雨、倪瓒等人。宋元江南书法，承前启后，对明代盛极一时的“吴门书派”有较大的影响。

北宋初期，江宁开元寺僧巨然师法董源，对水墨山水画有所发

展，创“淡墨轻岚”一体，极为时人欣赏，和董源被后人称为“董巨”画派，在中国山水画史上影响极其深远。寓居润州的米芾，则是北宋杰出的书画家。其画山水人物，自名一家，将书法中的点画用笔融于绘画，并以大笔触的水墨表现自然山川的烟云风雨变化，人称“米点”。风格平淡自然，天然成趣，是宋代士人画的典型。除此之外，江淮籍的画家还有陈直躬、朱象先、法能、李士云、戚仲、戚文秀等。元初的龚开，则是淮阴籍的著名画家，他诗画兼擅，题画诗功力深厚。无锡的倪瓒开创了水墨山水的一代画风，格调天真优雅、淡泊空远，对明清画坛影响深远，至今仍被评为“中国古代十大画家”之一。

四、精致淡雅的园林建筑

中国园林在其发展过程中，形成了皇家园林和私家园林两大系列，前者集中在北京一带，后者则以苏州为代表。皇家园林的特点是宏大、严整、堂皇、浓丽，苏州园林的特点是小巧、精致、淡雅、写意。相比之下，私家园林更注意文化和艺术的统一。宋元时期，苏州以山水秀丽、文人云集而闻名天下，因此时代特征，苏州园林发展迅速，成为私家园林的代表。

苏州园林的造园者多以诗为题，以画为本，通过凿池堆山、栽花种树，创造出具有诗情画意的景观，被称为是“无声的诗”、“立体的画”。园内又有匾额、楹联之类充满书卷气的诗文题刻，与建筑、山水、花木自然和谐地揉合在一起，使园林的一山一水、一草一木均能产生出深远的意境，徜徉其中，犹如在品诗、赏画。其中沧浪亭、狮子林分别代表着宋、元两朝的艺术风格。以它们为代表的苏州园林有丰富的文化底蕴，它所反映出的造园艺术、建筑特色，无不体现出中国传统文化的精髓和内涵。

五、宗教的盛行

五代周世宗曾对佛教进行沉重打击，影响了佛教的传播。宋太祖立国之初，下令停止毁佛，重视发展佛教事业，佛教在江淮地区广泛流传，深入人心，其中禅宗和净土宗最为盛行。南宋绍兴（1131—1162）年间，吴郡昆山茅子元在流行的净土结社基础上，创建新教门，称白莲教。它摆脱了正统佛教的森严戒律，允许世俗男女同于忏堂内共修净业，的确为以往佛教史上所未有。它既适应了一般群众的世俗生活，又合乎儒家伦理的固有传统，满足了大批信徒的宗教要求，因而得到了下层民众的拥戴。进入元代后，白莲教与民间信仰逐渐融合，群众基础日益广泛，然戒律松懈，宗派林立。元末社会矛盾激化时，白莲教率先武装反元，对推翻元朝统治有着重要的影响。

宋元时期，是道教发展的又一重要阶段。宋朝皇室崇奉道教，尤其是真宗、徽宗两朝大力崇道，在全国广修道观，道教获得了长足的发展。道教发展的一个重要表现是道派分化，新兴道派不断涌现。南宋时，南方以龙虎山、茅山、阁皂山所谓三山符箓为中心，其中茅山是江苏境内的道教圣地。

宋代对外贸易发达，广州、泉州、杭州、扬州等港口城市外商云集，商人中的穆斯林在居住地建清真寺。元初，大批信仰伊斯兰教的回回人在这些城市定居，伊斯兰教的影响逐步扩大。据史书记载，当时的扬州、南京、镇江等地都有回回人居住，建有清真寺，说明宋元时期的伊斯兰教在江苏地区已经兴起并逐渐扩大了影响。

第七节　江苏地域文化发展的高潮期——明清时期

公元1368年，朱元璋在应天（南京）建立了明朝政权，在以后半个世纪的历程中，南京作为全国政治文化中心，对推动江苏地区文化的发展产生了重要的影响。明成祖迁都北京后，南京改为留都，依然是南方的政治文化中心，在江苏地域文化发展的过程中依然发挥着重要的影响力。

这一时期，江苏社会经济得到了很大发展，江苏地区成为全国社会经济最为活跃的地区，特别是以苏州为中心的太湖流域，商品经济繁盛，在全国拥有举足轻重的地位。在经济发展的同时，政府大力兴办教育，书院、义学等私人教育也得到重视和发展，有力地促进了整个社会文化水平的提高，为江苏地区文化繁荣奠定了重要基础。在哲学、史学、文学、艺术等领域都取得了非凡的成就。

苏州既是全国经济文化最为发达的城市，也是中西文化交汇激荡的前沿地区。明清时期，以苏州为中心的吴文化区迎来了历史上最好的发展时期。高启、王世贞、冯梦龙、沈璟、顾炎武、钱谦益、吴伟业、沈德潜、惠栋、赵翼、张惠言、庄存与、刘逢禄、黄景仁、陈维崧、金圣叹、汪琬等，可谓英才辈出，灿若星辰。

扬州和淮安，作为运河上的重要的漕运枢纽，经济发达，商业繁盛。施耐庵、吴承恩、万寿祺、阎若璩、王艮、王念孙、王引之、任大椿、汪中、阮元、潘德舆、吴嘉纪、扬州八怪等亦可谓群星闪耀，照彻寰宇。因为他们的贡献，维扬文化也迎来了它的高潮期。

作为金陵文化代表的南京，以它特有的魅力吸引着各地的文人在这里聚集，继续展示出金陵文化雄伟、包容、多元的特质。两部伟大的作品《红楼梦》、《儒林外史》及其作者曹雪芹和吴敬梓，都与南京有着密切的关联，金陵文化的多元、包容，在这两部作品里有生动的表现。

清代是中国文化史上的总结、收获期，各种学术都取得了重要的成就。江苏作为文化最昌盛的地区，取得的成就尤为突出。江苏地区经济的快速发展，使城市获得空前的繁荣，城市市民阶层不断发展、壮大，催生了戏曲、小说等通俗文体的繁荣，尤其是小说，取得了杰出的成就，预示着新的文化时代的来临。

一、大师辈出的思想文化领域

明清时期，江苏学术界涌现出多位思想家和学术大师，形成了多个在全国具有重要影响的学术流派。明代中叶后，程朱理学日益不适应社会发展需要，王阳明的心学兴起，继承发扬了南宋陆九渊的主观唯心主义哲学，提出“心外无物”、“心外无理”的宇宙观和“致良知”、“知行合一”的认识论。晚明泰州人王艮师从王阳明，转而形成反对程朱理学的“泰州学派”，在晚明思想界有较大的影响，对明末清初的思想启蒙发挥了积极作用。明代江苏书院教育发达昌盛，学术大师、名家经常在书院讲学，有力地促进了晚明思想文化的交流和传播。东林党领袖顾宪成大胆提出“是非者，天下之是非，自当听之天下”，词锋所向，直指封建专制统治，成为中国早期启蒙思想的先驱。

明末清初的昆山人顾炎武，认为“程朱理学”和“陆王心学”的空疏是导致明王朝灭亡的主要原因，反对空谈心性，倡导“经世致用”的实用之学，认为“天下兴亡，匹夫有责”，在思想界产生了重要的的影响。所撰《日知录》、《肇域志》、《天下郡国利病书》等著作，是其学术思想的生动实践，是对晚明空疏不学的学术风气的有力反拨，在学术界产生了深远的影响，被尊为清代朴学的开山祖师。

占籍淮安的太原人阎若璩的《古文尚书疏证》是清初考据学风的经典之作，对辨别《古文尚书》真伪和倡导疑古精神起了示范作用，是清代考据学的一面旗帜，对乾嘉学风的兴起，产生了重要影响。

乾嘉时期，吴派成员以惠栋、沈彤、江声、余萧客、褚寅亮等苏州府籍学者为中心，还包括如洪亮吉、孙星衍、江藩、王鸣盛等江南其他各府的学者，是乾嘉之际汉学的中坚力量，对江苏文化做出了重要贡献。这一时期，由庄存与为先导、刘逢禄奠基的常州学派异军突起，其代表人物还有庄述祖、张惠言、宋翔凤等。常州学派推崇今文经学，以“公羊学”为研究对象，抛弃了乾嘉汉学苦心钻研的古文经学，试图从儒家经典里找到理论武器，作为社会变革的理论工具，进而推动社会改革。常州学派在清代学术史上占有重要地位，对清代后期的社会政治思想产生过很大影响。鸦片战争前后，魏源等援引《公羊传》经义抨击时弊、倡导经世改革，晚清康有为利用今文经学“托古改制”，为社会改革提供了理论依据，都与常州学派一脉相承。

二、异彩纷呈、成就卓著的史学

明代，随着政治的稳定和经济的繁荣，江苏地区官民编纂地方史志出现了异彩纷呈的局面，保存至今的明代江苏各类方志有132种。官方编纂的地方史志既有通志，也有专志；既有府志，又有州、县志。其中方志名作有卢熊纂修的洪武《苏州府志》，是第一部以苏州府作志名的苏州府志，具有重要的史料价值。王鏊等纂修的正德《姑苏志》，在苏州方志史上有着开创性的意义。盛仪等纂修的嘉靖《维扬志》，是现存最早的扬州地方史志，该志层次清楚，叙述明晰，颇得后世称许。李登、盛敏耕、顾起元等纂修的万历《重修江宁县志》，较之正德《江宁县志》，体例更精，采录甚严，四库馆臣评价极高。专门类方志则有李昭祥《龙江船厂志》，该志的编纂有着经世致用的追求，作者博考史籍，选材严谨，是研究明代造船史的重要文献。作为一部专志，开创了古代造船业史志的先河。

在朝廷的大力提倡下，江苏各级地方政府组织人力修编了各类地方史志，在康熙、雍正、光绪三个时期，无论数量还是质量都有了较大提高。据统计，清代编修的方志占江苏省历代方志总数的58%。清代方志根据行政区划，可分为省志、府志、州志、厅志、县志和乡镇志等；根据性质分，有山水志、名胜志、人物志、金石志、艺文志等。此外还有专志、卫志、关志、圩志等等。其中乡镇志、名胜志数量多，质量高，是清代江苏方志的一个显著特色。江苏地区众多的知名学者，如钱大昕、阮元、江藩、焦循、袁枚、冯桂芬等都积极参与了地方史志的编纂工作。因此，高质量的方志，是构建江苏区域文化史可靠的历史文献。

除了方志的编纂外，明清时期私人撰述史书也较多。明代比较著名的有太仓人王世贞撰写的《弇州史料》、《嘉靖以来首辅传》、《弇山堂别集》，江宁人焦竑编撰的《国史献徵录》、《国史经籍志》、《熙朝名臣实录》、《中原文献》等，苏州人祝允明撰写的《九朝野记》、《江海歼渠记》，武进人唐顺之编撰的《广右战功》、《荆州稗编》；兴化人李清编写的《南北史合注》、《诸史异录》、《南渡录》等。这些野史笔记反映了当时的社会历史，是对明代官方史书的重要补充，是研究明代社会史不可或缺的珍贵资料。

清代乾嘉时期，随着考据学的发展，史学名家辈出。王鸣盛、钱大昕、赵翼并成为"史学三大家"，其代表作分别为《十七史商榷》、《廿二史考异》、《廿二史札记》，被誉为清代三大考史名著。

三、名家辈出、流派迭起的书画艺术

明清时期，商品经济的发展，城市的繁荣，为书画艺术的繁荣培植了肥沃的土壤，书画艺术得到了长足的发展，可谓名家辈出，流派迭起，异彩纷呈，争奇斗艳，为江苏文化书写了辉煌的篇章。

明代前期，宋元文人画传统在江南得到了长足的发展，江苏地区涌现出一批全国知名的书画家。无锡人王绂擅长山水画，兼擅墨竹，与学生夏昶开创了明代墨竹艺术的新风格。明中后期，江南出现了多个山水画派，其中最有影响的是以沈周、文徵明、唐寅、仇英为代表"吴门画派"。另外，还有邹子麟、恽向为代表的"武进派"，盛时泰为代表的"江宁派"，以及曾鲸为代表的"波臣派"。明中期以后，书法活动中心也由北京转至经济繁盛的苏州地区，其标志就是吴门书派的出现，代表人物有祝允明、文徵明、王宠、沈周、唐寅、陈淳、吴宽等。其中祝允明、文徵明、王宠、陈淳被后人称为"吴中四名家"。他们是吴门书派鼎盛时期的代表性人物，在继承魏、晋、唐、宋、元优秀书法的基础上，突破了明初台阁体的束缚，大胆创新，独具风格，开辟了书法艺术的新途径，被誉为"书之中兴"，并一度成为全国书法风格的代表。

清代前期，江苏文人山水画、花鸟画得到进一步的发展，形成了多个地域画派。"四王"(王时敏、王鉴、王翚、王原祁)承续明末董其昌衣钵，以临摹古画为特色，居画坛正统地位。而画坛著名的"四僧"(石涛、朱耷、髡残、弘仁)，借绘画抒发亡国情怀和抑郁之气，艺术上极具创新精神。以龚贤为首的"金陵八家"是清初文人画的代表，绘画与四王

桃花坞年画

画派不同，作品的写实性较强。“扬州八怪”反对拘泥古法，主张自立门户，独树一帜，进一步发展了破笔泼墨技法，形成个性鲜明、神韵独具风格，在画坛影响很大。

明中后期，清乾隆、雍正年间，以苏州桃花坞为代表的“姑苏版”桃花坞年画大行于世，年产量多达百万张以上，成为闻名全国的三大木板年画之一，与天津“杨柳青”年画并称“南桃北杨”，产品畅销全国，远销日本和东南亚诸国，被海外誉为“东方古艺之花”。

四、各体皆擅、辉煌灿烂的文学

随着商品经济的发展，明代江苏地区的文学艺术也有很大的发展和进步。明初，南京作为首都，为全国的文学中心，各种文学思想和主张都由江苏地区传播至全国各地。江苏文人在小说、戏曲、诗词、散文、文学评论、书画诸方面取得丰硕成果。

明初，江苏地区最具代表性和成就最大的诗人是苏州文人高启，其诗富有时代特色，具有鲜明的地方特色和乡土气息，被尊为明代第一诗人。明中期，江苏地区文坛涌现出“吴中四才子”（祝允明、唐寅、文徵明、徐祯卿）和“金陵四家”（顾璘、陈沂、朱应登、王韦）等一批知名诗人。清初江苏诗歌名家众多，钱谦益、吴伟业皆名列“江左三大家”。钱谦益在诗歌创作和理论上皆成就突出，为清初诗坛领袖。吴伟业长于七言歌行，所作诗歌被称为“梅村体”。乾嘉时期，江苏地区影响较大的诗人有沈德潜、袁枚、赵翼、郑燮等人，形成了以沈德潜为代表的格调派和以袁枚为代表的性灵派。

明代江苏涌现了一批散文大家。王世贞、宗臣、归有光、唐顺之都是名家，其中归有光的影响最大。清代江苏地区的散文名家有顾炎武、汪琬、袁枚等散文大家。

明末以陈子龙为代表的云间派，以复古为创新，成为清词复兴的先锋。在清词复兴过程中，江苏地区扮演了重要的角色。常州、扬州等地涌现了一大批名家。万树编写的《词律》是清前期重要的一部词学著述，在词谱学史上具有重要的意义。嘉道以后，常州词派乘时崛起。开派者张惠言及其后继者周济提出了“比兴”、“寄托”的词学主张，是对词学理论的重要变革，也是清代词学尊体运动的发展，对晚清词坛的产生了广泛的影响。常州词派成为笼罩晚清词坛影响最大的流派。

明代江苏地区的小说成就非常突出，施耐庵的《水浒传》、吴承恩的《西游记》、冯梦龙的“三言”都是这一时期的不朽之作。《水浒传》是英雄传奇小说的典范，《西游记》是神魔小说的代表作，是中国长篇浪漫色彩小说的高峰。冯梦龙编写的“三言”是明代白话小说的代表作。清前期，小说创作最为繁荣，无论是长篇、短篇，还是文言、白话，都取得了很高的成就。其中《红楼梦》、《儒林外史》、《镜花缘》都与江苏有着不解之缘。南京、扬州、苏州是《红楼梦》涉及的三座重要城市，是小说塑造的人物生活环境的现实基础。《红楼梦》曾用名《金陵十二钗》、《石头记》，都与南京紧密相关，可以说，南京、苏州、扬州等地是《红楼梦》这部小说能够产生的土壤和温床。《儒林外史》的作者吴敬梓在南京度过了一生的大部分时光，正是在南京的生活，开阔了他的眼界，丰富了他的体验，这是吴敬梓创作《儒林外史》的重要前提。南京是《儒林外史》重要情节发生的场所，书中对南京的玄武湖、莫愁湖、雨花台、报恩寺、水西门、清凉山等名胜古迹都有刻划和描写，南京的山水楼台、寺庙、集市、人情世俗和方言、俚语、谚语等在书中都有所反映，作品充满了南京的风土人情和生活气息。

在小说批评上，清代江苏学者也取得了重要的成绩。金圣叹对《水浒》的评点、毛纶、毛宗岗父子对《三国演义》的评点、张竹坡对《金瓶梅》的评点，将中国古典小说理论和批评推向了新的高度。

晚清谴责小说四大家中，李宝嘉、刘鹗、曾朴都是江苏人。李宝嘉的《官场现形记》是晚清谴责小说的开山之作，突出地反映了晚清中国半封建半殖民地社会的黑暗现实，加深了人们对清王朝腐朽本质的认识。从此以后，逐渐形成了创作谴责小说的高潮。刘鹗《老残游记》的艺术成就比较突出，体现了中国小说由叙事型向描写型的转变。掺入诗和散文的笔法，开拓审美空间，其文笔之清丽潇洒，意境之深邃高远，都达到很高境界，在国内外影响巨大。曾朴就是要把《孽海花》写成一部历史小说，其基本特征是“把奇妙和真实”结合在一起，塑造“个人与社会历史命运更紧密结合的人物”，表现历史的本质和趋向，最终“把小说提高到历史哲学的地位”。应该说，《孽海花》已经达到了这样一种境界，堪称具有近代意义的历史小说。

在漫长的历史进程中，江苏地区的人民创造了多姿多彩的灿烂文化，吴文化、金陵文化、维扬文化、楚汉文化、苏东海洋文化多元并存，交相辉映，它们既有浓厚的江苏地域特色，又是中华文化不可分割的重要组成部分，是江苏这块沃土上结出的文明之花。

关键词：

马家浜文化　崧泽文化　良渚文化　六朝　明朝

思考题：

1. 查找有关历史文献，了解不同历史时期江苏区域的地理范围变化的情况。

2. 为什么说魏晋南北朝时期是江苏地域文化的初盛期？

3. 为什么说隋唐时期是江苏地域文化的发展期？

4. 为什么说宋元时期是江苏地域文化的再盛期？

5. 为什么说明清时期是江苏地域文化的高潮期？

第三章　江苏地域文化的多元性

"日月叠璧，以垂丽天之象；山川焕绮，以铺地理之形：此盖道之文也。"（刘勰《文心雕龙·原道》）日月运行，指的是时间历史；山川焕彩，说的是具体地理。刘勰《文心雕龙·原道》中有关"道之文"的论述，有利于我们理解和把握地域文化的内涵。这就是说，地域文化有两个维度：空间上的地理疆域，时间上的历史发展。从时间上来说，虽然江苏省得名于清朝康熙六年(1667)，但是江苏地域文化的历史可以上溯到数千年，甚至数十万年以前，传统文化源远流长。从空间上来看，处于中国东南沿海的中心地带，长江、淮河下游的江苏地域文化是多元的，是多区域性的。从空间与时间的两个维度来看，比较适合将江苏地域文化划分为吴文化、金陵文化、维扬文化、徐淮文化、苏东海洋文化等五个文化区域。当然，各个地域文化的划分，往往以地理环境、社会结构的不同乃至民俗、语言的差异等为参照，其中有某些历史渊源，比如吴文化、越文化、齐文化、鲁文化等，与春秋战国时期分封的诸侯国吴、越、齐、鲁等有渊源；至于说"徽州文化"，则原来是清代徽州府的辖区。显然，文化地域通常是古今沿袭或约定俗成的历史区域，它在产生之初的地域界定比较明确，但由于漫长的历史逐渐泯灭了它们的地理学意义，疆域变得比较模糊，只存下大致所在的地域了。

第一节　吴文化

关于“吴文化”，有几种不同的看法：一是将商末泰（太）伯奔吴而建立“勾吴”以前阶段的文化称为吴文化或先吴文化；二是将泰（太）伯奔吴建国至吴王夫差荒淫亡国这个阶段的文化称为吴国文化；三是将夫差亡国后至今近二千五百年的文化称为后吴文化或吴地文化。从地域文化有空间上的地理疆域、时间上的历史发展两个维度来看，以上几种对吴文化的概括都有其偏面性。我们认为：吴文化以太湖中三山遗址等旧石器文化为源头，以“泰（太）伯奔吴”与当地土著蛮族相结合为契机，以春秋时建都姑苏的吴国为基本型制，以“吴侬软语”（吴方言）为语言文化特征，以现今紧靠太湖的苏、锡、常地区为中心地带。吴文化区还应包括上海、浙江的嘉兴、湖州等地。这些地区主要是环太湖地区。从这个意义上，吴文化主要是环太湖地区文化。而本书所论的是江苏地域的吴文化，主要指苏、锡、常地区。

吴地文化历史悠久，早在旧石器时代，就有先民生活在吴地。1985年，考古工作者在太湖中的三山岛（今属苏州市）发现了一万多年前的旧石器晚期的遗址。继之而起的是七千多年前的马家浜文化，其后是崧泽文化、良渚文化等。距今四、五千年的良渚文化时期，具有江南水乡特色的村落格局已形成。

从地理位置和自然环境来看，吴地位于长江下游的太湖流域，水网密布，河道纵横，素有“水乡泽国”之称。太湖“包孕吴越”，其中也孕育着吴文化在物态层面的主要特征，这就是水文化。由水文化的主要特征又衍生出吴文化在物态层面的多个特征：稻文化、鱼文化、蚕桑文化、船文化、桥文化、莲藕文化等。吴地人的传统是“饭稻羹鱼”，其饮食与稻作文化、鱼文化息息相关；吴地的太湖流域适宜蚕桑，其服饰与蚕桑文化相互促进；吴地人的传统往往是临水而居，其民居有“小桥流水人家”的特色。唐代诗人杜荀鹤在诗中写道：

去越从吴过，吴疆与越连。
有园多种桔，无水不生莲。
夜市桥边火，春风寺外船。
此中偏重客，君去必经年。
（杜荀鹤《送友游吴越》）

吴文化是水文化，具有清新的水的气息，柔美的水的风格，鲜活的水的灵性。

吴侬软语是吴地语言文化的主要特征。吴语清秀温和、细腻灵动，声母分尖团、前元音丰富、声母有清浊、声调多变，在听觉上形成“细哆软糯”的美感。李素英在1936年发表的《吴歌的特质》中写道：“中国的方言虽然多到数不尽，学不全，我总觉得只有两种堪称为美的语言：北平话‘雍容大雅’，字正腔圆，是端庄的美；苏州话娇啭莺簧，‘珠圆玉润’，是柔和的美。”包括苏州话在内的吴语带有轻灵、温和、清丽的水磨腔调，被称为吴侬软语。以吴语为载体，形成了吴歌、锡剧、昆曲、评弹等吴方言文学，备受人们的喜爱并代代相传。

吴文化是水文化，其中有物态文化的特征、语言文化的特征，也有行为文化与心态文化方面的特征，这主要是：

一、温良谦让、秀慧柔美的品性

一方水土养一方人，一方人创造一方文化。吴地的水文化，孕育着吴地的民风习性。所谓“水文化”，既有物态文化的层面，如由此而形成的稻作文化、鱼文化等，又有心态文化层面，主要是“智者乐水”——“知者乐水，仁者乐山。知者动，仁者静”（《论语》）。水文化是与儒家“仁者文化”对立互补的道家“智者文化”，具有聪颖灵慧的特性。吴地人“秀慧、细腻、柔和、智巧”的性格，与北方人那种“朴实、粗旷、刚劲、拙直”的文化性格形成鲜明的对比。例如写坚贞的爱情，吴地民歌写道：“要分离，难分离，除非男子生个小把戏；要分离，难分离，除非石滚子浮在湖水里；要分离，难分离，除非铁树开花结个水荸荠。”连用比喻，机灵活泼，俏丽风趣，在爱情描写中充满着智慧。而北方歌谣《情歌》：“金刚石碎了更坚硬，白玉石碎了更透明，肠儿断了情更长，心里碎了爱更深”，朴实硬朗，刚劲悲壮，南北民歌风格迥然不同。

与秀慧柔美密切相关的是吴地人温良谦让。这可以追溯到远在公元前 11 世纪的商末周初的三让王位的泰（太）伯。周太王古公亶父欲传位于三子季历，长子太伯、二子仲雍揣知父亲的意图，为了避让君位，从陕西岐山千里迢迢来到被称为“荆蛮”之处的吴地。这在《史记·吴太伯世家》中有记载：

> 吴太伯，太伯弟仲雍，皆周太王之子，而王季历之兄也。季历贤，而有圣子昌，太王欲立季历以及昌，于是太伯、仲雍乃奔荆蛮，文身断发，示不可用，以避季历……太伯之奔荆蛮，自号句吴。荆蛮义之，从而归之千余家，立为吴太伯。

因而，赢得孔子的赞誉：“泰伯，其可谓至德也已矣！三以天下让，民无得而称焉。”（《论语·泰伯》）

常州人民公园季札像

又有春秋时吴公子季札，史称“延陵季子”。季札是吴王寿梦第四子，仁德宽厚，知书达理，吴王非常喜欢他，想把王位让给他。季札并不想接受王位，于是三次让位，两次出走，躲到山野耕作，成为与泰(太)伯“前三让”相媲美的“后三让”。他去世后，墓前有传说为孔子所书的十字碑：“呜呼有吴延陵君子之墓。”虽然早期的吴文化有偏于刚劲的一面，据《汉书·地理志》中说，吴地的君主好勇，民众喜欢用剑，“轻死易发”，但是后来的民风习俗逐步转向温文儒雅，和煦敦厚，在民间有“宁愿与苏州人吵架，也不愿与某某地方的人说话”的俗语。无锡泥人“大阿福”和“老寿星”，笑容可掬，和睦可亲，便是生动的写照。

二、后来居上、开拓进取的勇气

上古时期，吴地文化相对落后于中原文化，比如我国第一部诗歌总集《诗经》中多是北方歌谣，而没有吴地歌谣。到“泰(太)伯奔吴”，他所带来的中原文化与“荆蛮”土著文化结合并创新，吴文化开始进入第一个辉煌时期。泰(太)伯在吴地建筑了江南第一座都城，建立勾吴国家。崛起的吴国，西破强楚，南败越国，北伐中原，一度跻身于“春秋五霸”的行列。吴文化第二个辉煌时期是唐宋。随着“安史之乱”、“靖康之变”，包括吴地在内的江南成为北方移民的聚集地，经济重心开始南移，韩愈在贞元十八年(802)写的《送陆歙州诗序》中指出：“当今赋出于天下，江南居十九。”在北宋时，苏州是“望郡”，经济发展与杭州齐名，但在杭州之上，所以《吴郡志·杂志》引谚语“天上天堂，地下苏杭”时说“谚犹先苏后杭”，说明当时苏州的经济地位高于杭州。就农业经济来说，苏州及常州在全国有举足轻重的地位，因而在南宋年间出现了“苏常熟，天下足”(陆游《常州奔牛闸记》)的谚语。第三个辉煌时期是明清。明清时期，吴地成为全国经济、文化的重心之一。明代官至礼部尚书并兼文渊阁大学士的邱濬说：“韩愈谓赋出天下，而江南居十九。以今观之，浙东西又居江南十九。而苏、松、常、嘉、湖五郡，又居两浙十九也。”(《大学衍义补》卷24)这说明当时的苏州、松江、常州等地区是全国著名的重赋区。明代中叶以后，吴地在农业、手工业、商业等方面一直处在全国领先地位，出现了中国十大商帮之一的洞庭商帮，是我国最早出现“机户出资，织工出力”等资本主义萌芽的区域之一。当时有句流行语：“钻天洞庭遍地徽”，说当时“无徽（商）不成镇”，说洞庭商帮有一种“钻天”——拼命钻营、善于钻营的精神。

吴地之所以能后来居上，关键有一种开拓进取、不断创新的精神，这在清代阳湖（今常州）人赵翼的《论诗》中集中地体现出来：

满眼生机转化均，天工人巧日争新。
预支五百年新意，到了千年又觉陈。

李杜文章万口传，至今已觉不新鲜。
江山代有人才出，各领风骚数百年。

三、崇文重教、经世致用的传统

“泰伯德让在，言游文学成。”（高启《吴趋行》）吴地不仅有三让王位、德高望重的泰伯，也有崇文重教的言偃。吴地崇文重教之风，始于春秋时期的言偃（前506—前443）。言偃，字子游，常熟人，他是孔子惟一的南方弟子，后跻身于“七十二贤”乃至“十哲”之中。他学成回归吴地，在家乡讲学传道，传播先进的中原文化，对启迪吴地文化起着重要的作用，为吴地文教之祖，被尊称为“南方夫子”。后来吴地逐步形成崇文重教的风尚。北宋范仲淹任苏州知府时曾在苏州建立郡学。此外，吴地还有金坛茅山书院、无锡龟山（东林）书院等。历史上有“天下有学自吴郡始”之说。吴地形成了崇文重教的风尚，藏书、读书、教书的风气越来越浓，至明清时期则大盛。如明末无锡人顾宪成、高攀龙等创立“东林之社”，讲学于东林书院，学风纯朴，教风踏实，为海内士大夫所仰慕。此时，吴地著名的书院还有钟山书院、紫阳书院、南菁书院等。清代吴地的书院较为著名的有苏州的文正书院、鹤山书院，常熟的虞山书院、养贤书院，常州的龙城书院，无锡的东林书院、二泉书院，宜兴的东坡书院，金坛的金沙书院等。吴地成为全国教育最为发达的地区之一。

在隋唐至清代相当长的历史时期，吴地的教育之盛与科举之盛是并行的。吴地书院不少是科举教育型书院，培养了一批又一批科举之士和人才。自隋朝科举取士以来，吴地的科举之盛是其它地区难以比拟的。据《毗陵科第考》记载，常州历史上一共出了 9 位状元，1 546 名进士。其中宋代三百多年中，常州考取的进士就达 674 人，出现了宋维和宋绛、丁宝臣和丁宗臣等两对兄弟同榜高中进士的盛事，在常州留下了令人自豪的“双桂坊”地名。在明代 89 科考试中，苏州被录取进士 1 075 人，约占全国 24 966 人中的 4.3%。清代自顺治三年（1646）开科取士，到光绪三十年（1904）废除科举，全国文状元 112 名，苏州就出了 25 名，约占 22.3%，还有 658 名进士。

与“两耳不闻窗外事，一心专读圣贤书”不同，吴地人往往将读书与经世相结合，有一种忧国忧民、经世致用的传统。宋代苏州文人范仲淹的“先天下之忧而忧，后天下之乐而乐”，明代无锡东林书院的对联“风声、雨声、读书声，声声入耳；家事、国事、天下事，事事关心”，明清之际启蒙思想家、昆山人顾炎武的“天下兴亡，匹夫有责”，皆属此类。还有清代常州庄存与开创、他的外孙刘逢禄奠基并逐渐形成的今文经学流派也是如此。常州今文经学派在考据学盛行时期，不搞古文经传的考据，而研究今文经传的“微言大义”，借以“托古改制”，以适应时代潮流。刘逢禄是继庄存与之后最为全面研究“公羊学”的学者，他认为《春秋》是经典，只有“公羊学”才得孔子真传。主张治理国家的制度和办法应该随时代而变化，“穷则必变”，认为“变”的观点是理解儒家学说的关键。刘逢禄的门生龚自珍、魏源充实并弘扬了常州今文经学派的变革思想，将“据乱”、“升平”、“太平”的“三世说”

改为“治世”、“衰世”、“乱世”的“新三世”说，借以发挥其改革社会的思想，经世致用，开展改良主义的启蒙运动。到了康有为、梁启超时代，常州今文经学又成为维新变法的理论武器。

第二节　金陵文化

金陵文化也称为“宁镇文化”，这其中的原因之一是镇江（京口、润州）亦曾称“金陵”。清代冯集梧的《樊川诗集注》卷一《杜秋娘诗》注引《至大金陵志》“唐润州，亦曰金陵”，又指出：“唐人谓京口亦曰金陵。”金陵文化以北阴阳营文化（属新石器文化）、湖熟文化（属早期青铜文化）等为源头，以长江南岸的宁镇山脉为地理背景，以三国东吴政权先建都京口（今镇江）后迁都建业（今南京）为契机，以江淮方言与吴方言相互并存与相互交融为语言文化特征，以今南京、镇江为中心地带。

金陵文化或称宁镇文化的地理环境，主要是宁镇山脉。宁镇山脉是长江中下游平原丘陵地带南京（简称“宁”）、镇江间的一条山脉，绵延100多公里。这条山脉位于长江南岸，山脉的北侧有幕府山、栖霞山等，中间有钟山、宝华山等，南侧有青龙山、汤山、茅山等。其中栖霞山上的栖霞寺、宝华山中的宝华寺为佛教名寺，茅山则是道教名山，蕴藏着金陵（宁镇）宗教文化的丰富内涵。

金陵语言文化的特征是江淮方言与吴方言相互并存与相互交融，形成了古吴语—中原雅音—明清官话等演变的轨迹。南京话由吴语演变而来，永嘉之乱后，洛阳语音移至江东，经过二百多年的交融，形成了南朝正音—中古金陵音系。又经过与江淮一带方言的同化、融合，逐渐具备了综合的性质，成为明清时期官话的标准音。自东晋起，南京音以古中原雅音的正统嫡传身份受到推崇，其特点是清雅流畅、抑扬顿挫，不仅在中国产生巨大的影响，同时也流传到周边国家，比如传入日本的“吴音”，便是当时的南京话。魏晋南北朝时镇江话属吴方言，由于特殊的政治、社会、交通等原因，导致方言属性的变化。镇江话后来属于江淮方言，位于北方方言与吴方言两大方言的结合部，其中既有吴方言的遗痕，又有京腔的影响。

金陵文化有语言文化的特征，也有物态文化与心态文化及行为文化方面的特征，这主要是：

一、水文化与山文化相映

南京“负山带江”，背靠宁镇山脉，濒临滚滚长江。南京城内与城郊既有钟山（紫金山）、富贵山、覆舟山、鸡笼山、五台山、清凉山、马鞍山、狮子山、牛首山、汤山、方山、幕府山、栖霞山等，又有秦淮河、金川河这两条流经南京市区而注入长江的支流，玄武湖、莫愁湖就像两颗明珠布列在南京市的左右。总之，南京有山有水，山水相映。因而，古人咏南京（金陵）也往往是山水兼顾：“三山半落青天外，二水中分白鹭洲”（李白《登金陵凤凰台》）；“千里澄江如练，翠峰如簇”（王安石《桂枝香·金陵怀古》）；“蒋山青，秦淮碧”（萨都剌《满江红·金陵怀古》）；“大江来从万山中，山势尽与江流东”（高启《登金陵雨花台望大江》）。自然景观如此，人文景观也是如此。例如，位于秦淮河畔的瞻园，布局精

瞻园

致，曲折幽深，可谓“一拳代山，一勺代水”，山水相映，宛若天成。

镇江，曾称为京口、润州、金陵等，是一座滨江山林城市，城中山，城外水，这里“衿带江山，表里华甸，经途四达，利尽淮海”（《宋书·文帝纪》），长江与京杭大运河在这里汇就成“江河立交桥”坐标。金山之绮丽，焦山之雄秀，北固山之险峻，“一水横陈，连冈三面，做出争雄势”（陈亮《念奴娇·登多景楼》）；“客路青山外，行舟绿水前。潮平两岸阔，风正一帆悬”（王湾《次北固山下》）。正是宁（南京）、镇（镇江）的青山碧水孕育着金陵的水文化与山文化。显然，金陵传统文化的特色之一是“水文化”与“山文化”相映，即道家的“智者文化”与儒家的“仁者文化”互补，是儒道合流的文化。

二、庙堂文化与市井文化并存

京口（镇江）在三国时曾是孙权的定都之地（时称“京城”），尤其是金陵（南京）曾为“六朝古都”、“十朝都会”，在相当长的一段时期内，庙堂（指朝廷）文化占统治地位。因为隋兵灭陈朝以后，隋文帝杨坚不久将建康城邑与宫殿全部毁掉，改作耕地，所以六朝庙堂文化的物态方面的遗存很少，仅有六朝祭坛、六朝皇陵石刻雕塑等，而镇江

明孝陵

尤其是所属丹阳遗存的六朝陵墓及神道石刻较多一些。南唐、明朝（初期）、太平天国和民国政府都曾建都南京，也因为种种原因，前三者庙堂文化在物态方面的遗存也较少，著名的有南唐二陵、朝天宫、明故宫、明孝陵、江南贡院和煦院、瞻园等。其中明孝陵已成为世界文化遗产。

但相对来说，民国时期的文化遗产较多。因而，在了解各个朝代的庙堂文化方面，人们往往说："隋唐看西安，明清看北京，民国看南京。"作为庙堂文化，不仅要看物态方面的遗存，还要看制度、行为、心态等方面的影响。从后几个方面来说，六朝时期的文化冲突主要表现为：士族中的门户权力之争，士族与寒族之争，北伐与偏安之争，而且六朝帝王多提倡佛教，使外来文化（佛教）与本土文化（儒、玄、道）相互冲突又相互融合。而明朝（初期）、太平天国、民国政府（辛亥革命时期）则是强化胡汉（华夷）文化冲突，在"驱逐胡（鞑）虏，恢复中华"上一脉相承。

当然，金陵（南京）历史上多为庙堂文化与市井文化并存的都市。《隋书·地理志》在介绍隋灭陈后的蒋州（南京）时，一方面说"平陈，诏并平荡耕垦"，另一方面又说："人物本盛，小人率多商贩，君子资于官禄，市廛列肆，埒于二京，人杂五方，故俗颇相类。"这里所说的"率多商贩"，指市井；"资于官禄"，指依附于庙堂（朝廷）。早在六朝时期，建康城中商贾云集，店堂林立，城内有著名的四大市——大市、东市、北市和秣陵斗市，城外秦淮河北有谷市、花市、草市、纱市、盐市、牛马市等。说到庙堂文化与市井文化的并存与融合，在镇江北固山上有许多旅游景点和三国东吴与蜀国联姻有关，这就是"刘备招亲"的故事。刘备在京口（镇江）甘露寺与孙权的妹妹结亲，在民间传为千古佳话，并传说镇江甘露寺中的多景楼叫"相婿楼"，或叫"梳妆楼"。

三、雅文化与俗文化互补

虽然说"千里不同风，百里不同俗"，但金陵（南京）南北交往频繁，往往是"南风北俗萃于一城"，多方面地展示了俗文化的风貌。早在六朝时，建康（南京）为都城，元旦和元宵灯火极盛，为全国之冠。晋代傅华在《元日朝会赋》中写道："前三朝之夜中，庭燎晃以舒光。华灯若乎火树，炽百枝之煌煌。俯而察之，如亢烛龙而炤玄方；仰而观焉，若披丹霞而鉴九阳。"自明代以来，南京灯市盛传不衰。后来夫子庙增建贡院，加上秦淮河是当时南京的交通要道，游帆舟旅，商贾往来，浆声灯影，异彩纷呈。还有那烟花女子"秦淮八艳"——寇白门、卞玉京、顾眉生、董小宛、柳如是、李香君、陈圆圆、马湘兰等名扬四海，金陵风味小吃"秦淮八绝"享誉天下。夫子庙元宵灯市、秦淮八艳、秦淮八绝等，几乎成为金陵俗文化的缩影。

俗化，只是金陵文化的一个方面，而它的另一面是崇文尚雅，雅文化高度发展。金陵地区雅文化代有高峰，名家辈出，在文学艺术、学术、科学、教育、宗教等方面独领风骚。例如，南朝谢灵运和谢朓开创与发展山水诗派，谢灵运的诗如初发芙蓉，自然可爱；谢朓的诗清新秀丽，当时文坛领袖沈约誉之为"二百年来无此诗也"（《南齐书·谢朓传》）。梁武帝曾说："不读谢诗三日，觉口臭。"（《太平广记》卷 198 引《谈薮》）高雅如此，便使唐代大诗人李白在《金陵城西楼月下吟》中写道："解道澄江净如练，令人长忆谢玄晖（谢朓，字玄晖）。"因而清代诗人王渔洋《论诗绝句》中说李白"一生低首谢宣城（谢朓，曾任宣城太守）"。清代从安徽全椒移居南京的吴敬梓的《儒林外史》，与南京有渊源的曹雪芹的《红楼梦》，孔尚任以南京秦淮名妓李香（李香君）与侯方域爱情故事为线索而创作的《桃花扇》，都是享誉中外的古典小说或戏曲名著。在书画领域，金陵更具有特色。东晋王羲之、王献之父子，出身于建康乌衣巷的高门大族，均为书法大家，其中王羲之的书法笔势"飘若游云，矫若惊龙"，雄强多变化，被尊为"书圣"。还有清初龚贤等"金陵八家"著名画家群体，至于现代杰出画家徐悲鸿、傅抱石、刘海粟等，更是蜚声海内外。南京地区的教育历来也很发达。早在东晋时，南京就创立太学。南朝宋时，在建康（南京）开始设立儒学、玄学、文学和史学四馆，可算我国分科大学的开端。明代在夫子庙一带设立国子学，以后为应天府学，而江南贡院的号舍达两万多间，每次可容纳考生两万多人，其规模之大，居各省之首。至今，南京的高等院校和中国科学院、中国工程院等两院院士都在全国各省市名列前茅。

宁镇文化（金陵文化）之一的镇江文化，也是雅、俗并存与互补。茅山香期庙会颇有盛况，道士做道场，香客进香，民众赶庙会，热闹非凡。地方小吃如香醋、肴肉、锅盖面等名闻遐迩，素有“香醋摆不坏，肴肉不当菜，面锅里面煮锅盖”等“三怪”之说。不仅有古代四大爱情传说之一——许仙和白娘子（白蛇传）（另三大传说为牛郎和织女、董永和七仙女、梁山伯和祝英台），还有唐代润州名妓杜秋娘的传说。杜秋娘能歌善舞，美慧无双，风靡江南一带。著名诗人杜牧曾为她写长篇《杜秋娘诗》，其中有云：“秋持玉斝醉，与唱《金缕衣》。”杜秋娘所唱的《金缕衣》：“劝君莫惜金缕衣，劝君须惜少年时。花开堪折直须折，莫待无花空折枝。”劝人珍惜时光，珍惜爱情，热情奔放而又回肠荡气。镇江不仅诞生了李白、杜牧、范仲淹、王安石、苏轼、陆游、辛弃疾等著名文人来寻幽探胜、寄情抒怀的作品，还有南朝宋时的刘义庆编撰志人小说集大成之作《世说新语》，南朝梁时的萧统编撰中国第一部文学总集《昭明文选》，刘勰著有中国第一部系统文学理论巨著《文心雕龙》，南朝陈时的徐陵等选编主要收闺情之作的诗歌总集《玉台新咏》，北宋沈括著有被誉为“十一世纪的科学坐标”《梦溪笔谈》等。

四、兴亡之感与爱国精神互动

毋庸讳言，金陵文化还存在一些颓废、庸俗的成份，比如“六朝金粉”、“秦淮风月”式的享乐文化、黄色文化，还有所谓南京式的“市骂”等。历史上建都建康（金陵或南京）的六朝、南唐等多为亡国之君，因而人们对金陵历史文化的印象，往往与享乐、偏安、亡国联系在一起。其实，正是剧烈竞争、政权更迭、社会动荡的金陵历史孕育出一种特殊的文化心态——兴亡之感与忧时意识。如南宋诗人陆游在登金陵水西门城楼时所作的《登赏心亭》诗中云：“孤臣老抱忧时意。”晚唐诗人杜牧《泊秦淮》诗云:“烟笼寒水月笼沙,夜泊秦淮近酒家。商女不知亡国恨,隔江犹唱后庭花。”元代词人萨都剌《满江红·金陵怀古》词中云:“思往事,愁如织,怀古国,空陈迹。”也正是兴亡之感与忧时意识激励着一种文化精神——抗争精神与爱国主义。比如说东晋时的北伐名将祖逖,他枕戈待旦,“闻鸡起舞”,立志北伐,当他从镇江出发而渡江北上时中流击楫宣誓:“祖逖不能清中原而复济者,有如大江!”(《晋书·祖逖传》)南朝宋时著名将领宗悫,他的叔父问少年宗悫的志向是什么,宗悫说:“愿乘长风破万里浪。”(《南史·宗悫传》)到明初诗人高启在《登金陵雨花台望大江》诗中以钟山如龙、乘风破浪的形象比喻这种抗争精神和爱国主义:“钟山如龙独西上,欲破巨浪乘长风。江山相雄不相让,形胜争夸天下壮。”而付诸爱国行动的事例不胜枚举,其中如南宋抗金名将岳飞,背刺着“尽忠报国”(《宋史·岳飞传》,亦作“精忠报国”)四个大字而英雄转战,曾在南京牛首山之战中大败金兵。显然,金陵文化的主导方面是在兴亡之感与忧时意识激励之下的抗争精神和爱国主义。这种兴亡之感与爱国主义互动的体现之一是设立南京大屠杀死难者国家公祭日。1937年12月13日,侵华日军在南京开始实施长达四十多天惨绝人寰的大屠杀,三十多万人惨遭杀戮,制造了震惊中外的南京大屠杀惨案。因此,从2014年起,每年进行南京大屠杀死难者国家公祭日的活动,表明包括南京在内的中国人民反对侵略战争、捍卫人类尊严、维护世界和平的坚定立场。

第三节　维扬文化

《尚书·禹贡》:“淮海惟(维)扬州。”南北朝时的庾信《哀江南赋》:“淮海维扬”。后来截取“维扬”二字以为名。明初曾设置维扬府,后来改为扬州府。维扬文化是以享有“淮左名都”的扬州(现分为扬州市、泰州市)为中心的区域文化。

维扬文化区域的语言主要是扬州话,扬州话历史悠久,特色鲜明，是江淮方言区独领风骚的土语。扬州是江淮名邑，又以大运河沟通南北。经过漫长的南北交融，使扬州方言呈现出自己独特的风格特点：言简意赅、风趣生动、爱憎分明、意味深长，豪放中有俊爽，所谓“不南不北，又南又北”。

维扬文化有语言文化的特征，也有物态文化与心态文化及行为文化方面的特征，这主要是：

一、刚柔相济的文化品性

宋代扬州才俊、词人秦观（少游）《望海潮》：

星分牛斗，疆连淮海，扬州万井提封。花发路香，莺啼人起，珠帘十里东风。豪俊气如虹。……

扬州瘦西湖

维扬地区河多水多、船多桥多，以瘦西湖、何园和个园等扬州园林为代表的自然人文景观呈现出古色古香、雄秀结合的风貌，又在南北文化交流中形成了清新优雅与豪迈俊发相结合——刚柔相济的文化特征。例如,扬州的玉器玲珑剔透,兼有"南秀北雄"的艺术风格。扬州的漆器瑰丽多姿,兼有南北之长,形成"清、精、雅、健"的特色。扬州园林引进徽州的建筑手法,借鉴苏州园林的模式,以独特风格自立于中国园林之林。扬州园林与苏州园林相比,总体风格同样是文气、灵气、秀气,而扬州园林比苏州园林少一分雕琢,多一分质朴;少一分繁富,多一分简洁;少一分柔腻,多一分刚劲。由此要说扬州人的骨气。明朝末年,清军统帅、摄政王多铎率兵南下,攻打扬州,扬州督师史可法带领军民拼命抵抗。破城的前一日,史可法写下了绝命书。相传这一天深夜,城内老百姓中有二人,见史可法室内还亮着灯,便将熬好的一大钵莲子银耳羹送到了督师府,一是让史可法养心补气,二是敬佩他为官廉洁、高尚。史可法明白百姓的美意,又在羹内撒了一把色红似血的枸杞子,表明自己决不苟且偷生,发誓血染疆场。扬州城破之日,史可法被俘后大义凛然,誓死不降。清军丧心病狂,屠城十日,但这一象征扬州人骨气的小吃——莲子羹被流传了下来,扬州民谣中唱道:"吃过晚饭思夜宵,一碗莲子羹,清心又补脑,一觉睡到大清早。"扬州人的骨气通过扬州流传的民谣乃至小吃莲子银耳羹生动地表现出来了。

二、"贾而好儒"的城市风尚

春秋末期,吴王夫差为了争霸中原,在今扬州市西北部蜀冈之上筑邗城,这是见诸史籍的最早的扬州城。从此,扬州开始了它的城市发展史。在近 2 500 多年的历史中扬州城曾几度辉煌。隋代利用邗沟开通大运河,实现了黄河、淮河、长江的连结,使扬州在隋唐时期成为全国城市文化的翘楚,扬州的社会、经济、文化的繁荣与发展,位居全国之首,"富庶甲天下,时人称扬一益二",这是北宋著名的史学家司马光编著《资治通鉴》(卷 259)上的记载。"扬一益二"是记载唐朝人的话,说当时城市"商贾如织",繁荣富裕,扬州第一,益州(成都)第二,扬州富甲天下。元代扬州"商贾云集,舟楫溯江远及长沙"(姚燧《真州路总管府经历吕君神道碑铭并序》)。明代的扬州,来自全国各地的富商巨贾云集："扬，水国也。北吞淮泗，西连滁濠，南浮金焦，东汇海堧，非江北一大都会哉！聚四方之民，新都（新安，指徽州商帮）、最关以西（指陕西商帮）、山右（指山西商帮）次之。"（明万历《扬州府志》序）清代扬州的繁荣达到高峰，孔尚任《有事维扬诸开府大僚招宴观剧》诗中写道："东南繁华扬州起，水陆物力盛罗绮……一客已开十丈筵，客客对列成肆市。"到乾隆时期，扬州的繁华达到鼎盛，富庶甲天下，"四方豪商大贾，鳞集麇至，侨户寄居者，不下数十万"（乾隆《淮安府志》卷13），跻身于世界十大城市之列。

扬州等地的盐商有一个显著的特点，那就是"贾而好儒"。徽商中有相当一部分兼具商人和文士的双重身份，如马曰琯、马曰璐、江春、江昉、汪楫、汪懋麟、许承宣、孙枝蔚、程梦星、程晋芳、郑元勋、鲍志道、鲍漱芳、鲍勋茂、汪应庚、郑鉴元等，大多"商而兼士"。扬州盐商不少附庸风雅，与文人交相唱和，所谓"邗上时花二月中，商翁大半学诗翁"（林苏门《续维扬竹枝词》），并有不少著有诗文集，如孙枝蔚著有《溉堂集》，程晋芳著有《勉行堂集》，马曰琯著有《沙河遗老小稿》等。袁枚在《扬州游马氏玲珑山馆感吊秋玉主人》中称赞扬州的徽商马曰琯云："横陈图史常千架，供养文人过一生。"扬州的徽商马曰琯、江春等供养或与之唱和的有厉鹗、全祖望、袁枚、赵翼、蒋士铨等著名文人，还有盐商支持的书院（如马曰琯出资重修梅花书院）培养了段玉裁、王念孙、王引之和汪中、洪亮吉、孙星衍等大批知名学者，所谓"梅花安定广陵（指扬州的梅花书院、安定书院、广陵书院）兼，膏火（点灯的油，借指求学的费用）来源总是盐"（倪澄瀛《再续扬州竹枝词劫余稿》）。

三、领异标新的创造精神

从汉代枚乘的《七发》等赋体的创新到唐代张若虚"以孤篇压全唐"的《春江花月夜》，均体现了扬州文化中领异标新的创造精神。明代中后期的泰州学派，是中国思想史上一个领异标新的学派。其创始人王艮曾"商游四方"，学无师承，不拘泥于儒家经典的文义，"信口谈解”，主张“百姓日用之道”，主张从日常生活中寻求真理，多少反映了平民的要求与特色，“非名教之所能羁络”（黄宗羲《明儒学案·泰州学案·序》），是带有“异端”色彩的启蒙思想。清代郑燮（郑板桥）等“扬州八怪”，他们卓而不群，特立独行，师法自然，直抒胸臆，以诗、书、画作为武器，抨击时政，鞭挞官僚，关心民生疾苦：“衙门卧听萧萧竹，疑是民间疾苦声。些小吾曹州县吏，一枝一叶总关情。”（郑燮《潍县署中画竹呈年伯包大中丞括》）以其创新的勇气、独特的个性、泼辣的画风，冲击着当时复古主义风靡的画坛，呈现出“怪异”而又解放的思想。

四、兼容会通的高远追求

2014 年 6 月，以扬州领头的中国大运河被列为世界遗产名录。千百年来大运河对江苏文化尤其是维扬文化影响深远，人们记得隋炀帝在扬州城内首先开凿运河后，扬州便成为南北交通枢纽，凭借漕运之利，唐朝时扬州成为天下第一的富庶城市。大运河贯通南北，促使扬州在相当长的一段时期成为南北文化交流的中心，深刻影响了维扬人兼容会通性格的形成。

南朝梁代萧统编撰的《文选》是我国现存最早的一部文学总集，受到广大文士的高度重视，杜甫倡导“熟精《文选》理”（《宗武生日》），甚至民间流传“《文选》烂（烂熟），秀才半”的谚语。由隋入唐的扬州人曹宪注释《文选》，撰《文选音义》，广收门徒，创立《文选》之学。唐代扬州人李善在曹选的基础上再注《文选》，广征博收，“淹贯古今”，撰写《文选辨惑》10 卷和《文选注》60 卷，详细精审，独立一说，使扬州成为“《文选》学”的发源地。

清代的扬州学派，是乾嘉时期与以惠栋为首的吴派、以戴震为首的皖派鼎足而立的三大学派之一，其代表人物为段玉裁（金坛人，肄业于扬州安定书院）、王念孙和王引之父子、汪中、焦循、阮元、刘宝楠（以上均为扬州人）等。他们把辑佚、校勘、注释等研究手段熟练地加以综合利用，兼顾训诂与义理，不仅讲究贯通群经，而且追求经学与诸子学及史学的融合汇通。所以，当代学者张舜徽指出：“余尝考论清代学术，以为吴学（吴派）最专，徽学（皖学，皖派）最精，扬州之学最通。无吴、皖之专精，则清学不能胜；无扬州之通学，则清学不能大。”

五、闲雅和合的生活情趣

扬州，是一个富有神奇魅力的地方，不仅引动诗人骚客要“烟花三月下扬州”（李白《黄鹤楼送孟浩然之广陵》），甚至出现了边关西域“商胡离别下扬州”（杜甫《解闷十二首》）的风气。唐代徐凝《忆扬州》诗中说：“天下三分明月夜，二分无赖是扬州。”清代黄慎《维扬竹枝词》中写道：“人生只爱扬州住，夹岸垂杨春气熏。自摘园花闲打扮，池边绿映水红裙。”扬州的魅力，固然是由于经济发达、城市繁荣，但与扬州人闲雅的生活情趣不无关系。扬州人种花养花历史悠久，呈现出“果竹繁盛，花药成行”的景象。清代以来，无论是官宦商贾，还是平民百姓，多以养花种草为乐，正如方桂《望江南百调》词中所说：“扬州好，花市簇辕门。玉面桃开春绰约，素心兰放气氤氲。宣石衬磁盆。”扬州不少人以养鸟为乐趣，以往扬州与北京、上海在一起，被人们誉为全国三大养鸟之地，清代惺庵居士《望江南百调》词中写道：“扬州好，溜雀校场中。月样红叉鹦鹉架，水磨黄竹画眉笼。顾盼健儿雄。”扬州人以闲雅的生活来享受人生的乐趣，比如“扬州人好品茶，清晨即赴茶室，枵腹而往，日将午，始归就午餐”（清代徐珂《清稗类钞·饮食类》），因而，扬州茶肆“甲于天下”。早晨喝茶、吃汤包等点心，晚上以泡澡等方式休闲，所谓“早上皮包水，晚上水包皮”。闲雅和合的生活与人居环境的不断优化，扬州获得 2006 年度“联合国人居奖”。

第四节　徐淮文化

徐淮文化或称之为“楚汉文化”。“千古龙飞地，令人感废兴。”

(王偰《宿沛县泗亭驿》)汉代开国皇帝刘邦是从徐州的沛县走出来的,东汉第一个皇帝刘秀、三国时蜀汉的第一代君主刘备(刘皇叔),他们的根都在徐州。徐州又是汉代分封国楚国的治所,西汉时在徐州共封了12代楚王;东汉重设分封国楚国,至第二代改封彭城国,也传了6代。还有项羽的籍贯为下相,在今宿迁市的西南,他曾建立西楚国,号称西楚霸王。可见,汉代徐州一带是楚汉文化的发祥地、繁荣地,因而至今有人将徐淮文化称为“楚汉文化”。徐淮文化(楚汉文化),泛指徐州、淮安、宿迁等地区。

徐淮文化(楚汉文化)历史悠久,以新石器时代的青岗文化、大墩子文化乃至距今约5万年前下草湾新人文化为源头,本土的东夷文化以大彭氏族方国文化、徐夷方国文化为子系统。春秋以来,楚文化逐步东移,成为江淮乃至淮北地区文化的主流。从楚汉相争到刘邦建立西汉王朝,楚汉文化传统形成雏形。后来,进一步与徐淮本土文化整合,并吸收周边文化如齐鲁文化等,楚汉文化的传统逐步定型并不断发展,成为江苏乃至中华文化中一个颇有特色的区域文化。

徐淮文化(楚汉文化)以徐州方言为语言文化特征。徐州地区流行着一句谚语“南蛮北侉,徐州炼渣”,一般北方人称南方人为“蛮子”,而南方人称北方人为“侉子”,“炼渣”是不南不北的意思。徐州地处淮北,历史上南北朝廷往往以淮河为界,因而徐州方言多受中原和齐鲁方言的冲击,这就使得徐州方言既体现着北方人的粗犷和直白,也具有南方人的细腻和含蓄。也就是说,粗狂而又细腻,直白而又含蓄,是徐州方言的风格特征

徐淮文化有语言文化的特征,也有心态文化及行为文化方面的特征,许多论者均有阐述,比如说:

一、不屈不挠的斗争精神

徐淮地区处在淮、泗、沂、沭诸河流域的下游,素有“洪水走廊”之称。金代黄河夺泗入淮以后,数百年间水患不断。千百年来在与洪

水作斗争的过程中，培育了徐淮地区人民不屈不挠的斗争精神，徐州的苏堤、黄楼，淮安的镇淮楼等，都是徐淮人民抗洪斗争历史的见证。北宋熙宁十年(1077)，苏轼由密州调任徐州知府。不久，黄河在澶州(今河南濮阳)决口，洪水冲到徐州城下，苏轼率领五千多民工加固旧堤。徐州军民万众一心，奋战洪水，使黄河回归故道，终于避免了一场洪水灌城的惨祸。又在徐州城东门阻挡洪水的要冲之处建造两层高楼，取名“黄楼”。苏轼有《九日黄楼作》诗，清代查慎行注云：“太守苏公守彭城之明年，既治河决之变，民以更生，又因修缮其城，作黄楼于东门之上，以为水受制于土，而土之色黄，故取名焉。”

二、重义质朴的性格特征

《史记·货殖列传》说徐地人“矜己诺”，《隋书·地理志》说彭城(徐州)一带的人“挟任节气，好尚宾游”，正是重义质朴之风的表现。《史记·管晏列传》中有记载：“管仲曰：‘吾始困时，尝与鲍叔贾，分财利多自与，鲍叔不以我为贪，知我贫也。’”由此而流传着“管鲍分金”的故事。相传在春秋时期，管仲、鲍叔牙在徐淮地区的盱眙一带经商，有一天两人在路上共同发现了一根金条，就坐下来等候失主，直到天黑仍无人前来认领。鲍叔牙便将金条截成一长一短两块，将长的一块给管仲，说：“汝家穷，当多得。吾富足，当得少之。”管仲叹道：“生我者父母，知我者鲍子也。”最后，他俩一个都没有要那金条，而是主动将金条分送给附近村庄的老百姓。当地百姓为了纪念管仲、鲍叔牙的情谊，建立了“管鲍分金亭”，这是徐淮人有情有义、重义质朴性格的一个缩影。

三、善用智谋的策士风范

“汉初三杰”——韩信、萧何、张良是其典范。韩信(？—前196年)，秦末汉初淮阴(今淮安市清浦区)人，经萧何极力推荐，被刘邦拜为大将。从此，他用智谋创造了一个又一个辉煌的战例：明修栈道，暗度陈仓，还定三秦；北伐魏赵，背水布阵，连战连捷；降燕击齐，水淹龙且，拒楚扶汉；垓下灭项，成就大业，成为名符其实的一代“兵仙”。萧何（？—前193年），沛县（今属江苏）人。在楚汉相争中，他力劝刘邦称王关中，养精蓄锐，广罗人才，建立根据地。成为汉王刘邦的丞相后，知人善任，惟才是举，“萧何月下追韩信”成为千古美谈。张良（？—前186年），传为城父（今安徽亳县东南）人，后因结交刺客狙击秦始王而被搜捕，藏身于下邳（今属江苏睢宁县）。他在楚汉相争中屡出奇谋，刘邦赞赏他“运筹策帷帐之中，决胜于千里之外”（《史记·高祖本纪》）。

四、健康长寿的养生理念

徐州，古称彭城，传说尧时封彭祖在此，为大彭氏国，徐州称“彭城”便是从此开始。彭祖，姓篯名铿，颛顼玄孙，生于夏代，至于殷末时已七百六十七岁（一说八百岁），人们以他为长寿的象征。屈原《楚辞·天问》中有云：“彭铿斟雉，帝何飨？受寿永多，夫何久长？”意思是问：彭祖善做雉羹（鸡汤），能侍奉帝尧，帝尧如何享用？彭祖活了八百岁，为何寿命如此长久？王逸注中提到彭祖能做一手好菜，烹调的鸡汤味道鲜美，尧品尝后大为赞赏，便把彭城封给了他。彭祖的“雉羹之道”逐步发展成为“烹饪之道”，雉羹是我国典籍中记载最早的名馔，被誉为“天下第一羹”。晋代葛洪的《神仙传》还为彭祖立传，说他“少好恬静”，“唯以养生治世为事”，“善于补养导引之术”。彭祖通过摄养术、导引术、服气术、烹调术、房中术等以达到修身养性、健康长寿目标。这位彭城之祖，在徐淮地区颇有影响，唐代以后乃至今天尚有彭祖井、彭祖庙、彭祖像等文化遗存。唐代皇甫冉《彭祖井》诗云：“上公旌节在徐方，旧井莓苔近寝堂。访古因知彭祖宅，得仙何必葛洪乡。”传说中彭祖所创的雉汤、云母羹、羊方藏鱼、麋鱼鸡等名羹名菜流传至今。徐州人继承彭祖“以食养生”的理念，比如在三伏天吃伏羊，举办“彭城伏羊节”等民俗活动，民间有“彭城伏羊一碗汤，不用神仙开药方”的说法，健康长寿的养生理念在民俗活动中不断推广。

五、兼收并蓄的开放姿态

徐淮以南属于维扬文化区、宁镇文化区和吴文化区，西南属于荆楚文化区，北部属于齐鲁文化区，西部属于中原文化区，周边的多元文化有利于开放和融合。宋代苏轼在徐州知府任上，所作《九日黄楼作》中有云“诗人猛士杂龙虎，楚舞吴歌乱鹅鸭”。刘邦《大风歌》中有“安得猛士兮守四方”之句，显然，“猛士杂龙虎”象征楚汉（徐淮）雄风。楚舞，楚地之舞。吴歌，吴地民歌。由此可见楚汉文化、吴文化与徐淮文化的交融，也可见徐淮文化兼收并蓄的开放姿态。

以上几个方面是徐淮文化（楚汉文化）的特点，但徐淮文化（楚汉文化）最主要的特点是：

六、气魄雄伟、尚武强悍的楚汉雄风

项羽曾经以彭城（今徐州）为都城自立为西楚霸王。当时徐淮的相当一部分地方属于西楚。“夫自淮北沛、陈、汝南、南郡，此西楚也。其俗剽轻，易发怒。”（《史记·货殖列传》）项羽是“剽疾”型的英雄人物，其《垓下歌》中有云：“力拔山兮气盖世。”此地还有那既有韬略又有英雄气概的汉高祖刘邦，其《大风歌》唱道：“大风起兮云飞扬。威加海内兮归故乡。安得猛士兮守四方！”显然，徐淮地域文化的主要特征是以英雄主义为主流的“楚汉雄风”。比如，徐州汉画像石凝重古朴，奔放粗豪，是“一部绣像的汉代史”（翦伯赞）。

徐州狮子山楚王陵和汉兵马俑，剽悍骁勇，气魄雄大，展示了两千多年前的楚汉雄风。其中汉代的兵士，脸形宽厚，前额平阔，神情持重，表现出英武的性格。汉代的马俑，眼睛似铜铃一般，神彩奕奕，双耳耸竖，状似削竹，鼻骨隆突挺直，筋骨暴强。浑圆的腹部，劲健的四肢，弧形的嘴唇，无不表现出战马骠悍骁勇的勃勃生气，也是“楚汉雄风”的生动体现。

徐州楚王陵兵马俑

“千古兴亡征战地，莫将蕞尔视徐州。”（叶道源《彭城杂咏》）自古以来，发生在徐州的战争，仅有记载的就多达二百余次，成为兵家必争之地。三国时群雄割据，徐州是反复争夺之地，“九里山前作战场，牧童拾得旧刀枪”（《水浒传》第四回），楚汉相争之中，相传韩信进攻项羽时，在位于徐州北部的九里山下设下“十里埋伏”，与楚军展开决战。晋末两次北伐，徐州是发起攻击的前沿阵地。元末明初朱元璋攻打徐州北取中原。民国时期蒋、冯、阎新军阀中原大战，中日台儿庄会战，都是以徐州为中心。解放战争时期，在以徐州为中心的淮海大地，进行了一场举世闻名的淮海战役。在这兵家必争之地也出了不少英勇善战的军事人才，如南朝宋武帝刘裕，祖籍彭城（今徐州）。他在东晋末年出兵北伐，灭南燕、后燕、后秦，后来推翻东晋，成为南朝宋的开国皇帝，“想当年，金戈铁马，气吞万里如虎”（辛弃疾《永遇乐·京口北固山怀古》）。唐代诗人储光羲《登戏马台作》诗中写道：

君不见宋公杖钺诛燕后，英雄踊跃争趋走。小会衣冠吕梁壑，大征甲卒碻磝口。天门神武树元勋，九日茱萸飨六军。泛泛楼船游极浦，摇摇歌吹动浮云。居人满目市朝变，霸业犹存齐楚甸……

戏马台，在今徐州市城南，相传项羽曾在这里戏马，故名。宋公，刘裕，曾在东晋时封为宋公。钺，大斧。诛燕，指擒杀南燕主慕容超。吕梁壑，在今徐州市东南。甲卒，指军队。碻磝，古津渡，城名，故地在今山东。元勋，立首功。齐楚，指齐地、楚地，徐州古属西楚。唐代诗人储光羲登临戏马台，歌颂南朝宋武帝刘裕南征北伐的功绩，也是尚武征战、“楚汉雄风”的生动体现。还有时任广东水师提督的关天培（淮安府山阳人）在中英鸦片战争中抗击英军，不畏强暴，以身殉国，气壮山河；曾为台南提督的杨泗洪（宿迁人）抗击日寇，死守台湾，为国捐躯，壮怀激烈。徐淮地区的男儿尚武善战，有的女子也是巾帼不让须眉，如南宋名将韩世忠之妻梁红玉即为淮安人。南宋高宗建炎四年（1130），韩世忠奉命率领八千士卒镇守京口（今镇江），堵截金兵统帅金兀术率领的十万精兵。两军开战那天，韩红玉身先士卒，登上十几丈高的船楼，冒着流矢，亲自擂鼓，指挥作战，将金兵围困在黄天荡整整 48 天。梁红玉击鼓战金山，金兀术落魄黄天荡，这一战为南宋朝廷赢得了近三十年边境安全。后人敬仰这位巾帼英雄，修建梁红玉祠，祠堂两边擎天柱上挂着一幅对联：

青眼识英雄，寒素何嫌，忆当年北虏鸱张，桴鼓亲操，半壁江山延宋祚

红颜摧大敌，须眉有愧，看此日东风浩荡，崇祠重整，千秋令誉仰淮壖

尚武强悍的精神作为楚汉文化的一种特质，蕴含在徐淮地域文化各个领域中。比如这里盛行武术，相传彭祖首开武术文化先河，彭城是中华武术发祥地之一。民间戏曲如柳琴戏、淮海戏、泗州戏等，都属于“拉魂腔”系列，粗犷浑厚，声势壮大。梆子戏等传统剧目中多有《战洛阳》、《战洪州》、《佘太君发兵》等尚武征战的故事，伴随着高亢雄浑的唱腔传遍徐淮大地。又如饮食文化，在宿迁的宾馆筵席上

有“霸王汤”，在徐州的两汉菜系中有“十面埋伏”。这里还有爱饮烈性酒、喜食辣味食物之风。炒鸡，要多加辣椒，名叫“辣子鸡”；做汤，也要辣乎乎的，名叫“辣汤”，所谓“一碗羊肉汤，半碗辣椒油”。

当然，徐淮文化（楚汉文化）中也有另类的色调乃至负面的因素。比如说汉高祖刘邦既有草莽习气，又有流氓习气。徐淮人看重自己的承诺，好尚宾游，热情待客，好吃狗肉，好喝白酒，但性格急躁，轻悍好斗。然而，老百姓的性格豪爽耿直，多快人快语，还是最为突出的方面。

第五节　苏东海洋文化

江苏是个重要的海洋省份，有一千多公里长的海岸线，拥有广阔的海洋资源，这是从空间上——地理疆域上说的；再从时间上——历史发展上，当然应该是地理与历史的结合，也就是从历史地理学（文化地理学）上来说，早在先秦时期，苏北平原南端的长江古沙咀由扬州向东延伸，海岸线经过二千多年向外伸展，形成了一个相当规模的海洋文化区。江苏传统的海洋文化区主要指南通、盐城、连云港的海岸区域，位于苏东地区，因而称之为“苏东海洋文化”。

苏东海洋文化主要以江淮方言为语言文化特征。但其中有多样化，如属于江淮方言的南通话，又分通泰片、南通片，具有较浓厚的吴语色彩，是江淮方言与吴方言的过度方言；属于江淮方言的盐城话，分为滨阜片、建盐片、丰台片；而连云港话则分为江淮方言海泗片、中原官话徐州片、胶东官话青州片等。

苏东海洋文化有语言文化的特征，也有物态文化与心态文化及行为文化方面的特征，这主要是：

一、煮海为盐、带有海味的物态文化

与吴地等以“水稻文化”为主不同的是苏东沿海地区以“海盐文

煮盐图

化”最为突出。苏东沿海地区与山东等沿海地区一样，呈现出“煮海为盐”、带有海味的物态文化特征：“齐人富国书犹在，煮海为盐居县官。千灶飘烟云树湿，万盘凝雪浪花干。”（柯九思《送程鹏翼赴山东运司经历》）据《史记·货殖列传》中记载：“彭城以东，东海、吴、广陵，此东楚也……夫吴自阖闾、春申、王濞三人招致天下之喜游子弟，东有海盐之饶。”汉初，盐渎（今盐城）一带“煮海兴利，穿渠通运”，故名“盐渎”。晋义熙年间（405—418），盐渎县更名为盐城，这正是盐业生产与运输日益兴盛的表现，盐田相望，煮海为盐，“公私商运，充实四远，舳舻往来，恒以千许”（《太平寰宇记》卷124“盐城县”条引《南兖州记》）。

明清时期，苏东沿海各州县汲海水制煎、晒盐，隶属于“两淮盐区”。明代嘉靖年间，苏东海盐生产规模不断扩大，例如两淮盐场中的通州分司有灶户4634家，灶丁13 014人。明代后期，苏东海盐逐步向晒盐发展，这是海盐生产技术史上一次重大革命，加快了海盐生产的发展。清代康熙年间“天下盐课两淮最多”（《清史稿·食货志·盐法》）。乾隆时，淮盐产量达6亿斤以上，是全国最大的产盐区。海盐以粒大色白而著称，行销江苏、安徽、江西、湖南、湖北、河南等广大地区，在国内外享有盛誉。

二、沧海桑田、神奇变幻的区域氛围

“世间兴废奔如电，沧海桑田几回变”（汪元量《夷山醉歌》）。从战国时代到宋、金之前，江苏的海岸线大致以范公堤为标志，大堤以东是茫茫大海，早期的连云港及赣榆等与大陆分离，孤悬于海中，今天的苏东长约300公里、宽约30—50公里的区域——连云港、盐城、南通的大部分地区都在茫茫大海之中。其中海平面与海岸线几经下降—趋稳—上升的变迁。比如说南通，在唐宋以前还只是大海里的沙洲。南朝梁时（约公元6世纪上半叶），胡逗洲（又称壶逗洲）出现于长江口中，唐初扩展为约70平方公里的江中岛屿。10世纪初，胡逗洲与长江北岸连接，到11世纪中叶，胡逗洲与东布洲、南布洲等连成一片，完成了南通地区除启东之外的成陆过程，有了今天的高出海平面的南通地区。“沧海桑田几回变”，加之面对烟波渺茫的大海，往往在海边人们的眼前呈现“海市蜃楼”式的幻景，便造成了一种神奇变幻的区域氛围：“海客谈瀛洲，烟涛微茫信难求”（李白《梦游天姥吟留别》）；“东方云海空复空，群仙出没空明中。荡摇浮世生万象，岂有贝阙藏珠宫。心知所见皆幻影，敢以耳目烦神工。岁寒水冷天地闭，为我起蛰鞭鱼龙。重楼翠阜出霜晓，异事惊倒百岁翁”（苏轼《登州海市》）。

这种神奇变幻的氛围，在相关文学作品中也有反映。在《儒林外史》、《红楼梦》前后，清代中期还出现了许多长篇小说，其中成就最高、影响更大的是《镜花缘》，作者李汝珍原籍直隶大兴（今属北京市），早年随兄长移家江苏海州（今连云港市）。《镜花缘》中多次提到连云港海中的云台山等，又说与花果山（云台山最高峰）相毗邻的东磊山（云台山南麓），被亿万年的一次造山运动雕塑得古怪离奇，苍山如海，乱石擎天，奇花异草，犹如仙境。《镜花缘》是一部寄托理想、讽谕现实并富有海洋文化色彩的小说。前半部分写游历海外三十多国的奇人奇事、奇风奇俗。其中有淳朴祥和、理想世界的“君子国”，也有与“男尊女卑”现实世界相反的“女尊男卑”的海上“女儿国”，以虚构的不平等对抗现实社会的不平等，以梦幻的手法透露出些许理想的光彩。

三、艰苦自立、敢斗敢拼的实践精神

清初绝于仕途、处于海滨的吴嘉纪有一首《绝句》写灶户盐工的

艰苦劳动:“白头灶户低草房,六月煎盐烈火旁。走出门前炎日里,偷闲一刻是乘凉。”诗的前两句写盛夏酷暑中灶户盐工艰苦的工作环境,后两句将骄阳如火的毒晒反说成“乘凉”,以正话反说的手法倍加说明灶户盐工的艰辛。不仅劳动艰辛,而且深受官吏的欺压、重税盘剥:“掾豺隶狼,新例临场……殚力供给,负却公税。”(吴嘉纪《临场歌》)这种“公税”成为灶户盐工沉重的负担:“国家财赋,所称盐法居半者,盖岁计所入止四百万,半属民赋,其半则取给于盐策,两淮岁解六十八万有奇。”(李汝华《附户部题行十议疏》,《明经世文编》卷474)正是由于“煮海为盐”必须依靠海潮,盐民生活在风灾频繁的海边,恶劣的自然环境和繁重的劳役,再加上离乡背井、戴罪在身(流民)、地位低下等社会背景,反而激发了苏东沿海先民艰苦自立、敢斗敢拼的精神。

连云港地区流行着的“高姑舀海”故事,折射出敢斗敢拼的精神。说的是很久以前,小岛上只生活着高大海、高姑父女二人。一天,父亲高大海出海捕鱼,因海龙王游玩而掀起海浪又掀翻高大海的渔船。女儿高姑一直不见父亲回来,便对着一望无际的海面哭诉:“狠心的海洋啊!我要和你拼,我要和你斗,舀干大海水,也要把父亲找回来!”于是,她用葫芦瓢一瓢一瓢舀海水,“舀了一年,龙宫里金龙玉柱左右摇;舀了两年,龙宫上的琉璃瓦往下掉;舀了三年,龙宫左歪右斜要倾倒;舀了四年,龙王坐不住了!”海龙王终于让一群海燕将高大海的尸体送到高姑的身边。“高姑舀海”故事与“精卫填海”(“精卫衔微木,将以填沧海”)神话传说一脉相承,都体现了艰苦自立、敢斗敢拼的海洋文化精神。

艰苦自立、敢斗敢拼的海洋文化精神,不仅在“高姑舀海”故事中表现出个体性,而且在“范公堤”的修筑中体现出群体性。宋代天禧年间(1017—1021),范仲淹调任泰州西溪(今东台)盐仓监。为抵挡海潮的侵袭,保护老百姓的生命与生产,范仲淹肩负着“先天下之忧而忧”的社会责任感,率领通州、泰州、楚州、海州等地4万多民工,苦战5年，筑成了一条长180多公里、高5米、底宽10米、顶宽3.3米的大堤。元、明、清时期，一方面不断加固原有的范公堤，另一方面又从海安至吕四修筑海堤，使海堤延长至291公里，仍然统称范公堤。这其中体现了锲而不舍、艰苦斗海的群体力量，也有范仲淹的个人功绩。清初盐民诗人吴嘉纪赞扬说："茫茫潮汐中，矶矶沙堤起。智勇敌洪涛，胼胝生赤子。西塍发稻花，东火煎海水。海水有时枯，公恩何日已！"(《范公堤》)

论述苏东海洋文化中艰苦自立、敢斗敢拼精神，还要说到孙悟空。《西游记》中的孙悟空背负着天帝和如来佛等强加给他"大闹天宫"、"欺天罔上"的罪名，负重前行，降魔有功，最后如来佛终于封他为"斗战胜佛"(一百回)。西天取经途中，历经"九九八十一难"，孙悟空无所畏惧，总是敢打敢拼，或是上天入地，查问妖怪来历，设法清除。困难再多再大，都吓不倒、难不住他。他三打白骨精，使变化无常的女妖怪终没有逃脱他的金箍棒。他在与铁扇公主的战斗中，钻进敌人的肚子，在里面"竖蜻蜓，翻跟头"，智胜敌手。有一回在狮驼山误入"阴阳二气瓶"，几乎"倾了性命"，但他还是"咬着牙，忍着痛"(七十五回)，想方设法，终于跑了出来，继续斗争。吴承恩创作的《西游记》中的孙悟空形象与淮河下游的水神无支祁传说有某些关联，书中孙悟空早期生活的"水帘洞"与连云港的花果山也有某些关联，因而可以说《西游记》中的孙悟空也是苏东海洋文化中艰苦自立、敢斗敢拼精神在艺术形象中的一个典范。孙悟空是虚构的"斗战胜佛"的文学形象，而苏东沿海的千百年来现实生活中也不断涌现出一个又一个的"斗战胜"的英雄群体。

四、海纳百川、大胆开放的海派气概

苏东现有一千多公里海岸线，拥有广阔的海洋资源，历史上海洋盐业、海洋捕鱼、海上运输乃至远洋航海等相对比较发达，为"海上丝绸之路"的开通与拓展作出了贡献，也为江苏传通的海洋文化奠定了

物质基础。若论苏东传统海洋文化的心态层面和行为文化，主导方面是海纳百川、大胆开放的海派气概。这较早地体现在秦始皇时徐福浮海东渡上。徐福（徐市），齐地琅琊（今连云港赣榆）人，秦朝著名方士。据《史记·秦始皇本纪》记载，秦始皇二十八年（公元前 219 年），“齐人徐市等上书，言海中有三神山，名曰蓬莱、方丈、瀛洲，仙人居之。请得斋戒，与童男女求之。于是遣徐市发童男女数千人，入海求仙人。”秦始皇三十七年（公元前 210 年），秦始皇第二次派徐福出海，徐福于是率“童男童女三千人”和“百工”，携带“五谷”（《史记·淮南衡山列传》），乘船泛海东渡，这比明代郑和下西洋早 1600 多年，比意大利航海家哥伦布发现美洲大陆早 1700 多年。徐福东渡是较早向海外传播中华文化的活动，而连云港孔望山摩崖造像则是较早接受并融合外来文化的成果。孔望山摩崖造像，依山的自然形势而雕成，共有一百多个人像，其中有三尊立佛较为突出，还有三尊侧卧的佛像，有叠罗汉图，还有佛教的涅槃图、舍身饲虎图及菩萨弟子等构成一幅幅画面。这是一组东汉摩崖佛教艺术造像，是印度佛教传入中国、中国石窟艺术最早融入佛教的见证，也较早体现了苏东海洋文化“海纳百川”的宽广胸怀。

这里再以南通为例。应该说，早年的南通虽然濒江临海，但交通闭塞，加之灶户盐工相对封闭的生产生活环境，还不时地接收带罪而又被管制的“流人”，眼界比较窄小，心胸比较闭锁。后来，逐步有所变化，特别是明清时候南通成为苏北平原重要的商品集散中心，南北交往，四通八达，“州之东北，海通辽海诸夷；西南，江通吴、越、楚、蜀；内运渠通齐、鲁、燕、冀，故名通州。”（明万历《通州志·通州沿革表叙》）清末民初，包括南通在内的苏东沿海地区开风气之先，大胆开放，率先引进近代先进的生产力与先进文化，其中南通的状元张謇是一位杰出的代表。他放眼世界，指出：“欧美各国工列专科，日本崛起先图工业。”（张謇《请设工科大学公呈》），提倡“振兴商务”、“实力救国”，在南通创办大生纱厂，后又陆续开办垦牧、轮船、面粉等公司及实业银行等;他又创下了近代史上“七个全国第一”:中国第一支股票、第一个农业企业、第一所师范学校、第一座博物馆、第一所纺织专科学校、第一所厂办大学、第一所水利工程学校、第一所盲哑学校,使南通获得“中国近代第一城”的美誉,曾有“小上海”之称。正如胡适在《南通张季直先生传记·序》中所评价的:“他独力开劈了无数新路,做了三十年的开路先锋。”

苏东海洋文化是充满着年轻活力的文化,较多地体现了海洋文化的开放意识。其中历史上属于江苏,而在 1927 年划为直辖市的上海,本来是苏东传统海洋文化的一大重镇。上海原来是一个小渔村,她以沿江临海,地处中国海岸线正中,长江入海口,太湖流域的地理环境,率先开放,熔铸中西,为我所用,勇于创新,异军突起,发展为当今长江三角洲的“龙头老大”和国际大都市。她将传统的苏东海洋文化、吴越文化与现代意识以及西方文化等相融合,使之成为当今足以与“京派文化”相匹敌的“海派文化”,充分显示了海纳百川、大胆开放、熔铸中西、勇于创新的海派气概。

关键词:

吴文化　金陵文化　维扬文化　徐淮文化　苏东海洋文化

思考题:

1. 吴文化有何特点?
2. 金陵文化有何特点?
3. 维扬文化有何特点?
4. 徐淮文化有何特点?
5. 苏东海洋文化有何特点?

第四章　江苏经济与科技文化

自魏晋南北朝特别是唐宋以来，中国的经济中心从北方转到南方。"东南财赋地"（康熙《示江南大小诸吏》），江苏的经济在全国的地位越来越重要，而与之相互促进的是江苏的科技也不断进步，折射出江苏地域的人们灵活而务实、精明而质朴的文化性格。

第一节　江苏农业经济与科技文化

江苏跨江滨海，东临大海，北有淮河，南有长江；湖泊众多，水网密布，素有"水乡"之称。江苏地处江淮平原，地形以平原为主，平原占全省面积的百分之七十以上，北部与西南地区基本是低山和丘陵，地形优越，生物资源丰富。江苏的气候属于温带向亚热带转变的过度性气候，基本以淮河为界分为南北两大气候区，四季分明，气候适中，雨量充沛，有利于农作物的生长。由于得天独厚的地理位置，江苏农业的历史十分悠久，农业技术非常发达。随着江南的开发，隋唐以来江苏的农业在全国一直占据重要的地位。

一、汉代之前，江苏农业经济的发展概况

江苏地区的农业生产可以追溯到原始社会。新石器时代苏北黄淮地区已种植旱谷，邳县大墩子遗址出土了碳化的粟米。《周礼·职方氏》记载："东南曰扬州……其谷宜稻。"在焦庄西周遗址出土了粳

将军崖岩画稷神崇拜图（局部）

稻颗粒。这些表明至迟到西周时期苏北也有了水稻种植。在马家浜文化遗址中，发现了原始社会新石器时代种植水稻的历史特征，草鞋山文化遗址土层中出土了目前我国最早的碳化的籼米和粳稻，这说明苏南地区是我国历史上最早种植水稻的地区之一。北阴阳营曾发掘出三件中间有孔、可以纳柄的长方形石锄，邳县大墩子出土了九十多件形状各异的大型石器农具。由此可以看出，新石器时代江苏的农业科技已经比较发达了。这些石锄和大量大型石制农具，反应了原始社会江苏地区农业科技的兴起与进步，也表明了农业占据了人们生产的中心，人类进入了农业时代，农业文明萌芽了。连云港将军崖原始壁画，是目前我国发现的时代最早的原始壁画，上面刻有人面、兽面、星象、禾苗、谷穗等符号，表达了那个时期人们对土地的崇拜和对农业的依赖。

春秋战国时期，各诸侯国为了争霸，普遍重视农业生产。《国语·吴语》记载，吴国“农夫作耦，以刈杀四方之蓬蒿”。吴国粮食丰富，军力强盛，称霸诸侯。吴王一次借给臣服的越王勾践稻粟万石。楚国灭吴后，江苏境内（徐州到扬州一带）以水稻生产为主，兼及渔业生产，饭稻羹鱼，非常富足。

两汉时期，随着江南的开发，江苏地区的农业有了很大的发展。《史记·货殖列传》记载，“沂、泗水以北，宜五谷桑麻六畜”。东汉末年，江苏已经是全国重要的粮食生产区。

这一历史阶段，江苏地区农业的进步与科技的发展是密切相关的。首先是水利建设，江苏地区的水利建设，最早可以追溯到传说时期的大禹治水。据神话传说，大禹在淮河流域疏通河道，擒获淮河水怪无支祁，将其锁在淮安的龟山脚下。大禹还到达太湖地区，经过不懈的治理，《尚书·禹贡》中说到："三江既入，震泽底定。"太湖流域的水患基本消除，为江苏农业的发展提供了有利的条件。商末吴地兴建了江南最早的水利工程——泰伯渎。伍子胥开凿胥溪，集灌溉与交通于一体。夫差开凿了邗沟，贯通了长江、淮河两大水系。战国时期，春申君在无锡开凿无锡塘及在语昭湖开凿语昭渎，引水东至胥卑大田，又在胥卑开渠，向南沟通太湖。其次是牛耕与铁制农具的使用与推广。秦汉之前，江苏地区的农业生产技术落后北方，基本是火耕水耨。到了秦汉，牛耕和铁制农具推广到了江苏地区，大大促进了农业的发展。

农业水利建设是一项长期的、艰巨的、大型的工程，它集中体现了中国民族坚忍不拔、自强不息的优秀品质。水利建设是个艰苦卓绝的工程，需要大量的人力物力，需要付出艰辛的劳动。水利建设的成就表明了中华民族同自然斗争的勇气、信念及取得的巨大成果。江苏人民在这块古老的土地上，自强不息，坚忍不拔，创造了水利建设的辉煌成就，为中华民族物质文化作出了突出的贡献，也创造和体现了中华民族优秀的精神文明。

二、魏晋南北朝到隋唐，江苏农业经济的巨大进步

东晋以后，随着政治中心的南迁，经济中心也随之南移，江苏地区经济尤其是农业生产有了很大的提高。东晋大兴元年(318)，诏令旱地种三麦，从此三麦和水稻成为江苏粮食作物的主要品种，一年一熟变成了一年两熟，提高了土地利用率。

魏晋南北朝时期，北方五胡十六国征战不断，农业生产遭到了极大的破坏。江南地区相对稳定，北方的战乱导致北方人口的南迁。北方居民的数次大规模南下，给江淮以南的地区带来了大量的劳动力，同时也带来了先进的农耕经验和生产工具及作物良种。江苏地

区农业由此有了巨大的进步。北方精耕细作的区田法开始在江苏的旱地推广，并用水、肥，提高了农业的产量。在水田方面，开始使用绿肥，秋收后种植苕子，作第二年的绿肥，增强了土地的肥效，提高了产量。

隋唐是中国封建社会的盛世，经济繁荣。唐代中叶北方遭到战争的破坏，江南相对安定，经济继续发展，安史之乱后每年从江淮运送400万石粮食供应长安(见《旧唐书·食货志》)。江淮地区成为了中央政权的经济支柱，唐代大诗人杜甫用诗歌《后出塞》记载了这一历史现象："云帆转辽海，粳稻来东吴。"隋唐时期，江苏地区经济已经走到全国前列，江苏人民发明了曲辕犁，也叫江东犁。这种犁操作灵活，深浅自如，节省了人力畜力，提高了耕作效率，成为当时农业生产力进步的标志。

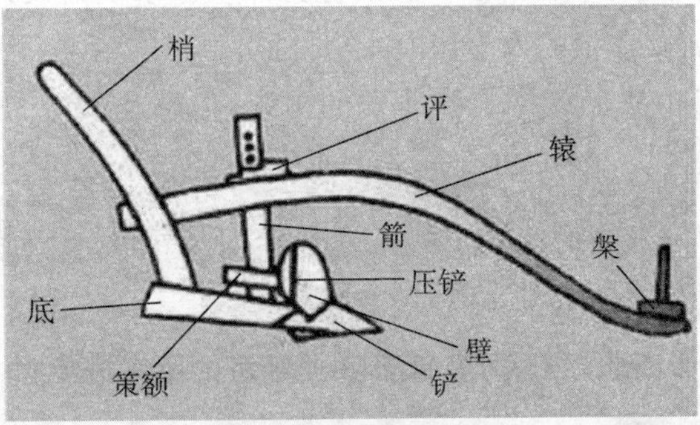

发明于唐代的曲辕犁

三、宋代到清末，江苏农业经济的举足轻重的地位

宋代农作物品种改良取得很大成功，优良的品种也使产量大大提高，江苏地区成为全国农业收成最高的区域，当时就流行这样的民谚"苏常熟，天下足"。两宋时期，在农业生产中除了人畜，对自然力的利用也是一个巨大的进步。水田灌溉的龙骨水车，除了使用人工

足踏或畜力，风力的使用节约了生产成本；丘陵地区使用水力驱动的灌溉工具。这种发明一直使用到近现代，被水泵所取代。生产工具的进步是科技进步的标志，体现了江苏人民的聪明才智。

龙骨水车图

进入元代，棉花成为了江苏地区经济的又一大亮点。到了至元年间，棉花种植已经普及到江南地区，松江成了棉花由南向北推广的中转站。元人陶宗仪在《辍耕录》中这样描写，“松江府东去五十里许，曰乌泥泾。其地土田硗瘠，民食不给，因谋树艺，以资生业，遂觅种于彼”。“彼”指的是闽广，由此可见江南棉花种植的历史进程。

清代在苏南地区推广双季稻，由原来的一年两熟变成了一年三熟，这种一年三熟的模式保持到了今天。在农作物品种培育、引进方面，江苏地区贡献卓著。首先是较早的原始社会稻粟的栽培。其次是宋代稻、麦优良品种的培育，昆山有33个水稻优良品种，常熟有40多个水稻名优品种，还有泰州的泰州红和仪真的七里香粳。再者是元代棉花的引进、明代番薯与花生的引进。此外，江苏地区还种植大豆、豌豆、赤豆、绿豆等。概而言之，农作物品种繁多，新品迭出。善于吸收，融合推广，这也是江苏农业文化的重要特色。

明清时期，在粮食生产方面，据宋应星的估计，江南水稻的产量基本占到全国粮食总产量的七成，太湖地区成为全国第一大粮食产区。松江府和苏州府是明代著名的产棉基地。苏州府的太仓是当时棉花外销市场，诗人吴伟业的《木棉吟》：“看花人到花满屋，船板平铺装载足。”生动地描绘了棉花交易的繁忙。太仓所产的“鹤王棉”质量上乘，深受外地客商的欢迎。最为著名的棉花是南通的通花，这种棉花力韧丝长，冠绝亚洲。另外明代番薯和花生也自海外引进到江苏地区，逐渐推广，对中国农业产生了很大的影响。

江苏的水利建设受到历朝历代的重视，著名历史人物如范仲淹、沈括、张之洞、左宗棠等，都为江苏的水利建设作出了贡献。水利建设是一个复杂的系统工程，既要勘测设计又要严格施工，在施工中要求高度的协调性与整体性。江苏的水利建设充分地体现了科学性与整体性，取得了巨大的成就，发挥了积极的作用，直到今天仍惠及农业生产。北宋郏亶写成了《吴门水利书》，把苏州地区的水利建设经验上升为理论，这本书集中体现了江苏地区人民的智慧。

四、鸦片战争至民国，江苏农业经济的低迷

明清以来，随着手工业及商品经济的发达，资本主义生产开始萌芽并且有了相当的发展。江苏地区农业经济开始打破自给自足的固定模式，开始了商品化的历史进程。明清两代，苏州、杭州和南京都是全国重要的丝织业城市。这些城市既有官办的织造衙门，也有私人的手工丝织厂，规模很大，织机数以万计，工人十多万。农业的商品化对江苏农业的一个重要影响就是经济作物的种植面积不断增加。然而江苏农业的商品化趋势在鸦片战争以后被纳入资本主义世界经济体系，江苏农业开始陷入了低迷。

鸦片战争以后随着不平等条约的签订，中国开始被纳入资本主义世界市场体系，成为西方资本主义列强商品的倾销地和原材料的掠夺地。江苏的自然经济进一步瓦解，农业在资本主义和封建政权的双重掠夺下，失去了历史的辉煌，陷入了低迷。尤其是太平天国运动及其失败，使江苏遭到了很大的破坏，人口锐减，土地大量荒芜，生产急剧下降，农业一片萧条。清政府采取了召垦升科和永佃制政策，农业生产得到了一定的恢复。辛亥革命后，中国政局一直动荡不安，军阀混战，社会动乱，水利建设基本被搁置起来，无人问津。1927 年到 1937 年间，江苏自然灾害频繁，水灾旱灾交替，灾荒连年，农业发展缓慢。粮食作物、棉花及油料作物的单位面积产量都不高，而且增

长缓慢，遇到灾年大起大落。虽然粮棉油的产量在全国还占有重要地位，但人均占有量比较小。

总的来说，虽然这一时期江苏农业有了新的特征与发展，但是内忧外患导致江苏的农业是一种畸形的存在，陷入了低迷，失去了往日的辉煌。

五、新中国以来，江苏农业经济的新发展

新中国成立后，先后进行土地改革和农业公社化运动，充分发挥集体的优势，农业生产在一五期间有了明显的进步。1952 年到 1956 年，粮食产量每年递增 6%，棉花每年递增 33%，油料每年递增 15%。随后的大跃进和十年内乱影响了农业生产的发展，农业生产一度出现了停滞、倒退；但是江苏人民在中央的领导下，排除干扰，努力生产，文革期间工农业总产值平均每年递增 9%，保持了较高的增长速度。

1978 年以来，改革开放政策的实施和家庭联产承包责任制的创立，农业发展迎来了春天。首先，打破了大锅饭，调动了农民生产的积极性。其次，把个体经营与集体优势有效地结合在了一起，克服了农业生产中的不利因素。再者，推动农村的小城镇建设，创造了著名的“苏南模式”。在农村以集体所有制的乡镇工业为主，以工补农，以工促农，壮大了农村公有制经济，促进了农业快速稳定增长，进而推动了农村小城镇的建设，带领农民走上了共同富裕的道路。苏北地区也利用资源优势大力发展农副业和资源产业，农业经济发展很快。由于政府重视农业生产，加大了对农业的投入，加上农村工业的兴起，江苏农业在改革开放以后突飞猛进。1989 年农业总产值比 1978 年增加了近一倍，达到 522.25 亿元。1990 年在遭受特大自然灾害的情况下，江苏粮食总产量依然稳定在第七个五年计划的常年水平上。1991 年江苏遭遇了百年来最严重的洪灾，但在政府和群众的共同努力下，抗灾并恢复生产取得成效，获得了较好的收成。到 1995 年第八个五年计划最后一年,全省农业生产取得丰收,粮食和油料生产均打破历史记录。第九个五年计划期间,江苏农业在稳步中发展,大宗农产品产量保持稳定,淮北农村现代化建设成就突出,农业现代化水平发展较快。

改革开放以后,乡镇企业成为江苏农村经济的一股强大动力,不断发展壮大,逐渐成为农业经济的支柱。1990 年乡镇企业的产值已经占到全省工业产值的 51%。到了 2000 年全省乡镇企业共有 90 多万家,乡镇企业完成现价总产值 11 388 亿元。乡镇企业给农村带来了先进的生产方式,促进了农村生产力的发展。乡镇企业的发展大幅度增加了农民的收入,提高了农民的生活水平,使农民走上了小康之路。农民的精神面貌和生活观念实现了历史的跨越,他们既是农民也是工人,有吃苦耐劳的品质也有开拓进取的时代精神。农村经济呈现出前所未有的繁荣与活力。2012 年,江苏全年粮食总产量 3 372.5 万吨。

新中国成立后,在中央的统一领导下,发挥新时代集体主义的优势,水利建设更是日新月异,成就突出。特别是 1978 年农村经济体制改革之后,江苏农业的水利建设在政府的规划和领导下稳步的发展,依据《江苏年鉴》,1990 年建成旱涝保收田 153 万亩,截止 2012 年全省农田有效灌溉面积 387.9 万公顷。水利建设体现了中华民族集体主义观念和社会主义的优越性。同时低产田的改造调整,优化了农业结构,滩涂、丘陵山区和高沙土的开发扩大了种植面积,提高了粮食产量。2012 年江苏农业机械总动力达到 4 214.6 万千瓦,农业机械化水平和生产效率不断提高,农业的现代化正在一步步实现。

第二节　江苏工业经济与科技文化

江苏地区的工业历史悠久,既有传承久远、技艺精湛的传统手工业,又有开风气之先的近代工业,更有发达的现代化工业。江苏人民在创造辉煌工业的同时也创造了独具特色的工业文化。

一、历史悠久的传统手工业

在传统手工业方面，江苏的陶瓷业、冶铸业、制盐业、造船业、纺织业、制茶业等历史悠久，有着辉煌的成就。

陶器制造的历史极其古老，原始社会的人们已经掌握了制陶技术。到了东汉时期，江苏宜兴的南山窑，烧制釉陶和灰陶，成为制陶中心。宜兴的制陶业延续千年，宋代宜兴以生产紫砂陶著名，因苏东坡曾居住在宜兴，爱用提梁紫砂壶饮茶，这种壶被称为东坡壶。到了明清，宜兴取得了陶都的美誉。明代正德以来，紫砂壶因与茶文化结合，融汇了诗书刻画等艺术，成为一种高雅的文化载体，赢得了“名器名壶，天下无类”的赞誉。

紫砂壶

江苏地区的冶铸业，在《尚书·禹贡》中就有“厥贡惟金三品”的记载，说明当时扬州以出产铜、锡、铅而出名。《史记·货殖列传》记载，古代江南出产金、锡、连。连就是铅，这些金属是制造青铜器的主要原料。西周春秋时期苏南的青铜器带有浓厚的吴越文化特色，被称为“吴冶”。江苏还是我国冶铁技术的发源地之一。春秋时期吴国的冶铁技术已经很发达，吴国的铸剑业名闻天下，吴干、吴戈、吴钩、吴魁等吴国兵器天下扬名。西汉时期，丹阳郡出产的铜质量最好，号称“赤金”；江苏境内的铜器制造业发达，以铜镜为标志。隋唐时期，铜器铸造技术发达，扬州成为了铜器的制造中心，扬州铜镜被列为贡品。唐中宗命令扬州造“方丈镜”，骑马照镜，人马俱在镜中，可见当时扬州铸造业的水平之高。明代江苏人发明了新的炼钢技术，由此炼制的钢被称为苏钢，远近闻名。

制盐业是在春秋战国时期兴起的手工业。历史上江苏一直是我国盐业的重要产区,其境内的制盐业,分为淮南盐和淮北盐。汉高祖十二年(前195)吴王刘濞在广陵立国,开山铸钱,煮海为盐,富甲一方。从此以后,盐业在江苏的经济中占据了重要的地位。唐代随着经济中心的南移和江南的开发,淮南的盐业发展很快。两宋时,江苏制盐业成为中央财政收入的支柱之一。北宋在楚州、通州、泰州有盐场近30座,岁鬻盐二百多万石。据《两宋财政史》统计,两淮盐产量约占全国产量的三分之一到三分之二。南宋时,泰州海陵监的盐业收入达六七百万缗,超过了唐代一年的盐业收入。明代政府严格控制盐业的生产与销售,政府因此获得了巨额的收入。清代政府将盐的销售权赋予商人,商人向政府交纳盐税,在商业利益的刺激下江苏两淮的盐业有了进一步的发展。当时两淮的盐商集团,实力强大,与山西的票商和广东的行商一起,成为清代实力最大的三大商业财团。

江苏水乡,水网密布,造船业自古就很发达。在距今2 800年前的常州武进淹城遗址中,出土四条独木船,最长的约11米,船形如梭,整木刻成,和《周易·系辞》的“刳木为舟”相一致。春秋时期,吴国已经能够建造大型战舰,其舟师旗舰叫“余皇”。汉代苏州是会稽郡首府,这里成为船只建造和调度的中心。三国时期东吴的造船业十分发达,并建立了强大的水师。在赤壁之战中周瑜依靠强大的水师打败了不习水战的曹操军队。隋炀帝开凿贯通南北的大运河,扬州成为全国造船和水运的中心,隋炀帝曾遣使江南督造龙舟和杂船万艘。唐代扬州是重要的造船基地,盐铁转运使刘晏在扬州建立了多个造船厂,建造大船数千余艘。唐代高僧鉴真第一次东渡日本的海船就是在扬州新河建造的。宋代,楚、泗、真、扬、苏、润、江宁等地都是重要的造船基地,除了建造商船、客船外,还建造了大量的车船、飞江船等新型战舰。明代是中国传统造船业的鼎盛期。南京宝船厂建造的巨型宝船,结构复杂,工艺高超,伴随郑和七下西洋。清代,由于漕运的需要形成了以木帆船为主的庞大的船运队伍。江苏地区是粮食供给和运输的基地，造船业很发达。

纺织业一直是江苏比较重要的产业，历史悠久而发达。在苏州吴县草鞋山新石器时代文化遗址中出土了葛布碎片，这是我国目前发现的最早的丝织品实物之一。春秋时期，吴国就使用织机纺织丝麻，能够生产出缟带、缯、罗、锦等产品。东晋末年，刘裕灭掉了后秦，将长安的工匠迁到建康，设立锦署，负责织锦生产。江苏地区的丝织业由此不断地壮大、发展。唐代江浙的丝织品远销海外，在当时的日本有“唐船吴服”的赞誉。唐代江浙的丝织品还以种类繁多、质地优良著称，润州的方绫、水纹绫、京口缎、衫缎和广陵的船锦及晋陵的透额罗，都是当时丝织品中的佼佼者。两宋时期，江宁府生产的白生瓜子罗、纹绫，润州的方纹绫、水波绫、大花罗，扬州的白绫、锦绮，泰州的隔织，徐州的双丝绫、绸等等，都是精美的贡品。南宋时江南出现了棉纺织业，元代时有了突飞猛进的发展。明清两代，江苏的丝织业在全国占据了中心的位置，全国三大丝织业城市江苏有其二，南京被称为云锦之乡。由于丝织业的发达，乾嘉时期仅江宁民间织机总数有五万多，织工数以万计。棉织业在明清也蒸蒸日上，松江棉织业尤为发达，有衣被天下之称。清中叶以后南京和通州的棉织业发展较快，南京土布和南通关庄布非常出名；南京的土布结实耐用，质量超过了当时英国的布匹，出口国外。

江苏的扬州、无锡、南京、宜兴是茶叶的主要产地，洞庭碧螺春、南京雨花茶、金坛雀舌、太湖白云都是中国茶中的名品。江苏种茶的历史可以追溯到汉代。唐朝时江苏制茶业有了很大的进步，江苏的茶进入了贡品行列。唐代诗人卢仝写到：“天子未尝阳羡茶，百草不敢先开花。”五代时期政府重视茶叶生产，南唐官府的制茶作坊有几十处，民间的制茶作坊多达千余处。制茶业也成了当时主要的经济产业。宋代江苏种茶面积进一步扩大，制茶技术也有了提高。明代散茶生产兴起，江浙地区尤其是太湖流域，成为全国名茶的生产、加工地。明代，苏州的茶叶生产基本上处于全国领先地位。到了清代，江苏的茶叶生产规模不断扩大，产品远销海外。有乾隆皇帝钦定命名的洞庭碧螺春，以形美、色绝、香浓、味醇名扬九州。直到今天，江苏的茗茶依然深受人们的喜爱，还是人们赠送亲友的上等礼品。茶叶作为一种饮品对文化的影响颇大，从种植到采摘到加工制作及最后的冲泡、饮用，形成了一整套复杂的程序，蕴含了不同的象征意义，文化意味十分浓厚，渗透到生活的许多方面，深受文人雅士的喜爱。

江苏地区的传统手工业历史悠久，表明了中华民族文明起源的历史久远，也是人类早期智慧的结晶。这些传统手工业在历史发展中不断进步，推陈出新；这是古人勇于创新、自强不息精神的写照，也是古人智慧的表现。江苏传统的手工业在长期的发展过程中，和各种艺术相结合，融合各种人文气息，成为一种文化现象。紫砂壶成为茶文化的载体，本身也成为艺术品，人们在用紫砂壶品茶时得到一种精神上的享受。铜镜由于自身的用途，常常出现在文学作品中，成为爱情与美的象征，“照花前后镜，花面交相映”。江苏地区的兵器深受爱国志士的喜爱，和爱国联系在一起，“男儿何不带吴钩，收取关山五十州”。泰州、扬州的盐官、盐商出资修建了许多园林，这些园林秀美雅致，成为中国园林史上的杰作。扬州八怪等画家与盐商有密切的关系，他们促进了扬州饮食文化的发展。纺织业与造船业在中外经济文化交流中发挥了重要的作用，丝织品的出口既带来经济的交流也带来了文化的交流。鉴真东渡和郑和下西洋，是中外文化交流史上的盛事。这些传统文化的魅力经久弥新，直到今天还深受大家的喜爱。

二、自强不息的近代工业

江苏的近代工业是中华民族自强不息、英勇抗争的象征。鸦片战争中西方的坚船利炮轰开了中国的国门，也震醒了天朝上国的一些知识分子，他们看到了中国的落后，于是奋发图强，提出了师夷长技以制夷的救国方针。江苏的近代工业就是在这种背景下产生的，首先体现在近代军事工业上。

苏州洋炮局，是苏州最早的近代企业。1862 年李鸿章在松江创建上海洋炮局，1863 年迁到苏州，改名为苏州洋炮局。这是我国最早使用机器制造武器的近代兵工厂。江南机器制造总局于 1865 年由李鸿章在上海虹口创建。江南制造总局是洋务运动在中国创办的规模最大的新式综合性军事工业，生产规模很大，产品种类丰富。1865 年李鸿章升任两江总督，将苏州洋炮局迁到两江总督府南京，改名为金陵制造局，由此南京第一个近代工业产生了。该局制造的枪炮质量好、种类多，在国内负有盛名。

江苏的近代工业，除了洋务运动产生的这些官办军事工业外，以实业救国为目的的民族资本工业也逐渐成长起来，实力雄厚，影响巨大。

鸦片战争前江苏已经出现了官督商办的民族工业。甲午战争的惨败深深地刺激了当时的爱国人士，实业救国成了最具代表性的社会思潮，一批爱国志士纷纷投身实业。据《中国长江下游经济发展史》统计，1895 年到 1911 年，江苏民族资本家创办的企业，资本在 5 000 银元

1915 年茂新面粉厂

以上的有 115 家。这些企业主要集中在无锡、苏州、南通、上海。1900 年以后,江苏民族资本工业获得了较快的发展。江苏的民族资本主要集中在纺织业和面粉业。

1902 年无锡荣氏兄弟合资创办了保兴面粉厂,1903 年改组为荣氏独资的茂新面粉公司,经营得当,盈利丰厚,规模不断扩大。同时荣氏兄弟开始经营纺织业,1922 年拥有茂新和福新两大公司的 12 家面粉厂及申新的 4 家纱厂,成为规模庞大、实力雄厚的企业集团(见《乐农自订行年记事》)。荣氏集团在纺织和面粉行业举足轻重,荣氏兄弟被称为棉纱大王和面粉大王。荣氏集团的发展是近代江苏面粉业和纺织业的缩影。除了荣氏企业,刘鸿生在苏州创办的鸿生火柴公司也很出名,鸿生火柴公司在与外国洋火柴的竞争中不断发展壮大,刘鸿生成为当时的火柴大王。无锡的蚕丝大王薛氏父子(薛南溟和薛寿萱)经营无锡和上海的缫丝厂,对蚕种进行改良,产品质量上乘,荣获 1921 年美国万国博览会金奖。

江苏的近代工业是在内忧外患的时代背景下发展起来的,是中国人爱国精神的生动写照,近代工业的发展在一定程度上抵制了西方对中国的军事、经济侵略。江苏的近代工业发展环境极其恶劣,西方列强通过不平等条约在中国享有政治、军事、经济、司法特权,在中国大肆倾销商品,给中国民族工业的发展带来很大阻力。但是江苏的实业家艰苦奋斗,自强不息,使得江苏的近代工业成为民族工业的希望。江苏的实业家不但引进西方的技术和管理,更能在引进的基础上进行技术创新,体现了江苏人开拓进取的精神风貌。中国人自古以来讲究诚信,君子爱财,取之有道,以诚经商,以诚待人。江苏的近代实业家在兴办实业的过程中充分地体现了诚信原则。按时发红,以质量求生存,江苏近代工业的诚信赢得了市场。江苏的近代工业开风气之先,给危难中的中国人指出了一条爱国与救国的道路,是江苏人敢为天下先的精神写照。

三、兴旺发达的现代工业

新中国成立后，1958年完成了对资本主义工商业的社会主义改造，民营企业被纳入公有制体系。随着改革开放的实施，江苏工业迎来了新的发展机遇，进步迅速，改变了全省经济的格局。1984年江苏的连云港和南通成为沿海开放城市，江苏是长江三角洲开放的前沿，地理位置优越。面对全球产业的大转移，江苏抓住机会，实现了自己的跨越。江苏在开放初期主要是引进资金、技术、设备，以合资的方式创办许多合资企业，解决了资金不足和技术、设备落后的问题，大大提高了工业水平。1992年邓小平南方谈话发表后，给江苏人发展工业打了一剂强心针。经过一定时期的消化吸收，江苏的工业具备了良好的基础，具备了产业升级的条件。1995以后，江苏的招商引资开始实现质变，追赶世界先进产业，以引进高新技术产业为主，全面提高产业化水平。江苏建立了中新苏州工业园区，又在苏州、南通、无锡、常州、南京、连云港建立国家级高新技术开发区。上世纪90年代以来，江苏的工业产业结构优化进一步发展，重工业发展速度加快，比重开始超过轻工业。机械、汽车、电子、石化成为重点发展的四大支柱产业，2000年四大支柱产业完成工业增加值，占全省的50％。

在纺织业方面，江苏淘汰了落后的设备和管理方法，建立现代企业制度和现代化生产方式，保持了纺织品出口大省的地位。汽车工业发展迅速，从只能生产轻卡到与菲亚特合作开发出依维柯和菲亚特多个品牌，南汽买下了英国MG的汽车生产线。电子工业方面，江苏除了生产各种家电外，高端电子产品已经打入国际市场，昆山市已经成为中国电脑最大的生产基地。在江苏诞生了中国人自己研制的第一只芯片“龙芯”，打破了外国芯片的垄断。建国初期，江苏的对外贸易以出口农产品和手工业产品为主；今天江苏的工业产品占到出口产品的80％，以机械、电子、化工、纺织、钢铁、成衣为主。世界500

强跨国公司中300多家已经在江苏落户。目前江苏是外商投资企业最多的省区，经济对外依存度超过50%，走上了经济国际化道路。江苏工业在产业结构升级和高新技术引进后，初步达到了现代化的要求。

江苏兴旺发达的现代工业是改革开放的硕果，中国古人一直讲变通的道理，“穷则变，变则通，通则久”，只有不断地变通才能立于不败之地。江苏人民在对内改革和对外开放的大潮中，勇于更新观念，大胆实践，不断探索，工业的发展日新月异。江苏工业的发展是中国人打开国门、拥抱世界胸襟的体现，在很大程度上改变了中国封建社会以来的闭关锁国和盲目自大的错误思想。

第三节　江苏商业经济与科技文化

江苏自古以来，发达的农业和手工业使得商品的生产和交换很兴旺。城市作为商品生产和交换的中心，随着经济的发展也兴旺起来。历史上，苏州、扬州、南京都是著名的大都市，以商业繁华著称。

一、隋唐之前江苏商业的初步繁荣

春秋时期，现在的苏州作为当时吴国的都城，已经是一座规模很大的城市。吴都布局整齐，工商业相当发达。当时的城市管理，规定了一定的区域作为商品交换的场所，称为市。吴国灭亡后，原来的吴都变成了越国的都城，后来楚国灭掉了越国，这里又成了春申君的封地。总的来说春秋战国时期，现在的苏州一带一直是繁华的都市，到了汉代吴王刘濞时吴邑是当时最富庶的都市之一。《史记·货殖列传》记载：“东有海盐之饶、章山之铜、三江五湖之利，亦江东一都会也。”三国时期吴国的顾、陆、朱、张四大士族聚居在这里，这里是当时繁华的经济中心和兴旺的商品交易场所。

魏晋南北朝时期，建康（今南京）开始兴旺起来，吴、东晋和宋、齐、梁、陈都在这里建都，这里逐渐成为江南的政治中心、经济中心、文化中心。东晋时建康城内除了保留三国时的大市和东市外，还增设了北市和秣陵斗市。秦淮河北还有大市和十余所小市，有谷市、花市、草市、纱市、盐市、牛马市等。《晋书·食货志》云：“工商流寓僮仆不亲桑农而游食者，以十万计。”商品交易不仅仅有当地的商品，还有来自交、广和南洋的货物。当时从事工商业的人很多，经商成为一种社会风气，就连地位显赫的士族也涉足商业，获取暴利。南朝时建康是全国最大的商业城市。左思在《吴都赋》中说“士女伫眙，商贾骈坒”，可见建康人口众多、商业繁华，一派风流。

扬州是一座历史悠久的文化名城，地理位置优越，交通便利。春秋时期吴王夫差为了运送打仗需要的粮草，开凿了邗沟，沟通江、淮。扬州由此而始，优越的地理位置和便利的交通使扬州的商业发展条件得天独厚。汉代广陵的商品交换颇具规模，南北朝时这里是交通枢纽，更是南北漕运的中心和货物的集散地，成为重要的商业中心。

扬州古商业街

二、唐宋时期江苏商业的辉煌

唐代，苏州工商业发达，市场繁荣。苏州作为江南运河的交通要地，商贾云集，繁华依旧。白居易这样称赞当时的苏州："人稠过扬府，坊闹半长安。"(《齐云楼晚望偶题十韵兼呈冯侍御，周、殷二协》)除了苏、扬，唐代常州、昇州(今南京)和楚州(今淮安)也是繁华的商业城市。徐州是当时漕运的交通中心之一，商业随之发展起来，成为一个新的商业城市。扬州由于唐末及五代时期饱受战争的破坏，商业受到影响。两宋时苏州成为了人间天堂，无比繁华。由于交通的便利，北至开封，南到海徼，舟车往来，商贾熙攘，南北货物皆集于此。

隋朝开凿大运河，扬州处在大运河和长江的交汇处，作为漕运中心，交通更加便利。隋炀帝把这里作为江南的行宫，大肆建设，三次前来游玩，这一切都刺激了扬州商业的发展。唐朝时扬州成为天下第一的富庶都市，《太平广记》卷二九〇引《妖乱志》云："富商大贾，动逾百数。"中外经济的交流把扬州变成了国际大都会，唐朝政府在这里设立市舶使，管理对外贸易。当时在中国的外国商人很多，主要是波斯人和大食人，很多外国商人在扬州开设商店，他们贩卖的珠宝和香料深受中国人的喜爱。杜甫在诗中写到："商胡离别下扬州……老夫乘兴欲东游"(《解闷十二首》其二)。胡风(主要指服饰和饮食)成为一种时尚。随着商业的繁荣，扬州出现邸店、柜坊、飞钱等新生事物。邸店集储存货物、居住和交易于一身，柜坊是商人存寄钱财的地方，飞钱又叫便换(类似汇票)。宋代扬州是淮左名都，司马光写到："万商落日船交尾，一市春风酒并垆。"(《送杨秘丞通判扬州》)南宋时战乱给扬州的经济造成巨大破坏，姜夔感叹到："废池乔木，犹厌言兵。"(《扬州慢·淮左名都》)

唐代精美的扬州铜镜

唐代苏州和扬州发展较快，昇州的发展相对缓慢一点，但工商业依然发达，市场繁华。到了宋代尤其是南宋，建康府享有陪都的称号，四周有金陵、淳化等多个城镇和汤泉、栖霞等几十个市集。建康城内商铺林立，车水马龙。两宋期间建康府一直是中央政府税收的主要来源地，这从一个侧面反映了江苏地区商业的繁盛。

三、元明到清末以来江苏商业的持续发展

元代时经济的恢复、疆域的辽阔和对外贸易的发达都使江苏商业继续发展。马可·波罗在其游记中说到苏州，城市漂亮，规模庞大，人们都穿着丝绸的衣服，市场繁荣。元代江苏地区商业的发展，苏、扬之地仍是传统的商贸繁华地，刘家港则是一个后起之秀。刘家港地处长江入海口，连接松江和吴郡，是来往琉球和日本海运的港口，有六国码头之称。元代时漕运由大运河改为海运，刘家港成为海运的起点。这一切使刘家港从一个小村庄一跃成为一个繁华的贸易港口和江南物资集散地。

明代前期定都南京，南京是当时全国人口最多的城市，人物荟萃，商贾赴趋。南京城的市场种类繁多，有绸市、丝市、牛市、羊市、花市、珠市、鱼市、菜市等等。清代的南京，时称江宁，是江苏的省会。那时的南京繁华热闹，《儒林外史》描绘说，酒楼茶社鳞次栉比，街道纵横，巷陌交通，人烟凑集，到处充满金粉气息。嘉庆、道光时南京的商业盛极一时，珠宝业尤为兴旺。清末南京成为对外通商口岸，受到近代商业的洗礼，南京的商业焕发出新的时代气息。清代苏州成为天下四聚之一，顾公燮在《消夏闲记摘抄》中记载了当时苏州贸易的兴盛，“洋货、皮货、绸缎、衣饰、金玉、珠宝、参药诸铺，戏园、游船、酒肆、茶店，如山如林，不知几千万人”。扬州在清初惨遭战争的破坏，昔日的繁华地成了废墟。由于扬州是当时中部各省食盐的供给地和政府漕运的重要枢纽，商业从战争的破坏中逐步恢复，到了乾隆时期，扬州再次繁荣起来。乾隆南巡扬州时写诗道：“广陵风物久繁

乾隆下江南图景

华”，“广陵繁华今倍昔。”

明清时，江苏地区的商业从传统的都市开始向乡镇及农村蔓延。据《苏州府志》载，苏州有53市41镇，说明随着经济的发展大量的市镇涌现出来，成为新兴的商业城镇。商品经济渗透到农村，许多农民走进城市。明清时江苏地区资本主义萌芽的出现，是商业繁荣发展的必然结果。

四、鸦片战争之后江苏商业的抗争与再次辉煌

鸦片战争以后，中国被西方列强纳入资本主义世界市场，成为他们的商品倾销地。一方面，西方是机器大工业生产，产品质优价廉；另一方面，西方在中国享有经济特权，使中国的商品在竞争中处于劣势。中国的出口商品主要是茶叶、生丝、桐油等初级产品。整个民族商业受到重创，江苏也不例外。虽然一些有志之士奋起抗争，以实业救国，大力发展商业，但是主要集中在面粉、纺织等轻工业，无法挽救

大局。民国建立后,1927 年到 1937 年经济有短暂的恢复与发展,但政局一直不稳定,国民党军阀混战,国民经济一直低迷。1937 年后,随着日本帝国主义的侵略和残酷掠夺,以及随后的内战,各种因素综合在一起,致使解放前夕国民经济处于崩溃状态。

新中国建立后先后完成了对农业、手工业和资本主义工商业的社会主义改造,为经济的发展铺平了道路。随着经济的发展,高度统一的计划经济体制的弊端开始显现出来,苏南农村率先突破了旧经济体制的束缚,大力发展乡镇企业,搞活经济;在搞活经济的同时生产资料的流通和商品的交易活跃起来,商业逐渐恢复了生机。据储东涛的《江苏经济史稿》,1985 年省管工业的指令性计划从 60 个减少到 40 个。商品流通中国家统购包销的品种减少,多渠道、少环节、开放式的消费品市场日趋完善。资金、技术、劳务、房地产、信息等也越来越多地进入市场。江苏整个经济中,市场调节占到 40%左右。1989 年江苏商品零售总额从 1978 年的 106.49 亿元增加到 597.32 亿元,自营外贸商品出口总额增长 4.8 倍,达到 24.41 亿美元,年均增长 17.4%。这一切说明江苏的商业经济有了很大的发展。进入上世纪 90 年代,江苏企业改革不断深入,产权改革和现代企业管理制度的建立,为企业的快速发展扫除了障碍。企业的改革转变了政府的职能,政府由原来的管理者变成了为企业发展提供服务的机构,政府职能的转变和观念的更新构筑了一个良好的商业环境。改革的深入、经济的快速发展、良好商业环境的建立,江苏的商业蒸蒸日上,再次繁荣起来。

在江苏,城市中商品交易不断扩大,即使在偏远的乡村集贸市场也随处可见。1990 年底全省农副产品市场和工业品市场已经发展到 4 600 多个,门类齐全,纵横交错。对外贸易取得了很好的成绩,全省进出口总额 369 452 万美元,承担了 13 个对外经援项目,成套项目 8 个,技术合作和其他项目 5 个。上世纪整个 90 年代江苏的商业一直呈现出上升的势头,对外贸易发展得比较快。2012 年全省进出口总额 5 480.9 亿美元。利用外资规模保持全国领先。全年新批外商投资企业 4 156 家，新批协议外资 571.4 亿美元；实际到账外资 357.6 亿美元，比上年增长 11.3%。新批及净增资 9 000 万美元以上的大项目 245 个。开发区继续在开放型经济中发挥主导作用。全省开发区完成进出口总额 4 368 亿美元，其中出口总额 2 557 亿美元，分别增长 6.9%和 10.1%，占全省总量的 79.7%和 77.8%；实际到账外资 281.6 亿美元，增长 15.7%，占全省总量的 78.7%。2013 年，江苏全年实现地区生产总值 5.9 万多亿元，紧随广东省之后在全国排名第二。人均地区生产总值 7.4 万多元。

在封建社会，一个地区商业的发展状况在很大程度上取决于这个地区的交通条件和物产。江苏优越的地理位置和丰富的物产使其商业在历史上一直比较发达。近代以来，科技的力量在商业中所起的作用越来越大，公路、铁路、航空的发展打破了以前交通方面的许多限制，电报、电话、电子商务带来了商业的便捷与高效。江苏交通与通信的快速发展促进了商贸的进步。在现代社会科技已经成为一种商品，在国际贸易中占据着重要的地位。江苏在学习、借鉴、消化、吸收西方先进技术的同时，进行创新，成为科技强省；在对外科技输出中提高了江苏对外贸易的质量与地位。江苏商业的发展历程与其农业和工业的发展历程是同步的，在一定意义上其商业的繁荣是其农业与工业发展的结果与表现，在文化意义上基本也是一致的。江苏商业经济所体现出的文化意义还有自己独特的一面。儒家文化是中国社会传统文化的基石，重农抑商一直是儒家文化的特点，也是封建国家的基本国策。中国商业发展所面临的传统文化环境是恶劣的。江苏人民在历史上一直以善于经商著称，商业历来比较发达，在很大程度上改变着人们的传统观念。近代以来江苏爱国志士大力发展民族工业，积极发展商业，发展商业成为了爱国的表现，从根本上改变了人们尤其是知识分子对商业和商人的偏见。

关键词：

江苏经济　饭稻羹鱼　苏南模式　民族工业

思考题：

1. 历史上战争对江苏农业发展有何影响？

2. 江苏近代民族工业发展的国内外环境是什么？

3. 宜兴紫砂壶的文化内涵是什么？

4. 漕运对江苏商业发展有何意义？

5. 谈谈科技对江苏商业发展所起的历史作用和江苏电子商务的发展趋势。

第五章　江苏科举与教育文化

江苏教育体系完备，地方官学、民间私学、基层社学、社会义学构成了完备的古代教育体系。江苏书院教育发达，数量众多，在全国占有突出地位，成为江苏教育体系的重要组成部分。江苏教育思想观念先进，经过历代教育贤达的不懈努力，逐渐形成了与时俱进、率先革新、研习并重、经世致用、崇尚学术、讲学自由、追求进步、教育平等的教育理念，涌现了一批杰出教育家，颜之推的教育思想、胡瑗的“苏湖教法”、陶行知的教育实践均产生了重要影响，在中国教育史上具有重要地位。

江苏人文荟萃，发达的教育促进了科举的发展，教育与科举相伴而行，特别是明清时期江苏教育立足于为科举输送人才，江苏不但进士数量甲天下，而且科举“鼎甲”人数遥遥领先，科举世家不断涌现，科举文化在全国具有突出地位，发达的科举又促进了江苏教育的发展。

江苏是中国近现代教育起步最早，也是最先进和最发达的区域之一。江苏教育在从传统向近现代的转型过程中始终保持着较为清晰的走向。从传统教育的衰败，到教育近代化和现代化的起步、开展与推进，江苏教育可以说是中国教育的一个缩影。

第一节　江苏教育文化

江苏教育源远流长。早在春秋时期言偃已在吴地传播孔子儒学,后经历代官府与社会贤达兴学,江苏教育以其经济、政治、历史等条件作为发展背景,取得了世人瞩目的成就,许多教育理念、教学方法至今仍然闪耀着璀璨的光芒。江苏教育起始早,形式多,举才众,风气醇。官学、私学、书院并驾齐驱,形成了江苏完善而发达的教育体系。江苏素称人文荟萃之地,历代江苏籍杰出人物始终居于全国之首,这与江苏发达的教育密不可分。

一、江苏古代教育的形式

(一) 江苏官学教育

官学以诵读儒家经典为主,以察举或科举制度的形式选拔封建官吏为目的,所谓"学而优则仕",所以官学在某种程度上说是封建官府的一部分,也是封建政治的附庸。

江苏教育有着悠久的历史。自汉代起,江苏官学教育开始建立;至六朝时代,已处于全国前列;经隋、唐、宋发展,至明清时期,已臻完备。然秦代以前却少有江苏官学情况的专门记载。

刘邦建立西汉王朝后,接受了陆贾"辟雍、庠序"为治国之本的思想。第一代楚王刘交崇尚儒学,东楚遂成为儒学最发达的地区之一。司马迁《史记·货殖列传》载:"彭城以东,东海、吴、广陵,此东楚也。"大体囊括了今江苏省全境。西汉武帝继位后,采纳董仲舒"罢黜百家,独尊儒术"的建议,先后立五经博士,开设太学,使博士从朝廷顾问官转化为以教授为主要职能的学官。西汉除太学外,各地还设立郡学。元朔五年(前 124),武帝诏令天下郡国皆立学官。扬州郡学为江苏地方郡学之始。据班固《汉书·何武传》载,成帝河平三年(前 26)至阳朔元年(前 24),何武任扬州刺史,巡视所至,"必先即学宫见诸生，试其诵论，问以得失，然后入传舍”。这是江苏地方官学最早的文献记载。西汉后期，江苏涌现了一批文人学者，淮阴枚乘、枚皋父子为著名辞赋家；江苏沛县刘向、刘歆父子对大量石室金匮藏书进行校勘、编目，文献整理取得了巨大成就，这说明江苏教育在西汉时已具有良好的基础。

东汉时期，郡学与县学发达，班固《东都赋》云：“四海之内，学校如林，庠序盈门。”东汉光武帝建武六年(30)丹阳(今南京)太守李忠兴办官学，以儒学为教学内容，推广教化，颇有声望。

魏晋南北朝时期，作为东吴、东晋、宋、齐、梁、陈六朝都城的建康(今南京)成为东南政治、经济和文化的中心，带动了江苏教育的发展。黄龙二年(230)孙权诏立国学，“立都讲祭酒，以教学诸子”(《三国志·吴书·吴主传》)。吴景帝永安元年(258)孙休下诏按古制置学官，设五经博士。

东晋元帝建武元年(317)司马睿在南京始建太学，以后几经兴废，咸康三年(337)复立太学于秦淮水南。

南朝宋、梁时，朝廷比较重视教育。宋文帝元嘉十五年(438)，在南京建立了儒学馆、玄学馆、史学馆和文学馆，四馆各聚门徒。雷次宗于北郊鸡笼山立儒学馆，聚徒讲学，学生百余人，时称北学；何尚之于鸡笼山附近设立玄学馆，专门研究佛老之学；何承天立史学馆，专门研究历史；谢玄立文学馆，专门研究词章。这种分专业招生的教学模式是我国教育史上的一项创举，刘宋中央官学的分科教学制度，开启了后代分科教学的先河，为后来唐代设置律学、书学、算学、医学等专科学校起到一定的启迪示范作用。梁武帝天监四年(505)始开五馆，据“三教同源”的精神，置兼经博士五人，吴郡陆琏等各主一馆。梁武帝还指派文学侍从周兴嗣编撰《千字文》。《千字文》是我国教育史上问世最早、流传最久、影响最大的识字课本之一，是古代启蒙教育的必读教材。

六朝后期，儒学一统学校的局面逐渐改变，专门学校相继设立，为以后的教育繁荣奠定了基础。南朝时江苏出现了一批学者与教育家，建康人颜之推是我国最早提倡家庭教育、儿童教育的著名教育家，著有《颜氏家训》。梁昭明太子萧统主持编选的《文选》为士子必读之书，作为学校教材被广泛采用。一生主要生活在江苏的祖冲之，其数学专著《缀术》是唐代算学科的主要教材。

科举教育制度起源于隋代，完备于唐代，发展于两宋。隋唐时期，江南经济进一步发展，国家财税主要来源于江南，经济的繁荣促进了教育的发展。隋朝统一后，大力兴办学校，《隋书·儒林传》载："国子郡县之学，盛于开皇之初。"隋炀帝改国子学为国子监，江苏官学得到进一步发展。

唐高祖武德七年(624)，诏诸州县令置学，江苏地方官学有了进一步发展，海州、泰州、常州的州学，句容、溧水、高淳的县学等相继兴办。教学内容比前代有所扩充，学生名额大大增加。值得一提的是吴郡陆龟蒙亲自参加农业生产，撰写了《耒耜案》，介绍当时江苏地区农业生产工具状况，在农业生产教育方面发挥了主要作用。

宋代江南经济迅猛发展，特别是南宋建都临安(今浙江杭州)以后，大批士族和民众随之南迁，促进了经济文化中心的南移，无疑为江苏教育提供了有利的发展条件。宋代官学发展迅猛，据《江南通志》和《江苏省志》统计，江苏地区在宋代兴建的官学共有35所。北宋曾掀起三次兴办官学运动。苏州范仲淹于庆历四年(1044)大兴学校，开创宋代兴学之风。庆历兴学内容有二：一是改进太学及国子学，另在州县立学；二是改革科举。范仲淹任兴化县令时，于南津里沧浪亭旁修建学宫；任苏州知州时，在南园买地创立郡学；知润州(今镇江)时，捐出自己的宅第，邀请名士讲学，并定期视学，躬教以文。王安石幼居江宁，晚年定居钟山脚下。宋神宗熙宁、元丰兴学皆令王安石主持，内容主要有：改革学校制度，改革科举考试办法，颁定《三经新义》统一思想，设置专业学校。以后又有徽宗崇宁兴学。这些兴学运动促进了宋代学校教育的发展，当时江苏新建的府学、州学、县学遍布全省，可谓一时之盛。宋代江苏发达的教育造就了诸多教育领袖。北宋泰州海陵人胡瑗，一生致力于学术与教育，是宋代教育界的泰斗，他倡导的“苏湖教法”由范仲淹建议宋仁宗诏令全国推广。清同治《苏州府志・学校》载：“天下郡县学莫盛于宋，然其始亦由于吴中。盖范文正以宅建学，延胡安定瑗为师，文教自此兴焉。”他们培养了数以千计的学子，程颐便是其中之一。

元代承宋代官学制，各道设儒学提举司，有学田供州县办学。

明初建都南京，南京成为全国政治、经济、文化的中心，江苏教育迅速得以恢复。明太祖注重官学，洪武十五年(1382)，朱元璋改建国子学为国子监于鸡鸣山下。为适应科举制度的需要，规定府学生员名额增至40名，州学生员名额增至30名，县学生员名额增至20名，月廪米六斗，并供以鱼肉。洪武二十六年，国子监监生达8 124名，到永乐二十年(1422)增至9 972名，是当时国内最大的学校。明成祖迁都北京后，南京仍保留国子监，称为“南监”，且规模超过北京国子监。南京国子监对今江苏地区官学的发展影响极大。这一时期，府学、州学、县学已经成了各级官府的必设机构。

清代康熙年间江苏地方官学逐步复设，至雍正、乾隆两朝，新建的震泽、阜宁、铜山、东台等县陆续增设了县学。据《江南通志》记载，清代前期江苏共有府州、县官学74处，其中府州学8处，县学66处，府县或两县共学的12处(见刘正伟：《督抚与士绅——江苏教育近代化研究》，河北教育出版社2001年版，第24页)。

（二）江苏书院教育

江苏是书院兴盛发达的地区。最早创办的茅山书院，是宋初全国六大书院之一。当时书院林立，学术争鸣，几成学派中心。宋末元初，战乱频仍，许多书院或毁或废，及至南宋复盛。据曹松叶《元代书院概况》统计，其时江苏书院纷沓而立，仅江南就新建书院143所，恢复65所，改建19所。书院以私办为主，有识之士据此讲学，播布学术。

东林书院

明代书院发展经历了一个“沉寂—勃兴—禁毁”的曲折历程。明代前期，书院沉寂；正德以后，书院渐兴；至嘉靖年间，书院极盛。其时，苏北书院剧增，徐州彭东、彭西、养正书院，沛县仰圣书院，通州崇川、崇正、文会书院，扬州维扬书院，盐城正学书院纷纷成立。明代书院多属私学，议政之风盛行，其中无锡的东林书院影响最大。顾宪成、高攀龙等一批正直的官员遭到内阁首辅沈一贯的排斥，罢官回乡，长期在东林书院讲学。他们时常讽议朝政，裁量人物，揭露贪污，反对苛税，抨击阉党，希图挽救国运，却被沈一贯目为“东林党”，遭到阉党的血腥镇压，其实他们都是有学问、有政治抱负的正直文人。

清初严禁创设书院，后来为笼络人才，强化控制，朝廷才逐渐复苏书院，并赐匾赐书，加以褒扬。康熙五十二年(1713)苏州建紫阳书院。雍正十一年(1733)诏谕各省创办省城书院，并提供经费办学，江苏遂定江宁钟山书院为省城书院，生徒多达二百余人，为清代省城书院之冠。雍正十三年建云龙书院。乾隆八年(1743)建平江、甫里书院。嘉庆十年(1805)建正谊书院，二十一年建太湖书院。道光十三年(1833)建锦峰书院。清代淮安府共有书院32所，其中清代新增17所。常州22所书院中，有19所系清代建立。清代江苏书院发达，官学与科举结合，官办与民办结合，绝大多数书院成为以考课为中心的科举预备学校，已成为科举的附庸。

（三）江苏私学教育

孔子是中国教育史上第一个私学创办者。春秋时期，孔子在鲁讲学，吴人言偃(前506—前443)跋山涉水师从孔子，是孔子唯一的南方弟子，跻身于七十二大贤之列。言偃学成归来，在吴地广泛传播中原文教，阐明孔子的思想与学术，提倡以礼乐教化士民，吴地风俗为之一变，风气延续，影响深远。言偃被后世誉为“南方夫子”，谓“东南学道之宗，实言氏启之”。言偃死后葬于祖籍常熟虞山东麓，现在常熟城内仍有言偃故居。

战国四公子之一的楚国春申君黄歇于公元前248年改封江东。他积极推行养士制度，养士制度形成求学从师风尚，极大地促进了江苏私学的发展。

三国时期，南京私学教育发展较快，出现私人讲学之风。如丹阳(今南京)人唐固“修身积学，称为儒者……讲授数十人。权为吴王，拜固仪郎，自陆逊、张温、骆统等皆拜之”(《三国志·吴书·张严阚薛传》)。

六朝官学时兴时废，教育多赖私学维持。晋代吴郡范平学识渊博，许多俊秀随其受业，其孙范蔚藏书七千余卷，远近就学者恒有百人，范氏均供以衣食，颇有后世书院意味。东晋、南北朝时期许多隐士成为私学教师，当时私学教育科目很多，既有儒家经典，又有玄学、佛老、文史、天文、算术、音乐、书法等科目。

唐代江苏私学备受学者重视，如扬州曹宪、苏州陆德明、镇江马怀素、昆山张后胤皆为一代名师。

明代江苏私学兴盛，名师甚多，常熟何云、常州江惟青、苏州邢参、泰州王艮等皆饱学之士。王艮推崇王守仁“知行合一”的教育思想，注重实学，建立复初书院，开创了“泰州学派”。曾任南京吏部尚书的湛若水，心系教育，足迹所至，必建书院，在南京建新泉、新江书院，在扬州建甘泉书院，从学者殆遍天下，世称“甘泉先生”。

清代私学相当发达，有大批著名学者在江苏各地从事办学活动，如江阴的王家枚、南京的陶湘、东台的李嘉裔、常州的陆世仪、高邮的王念孙王引之父子等等。

江苏私学办学水平在全国居于领先地位，学塾教师的水平与资历相对较高，其中有不少都由进士、举人和地方上的名士宿儒充任。

二、江苏近现代教育的发展沿革与确立

（一）江苏近代教育的发展沿革

鸦片战争揭开了中国近代史的序幕，中国逐渐沦为半封建半殖民地社会。迫于形势，有识之士图谋变法革新，洋务运动应时而起，洋务教育应运而生，洋务派奉行“中学为体，西学为用”的教育方针，倡导“新教育”。

同治六年（1867），在江南机器制造局附设机器学堂，这是当时江苏创办的第一所新学。光绪十六年（1890）南洋大臣曾国荃奏请在南京设立江南水师学堂。二十一年（1895），两江总督张之洞奏请在南京仪凤门内设立江南陆师学堂。洋务运动虽然在一定程度上激活了江苏教育，但最后仍以失败而告终。

在举办洋务教育的同时及稍后一段时期，外国教会和洋教士纷纷在江苏创办教会学校。同治三年（1864）法国传教士在扬州创办达义小学堂，十年（1871），美国传教士在苏州创办小学堂。光绪十年（1884）美国教会在镇江创办润州书院，随后在南京创办汇文女中、汇文书院。其后教会大学也相继建立。光绪二十七年（1901）美国教会在苏州中西、博习两书院的基础上建立东吴大学，这是外国教会在中国创建的最早的大学之一。宣统二年（1910）美国教会创办的汇文书院与宏育书院合并改组为金陵大学。创办教会学校是帝国主义列强对我国进行文化侵袭的重要手段，但这些教会学校在客观上介绍了许多西方的科学技术与新思想，培养了一批新式知识分子。

甲午战争失败后，民族危机更加深重。迫于国内外形势，清廷不得不推行新政，革新教育。光绪二十四年（1898），两江总督刘坤一奏请按大学堂定章，将江宁储才学堂改为江南高等学堂，此为江苏近代高等教育之始。光绪二十七年清廷明令改书院为学堂，二十九年颁

东吴大学

布《奏定学堂章程》，三十一年正式下令废除科举兴办学堂。在这一时代背景下，江苏出现了兴办新学的热潮。光绪二十二年张之洞在南京创办了江南储才学堂，后改为江南高等学堂；二十三年，无锡举人杨模向官商筹募经费，建竢实学堂；同年，俞复、吴眺集资创办无锡三等公学堂；二十四年，又在江南陆师学堂附设南京矿路学堂，这是江苏最早的技术学校；同年，江阴南菁书院被改为江苏省高等学堂；二十八年，淮阴开办江北大学堂，后改称江北高等学堂，招收淮、扬、徐、海等地学生，此为苏北高等学堂之始；同年，两淮盐运使程仪洛创设仪董和笃材学堂。本着向西方学习的精神，江苏率先大规模地创办师范学堂。光绪二十八年，两江总督刘坤一呈请在督署江宁设立师范学堂，是年九月刘坤一病逝，张之洞继任两江总督，次年复奏请设三江师范学堂于江宁北极阁，清廷批准创办，学堂聘缪荃孙为总稽查。“凡江苏、安徽、江西三省士人，皆得入堂受学”（《张文襄公奏稿》卷35《创建三江师范学堂折》）。该学堂于光绪三十年开学，后易名为两江师范学堂，系南京高等师范学校的前身。光绪二十八年，清末状元张謇自筹资金，在南通首创师范学校，并亲主校政。他在古千佛寺原址，拆除旧

两江师范学堂

庙,拉倒佛像,建立校舍,可谓惊世骇俗。尝自云:"民间之自立师范学校自通州始。"(张謇《张季子九录·教育录·通州师范学校议》)与此同时,晚清进士沙元炳在水绘园对面创办如皋公立简易师范学堂,并附设师范传习所。光绪三十年,苏州紫阳书院改为官立江苏师范学堂,两年后又改为官立江苏两级师范学堂,罗振玉任监督。

此后,江苏中师也纷纷创办:光绪三十年,淮阴师范创建;三十一年,江宁府改设师范传习所,翌年在北极阁下两江师范前建宁属初级师范,并将师范传习所并入;三十二年,徐州、沛县、常州、武进、海门诸师范创办,其后又有铜山师范创立。宣统元年(1909)太仓师范创办。三年,无锡师范创办。

到光绪三十四年(1908)江苏各地府县几乎都有了中小学堂。江苏初、中、高等学校包括民众、实业、师范教育等有了初步发展,随着大批新式学堂的兴办,旧的教育制度逐步解体,江苏近代教育体系的雏形初步形成。据统计,光绪三十三年,江苏人口约 2 700—2 800 万,共有小学堂 906 所,学生 34 904 人。宣统元年,全省有中学堂 31 所,学生 3 155 人,居全国第五位。

1902 年—1907 年江苏省普通学堂一览表

年份	官立		公立		私立	
	江宁	江苏	江宁	江苏	江宁	江苏
1902	14	7	3	29		14
1903	34	20	10	49	1	26
1904	48	29	22	82	3	44
1905	23	53	62	226	18	90
1906	234	76	158	442	70	202
1907	281	88	273	590	110	274
总计	634	273	528	1418	202	650

资料来源:学部总务司编《第一次教育统计图表》(光绪三十三年)第 453—454 页;第 483—484 页

由上表可知公立学校的真正增长是在1905年以后。在科举废止的前夕,公立学校并不多。1905年淮、扬、徐、海、通各州的启蒙小学堂,其中官立学堂227所,民立学堂87所,而公立学堂只有11所。苏南松江府城学堂的统计则表明,1905年官立学堂只设立1所,公立学校3所,民立学校则有12所。公立学校数量上升的最大原因是科举的废止。

(二)江苏现代教育的确立

在新文化运动的推动下,江苏教育事业有了迅速的发展。根据民国时期教育部公布的统计数字,民国五年(1916)江苏有初等学校6303所,居全国第五位;普通中学27所,居全国第六位;民国六年江苏有师范学校17所,居全国第一位;民国二年江苏有实业学校31所,民国八年有实业学校51所,在当时均居全国第一位。

1905年,江苏省教育会成立。张謇、唐文治、黄炎培、袁观澜等先后任正副会长,采取举办讲习所、展览会,组织教育调查,出版教育刊物,广泛开展教育研究活动。俞子夷、吴研固等在江苏一师附小(苏州实验小学前身)首创用白话文编写小学教科书。

1912年元旦,南京临时政府成立,蔡元培首任教育总长,对清末教育进行了重大改革,颁布了《壬子癸卯学制》等一系列教育法令。根据教育部指令,江苏撤消了宁、苏两地提学使司,设教育司,蔡炎培任第一任司长,制定了五年发展计划,力求加强教育建设,并规定了分级负责办学和管理的原则。此后又有一批高等学校扩充或建立,金陵大学、南菁高等学堂增设了理、工、农、林等科,新建了我国最早培养纺织专门人才的南通纺织学校、最早培养水利专门人才的河海工程专门学校、最早培养妇女人才的金陵女子大学。在两江师范校址上筹建了南京高等师范学校,是我国最早的四所高师之一。随后在此基础上创建了学科齐全的综合性大学——东南大学。

"五四"运动后,江苏教育界思想日趋活跃,受杜威实用主义教育思想的影响,江苏教育出现了新的气象,江苏平民教育、社会教育有了很大发展。1919 年，无锡学者王福保和工商实业家祝兰舫创办了第一所平民学校，此后陆定一等成立锡社，在各乡开办了 12 所平民学校。1923 年，朱其慧、陶行知、袁观澜、晏阳初等建立中华平民教育促进会，平民教育热潮由南京波及江苏各地，继而影响全国 20 个省市。1928 年，俞庆棠在苏州创立社会教育学院，筹办劳农学院，后合并为江苏省立教育学院，成为我国第一所正规的培养民众教育人才的高等学校。

为普及义务教育，加快师资培养，乡村师范开始在江苏推行。1923 年前后，吴江、黄渡、洛社、栖霞、界首等 5 所省会师范学校分别设立乡村分校，专门培养乡村教师，这是全国率先创立的一批乡村师范学校。1926 年，陶行知主张师范教育下乡，翌年在南京劳山脚下创办晓庄师范学校，这是我国第一所试验乡村师范学校。在这里陶行知进行乡村教育改革实验，形成了“生活即教育”、“社会即学校”、“教学做合一”的生活教育理论，成为当时倡导实验研究新风的杰出代表。1928 年，在第一次全国教育会议上，陶行知等人提出《整顿师范教育制度案》，倡议各省都要设立独立师范学校。

抗日战争爆发，江苏各地相继沦陷，江苏教育事业遭到严重摧残，日本侵略者在沦陷区学校中推行奴化教育，激起了广大爱国师生的反抗和抵制。敌后抗日根据地的干部教育和群众教育也蓬勃发展起来。盐阜区兴办了抗大五分校和总校、鲁迅艺术学院华中分院，淮北区兴办了抗大四分校和行政学院，淮南区兴办了抗大八分校，苏中区创办了抗大九分校等。还先后创办了江淮大学、华中医学院、华中新闻专科学校等一批普通大专学校，培养造就了 20 多万干部和专业人才。从 1941 年起，根据地建立民校、夜校、识字班，每年都开展大规模的冬学运动，开展群众教育，这些都在江苏教育史上留下了光辉的篇章。

三、江苏教育的思想文化观念

在江苏教育的发展过程中，逐渐形成了独特的思想文化观念，诸如研习并重，学以致用；注重名师硕儒，崇尚学术自由；与时俱进，洋为中用，率先革新；不断扩大教育范围，努力追求教育平等。这些为江苏各类教育走在全国前列，开一代教育风气之先奠定了坚实的文化基础。

（一）研习并重，经世致用

在江苏教育发展中，书院创办早、数量多，几乎遍布大江南北，其中茅山书院、东林书院、紫阳书院、钟山书院、南菁书院都很著名。江苏的书院往往是在官学衰微、庠序失教的背景下应运而生的，书院以研习经史子集等学问为内容，意在培养学术人才，形成了自由的学术氛围和独立的研究精神，成为我国传统学术繁荣发展的重要渊薮。例如南菁书院崇尚朴学，不教八股，倡导学子研习经史词章等实实在在的学问，教学与研习并重，书院藏书楼对生徒自由开放，生徒平时勤于自学，博览群书，潜心钻研学问，认真做读书札记，为“月课”和“抽查会讲”精心做准备，其性质是一种类似于研究院的高等学府。

古代官学最大的弊端是脱离社会实践与生产劳动，江苏一些清醒的教育家已经看到这种弊端，并力图改变。宋代著名教育家胡瑗在苏州、湖州从事教育活动 20 余年，他开创“苏湖教法”，明确提出“明体达用”的教育原则。“明体”就是明白根本的道理，学习和掌握基本理论；“达用”就是运用知识理论解决实际问题，治国安邦。他首创分斋教学制度，设立“经义”与“治事”两斋。“经义”研习六经；“治事”研究实际学问，分别讲授治兵、民政、农田水利、测量计算、天文历算等，学生各治一事，另兼一事，实为后代专业应用教育的开端。

近代实业教育家张謇更是推行“学以致用”教育原则的典范。他认为教育事业要面向实际，根据社会需要办学，这样才有益于国计民生，使国富民强。张謇主张“学必期于用，用必适于地”（《通州张氏家塾经史国文实习科答问序》)，结合生产实际进行教育试验，并大力举办职业教育，培养各类专业人才。学以致用，教育与生产劳动相结合，既推动了社会的发展，也增强了江苏办学的活力。

（二）崇尚学术，讲学自由

江苏书院的山长大多是学术威望极高的饱学之士。他们学识渊博，识见卓异，品行端正，声望卓著，素为士林所推重。明清时期著名学者湛若水、王守仁、王艮、姚鼐、钱大昕、黄体芳分别在江苏执掌新泉、甘泉、安定、钟山、紫阳、南菁等书院，影响深远。这些学术大师，在书院研讨学术，传播学术思想，有的形成了新的学术流派。如王艮先后在江苏创建了复初、安定、新泉三个书院，传播阳明学说，注重实用之学，最终形成了反映平民意识的“泰州学派”。

书院实行独特的讲会制度，倡导自由讲学，成为我国传统思想文化的传播媒介与载体。书院除授业式讲学以外，即由学术大师向生徒传授学术理论或阐发经典内涵；更为重要的形式是实行讲会制度，即由不同学派的学术大师各抒已见，相互质疑问难，辨析理论精义，谓之讲会。东林书院实行了较为稳定的讲会制度。《东林书院志》载有《东林会约仪式》十一条，规定：每年一大会，每月一小会，会各三日；大会每年推一人为主，小会每月推一人为主；每会推一人为主，说“四书”一章，各虚怀以听。即有所见，须俟两下讲论已毕；会日久坐之后，宜歌诗一二章。正因为江苏书院有这样好的条件和学术环境，才形成了崇尚学术、讲学自由的良好学术气氛，造就了大批优秀的学术人才，取得了丰硕的学术成果，这是江苏教育形成的值得发扬的优良传统。

（三）扩大教育，追求平等

江苏教育除发达的官学和书院以外，还大力开展社学与义学教育，以扩大教育范围，追求教育平等。社学是元、明、清三代在地方基层设立的学校。元代教育的创新是适应农业生产和农民学习的需要，在农村兴办社学。农村每五十家为一社，每社一校，农闲时入学，教以农业、蚕桑知识，也选择通晓经书的儒生为师，教以儒家伦理道德，习诵“四书”和《孝经》。据元代于文情《修学记》载，至正九年(1349)，苏州先后创建社学130多所，百里之内，弦歌相闻。社学实行官办与民办相结合的形式。明清两代沿袭元代的做法，大办社学。明洪武八年(1375)，诏令各府州县每五十家设社学一所，仅苏州城乡就建有社学737所。清初诏令各直省府州县建立社学，清乾隆八年(1773)，苏州知府在城中置社学7所，在木渎、光福等乡镇也都建有社学。

义学，又称义塾，是由地方绅士捐资创办的免收学费的学塾，主要招收乡间贫寒子弟，以读书识字为主要目的。苏州为“东南望邑”，义塾遍布城乡。北宋时期，范仲淹在家乡吴县天平山麓为族中子弟设立义学，实施识字等启蒙教育，这是现在所知江苏举办义学的最早记录。

社学与义塾开设的课程以《百家姓》、《千字文》为主，明洪武中期，社学子弟悉令通《孝经》、“小学”诸书，还读《论语》、《孟子》。社学和义塾的经费由当地士绅捐田、捐款资助。明代史应选《重建娄门社学记》载：“凡里中之子弟不能具束修者，皆可往而句读焉。”清初苏州的“六门义学”就是靠士绅捐助银两和田产筹建的，苏州知府觉罗雅尔哈善特地刻石予以表彰。《苏郡义学记》碑所载：“计田廛廪饩之息，脯修膏火有备，乃择塾师、选子弟之秀者从游其中，立课定规，随时省察，务在讲求立教之意。”江庆柏主编的《江苏地方文献书目》著录了大量江苏特别是江南地区义塾创办与管理的珍贵文献。

在江苏教育发展过程中，有识之士重视男女教育平等，特别是在兴办新学堂的大潮中，江苏创办了一批新式女子学堂，如苏州的兰陵女学、景海女学、振华女学，无锡的竞志女学等。1915年，金陵女子文理学院在江苏创办，这是我国最早的女子高等学校。从1928年起，吴贻芳主持校政20余年，是我国近代教育史上第一位女性大学校长。她精心擘划，开拓创新，使江苏女子高等教育走在了全国前列。这些女性学校开风气之先，体现了男女教育平等的观念，具有反封建的重要意义。

第二节　江苏科举文化

科举考试是隋唐以后封建社会发展中的一件大事，科举制度的确立，打破了魏晋以来世家大族垄断政权的“上品无寒门，下品无士族”的政治体制，成为封建社会选拔各级官吏和治术人才的主要途径。开科取士为国家选拔了大批管理人才，特别是进士科录取的进士体现了较高的人文素养和从政能力，在文化教育、文学艺术等领域也都有突出的贡献。“进士为士人通籍之始，历代荣之”。进士为全社会所推重，成为一支重要的社会文化力量。

一、江苏历代科举文化概述

（一）隋代至元代的江苏科举文化

进士是科举考试的最高功名，是科举盛衰的集中体现。隋炀帝大业二年(606)设进士科、明经科，“以策试取士”，为我国科举制度之始。据民国《江苏通志稿·选举志》载：江苏隋代有进士 1 人，唐代有进士 116 人，其中苏州 65 人。五代十国时期徐州有进士 1 人，南唐昇州有进士 1 人。

宋代科举制度基本上沿袭唐代，然宋代取士只用科举，诸科名额大量增加，并实行“特奏名”和“赐出身”，及第者待遇大大超过前代，渐渐形成了全社会重视科试的风气。北宋贡举共开科取士 81 榜，南宋贡举共开科取士 49 榜，两宋通过科举共取士 115 427 人，是取士最多的朝代。当时科考取士最集中的地区是江西、福建和浙江地区。江苏取士虽然人数不多，但在全国的地位却不断上升。

两宋时期经济文化南移，江苏经济逐渐成为全国的重心所在，无疑为江苏科举考试提供坚实的基础，江苏应考中第者人数增多，科举呈现繁荣景象，形成了江苏科举史上的第一个高潮。据民国《江苏通志稿·选举志》载：北宋时期江苏有进士1 079人，其中常州府493人，平江府234人，镇江府114人，泰州府60人，真州府48人，扬州府41人，嘉兴府华亭县40人，江宁府37人，通州府7人，楚州府3人，徐州府2人。南宋时期江苏有进士1 299人，其中常州府536人，平江府413人，镇江府106人，江宁府97人，嘉兴府华亭县48人，真州府39人，泰州府31人，扬州府16人，通州府9人，海州府2人，楚州府2人。在宋代江苏境内科举情况可以概括为以下几个方面：士人积极参加科举考试，录取名额较多，而各地对进士科较为重视，文献记载甚详；录取名次较前代增加很多；江苏境内南北差异较大，经济日益发达的江南一带录取名额最多。据至顺《镇江志·科举》载，宋代镇江本地应科举者246人，其中登进士第者223人，特科3人，特恩3人，学究1人，其他16人；而北方尤其徐淮一带录取名额较少。

元代按族群与区域配额两种方式考试，前后仅科考16次，录取进士1 139人，但元代江苏科举比宋代在全国的比重有很大提升，表现出更加强盛的科举势头。

（二）明清时期的江苏科举文化

明清时期江苏为人文渊薮，进士前后络绎不绝，进士人数甲天下，“鼎甲”人数遥遥领先，科举世家不断涌现，在全国可谓是独领风骚。明代自洪武四年（1371）开始恢复科举考试，前后开考89科，《明清进士题名碑录索引》统计，明代共录取进士24 866人。清朝自顺治三年（1646）沿用明代科举考试制度，前后开考112科，据江庆柏先生《清朝进士题名录》著录，清朝文科常科考试录取的进士人数为26 849名。此外，清廷举行的制科考试和翻译科考试录取进士253名。据范金民先生统计，明清两代江苏进士总计为5 797人，依次为苏州府（含太仓州）1 861人，常州府1 281人，松江府673人，江宁府（明应天府）668人，扬州府542人，镇江府398人，淮安府192人，通州148人，徐州府23人，海州府11人。江苏成为全国考取进士最多的省份，江南更是成为产生进士最多的地区。

江苏进士不但数量众多，而且“鼎甲”人数在全国最为显赫。在明清两代科考状元中，明代 89 名状元，江苏占 16 名；清代 112 名状元，江苏占 49 名，几占二分之一。明清两朝合计统计，江苏状元几占全国状元的三分之一。明清两代仅苏州一地就有状元 36 人。清代全国仅有 2 人“连中三元”，苏州钱棨就是其中之一。

清代各省夺魁人数表

	状元	榜眼	探花		状元	榜眼	探花
江苏	49	26	41	湖南	2	5	6
浙江	20	29	26	贵州	2		1
安徽	9	7	5	河南	1	2	2
山东	6	5	3	陕西	1	1	
直隶	4	7	6	四川	1	1	1
广西	4			山西		1	3
江西	3	11	5	蒙古			
福建	3	6	1	八旗	1	2	3
湖北	3	5	5	合计	112	112	112
广东	3	4	4				

资料来源：据江庆柏《清朝进士题名录》（中华书局，2007 年版）统计

从《清代各省夺魁人数表》上看，状元的地域分布很不平衡。从一个侧面反映出不同地区文化教育事业的发展状况。在 112 科状元中，江苏 49 人，占整个清代状元的 43.75%，在三鼎甲的 336 人中，江苏有 116 人，占 34.52%，江苏状元和鼎甲人数远远超过其他各省，无疑是江苏文化教育发达的有力体现。江苏科举进士中三鼎甲人数众多，明清两代仅苏州府就出现三鼎甲 60 余名，一门同登者比比皆是。

长洲彭定求与其孙启丰均为状元,常熟翁同龢与其侄曾源先后为状元;父子鼎甲者,苏州即有三对:明代太仓王锡爵与王衡,清代吴县缪彤与缪曰藻,镇洋汪廷玙与汪学金;昆山徐氏兄弟三人均荣登鼎甲:徐元文为顺治十六年状元,徐乾学为康熙九年探花,徐秉义为康熙十二年探花;武进庄存与、庄培因兄弟,一为乾隆十年榜眼,一为乾隆十九年状元。

江南贡院

江苏教育发达文风之盛在清代是极为突出的。清末江苏巡抚陈夔龙阐述了自己的看法:"苏浙文风相埒,衡以浙江一省所得之数,尚不及苏州一府。其他各省,或不及十人,或五六人,或一二人。而若奉、若晋、若甘、若滇,文气否塞,竟不克破开荒而光巨典,岂真秀野之悬殊哉?窃尝纵观而知其故。自言游以文学专科矜式乡里,宣尼有'吾道其南'之叹。南方火德,光耀奎壁,其间山水之钟毓,与夫历代师儒之传述,家弦户诵,风气开先;拔帜匪难,夺标自易,此一因也。冠盖京师,凡登揆席而跻九列者,半属东南人士。父兄之衣钵,乡里之标榜,事甫半而功必倍,实未至而名先归。半生温饱,尽是王曾;年少屐裙,转羞梁灏。不识大魁为天下公器,竟视巍科乃我家故物,此又一因也。”（陈夔龙《梦蕉亭杂记》卷二）陈夔龙谈了两个原因，一是江南文教风尚胜于其他省区，二是认为江南地区家族有重视功名的传统。近人对这一问题论述更多，宋元强在他的《清朝的状元》一书中特别论述了状元“萃集江南缘由”，并从经济重心南移、学术风气递嬗、文教事业昌盛、重视功名仕进、饮食结构合理等五个方面进行了详细阐述。

明清时期江苏科举发达，然各地进士分布极为不均，江南地区的苏州、常州最多，而地处江苏北部的徐州、海州最少，究其原因应与当地的经济发展水平、望族集中和文风盛衰有关。

张杰在《清代科举家族》一书中指出，经济条件在科举家族形成过程中起决定性作用。经济基础是文化教育的前提，科举家族前辈族人，利用其优越的经济条件支持后代踊跃应举。没有前人奠定的物质财富，后人就没有条件安心读书，成功应考。

江苏特别是江南地区经济实力雄厚，为科举考试奠定了坚实的经济后盾。清人袁学澜曾云：“赋税甲天下，科第冠海内。”江苏是全国米麦、棉花、蚕桑最重要的生产基地，商品流通发达，人民生活富足，故殷实之家尤属意于子弟科举考试。太湖之滨的洞庭商人是明中后期活跃于商界的一支重要商帮，其家乡洞庭东山、西山，明清两代出过 2 名状元，1 名探花，2 名会元，50 名进士，这些及第者大多为商人子嗣。扬州、淮安地区明清时期科举之所以盛于前朝，是因为明清时期当地已成为全国最大的盐业重镇、漕运中心，富甲天下，文士云集，遂形成科举鼎盛的局面。

明清时期，江苏出现了诸多从事举业人数众多并有多人取得进士功名的科举家族，成为新兴的官绅地主代表，他们使官、绅两种身份合二为一。这些科举家族将权力、财富、文化与名望结合在一起，在政治、经济、思想、文化、教育等各个领域都产生了深远的社会影响。江苏科举家族众多，特别是江南地区，世代科第不绝的簪缨望族，探杏折桂代有闻人。明代常熟钱氏一门出了 9 个进士。有清一代，长洲彭氏，先后出了2个状元，1个探花，14个进士，另有31个举人，7个副榜，130余名附贡生，有“昭代科名第一家”之誉。清代吴县潘氏，潘世恩为状元，其弟潘世璜为探花，其孙潘祖荫为咸丰二年探花，其余翰林、进士、举人不可胜数，李鸿章为其家题匾为“祖孙父子叔侄兄弟翰林一家”。江苏常熟翁瑞生臣、卿、相三子。翁臣曾孙长庸为顺治四年进士，长庸子大中为康熙三十六年进士，大中六世孙心存为道光二年进士，心存长子同书为道光二十年进士，四子同龢为咸丰六年状元，同龢次子曾源为同治二年状元，曾源子斌孙为光绪三年进士。翁卿重孙需为顺治三年进士，需侄舆之为康熙三年进士，卿玄孙叔元为康熙十五年探花。

科举家族的兴旺发达是其重视文化教育的结果，也与以科举为导向的应试教育有关。若想长期保持家族的地位声望，必须靠族人不间断地获取科举功名，这就促使他们特别重视家族教育，鼓励子弟努力读书向学，例如江苏阳湖庄氏家族先辈为其后代立下四条学训：“一曰苦志，二曰积学，三曰虚心，四曰禀命。”

江南众多的科举世家已深知读书登第能给家族带来家业不坠、仕途不绝、富贵长久的好处，也使江南民众产生了羡慕的心态，进而认为科举应试是安身立命的最有效最可靠的不二法门。许多家庭重视启蒙教育，尽早开发子弟智力，聘请名师课读子弟，传授制艺之法。或敦促子弟追随名师学习，成就科举功名。江南许多士子勤学苦读，以科举为人生目标。明归有光说：“吴为人材渊薮，文字之盛，甲于天下，其人耻为他业，自髫龄以上皆能诵习，举学应主司之试，居庠校中，有白首不自已者。江以南其俗皆然。”（归有光《震川先生集》卷九）苏州是“家家礼乐，人人识书”。太仓是“街坊子弟习举业者彬彬郁郁”。昆山是“家知读书，人知尚礼”。常熟是“士之习诗书者，诵读之声比户相闻”，“子弟皆幼而读书，每有司较童子试，辄及先人”。贫寒子弟也把科举考试当成摆脱贫困、跻身上层的唯一途径，他们发愤读书，不少寒门子弟崛起于茅室寒舍。无锡顾宪成、顾允成兄弟，分别为万历八年、万历十四年进士，而其父顾学只是一个卖豆腐的乡下人，民间有"一担两尚书"的说法。张謇为光绪二十年甲午科状元，而张氏"世以农为业"，为提升张氏的社会地位，其父张彭年专门请师课读，"修金视他儿逾倍"，终于使其出人头地。

另外，科举家族的联姻，使科举功名世代传承，促进了江苏地方科举与文化的发展。清代阳湖庄氏为江南著名科举家族，庄柱为雍正五年丁未科进士，其妻钱氏乃康熙进士、翰林院检讨钱荣世之女。其子庄存与为乾隆十年乙丑科榜眼，庄培因为乾隆十九年甲戌科状元。庄培因妻彭氏乃雍正五年丁未科状元彭启丰之女。其孙庄述祖为乾隆四十五年庚子科进士，庄述祖妻倪氏为乾隆十九年甲戌科探花倪承宽之女。庄氏家族联姻文化层次高，文化上强势结合保障了家族后代的优生，提高了家族文化教育水平，促进了家族在科举考试中的优势地位。

明代归有光、清代宋荦认为江南进士辈出与江南宜人的自然环境不无关系。江南进士冠绝海内，是与江南秀丽的湖光山色与映丽的自然风景分不开的，江南环境优美，文化气息浓厚，文人学士优游其间，或寄情山水，或潜心学问，一代一代进士崛起其间，自是情理之中。

江南教育发达，黉营遍布，书院林立，文献丰富，典籍充栋，为科举营造了良好的氛围和基础。

（三）江苏丰富的科举文献

江苏科举发达，编纂保存了大量地方科举文献，成为一笔宝贵的文化财富。如清赵熙鸿辑，刘汉卿、钱人麟等增订《毗陵科第考》八卷，董现庵辑《毗陵科第考补遗》，清高镤泉辑《锡金科第考》六卷，清陆懋修辑、陆润庠补辑《国朝苏州府长元和三邑科第谱》四卷，费善庆纂《江震科第贡举考》，佚名编《松陵科第志》，清冯武辑《海虞科第世家考》，清王元钟辑、王庆芝补辑《国朝虞阳科名录》六卷，清田毓璠辑《淮郡历科题名碑》等。许多科举题名录经由多人多次修订。如《毗陵科第考》,原编者为康熙年间赵熙鸿,又由刘汉卿增补,雍正年间钱济世再加增补,乾隆年间又有庄柱增补,后钱人麟再补。而钱人麟还希望“嗣后阅一二十年,当更补修,所望于后之君子”。

据江庆柏考证研究,目前所见的地方性科举题名文献,都是江苏(包括上海)、浙江地区的。江苏科举文献丰富,首要的原因是由于江苏科举发达,所谓“吴趋士风清嘉,文史之盛自古为昭。国初以来,甲乙榜人材蔚起,科第亦彬彬可纪焉”(陆懋修《国朝苏州府长元和三邑科第谱》)。其次是为了彰显地方文化的成就,突出其地的科举优势、人文优势,显扬地方人才的兴盛。科举人才的多寡,特别是进士的数量与名次常被看作是衡量地方人文成就的重要尺度,是地方文化质量的重要反映。再次是通过编纂地方科举题名录,激励乡人,继承光大地方科举文化。“其于感发人心,激励后进,所裨不少”(钱济世《毗陵科第考·序》)。

另外,江南地区家族类进士题名文献也非常丰富。如清冯武所撰《海虞科第世家考》记载了江苏常熟地区的科举家族。是书以家族立目,如西泾岸赵氏、东湖赵氏、西北区钱氏、钱家仓钱氏等。清初已在科举上取得重要成就的一些家族是书均已收录,如常熟蒋氏。蒋伊为康熙三年进士,蒋伊长子陈锡为康熙二十四年进士,次子廷锡为康熙四十二年进士;陈锡子涟为康熙四十八年进士,涟弟洞为康熙五十二年进士;廷锡子溥为雍正八年进士,陈锡孙楠亦为雍正八年进士。

江南许多家族的家谱中都列有“科名录”,详细记录本家族的科举人名及相关事迹,如《毗陵庄氏族谱》卷九“科第门”,细分二十二类:甲榜、乙榜、钦试举人、召试、副贡、拔贡、优贡、恩贡、岁贡、荐举、荫生、会试总裁、乡试主考、会试及顺天乡试同考、督学、直省乡试同考官、卿贰、京堂、翰詹、常州知府给建坊示、牌坊记、袭荫附,几乎涵盖了古代科举的所有项目。

这些地方科举题名文献和家族科举题名文献,记载和反映了江南地区特别是一些名门望族在科举上所取得的成就。显赫的科举成就既是一个家族的重要财富，是一笔不可小觑的“无形资产”，也是一个家族社会地位与文化实力的象征，更是一个地方历史文化的展现。

二、江苏教育与科举文化的关系

（一）江苏教育对科举文化的影响

明清时期，江苏学校教育立足于为科举输送人才，教育与科举相伴而行，在全国具有重要地位。

明清时期江南科举甲于天下，与江南发达的教育有直接关系。明清两代江南官学遍布各府州县，王锜说：“吾苏学官，制度宏壮，为天下第一。”此时的官学生徒诵读“四书五经”，专攻八股及试贴诗，以参加科举考试为人生的正途。

江南书院林立，藏书楼典籍充栋。书院本以切磋学问、明辨思想为宗旨，但明清时期特别是清代，书院教育多以科举考试为重，成为科举教育型书院。主持书院者多是博学多闻的饱学之士，他们大多都是进士、举人出身，是科举考试的行家里手。如钟山书院山长杨绳武、夏之蓉、卢文弨、姚鼐、朱琦、程恩泽、胡培翚、陶澍、唐鉴、李联琇、梁鼎芬、缪荃孙等皆为进士。苏州紫阳书院山长沈德潜、彭启丰、石韫玉、吴省兰、朱琦、翁心存、俞樾、潘遵祁皆为进士，其中彭启丰、石韫玉为状元。他们在传道授业解惑的同时，自然会将投身科举的经验教训传给书院学子，从而培养一批又一批科举成功之士。书院编有《课艺》，汇集生徒的优等习作，并由山长及名师硕儒作出评点，供求学士子模拟示范。苏州紫阳书院在潘遵祁掌院期间，编集了十七编《课艺》，每集皆有评点。这些具有丰富科场经验的评点，以及学院山长的日常讲评，对于生徒参加科举考试极为有用。

另外，书院里这些曾经取得过功名的师长大多仕宦多年，同年、同僚与门生众多。他们垂意于桑梓人才培养，对所教生徒奖掖拔擢不遗余力，这些都大大提高了江南士子科举成功的机率。清代许多举子就是经由书院教育途径取得进士功名的。如清代进士王昶、王鸣盛、曹仁虎、冯桂芬皆肄业于苏州紫阳书院。

明清时期江南私学兴盛，殷实之家多延名师硕儒教授子弟，“崇师喜读书者，弦诵之声比屋皆是”。江南这种家弦户诵、人人读书的社会风气，成为江南士子科举成功的良好社会文化基础。

明清江苏进士人数众多，科名鼎甲者代不乏人，翰林学士、枢府要员比比皆是，他们为维系明清两代的封建统治发挥了重要作用。这些人博学多闻，崇尚节操，激励后进。他们在公干之余或致仕回归故里后，凭借丰厚的资财田产，过着富足闲适的生活。在闲暇之余，作文撰史，精研学问，赋诗填词，审音度曲，观书赏画，建阁藏书，这些都大大增添了江南的学术氛围和文化气息。江苏古代发达的教育和文化培育了大批科举人才。

（二）科举文化对江苏教育的影响

科举制度的建立，对文化教育事业的发展有特别重大的意义和影响。科举制度实际上是一种教育考试制度，科举考试取中的人数直接反映了一个地区的教育水平和文化水平。

进士科取中人数是衡量一个地区传统文化教育成果的一项重要指标，明清两代江苏进士均占全国进士总数的十分之一以上。科举激励着地方兴办教育的热情。范仲淹中进士第后，大力兴学，不仅创苏州府学，同时还建立了吴县县学、昆山县学。学校教育兴起，参加科举的人数即大幅上升，乃至“登科者不绝”。

科举世族在地方教育中发挥了重要作用，科举家族许多成员或出任州县教官，或执掌书院教习，或兴办家族塾学，或于家中课读子弟，将自身的应考经验直接传授给后代。他们将金榜题名的殷切期望转化于言传身教的具体实践之中，直接为地方培养了大批科举人才，发展了地方教育事业。

科举制约着地方学校的教育内容。常州人林虑登进士第，曾为常州教授，“身为劝率，从者风靡”，十分明显。林虑掌管常州府学期间实施的是针对性很强的应试教育，因此收效也很大，“大观三年廷试，常士预选者五十三人”（《江南通志·人物志·儒林》）。

科举改变了部分士子的人生命运。范仲淹早岁孤贫，登进士第后家庭情况才得以改变，而自仲淹以下，范氏遂为苏州显族。像范仲淹这样经由科举改变自己命运的例子，宋元时期江苏境内大有人在。科举成就本身就是一种重要的“教育资源”，科举成就突出的地区，将会教育当地人珍惜这份成果，要发扬光大。科举欠发达的地区，将以此为目标，鼓励士民奋发追赶。

科举制度的实施对于发展教育起了一定的积极作用。科举考试使更多人有机会通过学习提高自己的人文素质，有利于民智的开发，在一定程度上推动了教育的普及化和平民化。

关键词：

官学　私学　社学　义学　书院　科举文化　举人　进士　状元

思考题：

1. 江苏书院教育有何特点？
2. 江苏教育先进的思想文化观念有哪些？
3. 江苏古代“私学”有几种形式？
4. 为什么说明清时期江苏科举甲天下？
5. 江苏教育发展与科举文化之间有何关系？

第六章　江苏宗教文化

宗教是一种历史悠久、影响深广的社会现象，是人类文化的源泉之一。佛教、道教、基督教、伊斯兰教，它们产生于两千年前的古代，一直延续至今，并保持着相当旺盛的生命力，在世界范围内拥有数量庞大的信众。宗教在我国有着悠久的历史，早在东汉时期，佛教、道教就开始在江苏流行，隋唐时期盛极一时。此后，伊斯兰教和基督教也先后传入江苏。宗教在江苏各个历史时期都产生过深远而广泛的影响，业已成为民族文化和地域文化不可分割的组成部分。

第一节　江苏的道教

江苏道教历史悠久，源远流长，有著名的洞天福地，有建立较早的道教宫观和有影响的道教派别，还有众多道教名人。

一、东汉三国时期的道教

据传，秦朝时有李明真人在句曲山（今句容茅山）炼丹。西汉元帝年间，出身于咸阳望族的茅氏三兄弟（茅盈、茅固、茅衷）来到句曲山采药修炼，赋予茅山"西汉神仙府"的美称。茅氏三兄弟后来被道教茅山派尊奉为祖师，称"三茅真君"。苏州穹窿山三峰耸秀，贮气含霞，三茅真君也曾到此修道。东汉初平年间，吴郡（治所在今苏州）在穹窿山建造三茅真君的行宫——上真观，用以祭祀。汉顺帝时，沛国

句容茅山

丰(今江苏丰县)人张陵(道教称张道陵)(34—156)创立五斗米道,这是早期道教两大派别之一。五斗米道影响久远,到魏晋时演变为天师道,张陵被尊奉为第一代天师。早期道教另一派别——太平道由张角创立于汉灵帝时,徐州和扬州为其主要活动区域。

三国时,在孙权的提倡下,江东一带的神仙道教迅速发展,大批方士聚集于东吴。琅琊(今山东胶南一带)人于吉入吴传播于君道,李宽自蜀入吴传李家道。句容人葛玄(164—244)是东吴最著名的方士,后世道教尊称为“太极左仙公”。《三国志·吴书》记载,孙权好道术,葛玄曾经与他交游,赤乌二年(239)在方山立洞玄观。方山在今江宁县东南,秦淮河东岸,山势四面等方,孤绝耸立,故名方山。葛玄在孙权的支持下长期在此炼丹,创造出一套新的丹药制造方法。孙权还为葛玄在天台山造桐柏观,在富春造崇福观,在建业造兴国观,在茅山造景阳观等,共 39 处,度道士 800 名,东吴道教达到了相当的规模。

二、六朝时期的道教

魏晋南北朝,道教开始了历史性的大分化,支派林立,宗系繁杂。

五斗米道徒分散全国各地，派生出李家道、清水道、杜子恭道团、于君道、帛家道等。魏晋时，帛家道传入江苏。东晋时，王濮阳于建康（今南京）创清水道，杜子恭道团活动于江东。丹阳葛氏、许氏，晋陵（今江苏常州）华氏，吴郡顾、陆、朱、张及孙吴后裔等信奉道教。著名道士有句容葛洪、海陵王冶（王仙翁）和王鹿女（王妙行）等。先后兴建了一些宫观，其中著名的有吴郡真庆道院（今苏州玄妙观）。

句容城隍庙葛洪炼丹用井

葛洪（约 281—341），字稚川，自号抱朴子，丹阳句容（今江苏句容）人，是魏晋以来神仙道教最杰出的代表和集大成的理论家。葛洪的理论成就集中体现在《抱朴子》，该书分《内篇》和《外篇》两部。《内篇》20卷，宣扬神仙方药、鬼怪变化、养生延年、禳邪去祸的仙道学说；葛洪宣扬神仙是存在的，凡人可以学仙修道而长生不死，学仙修道有很多方法，最重要的是服食还丹金液。《外篇》50 卷，论述人间得失、世事臧否的经国治世儒术。《抱朴子》全面汇集了自战国、秦汉以来社会上流行的各种神仙方术，从理论上论证了修道成仙的可能性，并提出了以服用金丹大药为主，兼修其他道术的成仙途径，从而使道教的神仙信仰开始形成系统的理论和方术。葛洪的另一项贡献，是致力于道教神仙谱系的记述。他撰写的《神仙传》10 卷，记述广成子以迄西晋的得道仙真，贯穿了神仙“积学而成”的思想，指明了修道成仙的道路。本来，汉末的道教一般都奉老子为教主，道经的传授也多托名老子。葛洪在《枕中书》中将道教始祖推到两仪未分时的“盘古道人”（又称“元始天王”），自此南方道教将元始（后称天尊）作为最高神。通过葛洪的推动，道教的基本教义完成了从“致太平”到“求成仙”，亦即从“救世”到“度世”的过渡，道教追求肉体飞升、不死成仙的基本信仰得以形成。道教史上常以“二葛”(葛玄、葛洪)与“三张”(张陵、张衡、张鲁)并称,后世道教很多经书都托名抱朴子,以抬高身价。

东晋时,茅山形成了一个新道派——上清派,以传播研习《上清经》而得名,由杨羲与许谧、许翙父子共创。东晋哀帝兴宁二年(364),吴郡杨羲(330—386)从魏夫人(指故天师道女祭酒魏华存)受《上清大洞真经》(又称《上清经》)31卷,用隶书写出,传于句容许谧、许翙父子抄录修行。上清派尊奉魏华存为开派祖师,杨羲为第二代玄师,许谧为第三代真师,许翙为第四代宗师,第五至第九代宗师依次为许黄民、马朗、陆修静、孙游岳、陶弘景。在上清派九代祖师中,魏华存肩开派之功,杨羲、许谧、许翙负造经之实,陆修静整饬天师道,汇集道教经籍,总括于三洞。陶弘景收集遗经,作《真诰》,说明上清派源流,对上清派厥功至伟。上清派崇奉元始天尊为最高神,修持方法以思神、诵经为主,也提倡炼丹。上清派以茅山为圣地,故后世又称“茅山宗”。茅山宗在中国道教史上有着重要地位,它在隋唐时期成为道教的主流,对道教理论和修炼方术也有较大贡献,组织制度也较健全。它在诸符箓派合并为正一道之前,与龙虎宗、阁皂宗鼎立为“符箓三宗”;合并之后,以小宗单独承传至近代。

东晋后期,江苏又产生道教新教派——灵宝派,创始人葛巢甫是葛洪的从孙。该派由葛巢甫在古《灵宝经》传授基础上进一步造作“灵宝”类经书之后所建立。灵宝经书的造作与传授渊源久远,但卷帙很少,流传不广。继杨、许造作“上清经”之后,葛巢甫以古《灵宝经》为基础,进一步附会引申,造作出大批灵宝类经书。葛巢甫将此类经书传授给任延庆、徐灵期等,累世传承,逐渐形成以灵宝经书命名的道教灵宝派。劝善度人是灵宝派教义的重要内容,也是它区别于其他道派的重要特点。灵宝派的修炼方法,主要是符箓咒术,也特别重视斋醮科仪。《度人经》强调劝善度人,标出了该派立教的主旨,故被后世灵宝派道士特别重视,后被《正统道藏》收作第一部经书,因此后来《度人经》就成了灵宝派的祖经。

南朝时期,道教在江苏大有发展。南朝刘宋时著名道士陆修静是灵宝派的有力弘扬者,也是南天师道的肇建者。陆修静(406—477),吴兴(今浙江湖州)人,刘宋时两次到建康入宫布道,宋文帝、明帝对他十分礼遇。陆修静的主要贡献在于对道教经典进行分类、整理。泰始七年(471),他献上《三洞经书目录》,这是最早的道经目录,为后世《道藏》分类之祖。为整顿道教,建立教规教仪,他提出建立独立的教团组织形式。他融合天师道与神仙道教,使早期民间道教发展成官方新道教。陆修静作为南朝道教的一代宗师,对当时及后世的道教发展影响巨大,道教许多派别都奉他为祖师之一。

陶弘景(456—536),字通明,丹阳秣陵(今江苏南京)人,是陆修静的再传弟子,也是南朝道教改革的集大成者。陶弘景一生历经宋、齐、梁三个朝代,在永明年间服膺道教,搜寻道经,成为上清经的重要传人。永明十年(492)他正式归隐茅山后,着手整理、弘扬上清经法,撰写了《真诰》、《登真隐诀》等著作。《真诰》是一部专门记述道教上清派早期教义、方术及历史的集大成著作,《登真隐诀》则专门论述上清派养生登仙之术。这些著作为道教上清派的最后形成奠定了基础。陶弘景重视服饵炼丹,是继葛洪之后最著名的炼丹家。他在道教史上的贡献还在于撰作《真灵位业图》,从而建构了道教神仙信仰体系。陶弘景在茅山修道四十年,在他的苦心经营下,茅山成为上清派的基地和中心。南朝时,上清派的道观除了集中于茅山,在江南各处都有分布。此时,江苏成为中国道教盛行地之一。

三、隋唐以来的道教

自陶弘景以后,茅山宗人才辈出,其影响日益昭著。隋代,晋王杨广(后为隋炀帝)任扬州都督时,建有玉清道观和金洞道观,并迎请茅山道士王远知和天台山道士徐则到扬州居住。这时,茅山上清派的各种斋醮仪式渐趋完备。唐代,茅山宗成为道教主流,道士王远知、潘师正、司马承祯、李含光等，深得唐帝室尊崇。唐代社会上最显要的道士多来自茅山，当时有“茅山为天下道学所宗”之誉。茅山宗第十二代宗师司马承祯著《坐忘论》，宣扬道教理论中的重玄之说。在统治者支持下，茅山宗不仅在南方进一步扩展，而且在北方也有很大的发展，建立了嵩山、王屋山、天台山、京畿等几大传道基地。茅山宗声誉隆盛，以至远在蜀中的著名道教理论家王玄览等人也曾不顾路途艰险而前往茅山访道求法。

宋代，茅山宗历代宗师多得宋帝室所赐“先生”称号，至刘混康任嗣法宗师臻于极盛。南宋以后，茅山宗稍显衰微，但仍传承不绝，且时有高道闻名于世。泰州天庆观的徐守新（1032—1108）著《徐神翁语录》，提倡修炼内丹。明代，全真派传入江苏。著名道士有句容茅山刘大彬，苏州周元真、张善渊、步宗浩，如皋傅仲良、孙念二等。清代，江苏各道派相互融合，茅山道、正一道、全真道相互往来参学。乾隆五年（1740），茅山道宗传入台湾。

民国时期，江苏建立了道教组织。民国二年（1913），由正一道第62代天师张元旭（1862—1924）发起，同上海、浙江和江苏的苏州、句容茅山等处正一道宫观在上海成立“中华民国道教总会”。此后，如皋等地成立道教分会。民国十七年（1928），国民政府在《神祠存废标准》中对道教有不善之词，使一些宫观被侵占，道士被迫还俗。日军侵华战争爆发后，道士们积极参加抗日战争，句容茅山道院成了新四军的抗日活动根据地。1949年底，江苏有道教宫观535座，道士（道姑）5 000人，主要分布于句容、金坛、常州、无锡、宜兴、苏州、常熟、泰州、兴化、高邮、南通、海安、启东、如皋、东台、阜宁、宿迁、大丰、盐城、南京等地。

四、道教的影响

鲁迅先生说过：“中国根柢全在道教。”确实，道教对我国古代的思想文化和社会生活的各个领域产生了巨大而复杂的辐射作用，具有深刻的影响。首先，从社会历史的角度看，一方面，封建统治者利用道教来巩固其专制统治，如陶弘景是有名的“山中宰相”；另一方面，许多农民起义也利用道教作为发动起义的组织形式，道教经典也成为他们的思想武器，五斗米道与太平道都曾被农民起义所利用。其次，从学术的角度看，道教在长期发展过程中，既与儒、释互相斗争排斥，又与之互相吸附渗透，从而促进了中国学术思想的发展。再次，从文学艺术的角度看，道教的影响也非常突出。道教的神仙思想是文学的重要题材之一，充满于诗、词、歌、赋、戏曲、小说等各种文学形式当中。如明清以来在江苏地区广泛流传的道情，不少道士或奉道文人乐于运用它来演道抒情，其中以《板桥道情》最为著名，两百年来传唱不衰。最后，道教对我国古代科学技术发展的影响，也是不容忽视的。道教为了追求长生成仙，十分重视修炼方术，客观上在古代科技的有关领域积累了许多有价值的材料。丹鼎派的道士为了炼制长生不死的仙药，对各种炼丹术进行了认真的探讨。其中合理的菁华，客观上促进了古代医学的发展，同时为近代实验化学的产生提供了条件。如葛洪《抱朴子》有关物质变化的论述，对化学和生物学都是很有价值的材料。总之，江苏道教与我国传统文化有血肉相连的密切关系，对古代政治经济、哲学思想、文学艺术和古代科技以及民族心理、社会习俗等各个方面都发生过巨大作用，在江苏文化的形成与繁荣中占有重要地位。

第二节　江苏的佛教

在世界三大宗教中，佛教创立时间最早。约在公元前六世纪至公元前五世纪，古北印度迦毗罗卫国（今尼泊尔南部）的王子乔达摩·悉达多创立了佛教。佛教在中国流传、发展了两千年，经过依附、冲突、适应、融合，深深地渗透到传统文化之中。

一、汉魏六朝的佛教

在江苏文化习俗中，“信巫鬼，重淫祀”（周应合《景定建康志》卷42），此类民风分布广泛，积淀厚重，源远流长。这种习俗所表达的对神灵的无限敬畏和祈求福祉的强烈愿望，以及由此产生的浓厚的宗教氛围，无疑为佛教开创了非常有利的生存环境。

连云港孔望山摩崖石刻

东汉明帝时期，楚王刘英祭祀佛陀，定期持斋吃素，供养沙门，是有史可考第一个信佛的中国人。汉灵帝光和四年（181），临淮（今盱眙县）人严佛调成为中国最早的汉僧，并与安玄（古安息国人）合译了《法镜经》。此时，丹阳人笮融在广陵、下邳、彭城之间大造浮屠，这是中国民间最早的佛塔。佛教因而扩大到淮泗流域，并进一步传到江南。连云港孔望山摩崖石刻造于东汉末年，是我国最早的一处佛教造像。孔望山造像比人们认为最早的敦煌莫高窟佛教艺术还早约200年，修正了佛教由西域传入中国的定式，昭示了佛教从海上传入中原的又一途径。为此，赵朴初先生赋诗曰：“海上丝绸路早开，阙文史实证摩崖。可能孔望山头像,及见流沙白马来。”

三国时期,建业(今南京)成为南北高僧汇集之地。公元 221 年,孙权称吴王,定都建业,一个割据政权在江南正式建立。这成为江南社会状况一大转折点,为佛教传播创造了有利的条件。东吴立国,吸纳了大量北方移民来此定居,也吸引了佛教信徒和高僧来此布教。东吴政权兴修寺庙,礼遇僧徒。统治者对佛教徒的宽容与礼尊,极大推动了佛教在江南的发展。来自月支国的佛教徒支谦因其博学才慧,被孙权拜为博士,甚加宠秩。支谦在江南翻译了大批佛经,是三国时译经最多的人。世居天竺、在交趾出家的康僧会来到东吴,得到孙权、孙皓的支持。同那些异域高僧一起进入江苏的,还有代表佛家法宝的佛经。这些佛经对后来佛教发展起了很大的作用。《四十二章经》是中国最早流传的佛经之一,《安般守意经》为汉晋间最流行的经典,这几部中国佛教史上现存最早的典籍都率先在江南流传。虽然东吴政权只维持了短短五十几年时间,却在佛教史上创造了许多第一。如创立江南第一座佛寺建初寺,这是江南佛教流播的一个正式标志。还产生中国最早的佛塔、最早的石造像、最早的陶塑佛像、最早记年的铜制佛像、最早的僧人造像等。三国时期的佛教重镇,北为洛阳,南为建业,江苏佛教具有与北方分庭抗礼的势力。

晋代,佛教在江苏有较大发展。西晋建兴年间(313—316),铜山净检等 24 人削发受十戒。东晋元帝是一位地地道道的佛教徒。哀帝兴宁二年(364),下诏建造瓦官寺,香火旺盛,高僧萃集。简文帝常引高僧竺法深、支道林为座上宾,在佛学上颇有造诣。孝武帝太元元年(376),宫殿内建立精舍,举行佛事。安帝造佛像,亲于瓦官寺迎接,步从十许里。“晋南渡后,释氏始盛”(钱大昕《十驾斋养新录》卷六),佛教传播到了东晋有了一个飞跃,开始全面进入统治阶层。东晋后期起,历代帝王多有信佛。

南北朝时期,江苏佛教十分兴盛,达到了中国佛教史上的最高峰。宋、齐两朝,皇室在信佛程度上远胜晋朝,几乎无帝不信佛。南朝佛教至梁而集大成，达到了顶峰。梁武帝萧衍三次舍身同泰寺（今南京鸡鸣寺址）为奴，突出地表明佛教几乎取得了准国教的地位。这时期，寺庙林立，僧尼之数众多。仅建康就有许多著名大寺，“都邑大寺七百余所，僧尼讲众常有万人”（释法琳《破邪论》卷二）。陈时，永定二年（559）高祖四次行幸大庄严寺，舍身佛寺，并开设无遮大斋会。后来的文帝、宣帝等也设无遮大斋会，舍身佛寺，召请高僧宣讲佛经。南朝几乎没有发生过像北朝那样镇压佛教的事，帝王采取了保护佛教的政策，因而许多外国僧侣来到中国，其中佛陀什、畺良耶舍、求那跋摩、求那跋陀罗等都很活跃。

二、隋唐的佛教

隋唐时期，是中国历史上的黄金时代，也是佛教史上的鼎盛时期。佛教与中国传统文化相融合，形成三论宗、天台宗、法相宗、华严宗、律宗、密宗、净土宗、禅宗等八大宗派，标志着佛教中国化的最终完成。

隋朝统一中国以后，佛教也综合南北体系，形成了划一的特色。文帝在开皇九年（589）灭陈时，曾令京都建康的城邑宫室荡平耕垦，于石头城置蒋州，使南北朝盛极一时的建康佛教顿告衰微。隋炀帝杨广笃信佛教，在任扬州总督时，广泛收集经文，召请名僧讲经说法，并请智𫖮为其授菩提戒。即位后，炀帝令天下州郡行道千日，总度千僧，亲制愿文，自称菩萨戒弟子，在扬州造弘善寺，使江苏地区的佛教有所恢复。

唐代奉行儒、释、道三教并用，重视对佛教的整顿和利用。高祖武德二年（619），在京师聚集十大高僧，立十大德，管理一般僧尼。太宗即位，重兴译经事业，度僧三千人，在旧战场各地建造寺院。从武后到玄宗，佛教得到空前发展，达于极盛。佛教的管理制度进一步完善，丛林制度已经确立，江苏著名的丛林遍布大江南北，其中南京栖霞寺与山东临清灵岩寺、湖北江陵玉泉寺、浙江天台国清寺并称四大丛林。

日本唐招提寺的鉴真像

鉴真和尚（688—763），扬州江阳（今江苏扬州市）人，俗姓淳于，律宗创始者。他十四岁在扬州大云寺出家，青年时到长安、洛阳游学求师，钻研律宗，造诣高深。五十五岁至扬州大明寺传授戒律，誉为一方宗首。唐天宝元年（742），应日本僧人荣睿、普照邀请，赴日弘法，五次东渡，历尽艰辛，均告失败，直至天宝十二载（753）第六次东渡始达日本。他带去佛经，传入天台宗；传授戒法，修建奈良唐招提寺，并将中国的建筑、雕塑、文学、医药、绘画、书法等介绍到日本，为中日文化交流作出了卓越贡献。

五代时期，佛教面临一个转折期，文化和宗教的主角由贵族转变为以知识分子为主的士大夫。经过历次的废佛加上五代的战乱，诸宗典籍散失殆尽。这一时期南方社会较为稳定，佛教得以继续发展。南唐时，仅金陵一地即有数千名僧人受度，而吴越地区也因君主的提倡而呈现繁荣的景象。

三、宋元明清佛教

宋元时期，吴地佛教以净、禅两宗最为流行。禅宗南岳一系的临济宗，至宋代形成黄龙、杨岐二宗。杨岐宗由方会传法演，法演门下有佛鉴慧懃、佛眼清远、佛果克勤等“三佛”，三佛中又以克勤一派得旨最深，流行最盛。他曾主持过建康蒋山寺，建炎间（1127—1130）迁镇江金山寺。克勤门下有嗣法弟子 75 人，其中宗杲、绍隆最为著名，各成一派，流传江浙。

明清时期，江苏地区的佛教仍以禅宗为盛。被称为明初第一宗师的梵琦，曾两次参见明太祖在南京召开的蒋山法会。梵琦之后，宗泐受太祖之命，于洪武五年（1372）在钟山建立法会，讲经说法，后住金陵天界寺，掌管全国僧事。禅宗中以临济宗为最盛。临济宗的重

金陵刻经处

要传人圆悟为宜兴人，请求皈依者不可胜数。明清时代，净土信仰成为佛教各宗的共同信仰。明代佛教的四位高僧袾宏、真可、德清、智旭都主张禅净双修或性相融通，被誉为明末四大师。四大高僧中，至少有三位与江苏有关系。真可(1543—1603)字达观，号紫柏，吴江人，十七岁在虎丘云岩寺出家，对修寺、刻经颇有业绩。智旭(1599—1655)，字振之，别号八不道人，吴县人，被净土宗奉为第九祖。德清(1546—1623)，字澄印，号憨山，十九岁在金陵栖霞山出家。

清代从道光以后，国势衰落，佛教也不振。佛教徒多致力于经典的校刻，江苏的刻经流通事业尤为兴盛。刻经处是编校、刻印、流通佛典的佛教文化机构，近代史上最为著名的是江北刻经处和金陵刻经处。江北刻经处由江都郑学川(1826—1880)于同治五年(1866)创办于扬州，他本人也在这一年出家，法号妙空，因致力于刻经，又号刻经僧。以后，他又创立苏州、常熟、杭州、如皋四个刻经处，前后十五年间，刊印佛经三千卷。金陵刻经处由杨仁山居士(1837—1911)于清同治五年创办，作为居士道场及刻印、流通经籍之场所，为中国近代佛教的复兴作出较大贡献。杨仁山在此讲学刻经四十余年，刻印流通佛教经典百余万卷，印刷佛像十余万张，并设立祇洹精舍、佛学研究会等佛教研究和讲学机构，开中国近代佛教教育之新风，对此后的佛学研究和佛教教育影响深远。杨仁山对各类佛教典籍更是热心搜求，并先后从日本和朝鲜等国寻回了《中论疏》、《百论疏》、《唯识述记》、《因明论疏》、《华严三昧章》等约三百种国内早已散佚的隋唐佛教著述，加以刻印流布，使得三论宗、慈恩宗、华严宗等佛教宗派教义复明。2009 年，以金陵刻经处为代表之一的“雕版印刷技艺”被联合国教科文组织列入《世界人类非物质文化遗产代表作名录》。

四、佛教文化特征

中国文化摄取了佛教以后，扩大了认识的广度和深度，丰富了自身的内容。佛教融入到中国文化以后，丰富了人民大众的信仰生活，成为中国人的生活智慧。

（一）寺庙林立。江苏佛教始于东汉，信佛之风极盛。三国时建业（今南京）建有瑞相院和建初寺，长州（今苏州）建通玄寺。东晋时，江苏寺庙大有发展，建康（今南京）有著名的瓦官寺、长干寺等。南北朝时，江苏寺庙林立，有“南朝四百八十寺”之说。隋唐年间，丛林四布，高僧辈出。元明清期间，江苏佛教仍十分盛行。太平天国以后，镇江金山江天禅寺、扬州高旻寺、常州天宁寺与浙江宁波天童寺，号为禅宗四大丛林。

（二）佛学繁荣。在佛教传入江苏的过程中，南京、扬州、徐州、苏州曾是主要佛学研究中心，先后有涅磐、三论、俱舍、摄论、毗昙、密、律、禅、净土诸派，南京栖霞寺成三论宗祖庭。唐贞观年间，法融禅师在金陵牛首山创牛首宗。五代时，文益禅师在金陵清凉院创法眼宗。明万历年间，古心和尚在南京古林庵中兴南山律宗，并派弟子分赴全国各地弘扬律宗。清代，临济宗以宜兴龙池山幻有正传一系为盛。清末，金陵刻经处创办佛学研究会，中兴各宗。民国时期，太虚大师在南京创办中国佛学会，提倡人间佛教，开展三大革新（教理、教产、教制）。自清末到民国年间，江苏佛教兴办佛学院校 39 所，为佛教界培养了大批人才。

（三）译经发达。江苏佛教的译经出版事业也十分兴旺。汉末，北方有支谦等高僧入金陵译经讲学。三国时，康僧会在建业译经。东晋时，江苏译经事业更有发展，共译经263部。南北朝时，建康高僧云集，出现了译经高潮。宋代刻印《碛砂藏》。明代刻印《洪武南藏》。清末，郑学川创办江北刻经处，杨仁山创办金陵刻经处，镇江金山寺僧宗仰主持编印《频伽藏》。所有这一切，都为中国佛教的译经及刻印作出了巨大贡献。

第三节　江苏的伊斯兰教

伊斯兰(al-Islam)教系阿拉伯语音译，七世纪由麦加人穆罕默德在阿拉伯半岛上首先兴起，指顺从和信仰创造宇宙的独一无二的主宰安拉及其意志，以求得两世的和平与安宁。信奉伊斯兰教的人统称为穆斯林(Muslim，意为顺从者)。中国旧称大食法、大食教、天方教、清真教、回教、回回教等。

一、唐宋时期的初传

伊斯兰教创立不久就传入中国，曾被称为回教、清真教、天方教等。史学家一般认为伊斯兰教于七世纪中叶开始传入中国，江苏是伊斯兰教传入最早的地方之一。唐代扬州有大量的阿拉伯和波斯商人，据《旧唐书·田神功传》载，“神功兵至扬州，大掠居人，发冢墓，大食、波斯胡贾死者数千人”。事情发生在唐肃宗上元元年(760)，说明在此之前就有数千以上的穆斯林商人在扬州居住了。另

扬州出土的唐代水壶

据明人何乔远《闽书·方域志》载，穆罕穆德于唐武德年间（618—626）派四大贤人来中国传教，其中的“二贤”传教于扬州。1980年在扬州出土的唐代青灰色釉绿背水壶上，绘有阿拉伯文“安拉至大”，说明唐代扬州即有伊斯兰教的存在。

江苏早期的伊斯兰教是从海路传入的。唐代，扬州与广州、泉州同为中国三大对外贸易港口，吸引过众多阿拉伯和波斯的穆斯林来此经商。他们被称作“蕃客”，集中居住在“蕃坊”，保持着自己的宗教信仰和独特的生活方式。由地方政府任命的都蕃长、蕃长掌管“蕃坊”公务，管理宗教事务和裁决民事纠纷。这是江苏最早的伊斯兰教生活。南京、镇江是长江南岸商业重镇，伊斯兰教的历史同样非常悠久。早在唐贞观二年（628），镇江即于安仁坊阜民街建清真礼拜寺。

宋代，中国伊斯兰教有了初步的发展，其覆盖面比唐代广泛得多。南宋以后，政治中心南移，江南各地的穆斯林人数也随之急剧增加，伊斯兰教也彻底摆脱了侨民宗教的属性。宋代，扬州尽管逐渐失去对外贸易的显要地位，但仍有阿拉伯人到此经商。南宋咸淳年间（1265—1274），穆罕穆德十六世裔孙普哈丁来到扬州传教，建清真寺一座，即今仙鹤寺。它是江苏现存伊斯兰教最古老的清真寺，与广州怀圣寺、泉州清净寺、杭州凤凰寺并称“四大名寺”。普哈丁亡故后葬于今扬州解放桥南堍，当地穆斯林称普哈丁墓为“回回堂”。墓区内除普哈丁墓外，还有宋景延三年（1273）撒敢达、明成化元年（1465）马哈谟德、明成化五年（1469）展马陆丁等阿拉伯人及伊斯兰先贤墓。明清以来，伊斯兰教的阿訇和虔诚的穆斯林都以葬在普哈丁墓园为荣。现墓园内仍有29座德高望重的穆斯林的墓葬。

除了普哈丁从海道来扬州外，从陆路进入江苏北部的则有所非尔。所非尔系中亚伊斯兰教历史名城布哈拉国王，由于受到邻国侵扰，率族人、部下五千人不远万里来到汴京，受到宋神宗的热情接待，被封为“朝奉王”。但他“志在传道，不乐居汴，帝因赐第淮泗间，广为建寺兴教，远近问经者接踵”（金天柱《清真释疑》）。淮泗，即淮水、泗水。宋时，泗水自山东入江苏，流经徐州、宿迁至淮阴。淮水自安徽入境，流经盱眙，至洪泽湖而与泗水交汇。"淮泗间"即今苏北淮阴、泗阳一带。由于所非尔的活动，江苏北部也有了伊斯兰教的传播。南京也是西域商人必到之地，并留有足迹。相传南京最早的清真寺始建于宋代，它位于今大丰富巷，因寺内有一棵古松树，故又称作"一棵松清真寺"。

二、元明清以来的发展

元代，伊斯兰教开始大规模传播。元初，大批信仰伊斯兰教的阿拉伯人、波斯人、中亚人随蒙古军进入我国，并分布到全国各地，这些人被称为回回人。在长期的汉文化的影响下，他们除仍保持伊斯兰教信仰和与之相联的生活习俗外，基本上接受了汉文化的生活方式，逐渐形成中国历史上一个新的民族——回族。元代的江苏同全国一样，回回人呈"大分散，小集中"状况，他们几乎遍布全省主要城镇，但在各地又相对集中在清真寺周围居住。据《金陵至正新志》及《至正镇江志》记载，当时的南京、镇江等地都有回回人居住。伊斯兰教随着回回人的迁入而普及，江苏各地都有零星回回人分布。有文献可考的清真寺有四座，分别位于苏州的砂皮巷、丁家巷、南京中华门外、常州武进潘家桥。

明初，随着回族的形成，伊斯兰教成为回族全民信仰的宗教。朱元璋定都南京后，开国勋臣中的回族将士也一起进入南京，如常遇春、沐英、蓝玉、冯胜等。在此影响下，穆斯林从四面八方涌入南京和江苏各地。据明人顾起元《客座赘语》所记，万历年间，依南京所属江宁户籍推算，明初南京穆斯林达数万之众。明王朝对伊斯兰教态度友好，朱元璋于洪武元年(1368)敕建南京三山街净觉寺、南门外回回营礼拜寺及太仓县铁锚弄清真寺。一些有地位的穆斯林也随之在各地兴建了不少清真寺。明代，穆斯林在日常生活中已广泛使用汉语、汉姓和汉名，在宗教生活中要求有自己的教职人员。因而经堂教育在穆斯林相对集中的地方兴起，这结束了教职人员由来自阿拉伯或波斯籍穆斯林担任的历史。江苏回族中，出现过诗词名家萨都剌，农民起义军将领常遇春、沐英，航海家郑和。明代后期，江苏还出现了王岱舆、张中、伍遵契等一批伊斯兰教学者，他们在全国都有着重要影响。江苏伊斯兰教在明代进入一个辉煌的时期，它不仅成为多民族信仰的宗教，而且经历了由外来宗教向中国宗教的转化，完成了民族化和本土化的进程。

清代，西北穆斯林起义此起彼伏，然而未波及江苏。因此，江苏的伊斯兰教能够继续平稳发展。太平天国时，一些清真寺毁于战火，不久又得到恢复。清代，以刘智为代表的一批江苏穆斯林学者，以儒家思想诠释伊斯兰教经典的译著。刘智（约1660—1730），字介廉，号一斋，清上元（南京）人，出身伊斯兰教经师世家，潜心著书立说四十余年，创立适应中国文化的伊斯兰教思想体系，成为中国伊斯兰教哲学思想的集大成者。刘智一生著作丰富，反映了十七世纪中国伊斯兰教哲学思想的最高成就，在中国穆斯林中影响深远，被尊为“汉克塔卜”（汉文经典）。清初穆斯林学者的“汉译著述”活动，进一步推动了伊斯兰教中国化的进程，对江苏伊斯兰文化特征的形成产生了重大的影响，使其一方面汲取了大量的汉文化的优秀成果，建立了与汉民族和睦相处的文化基础；另一方面，在宗教信仰和生活习俗上，又保持着伊斯兰教文化的特征。江苏穆斯林在宗教信仰上，坚持伊斯兰教的五大信仰——信安拉（真主）、信天使、信使者、信经典、信后世；在宗教功课上，坚持念、礼、斋、课、朝五功；在饮食禁忌上，不食猪肉、自死物、动物血、诵非安拉之名宰杀的动物，不饮酒；在宗教节日上重视伊斯兰教传统的三大节日——开斋节、古尔邦节、圣纪节。在语言、姓名、衣着、婚丧嫁娶、殡葬等方面，仍渗透了中国汉民族的生活习俗。江苏伊斯兰教在漫长的发展过程中，形成了自身的特点，同时也保留了伊斯兰教最本质和最基本的方面。正因为如此，江苏穆斯林不仅始终受到全国乃至世界穆斯林的尊敬，并保持着良好的关系，而且与当地汉族同胞也能相亲相敬，和睦相处。

近代以来，随着回族人口的流动，伊斯兰教逐渐遍及苏北的徐州、盐城、南通、淮阴等广大地区，这些地区都修建了清真寺。穆斯林除平时礼拜、主麻、聚礼、培养哈里发（宗教学生）等在寺内进行外，其婚、丧、饮食及社会生活也离不开清真寺，逐渐形成了一个以清真寺为中心的十分活跃的回族文化活动圈。江苏的清真寺建筑均为中国传统四合院式，无阿拉伯式的尖塔和圆顶。以净觉寺为例，进入寺门便有一座精致的砖雕牌坊，正中嵌有“敕赐”二字。寺院建筑以东西向为中轴线，布置了三个四合院的建筑，礼拜大殿为宫殿式建筑，屋上嵌有“无像宝殿”四个石刻镏金汉字。显然，其建筑风格和形式，带有很深的汉文化的印迹。然而，细观寺内之布置，仍保留着回族伊斯兰文化的风格。

第四节　江苏的基督教

从历史上看，西方的基督教曾经多次传入到中国。基督教，从犹太教发展而来，由耶稣基督所创立。公元初在罗马帝国流传发展起来的基督教，包含有天主教、东正教、新教三大支派。在我国，对基督教的称谓有广义、狭义之分。广义是指天主教、东正教、新教以及其他各种教派的总称，狭义则专指新教（耶稣教）。

一、唐代的景教

明朝天启五年（1625）陕西西安西郊掘得一块大石碑，上面刻着“大秦景教流行中国碑颂”等字样，引起了许多学者及教士的注意。根据碑文的记载，唐贞观九年（635），景教僧侣阿罗本将此教传入中国。唐太宗命令在长安建寺一所，度僧二十一人，许其传教。至唐高宗时，“于诸州各置景寺”，“法流十道，国富元休，寺满百城，家殷景福”。唐朝分全国为十道，所谓十道即全国之意。景教传入后历经十五代帝王，绵延不绝，直至发生“会昌法难”。唐武宗崇信道教，于会昌五年(845)听信道士赵归真的建议，发出灭佛诏令，连同所有西来宗教皆被禁止。在唐代传布了两百多年的景教，遭遇了一次空前的教难。外国传教士被驱逐回国，中国信徒被迫还俗。第二年，宣宗即位，收回灭教的成命，又复兴佛教。然而景教从此一蹶不振，在中国内地渐趋绝灭，仅在中国西北和北方的一些游牧民族中流传。

唐代的景教传播，有两个特点。首先，景教紧紧依附于朝廷，带有浓厚的“奉敕传教”的特点。在最初传入的阶段是靠“翻经书殿，问道禁闱”而得以敕建景寺，以后历代的景教僧则利用其天文、医学等方面的特殊技艺为朝廷服务，同时进奉奇器异巧取悦皇室。景教僧中亦曾有数人受封于朝廷，如阿罗本被封为“镇国大法主”。这种政治上的依附导致了他们在各代随朝廷的好恶而沉浮，一旦被禁，即遭致命打击。其次，景教虽作了一些努力，但始终未能实现中国化。为了使景教能在民间传播，景教僧曾施过一些善行，景教碑称之为：“馁者来而饭之，寒者来而衣之，病者疗而起之，死者葬而安之。”为了能够与其它各教融洽相处，景教僧在翻译经典时大量引用了佛、道教术语，还帮助从印度新来的佛教法师翻译佛经。但景教既不像道教是中国土生的宗教，又不像佛教那样逐渐认同于中国文化，其教义、礼仪与中国传统文化距离较大，而所译经典又多艰涩难懂。景教虽然在中国流传，信奉者也以西域及中亚各国人为主。随着唐末内乱和中外交通的阻隔，加之景教传教母国的被征服，景教终于在中国湮灭无闻了。

二、元代的也里可温教

元代，景教再度兴起，但与唐代的景教没有直接承继关系。十三世纪初，蒙古人凭着举世闻名的武功，东征西讨，建立成横跨欧亚两洲的大帝国——元朝。元朝拥有通畅的海道、陆路交通，把国际贸易推行到中亚细亚，更远及欧洲。元朝统治者对于外来的商人和教士，处处给予便利；对于宗教兼收并蓄，来者不拒，允许人民有信仰的自由。元世祖派人晋见罗马教皇，邀请传教士来华传道，于是基督教又一次传入中国。元朝称这个教为“也里可温教”，也叫“十字教”。也里可温是蒙古语的音译，意思是“奉福音的人”，因此也称福音教。凡入教者称作“也里可温人”，能受到朝廷的优待。当时有一些达官贵人、学者和医生，相继入教，其中以蒙古人、色目人为多。

《至顺镇江志》记载，镇江的副达鲁花赤（蒙古语，意为“镇守者”）名叫马薛里吉思，是一位也里可温教徒，在城内外兴建了景教寺院六所。《马可·波罗游记》写道：“镇江府有景教礼拜堂二所，千二百七十八年，大可汗命景教徒马薛里吉思者为其地长官。寺即其所建。”《元典章》记载，延祐年间扬州有也里可温十字寺。1981 年扬州出土过元代也里可温教徒墓碑，其图案与泉州西山古石圣架碑式相仿，可见当时基督教在江苏已经相当活跃。

元朝灭亡后基督教再次在内地消失。代元而立的明代统治者，在起事时便以反对元朝的种族压迫为号召，一俟定鼎中原，便于洪武初年“诏胡服、胡语、胡姓一切禁止”（《明太祖实录》卷 30）。也里可温这种带有浓厚异族文化特征的宗教自无再存立的可能。

三、明代的天主教

自 1368 年元朝被明朝取代之后，中国有二百多年没有基督教的任何活动，直到新航路开辟后，欧洲的天主教传教士乘着贸易船只络绎东来。明神宗万历十年（1582），耶稣会士罗明坚（Michel Ruggieri）、利玛窦（Matteo Ricci）来到中国。他们吸取了基督教两度入华、两度湮灭的教训，改为尊儒传教，尽力适应中国文化。利玛窦最著名的宗教著作《天主实义》博引中国的古籍经典来阐发天主教的教义，以此说明中国的礼教与天主教并无枘凿不入之处。利玛窦在南京传教期间，结交了不少名士，培养了徐光启等中国教徒。徐光启后来成为明代最负盛名的天主教徒，与李之藻、杨廷筠合称中国天主教“三大柱石”。利玛窦在正阳门(今光华门)内洪武岗西崇礼街(今尚书巷)建成内地第四座天主教堂,他在城西罗寺转湾的住所后来也成为著名的天主教堂——石鼓路天主教堂。这些活动使南京成为中国天主教史上最重要的传教中心之一。

南京石鼓路天主教堂

利玛窦病逝后,龙华民(Nicolas Longbardi)接管耶稣会在华事务,他一改利玛窦时期的“文化适应”及低调的传教策略,传教活动日益张扬。执掌南京教务的王丰肃(Alphonse Vagnoni)也抱着急于求成的态度在洪武冈旧址上不断扩建房舍,还在城外孝陵卫前,建造花园,常常举办场面宏大的天主教弥撒,一时之间教徒人数增加到二百多人。这种扩张式的传教引起儒教卫道士的怀疑和抵制,南京礼部侍郎连上三道奏疏,参劾传教士,主张取缔天主教。南京诸大臣都应声附和，士大夫也纷纷著书，指责天主教败坏风俗、淆乱朝纲。万历皇帝最终颁布禁教之令，驱逐外国传教士。这场影响全国的反教风波，史称“南京教案”。南京教案的发生，是中西方两种文化价值观冲突的必然结果，反映出此时的基督教并没有融入到中国文化当中。

四、近代的基督教

清代雍正朝以后，天主教在中国的势力逐渐衰落。十九世纪初，伴随着英、美等新兴的资本主义国家海外扩张，新教首次传入中国大陆。天主教亦在政治、军事的保护下再度复兴。中国近代史充满了屈辱与不平，在此背景下传入的新教与天主教，必然地受到中国民众的抵制。因此，这段历史是基督教传入中国后民族冲突最为激烈的一个时期，基督教也在激烈的冲突中缓慢地发展着。

新教传入江苏始于第一次鸦片战争以后。道光二十二年(1842)，清政府被迫签订丧权辱国的《中英南京条约》，英国伦敦会教士麦都思(W. H. Medhurst)首先到上海传教，继而美国的圣公会、监理会、南浸信会、安息浸礼会、北长老会等派别也接踵而至，或开辟传教基地，或建立传教机构，伺机进入江苏内地传教。新教各教会出于传教方便的目的，自称耶稣教或基督教而不称新教。第二次鸦片战争以后，《中英北京条约》附有准许外国传教士入内地自由传教的条款，基督新教遂派传教士进入江苏各地，建教堂，建传教士住宅，逐渐发展至集镇、农村。

基督教的传播并未遵循正常途径，而是在不平等条约的庇护下，以武力为后盾强行进入中国内地。这种侵略式的传教方式使基督教不断遭到中国人民和官绅的反抗，教案迭起，传教进展缓慢。青浦教案是基督教传入后的第一件教案。道光二十八年(1848)，基督新教伦敦会传教士麦都思、雒魏林、慕维廉等人，违反规定前往青浦县传教，引发冲突。扬州教案又一次暴露出基督教与民众的冲突。咸丰十八年(1868)，中国内地会传教士戴德生在扬州强行租屋设堂，引发激烈对抗。两起教案均以清政府赔款妥协告终，再次体现了基督教与中国社会在政治上、文化上的尖锐矛盾。

光绪二十六年(1900)，八国联军侵略中国，次年清政府被迫签订不平等的《辛丑条约》。此后，新教在中国又获得约二十年的平稳发展。此时基督复临安息日会、使徒信心会、国际独立宣教会等教派相继传入江苏。

十九世纪后期开始，外国的基督教会在江苏境内办了许多医院、学校及慈善事业，以博取中国人的好感，减少传教阻力，发展教会势力，客观上为传播西方文化科技起了一定作用。

关键词：

茅山宗　葛洪　陶弘景　三论宗　牛首宗　鉴真　穆斯林　清真寺　利玛窦

思考题：

1. 葛洪对于道教的主要贡献是什么？
2. 茅山宗在道教史上有什么样的地位？
3. 江苏各地有哪些佛教历史遗迹？
4. 江苏伊斯兰教的传入与发展情况如何？
5. 基督教在江苏的发展情况如何？

第七章　江苏学术文化

江苏地杰人灵，为人文渊薮，在哲学、史学、宗教、文学、艺术各个领域，都有突出的建树。早在春秋战国时期，中原地区就出现了中国历史上所谓“百花齐放，百家争鸣”的第一个学术高潮。江苏苏北的徐淮地区，因为紧邻中原地区，受中原文化影响较大，文化相对发达，学术起源亦相对较早。据《史记・老子韩非列传》、《庄子・寓言篇》等文献记载，道家学派的创始人老子的出身地及活动空间都与徐淮地区有关。而庄子的籍贯为蒙，蒙与徐淮地区为邻，在汉代的行政区域上属于徐淮地区的沛郡。由此可见，春秋战国时期道家学派的开创者和发扬光大者皆与江苏有关，江苏北部地区是道家学术的重要发源地，对中华民族道家文化的形成、发展有着重要的影响。江苏苏南地区，因为远离文化发达的中原地区，春秋战国时受中原地区的文化影响较小。但是因为泰伯奔吴这个特殊的机缘，可以推断，至迟在春秋晚期，礼乐文化已在江南地区传播并逐步扩大影响，这为儒家学术在苏南地区的传播创造了条件。孔子的学生子游（言偃）就是吴郡人，从孔子处学成后回到南方，在吴地讲学。孔子另外一个学生澹台灭明也在吴国讲学，门徒达三百之众。可见不迟于春秋晚期，儒家学术已在江南地区以师徒讲授的形式得到传播。而其他形式的学术也会因为特殊的机缘在江南地区传播、生长。就可靠的史料而言，江苏学术史的源头最迟可以上溯到汉代，因此本章的展开就从汉代开始。

第一节　汉代的经学与目录学

汉代的学术成就一是表现在经学方面。据《汉书》、《后汉书》记载,汉代的江苏籍学者在《诗》、《书》、《礼》、《易》、《春秋》五经上都取得了显著的成就,在汉代经学史上写下了浓墨重彩的一笔。现选其重要者,分述如下:

> 沛人褚少孙,从东平王式学《鲁诗》,后来被立为博士,于是《鲁诗》有褚氏之学。
>
> 沛郡人桓荣、桓典、桓郁,三代治《欧阳尚书》,皆为皇帝的老师,而受其业者皆为卿相,累世隆宠,称誉后汉。
>
> 东海郯人后仓,从东海孟卿学《礼》,说《礼》之言达数万言,后传沛人通汉、梁戴德、戴圣,戴德之学为《大戴礼记》,戴圣之学为《小戴礼记》,宣帝时,被立为官学。
>
> 沛人施雠,从田王孙学《易》,宣帝时拜为博士,后传《易》河内张禹,禹授淮阳彭宣,于是施氏《易》有张、彭之学。
>
> 东海下邳人严彭祖与鲁人颜安乐,从眭孟学《公羊春秋》,眭孟死后二家皆自立门户,传授《公羊春秋》,于是《公羊春秋》有严、颜之学。宣帝时严彭祖为博士,后任太守,迁为太子太傅。沛郡刘向,受《穀梁春秋》,尝讲经于石渠阁,其子刘歆治《左氏春秋》,王莽时为国师。

可见徐淮地区在汉代拜师习经蔚然成风,学者于所研习的经学往往能有所建树,成一家之言,为儒家文化在江苏地区的传播、弘扬作出了重要的贡献。而南方的吴地(长江下游的三吴地区),在儒学传播的过程中,亦出现了许多儒学大师,《后汉书·儒林传》所列吴地经师如下:《诗》学的包咸、赵晔,《书》学的皋弘,《礼学》的阚泽,《易学》的

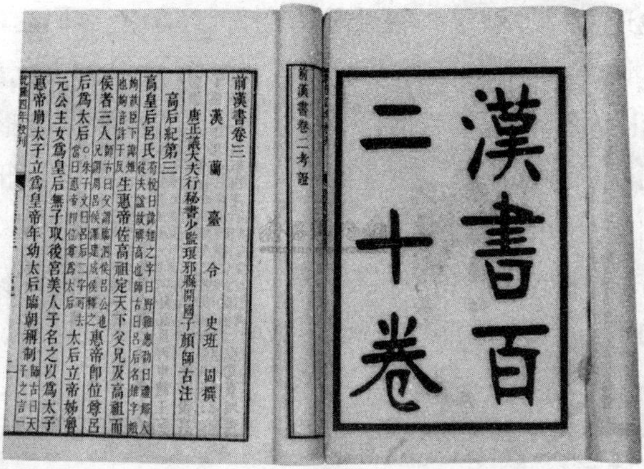

《汉书》

陆绩，《春秋学》的郑云、唐固，他们都在各自的经学领域取得了重要的成就，是苏南地区经学的旗帜。

汉代的学术成就二是表现在目录学方面。两汉是史学的开创时代，司马迁的《史记》，既是第一部伟大的纪传体通史，也是史学开创性著述，而目录学是史学的分支，汉代刘歆著述的《七略》应该是目录学的奠基之作。

在汉代，随着经学的繁盛，各种文献典籍急剧增长。为给整理研究工作提供方便，文献整理就成为那个时代迫切需要的工作。在这种时代要求下，汉成帝组织实施了我国历史上第一次大规模的文献整理工作，把数十年间堆积如山的宫廷藏书进行整理、归档。在校勘、整理经籍的过程中，刘向采取了科学的方法，即广罗遗本，校之异同，除去重复，条别篇章，定著目次，然后再写定正本。为了揭示图书

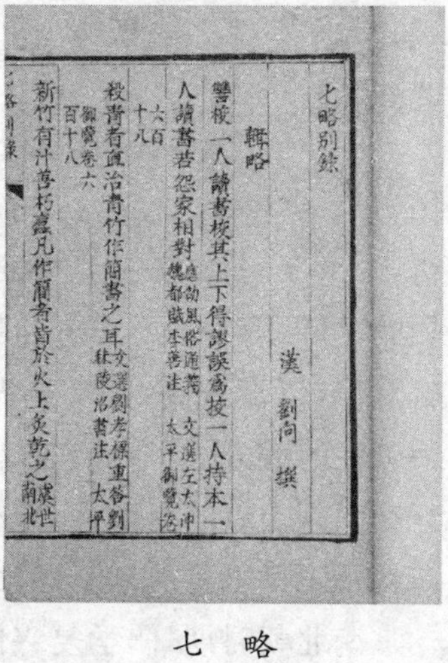

七　略

的内容，他还撰写了叙录。叙录分为两份，一份上奏朝廷，一份单独编订成书，谓之《别录》。《别录》记录了上古至西汉的文化典籍目录，为古代文化史之精华，对后世目录学、分类学有极深远的影响。刘向去世后，刘歆承继父业继续整理群书，完成了其父未竟的事业，在《别录》的基础上，撰成中国第一部综合性图书分类目录——《七略》，开创了我国目录学的先河，在中国学术史上具有里程碑的意义。从那以后，校勘学、目录学逐渐发展起来，成为两门独立的学科。

第二节　魏晋南北朝时期的经学、玄学、史学

三国时期，以孙权为代表的江南统治者比较重视利用儒学，将其视为标榜正统、巩固统治的有效工具，对经学名家多采取保护和重用的政策，故儒学仍能在南方传播，且基本未受北方玄学影响，保留了汉代经学传统。比较有名的有来自江淮地区的张昭、严畯、步骘、薛综、张纮等，他们大多受到中原地区经学风气影响，学问以古文经学为主，多治《左氏春秋》、《礼记》。本土的学者有高岱、沈珩、唐固、陆绩、陆玑等，学问则以今文经学为主，多传《易学》，精通历数，学风相对保守。

两晋时期，西晋对儒学比较重视，出现了官学、私学、家学竞相习儒讲经的风气，涌现出一批经学名家，但是随着统一王朝的分崩离析，尚未恢复元气的儒学又遭重大挫折。东晋时期，统治者虽有心利用儒学，但因为忙于军事，儒学并未有多大起色，而江左学者，往往儒玄双修，以玄入儒，儒学呈现玄学化的倾向。因此在东晋时期，儒学突破性的成就不多，仅在礼学方面颇显活跃。这是因为东晋政权建立在门阀士族的基础上，皇权不够威严，为了强化自身的统治地位，东晋帝王特别重视礼制建设，客观上推动了礼学研究。

南北朝时期，儒学复兴的趋势明显增强。刘宋统治者积极倡导

儒学,恢复国子学,促使社会上形成崇尚儒学的风气。刘宋时期的经学大家有臧焘、徐广、傅隆、裴松之、何承天、雷次宗、周野王、贺道养等人。其中雷次宗、何承天最为著名。萧齐虽立国仅二十余年,但振兴儒学却不遗余力,既有系统的儒学教育机构,又重视文献收集整理,经学研究以《易》、《春秋》最为活跃。萧梁代齐后,由于统治者的大力提倡,儒学进一步呈现出兴盛的局面。继梁代之后的陈朝,因国祚短促,并没有形成独特的学术文化,但《陈书·儒林传》也载有一、二名家。沈文阿专治《三礼》、《三传》,撰有《仪礼注》、《经典大义》,为儒林所传,史书赞誉其为"一代之鸿儒"。

玄学是魏晋时期的主要哲学思潮,也称之为"三玄"(《老子》、《庄子》和《周易》)之学,是道家和儒家融合而出现的一种文化思潮。

随着东汉大一统王朝的分崩离析,东汉末年至两晋历经两百多年的乱世,统治思想界近四百年的儒家之学也开始失去了吸引力,士大夫对两汉经学的繁琐学风、谶纬神学的怪诞浅薄,以及三纲五常的陈词滥调普遍感到厌倦,于是转而寻找新的精神寄托,醉心于形而上的哲学论辩。这种论辩犹如后代的学术沙龙,风雅名士(以嵇康、阮籍为代表的"竹林七贤"恰是魏晋风度的化身),聚在一起,谈玄论道,当时人称之为"清谈"或"玄谈"。据清代学者赵翼《廿二史札记》称,清谈之风始于魏齐王曹芳正始年间,创始人为何晏、王弼,主张"贵无论",认为"天地万物皆以无为本"(《晋书·王衍传》),又提出"名教"出于"自然"说。其后阮籍、嵇康主张"越名教而任自然"(嵇康《释私论》)。嵇康又"以六经为芜秽,以仁义为臭腐"(《难自然好学论》),"非汤武而薄周孔"。这些贵族名士的言行,影响所及,便成一代风气。何晏撰有《老子道德论》、《论语集解》、《周易集解》等著作,提出了"以无为本"的命题并加以深刻论述,奠定了玄学的理论基础。他以道家的经典《老子》、《庄子》来解释儒家经典《周易》,试图"以道入儒"、"以道统儒",将老、庄、易三者的"道"论统一起来,整合成玄学理论的本体论与方法论。王弼著有《老子道德经注》、《老子指略》、《周易注》、《周易例略》、《论语释疑》等著作，对玄学理论进行了发展和改造，较何晏的论述更为全面深刻，对后世玄学影响更大。

东晋时期，伴随着北方人士大量南迁，玄学开始在江南地区传播和兴盛。其时，清谈玄学成为上流社会流行之风尚。东晋玄学的特色有二：一是家族化倾向明显增强。许多高门大姓将玄学奉为家学，习玄成风，延及数代。琅琊王氏、颍川庾氏、陈郡谢氏、吴郡张氏，无不重视玄学清谈，将其视作一种社会地位的标志。二是援佛入玄，佛理与玄学相参，为玄学的发展注入了新的元素和活力。东晋晚期，出现了重老轻庄、援儒入道的学术倾向。

进入南朝，随着经学的复兴和皇权的加强，玄学开始退潮，但仍然具有重要的影响。主要表现在：一、玄学作为主流学术的地位得到承认与肯定；二、统治者的个人修养和执政风格具有明显的玄学色彩；三、南朝各代均涌现出一批以才学或德行著称的玄学名士。这些玄学名士或远离政治，淡泊名利，或疏离世俗，寄情山水，或托寓文学，寄意遣怀，在许多方面传承和实践着前代玄学家的思想理论和精神追求，虽然理论上的创新少，却在实践上践行着玄学的追求。

当然，由于南朝统治者大多推行尊儒政策，希望借助儒家所倡导的名教来巩固自己的皇权，玄学的影响日渐式微，梁陈时期，儒学振兴，佛学盛行，统治者有意实行儒、佛、道合流政策，玄学不可避免地衰落了。

魏晋南北朝时期，史学得到迅速发展，不但修史制度日趋成熟，史学队伍不断扩大，史学著作数量激增，史书体裁多样，史学的地位有了明显提高。

三国时期，统治者十分重视史学的资政功能。孙权就十分重视本朝国史的编撰工作，《吴书》之编撰始于孙权末年，终于孙皓末年，历经四帝三十年完成。其中韦昭贡献最大。韦昭主持编撰史书，时人谓其为司马迁式的良史之才。所撰《吴书》当垂千载，后来成为陈寿编著《三国志》的重要史料来源，裴松之在注文中多处征引，《文选》

注、《后汉书》注及唐宋类书亦多所征引，足证《吴书》之重要的史料价值。韦昭的另一项史学成就是《国语解》，是流传至今的唯一的一部《国语》注本。在《国语解》中，韦昭汇集了前人注释《国语》的许多成就，保留了不少古代文献资料，对后人研究汉魏时期的学术文化很有帮助。

除官修国史外，私家修史也取得了重要的成绩，谢承私撰的首部纪传体《后汉书》最有影响。该书全面记载东汉发展演变的历史，偏重于吴越地区，颇有地方特色和史料价值。由于该书所载内容在范晔的《后汉书》中多被删略，故唐宋类书称引较多，清代学者尤其重视该书，甚至夸其为"东汉第一良史"。

孙吴时期还出现了不少"先贤传"、"地记"、"异物志"之类的史籍。人物传记有谢承的《会稽先贤传》、陆凯的《吴先贤传》、张胜的《桂阳先贤画赞》，地理志有顾启期《娄地记》、万震的《南州异物志》、薛莹的《临海水土异物志》、朱育的《会稽土地志》、韦昭的《三吴郡国志》、虞翻的《川渎记》等。这些先贤传与地记类史书的出现，既反映了孙吴史学发展所取得的成就，也表现出江南地区人们的乡土意识和地方观念有了明显增强。

两晋时期的南方史学有了长足进步，成就体现在多个方面：一是承袭曹魏著作郎制并加以完善，正式设置著作局和著作官，专掌修史之任。二是官方和私家竞相修撰晋代国史。据《隋书·经籍志二》记载，由晋人撰写的晋史就多达 11 部，300 多卷。这些晋史的出现，为日后唐朝官修《晋书》提供了丰富的资料。三是编年体成就超过纪传体。自司马迁创立纪传体以来，该体逐渐成为古代中国史学的主流，东晋时期也出现了不少纪传体史书，但质量不高，缺乏力作。相形之下，编年体却有了很大发展，成为与纪传体分庭抗礼的重要史体。如孙盛的《魏氏春秋》、环济的《吴纪》、陆机的《晋纪》、习凿齿的《汉晋春秋》、徐广的《晋纪》等等。这些史书大多模仿"春秋笔法"，以编年体记史，完整反映某个朝代从建立到灭亡的兴衰过程，脉络清晰，事体详备，一目了然，成就明显超越纪传体。四是除编年体外，东晋时期还出现了起居志、地理方志、史评等新的史书体裁。其中常璩的《华阳国志》最为突出。这是一部集西南地区的地理历史状况和人物事迹为一体的著作，内容丰富，资料详实，对后人了解和研究我国西南地区的地理历史沿革，尤其是少数民族的历史文化具有很高的史料价值。它在编纂体例上将历史、地理和人物三者结合起来分别论述，具有明显的特色和创新，对日后中国的方志学走向成熟起到了关键的作用。

南北朝时期，南方地区的史学更加兴盛，成就更大。主要体现在：一是史官制度有所发展和完善。刘宋时期，设著作郎，官居六品，主要为撰修国史，以下齐、梁、陈三代，皆设史官，这体现了重视史学已成为南朝的共识。二是史书众多，名家辈出。南朝时期，官私修史，蔚然成风，史书数量激增。仅以纪传、编年二体为例，纪传体有《后汉书》、《晋书》、《宋书》、《齐书》、《梁书》、《陈书》；编年体有《晋纪》、《宋纪》、《宋略》、《宋春秋》、《齐春秋》、《齐梁春秋》、《齐典》、《梁典》、《梁撮要》等。纪传、编年体的史书数量共有 45 部，1 498 卷。修史之盛，可见一斑。其中范晔的《后汉书》，“博采众书，裁成汉典，观其所取，颇有奇功”。具体表现为：首先，在编撰体例上有所改进和创新。如在“本纪”中增设“皇后纪”，在列传中增设《宦者》、《党锢》、《独行》、《逸民》、《文苑》、《列女》、《方术》等七篇类传。其次，在广泛参考前人成果的基础上，博采众长，删繁补阙，内容丰富，思想深刻，结构严整，文辞优美，故能超越同时代的其他史籍，成为《史记》、《汉书》之后的又一部史学巨著。再次，寓论于史，富有卓越的史识。《后汉书》的篇末多附有论、赞，“因事就卷内发论，以正一代得失”。这些议论往往有精意深旨，寓托其中。全书共约 200 余篇史论性文章，所谓“体大而思精”也。因此种种，范晔可谓这一时期最杰出的史家。

南朝时期，各种史学体裁相继出现，史书门类逐渐齐备，除纪传、编年二体之外，还有起居注、实录、杂传、谱系、地理方志、史注、史评等门类。体裁的日趋完备，表明此间史学的内容不断丰富，学术水平不断提升，史学在文化学术领域中的地位明显提高，成为一门独立学科的时机已经成熟。在南北朝时期的目录学中，史学已经从经学中分离出来，仅次于经学的重要地位已然确立。

第三节　唐宋时期的经学和史学

唐代经济发达，文化昌盛。江苏地区在经济上也取得了很大的发展，因运河而繁荣昌盛的扬州，史称“广陵大镇，富甲天下”。苏州号称十万户，为东南雄州。金陵、常州、润州也都是人杰地灵，英才辈出，这些城市在唐代已经成为文人名士的汇聚之所。在经济发达的基础上，江苏地区在学术上取得了令人瞩目的成就。

唐朝初期，出于发展和巩固大一统局面的需要，唐太宗令颜师古考订五经经文，撰成《五经》一书，作为官方统一课本在全国颁行；又令孔颖达等人集南北朝以来经文注疏之大成，编成《五经正义》颁行天下，并作为科举考试之依据。经学研究受此束缚，东汉魏晋南北朝以来相沿的经学传统受到严重的阻滞，经学走向低潮。少数不甘束缚的学者，不拘泥于家法和师说，吸取禅学南宗思想，根据自己的理解和认识，自由说经，开启了偏重思辨的经学风气，使经学由训诂名物的章句之学向偏于思辨的经学风气转变，对宋代经学产生了重要影响。代表人物就是在江左地区研究传授经学的啖助、陆质。啖助虽非江南人，但玄宗天宝年间长期任职于临海（今浙江临海市）、丹阳（今江苏丹阳市），后离职，在江左研究传授经学。啖助著有《春秋体例》六卷。在书中，他借孔子之名去批判《春秋三传》，其持论与儒家传统观点差异较大，体现出标新立异的新倾向。寓居江左期间，啖助将其学问传授弟子，师徒相传，促使经学的发展逐步转向义理的探讨，因而被后人称为“春秋学派”。而集大成者就是吴郡人陆质。陆质是啖助的高足，继承其师啖助的学问，著有《春秋集传纂例》、《春秋微旨》、《春秋集传辩疑》三部春秋学著作，其言论在当时士大夫阶层颇有影响力。他还是永贞革新时期王叔文集团的成员，这在一定程度上体现了吴郡春秋学经世致用的色彩。

宋代初期，儒学已然保持着汉唐以来的特征，即着重于章句训诂，秉承师传。但随着社会变革的要求，经学出现了重要的变化。学者解经，注重义理，在观念、方法、内容等方面都有很多创新，表现出对当下社会现实的关注，体现出学者主体意识的增强。所谓宋儒疑经、改经即从仁宗时开始，代表人物及著述为刘敞《七经小传》、刘颜《儒术通要》、王安石《三经新义》，这些著述以阐释义理为主。

宋代经学，讲究义理，表现出与汉学截然不同的特征。治宋学者，名家众多，派别林立。江淮地区的宋学派别有：

范仲淹及高平学派　范仲淹(989—1052)是宋学初期开风气的领导人物，在南京(今河南商丘)与其师戚同文创立高平学派。天圣五年(1027)，他主持南京应天府学期间，曾领导开宋代义理学先声的疑经运动。这种不惑传注，敢于怀疑传统经学的怀疑精神实为宋代义理学的崛起作了先导，廉洛学派的张载正是在高平学派的影响下成长起来，成为宋学的代表人物。

胡瑗像

胡瑗及安定学派　胡瑗(993—1059)，泰州海陵(江苏泰州)人，与孙复、石介被公认为理学的先驱，对理学产生了直接的影响。胡瑗的经学思想，涵盖了“五经”、“十三经”。认为“命者禀之于天，性者命之在我”，开宋儒性命之学的先声。以传统的儒学理论为核心，以阴阳二气诠释易学真理，又反对王弼以虚无解释《易经》的做法，开宋代义理学的先河。程颐是胡瑗的学生，朱熹是程颐的学生，此可见胡瑗在宋代理学发展过程中的发轫之功。

刘颜及士刘学派　刘颜，字子望，彭城人。宋初，讲学之风大盛，刘颜与士建中等聚徒讲学，专研经学义理，著书立说，形成士刘学派。他们以治经为主，认为自孟子以来，道学不明，要以诚明义理之学，“述尧舜之道，论文武之治，杜淫邪之路，开皇极之门”（王开祖《儒志编》），弘扬孟子以降之道学。因修养高尚，学问渊深，在当时有很广泛的影响，深受泰山学派所推重。

在易学研究上，北宋江淮地区的易学可分象数、义理两派，前者以刘枚《易数钩隐图》为代表，后者以胡瑗《周易口义》为代表。

刘枚在《易数钩隐图》中，提出了诸如“太极无数与象”、“二仪之气混而为一”、“太极者一气也”、“天地为分之前，元气混而为一，一气所判是曰两仪”、“两仪乃天地之象，天地乃两仪之体”等观点。认为世界的形成，先有太极，太极分为二气，两仪有天地之象而无形。还认为象与数的关系是形由象生，象由数设。他对“天地之数”、“大衍之数”等问题的解释皆有新见。凡此种种，皆可见刘枚的易学超越了王弼、孔颖达，是宋代易学的代表人物。他首先提出了“太极”这一概念，其所作太极图早于周敦颐的太极图，堪称宋代道学的先驱。

胡瑗的易学以义理为宗，弟子众多，程颐为其弟子。他的易学既对王弼的义理学有所继承，又舍弃了王弼的道家、玄学之说，代之以儒家的纲常名教，促使易学由经学向理学转变，对后世易学影响深远。

南宋前期的一些有象数倾向的易学家，既继承和研究《图》、《书》及先天之学，又广泛采取汉易中的概念来解经，并与义理相结合，表现出了集前代易学大成的趋势。江淮地区易学的代表人物有李纲、都絜、魏了翁等名家，其中魏了翁成就最大。

这一时期在史学理论的探讨方面也大有建树，其中最著名的就是唐代的刘知幾。刘知幾（661—721），字子玄，彭城（今徐州市）人，历任著作佐郎、左史等职，参与修撰国史，后辞官专心研究学问。刘知幾以毕生的经历，撰写成了我国历史上，也是世界史上首部系统的史学理论专著《史通》，对唐以前的史书进行了全面的总结，对灾异感

刘知幾像

应、谶纬迷信进行了深刻的批判，对儒家圣人及经典提出了大胆地质疑。他认为“文士好求，史学难得”，提出史家必须具备三个条件：一是史才，即搜集、鉴别史料和编写史书的才能；二是史学，即掌握丰富的史料和史学知识；三是史识，即对历史的认识和理解，包括良好的操守。其中最重要的是“史识”。在修史问题上，主张用“直笔”，即不掩恶，不虚美，书之有益于褒贬，这种善恶必书的“直笔”思想和重视“史识”的主张，体现了实事求是的科学精神和理性主义的批判精神，对后世史学产生了深远的影响。

陈寅恪说：“中国史学莫胜于宋。”宋代不仅是理学昌盛期，也是史学发展的高潮期。这一时期的史学特点可以说是：史家辈出，成就卓著，范围拓展，新体迭出。江淮地区的学者广泛参与了各种体裁历史的编写工作，在多个领域都有建树，特别是在方志的编撰上，取得了不俗的成就。

宋元时期，地方志逐渐成为一门独立的学科，江淮的地方志也进入一个兴盛期。来自润州丹阳(今江苏丹阳市)的王存于熙宁八年(1075)开始主持修撰《元丰九域志》,历时六年,于元丰三年(1080)修成,元丰八年(1085)刊行。该书是一部研究历史经济地理和历史自然地理的宝贵资料,其中所列土贡数额远较以往任何史书、地理志为详,而所载地名更为宋时其他地理志所无,其史料价值颇高。专记一个地方的地方志,与江苏有关的则有郑兴裔的《广陵志》、朱长文的《吴郡图经续记》、周应合的《景定建康志》、范成大的《吴郡志》、史能之的《咸淳毗陵志》等。其中《建康志》、《吴郡志》、《毗陵志》是历来公认的名志。《吴郡志》"征引浩博,而叙述简核,为地志之善本",后世修志者往往循其体例,章学诚将该志与罗愿的《新安志》并列为宋人方志之首,可见该志的价值。《建康志》是现存南京最早的官修志书,该志的编撰体例被后世方志广泛采用。

除了方志外,江苏地区学者也主持或参与了其他多种体裁的修史工作,如张佖、郑戬、吕溱等。阳羡人马令在其先辈搜集的大量资料基础上,于徽宗崇宁四年编成《南唐书》三十卷,叙述详备,是研究南唐史的重要资料之一。常州的尤袤编的《遂初堂书目》,在九经、正史两类著作中著录了不同的刻本,是我国现存最早的版本目录学著作。徐州人李淑参与了《崇文总目》的编撰工作。

第四节 明清时期的哲学、史学、经学

明清时期,江苏地区经济发达,文化昌盛,在哲学、史学、经学等诸多方面都取得了卓越的成就。

一、影响广泛的哲学

明代前期,程朱理学作为官方哲学,享有独尊地位。随着社会的发展,程朱思想逐渐不适应社会的发展需要,王阳明的心学乘时而起,大有取代程朱理学之势。在江苏区域,王阳明的门人王艮继承王

学而又自出机杼，成一家之言，创立泰州学派，在哲学界有广泛的影响，在学术史上具有重要的地位。

王艮(1483—1541)，初名银，字汝止，号心斋，明南直隶安丰场(今江苏东台市安丰镇)人。他出身于一个以煎盐为业的贫苦家庭，少年时随父兄煎盐。19岁时在曲阜拜谒孔庙，他得到很大启发，于是发奋攻读儒家经典，勤于思考其中精意。正德十五年(1520)，38岁的王艮赴江西拜大儒王阳明为师，王阳明为其改名为艮，取《易·艮卦》中"道止于至善"之意。

王艮师从王阳明，但能不为师说束缚，保持了思想上、学术上的独立。王阳明病逝后，王艮在家乡开门授徒讲学，为泰州学派的形成奠定了基础。追随的弟子及再传弟子精英辈出，主要有徐樾、韩贞、颜钧、赵贞吉、罗汝芳、何心隐等，甚至焦竑、李贽、汤显祖、袁宗道都可看作是这一派的成员。这是一个影响广泛、前后绵延数百年的学术流派，可以说是中国历史上第一个具有启蒙性质的学术流派。其基本思想和主张体现在王艮的论述中，主要有以下几点：1. 将孟子之道与百姓日用等同起来，主张"百姓日用之道"即"圣人之道"，具有鲜明的平民意识。2. 认为人的身体是"天地万物之本"，也是"天下国家之本"，"安身者，立天下之大本也"。从"安身立本"出发，王艮强调维护人的尊严，核心思想就是通过正己正物、爱人敬人来调节人与人之间的关系，实现"人人君子，比屋可封"的社会理想。3. 认同人的自然天性，承认人的物质欲望的合理性，反对宋明理学家"存天理、灭人欲"的伦理说教。4. 主张重德轻刑，希望建立一个"人人君子，刑措不用，道不拾遗"的太平社会。5. 以孝悌为本，既继承了中国相传数千年优良传统，又突破了"五经传注"的伦理传统，提出了自己独特的见解。他把事亲和从兄提到了很高的高度，认为大家对父母孝、对兄长悌，犯上作乱的人就没有了，社会就安定了。6. 提倡"有教无类"和"学而不厌，诲人不倦"的教育思想，反对"生而知之"的唯心主义天才论，强调后天学习的重要性。

王艮创立的泰州学派弟子遍天下，不仅在当时影响很大，超过了当时王阳明后的所有其他学派，而且流传的时间也很长，绵绵数百年不绝。其影响大，并不是由于它宣传了王守仁的心学思想，而是因为它贯穿了平民意识，提出了与正统儒学不同的异端思想，从而在下层群众中获得了众多的支持者和理解者。泰州学派在中国思想史上无疑具有无可置疑的重要地位。

明清易代之际，社会剧烈动荡，巨变的社会现实给士人的思想以极大地刺激，催生了三大思想家：顾炎武、黄宗羲、王夫之，其中顾炎武就是江苏地区的杰出代表。

顾炎武(1613—1682)，字宁人，学者尊为亭林先生，南直隶苏州府昆山(今属江苏)人。他学问渊博，于国家典制、郡邑掌故、天文仪象、河漕兵农及经史百家、音韵训诂之学，都有研究。晚年治经重考证，开清代朴学风气。著有《日知录》、《天下郡国利病书》、《肇域志》等。明朝灭亡后，顾炎武牢记母亲遗嘱，一生拒不仕清，表现出坚贞的名族气节。

顾炎武没有专门的哲学著作，哲学思想散见于他的《日知录》等著作中。他继承明末学者的反理学思潮，不仅对陆王心学作了清算，而且在性与天道、天理与人欲等问题上，都显示了与程朱理学迥异的认识。顾炎武为学以“经世致用”的鲜明旨趣，朴实归纳的考据方法，创辟路径的探索精神，以及他在众多学术领域的成就，有力地冲击了晚明的空疏学风，开启了一代朴学的先路，给予清代学者以极为有益的影响。

顾炎武提倡“利国富民”，并认为“善为国者，藏之于民”(《日知录》)。他大胆怀疑君权，提出了具有早期民主启蒙思想色彩的“众治”主张，强调“以天下之权寄之天下之人”(《顾亭林诗文集》)，因而“保天下者，匹夫之贱，与有责焉耳矣”(《日知录》)，即所谓“天下兴亡，匹夫有责”。

面对当时黑暗的社会现实，顾炎武认为当务之急在于探索“国家治乱之源,生民根本之计”。顾炎武也和黄宗羲、王夫之一样,从不同的角度对“私”进行肯定,并对公与私的关系作了辩证的论述,这些都反映了当时资本主义生产关系萌芽状态下新兴市民阶层的思想意识。

顾炎武从“明道救世”的经世思想出发,萌发对君权的大胆怀疑,虽然还未直接否定君权,但他这种怀疑君权、提倡“众治”的观点,却具有反对封建专制独裁的色彩。而在顾炎武的一生中,也确实是以“天下为己任”而奔波于大江南北,即使他在病中,还在呼吁“天生豪杰,必有所任”,充分表达了他的高尚情操。

洪亮吉(1746—1809),清代经学家、文学家。字稚存,号北江,阳湖(今江苏常州)人。乾隆五十五年(1790)科举榜眼,授编修。嘉庆四年(1799),上书军机大臣言事,极论时弊,免死戍伊犁。次年诏以“罪亮吉后,言事者日少”,释还。居家十年而卒。著有《春秋左传诂》、《北江诗话》、《卷施阁诗文甲乙集》等,后总集为《洪北江全集》。

洪亮吉博学多才,思想敏锐,其思想集中地反映在乾隆五十八年(1793)所撰写的《意言》20 篇中。书中阐述了他的自然观、社会观和人生观。

洪亮吉像

在《意言》中,洪亮吉指出了鬼神迷信的虚妄,批驳了有神论。认为鬼神产生于人的意识,产生于人们对于山川风云等自然景物和自然现象的敬畏之心。他继承了王崇德观点,认为天地生人是气的偶然聚合,人死则是气的自然散逸,人死为鬼之说是不成立的。同时认为,生与死是生命的自然规律,有生必有死,是任何人无法避免的。这些观点,可看作是近代中国无神论的萌芽。

洪亮吉的人口论主要是针对清代前期人口增长的现实提出来的，具有重要的理论意义和现实意义。清代前期，人口增长迅速，而这段期间耕地面积却没有显著增幅，低于人口的增长，这种人口过剩的矛盾如果不加以解决，一定会引起严重的社会问题。如何解决这个问题呢？洪亮吉提出两种办法：天地调剂法和君相调剂法。前者是指大自然通过水旱灾害和疾病方式减少人口，这与社会生产力的发展水平紧密相关；后者是指政府通过发展生产，移民垦荒，减轻赋税等手段来减缓人口的过快增长。1798年，英国经济学家马尔萨斯在《人口原理》中提出："人口若不受抑制，便会以几何比例增加，而生活资料仅仅以算术比率增加。"洪亮吉《意言》成书于1793年，比《人口原理》早五年。

二、成就卓著的史学

明代江苏地区的史学成就主要表现在地方史志的编纂上。这时官方编纂的地方史志既有通志，也有专志；既有府志、又有州、县志，其中方志名作有卢熊撰修的洪武《苏州府志》。这是第一部以苏州府作志名的苏州府志，具有重要的史料价值。王鏊等纂修的正德《姑苏志》，于门目中设表，在苏州方志史上有着开创性的意义。盛仪等纂修的嘉靖《维扬志》，是现存最早的扬州地方史志。该志层次清楚，叙述明晰，颇得后世称许。李登、盛敏耕、顾起元等纂修的万历《重修江宁县志》，较之正德《江宁县志》，体例更精，采录更严，四库馆臣评价极高。专门类方志则有李昭祥《龙江船厂志》。该志的编纂有着经世致用的追求，作者博考史籍，选材严谨，是研究明代造船史的重要文献。作为一部专志，开创了古代造船业史志的先河。

明代江苏文人云集，文士们撰写了众多的私家史志。比较著名的有太仓人王世贞、江宁人焦竑、苏州人祝允明、武进人唐顺之、兴化人李清等撰写的野史笔记。这些著作反映了当时的社会历史，是对明代官方史书的重要补充，是研究明代社会史不可或缺的珍贵资料，其中王世贞、焦竑的成就和影响最大。

王世贞(1526—1590)，太仓人，字元美，自号凤州，又号弇州山人，嘉靖进士，官至南京刑部尚书。王世贞在文学上提倡复古，史学亦然。推崇汉代以前的史书，认为《史记》之后的史书，一代不如一代。主张从史学的角度去研究经学，将经学纳入史学的范畴，更将史学的价值置于经学之上。认为史学著述，贵真实，史家贵直笔，要对历史人物作出公正评价，给后人留下信史。对当时一些御用文人任意歪曲篡改历史的不负责任的态度进行了严肃批评。《弇山堂别集》是最能体现王世贞史学思想的代表作。该书记载了明代很多有价值的学术资料，清朝纂修《明史》，不少地方直接采用了《弇山堂别集》的原文。其在史学上的成就可归纳为：撰写本朝历史时运用直笔，能够客观地反映明代的史实；继承和弘扬了杨慎的历史研究的考证学方法，对扭转晚明空疏不学的学术风气起了积极的推动作用。

焦竑(1540—1620)，字弱侯，又号澹园，江宁(今江苏南京)人，万历十七年(1589)状元。不久入史馆主持国史编修工作，撰《国史经籍志》5卷。又集辑了当朝人物的资料，编写整理《国朝献徵录》120卷。其一生著作甚丰，有《澹园集》、《澹园续集》、《焦氏类林》、《老子翼》、《庄子翼》、《养正图解》、《玉堂丛话》、《熙朝名臣实录》、《中原文献》、《逊国忠臣录》及《焦氏笔乘》等。焦竑具备史才、史德、史识等多方面的史学品质。在史学上力主直笔，重视考据，强调历史对于统治者的借鉴作用，以及惩恶扬善、评判是非的作用。史家应具有强烈的责任心和使命感，应选拔具有德、才、胆、识的学者出任史官。纂修正史，必须坚持传信与实录的原则。强调史料是编撰与研究的基础，重视史料鉴别整理，注重史料的真实与可靠性。他虽没有提出系统的史学理论，但在搜集整理明朝史料上作出了很大的贡献，一些史学编纂方法与原则对明史编纂有很大影响。

清代前期，随着考据学的发展，史学考证研究蔚然成风。乾嘉年间，江苏籍学者王鸣盛、钱大昕和赵翼被并称为“史学三大家”。

王鸣盛(1722—1797)，字凤喈，号西庄，江苏嘉定(今属上海)人，乾隆十九年(1754)起，历任翰林编修、内阁学士兼礼部侍郎等职。乾隆二十八年(1763)丁忧返里，后寓居苏州30年，绝意仕途，潜心学术研究，著《十七史商榷》。这是一部以校勘、考订为主，又兼有历史评论的史学著作。名十七史，实际涵盖十九史，在宋人所谓“十七史”之外又加入了《旧唐书》、《旧五代史》。在史书的订伪、纠谬工作上取得了很多成就，其求实的宗旨和考辨的研究方法影响深远，是中国传统史学走向总结时期的一部重要的历史考证学著作。

钱大昕(1728—1804)，字晓征，号竹汀，人称竹汀居士，江苏嘉定(今属上海)人，为王鸣盛妹夫。乾隆十九年(1754)举进士，擢升翰林院侍讲学士，历任山东、湖南、浙江、河南等省乡试主考官，提督广东学政。乾隆四十年(1775)，居丧归里，此后引疾不仕，定居苏州，从事讲学活动。历任南京钟山、太仓娄东、苏州紫阳书院山长，是中国18世纪最为渊博和专精的学术大师，在他生前就已是饮誉海内的著名学者。王昶、段玉裁、王引之等著名学者都给予他极高的评价，公推其为“一代儒宗”，近代史学家陈寅恪称之为“清代史家第一人”。其学问以实事求是为宗旨，主张把史学与经学置于同等重要的地位，以治经方法治史。著作宏富，曾参与《续文献通考》、《续通志》、《大清一统志》等书的修撰工作，《廿二史考异》是其代表作。钱大昕治史态度严谨，考证历史人物的先代世系，从不引证其家谱。反对著书抄袭他人成果，认为抄袭他人成果是极端可耻之事。强调治学既要谦虚，不固执己见，又必须实事求是，对前人著作中的错误，必加以纠正，以免贻误后人。

赵翼(1727—1814)，字云崧，号瓯北，江苏阳湖(今江苏常州市)人，乾隆二十六年(1761)进士，授翰林院编修，累官至贵西兵备道。乾隆三十七年(1772)，朝廷以违律将其降职调用，赵翼深感仕途艰险，遂以养亲为名，辞官归里，后主讲安定书院，潜心著述。主要著述有《廿二史札记》、《陔余丛考》、《檐曝杂记》及《皇朝武功纪盛》等，《廿二史札记》是其代表作。该书的首要特点是精于考证。赵翼考史，有纵向的考察，也有横向的比较。长于归纳、比较，以发展眼光审视历史，是赵翼治史超出其他史学家的关键所在。同时，赵翼的考释大多言简意赅，易读易懂。篇目的标题常有画龙点睛之效，有些条目很是引人入胜，令人不忍释卷。因此，有学者评论赵翼的治史是“乾嘉时代甚至中国整个史学发展史上所罕见的史学”。在考史的基础上注重议论，可以说是《廿二史札记》的又一个特点。在史学评论中，对历代史书修撰的得失，分析周到，持论平实，其中不乏至今仍值得称道的重要史学见解。对于史事的评论，更是全书最为精彩的部分。有不少篇目考察历代社会演变、古今风云变化、时势发展趋势，有不少议论关乎“天下之情变，古今之得失”。曾在地方为官的赵翼，对社会风气、民众生活有着更多的了解，对政治得失与社会兴亡有更深入的认识。因此，他的许多见地深刻而精辟，往往发前人之所未发。值得注意的是，赵翼除了关注历代政治制度的优劣得失之外，还将目光投向国计民生，涉及不少前人不常关注的问题，可谓独辟蹊径。

三、流派纷呈的经学

清初以顾炎武、黄宗羲等为代表的学者提倡经学考据学风，反对宋明理学对六经的主观主义解释和空谈心性的弊病。乾隆嘉庆时期，经学考据之风成为学术界的主流，人称乾嘉学派。乾嘉学派在发展过程中，形成了吴、皖两大学术流派。吴派得到朝廷的支持，皖派得到学术界的推崇。吴派提倡复古，崇尚汉儒，多治《周易》、《尚书》；皖派强调求真，考据严谨，精于小学、天算，擅长“三礼”。吴派以惠栋为代表，皖派以戴震为代表。清代治经学的有不少江苏籍学者，主要代表人物如下：

阎若璩（1636—1704），字百诗，号潜丘居士，山西太原人，寄居山阳县（今淮安市淮安区）。父亲阎修龄，字再彭，号饮牛叟，在遗民中颇有声誉，与傅山、顾炎武等皆有交谊。阎若璩的学术成就主要表现在经学考证上，他继承了明末清初以顾炎武、黄宗羲为代表的清初学者反理学的思想倾向，推崇汉代经师马融和郑康成，明确表示“主汉不主宋”。他继承了清初思想家强调的博古通今的学风，疏离经世致用的经学追求。他的著述颇丰，但大都是对古文的诠释、整理、考证。他主张对古书大胆怀疑，考证要力求确实，希望探索经籍的本来面目，辨伪存真。阎若璩最重要的成就是《尚书古文疏证》一书。此书在前人研究的基础上，从篇数、篇名、典章制度、历法、文字句读、地理沿革和古今行文异同等多方面加以考证，并引用《孟子》、《史记》、《说文》等书作为旁证，得出东晋梅赜所献《古文尚书》及孔安国《尚书传》是后世伪作的定论，解决了千百年来学术史上的一大疑案，受到学术界的普遍肯定和高度重视，他也因此奠定了清初学术史上的地位。作为清代汉学的先驱，阎若璩上承顾炎武、黄宗羲，下启惠栋、戴震，在清代学术史上的贡献是不可磨灭的。

吴派是乾嘉学派中率先从研治古文经入手进行纯汉学研究的地域性学派，因其代表人物及其学生多为苏州府学者而得名。吴派以惠栋、沈彤、江声、余萧客、褚寅亮等苏州府学者为核心，还包括洪亮吉、孙星衍、江藩、王鸣盛、钱大昕等江南其他各府的学者，惠栋是吴派的代表和领袖。

惠栋（1697—1758），字定宇，号松崖。其治学有如下特点：尊信和固守汉儒说经，讲求汉代师法、家法、推崇东汉许慎、郑玄兼采古今诸家之说的传统；经学研究遵循孔子倡导的“述而不作”之法，反对掺杂自己的主观意见，以保存先圣意旨，避免宋明理学家利用经典妄发议论的弊端。他认为经学研究应从古文字入手，重视声音训诂之学。所著《易汉学》、《易例》、《周易述》等书，驳诘宋人《河图》、《洛书》、

惠栋像

先天及太极之说，为清代吴派经学奠定了基础，深得乾嘉学者推重。但固守汉儒《易》说，不加甄别，以致当时及后世有“株守汉学”、“嗜博泥古”之讥。又撰《古文尚书考》，继清初阎若璩之后，辨证《古文尚书》为晋人伪作。

皖派是乾嘉学派中与吴派并称的另一个地域性学派，以徽州府学者戴震及其弟子为骨干的汉学研究群体，其中高邮王念孙、王引之父子、金坛段玉裁都是江苏籍的著名学者，成就卓著。

段玉裁(1735—1815)，字若膺，号茂堂，金坛人，师从戴震。主要著作有《古文尚书撰异》、《毛诗故训传》、《毛诗小学》、《周礼汉读考》、《仪礼汉读考》、《左氏春秋古经》等，传世代表作为《说文解字注》及其所附《六书音韵表》。《说文解字注》是段玉裁积 30 余年的功力写成，体大思精，为前所未有。他先为《说文解字读》，以此为蓝本，对《说文解字》所收 9300 余字，去粗存精，详为作注，阐明音训，改正讹误，创通条例，最后成《说文解字注》。嘉庆二十年(1815)五月全书刻成，风行一时，大为学者所称赞。王念孙赞此书说：“盖千七百年来无此作矣，则若膺之书为功也。”王国维也盛推崇：“千古卓识，二千年来未有能言之明白通晓如是者也。”

王念孙、王引之以及后来的汪中、阮元、焦循等扬州籍学者，在乾嘉年间逐渐形成一个学术群体，人称扬州学派，在当时影响甚大。

扬州学派又可分为两个支派：一派以治小学为主，态度严谨，方法科学，重音训考据，以王念孙、王引之父子为代表；一派以治经史为主，继承戴震哲学思想，在从事音韵训诂考据的同时，也兼谈义理，代表人物有汪中、阮元、焦循等。

王念孙(1744—1832)，字怀祖，号石臞。江苏高邮人，王引之之父。自幼聪慧，八岁读完十三经，旁涉史鉴。乾隆四十年(1775)进士，历任翰林院庶吉士、工部主事、工部郎中、陕西道御史、吏科给事中、山东运河道、直隶永定河道。王念孙平生笃守经训，个性正直，好古精审，剖析入微，时与钱大昕、卢文弨、邵晋涵、刘台拱有“五君子”

之称誉，后辞职归里，专事学术著作。他继承戴震音训考据之学，且更为严密，著有《读书杂志》和《广雅疏证》。《读书杂志》校勘《逸周书》、《战国策》、《史记》、《汉书》、《管子》、《晏子春秋》、《墨子》、《荀子》、《淮南内篇》等书中的文字，考释其中的部分词语，将校勘与训诂结合。《广雅疏证》是一部系统整理、阐述《广雅》的著作。由于中国古代文字学重形不重音，王念孙针对这一局限，用了十年的时间，采取为《广雅》作注的形式，援引经传，旁采众说，详加考证，就古声以求古义，改正原书错字、漏字、衍字等讹误甚多，遂写成《广雅疏证》。该书颇具创见，对中国古代训诂学的发展，作出了很大的贡献。

王引之(1766—1834)，王念孙之子，字伯申，号曼卿。嘉庆四年(1799)年进士，官至工部尚书。承继家学，精于文字、音韵和训诂之学，其学力主通核，不尚墨守，以文字训诂最为专精，与其父王念孙齐名，并称“高邮二王”，著有《经义述闻》、《经传释词》。《经义述闻》对《周易》、《尚书》、《毛诗》、《周礼》、《仪礼》、《礼记》、《左传》、《国语》、《谷梁传》、《公羊传》、《尔雅》等古籍均有详细的考证与辨析，订正了上述古籍在文字、音韵、词义、语法等方面的错误，并运用训诂学方法进行诠释，批驳了各种错误见解，对我国传统训诂学和古书注释有很深的影响。此书不仅得到当时汉学诸家交口赞誉，许为千古“绝学”、“海内无匹”，而且抨击汉学的理学家也认为“汉唐以来，未有其比”。《经传释词》是一部解释经传古籍中虚词的著作。全书收虚词凡一百六十个，每一个词都博搜例证，考其源流演变，尤其是对诸词特殊用法的训释，多具卓见，取得了超越前人的成就。萧一山指出：“王引之……乾嘉间第一流之经学大师也。”

汪中(1744—1794)，字容甫，江都(今属江苏扬州)人。与阮元、焦循同为“扬州学派”的杰出代表。乾隆四十二年(1777)为拔贡，后绝意仕进，遍读经史百家之书，卓然成家。精于史学，曾博考先秦图书，研究古代学制兴废。对墨子、荀子研究较深，认为墨子为救世之仁人，孟子辟墨为过枉。以为荀子之学乃孔子正传，称“孔荀”而不称

“孔孟”，以异于宋儒“道统”说。因为其为墨子、荀子翻案，被视为“名教之罪人”。著有《述学》、《春秋述义》、《春秋后传》、《广陵通典》、《荀卿子通论》、《小学》等。《广陵通典》是专记扬州一地重要史籍之志书，是清代私家纂修的上乘之作。

阮元(1754—1849)，扬州仪征人，字伯元，号云台，清代嘉庆、道光间名臣。他是著作家、刊刻家、思想家，在经史、数学、天算、舆地、编纂、金石、校勘等方面都有着非常高的造诣，被尊为一代文宗。其为学以研治经学为主，兼及史学、方志、金石学、历法等方面，著述有30余种，先后主持编纂了《皇清经解》、《经籍籑诂》和《十三经注疏》等经学著作。嘉庆二十年(1815)，阮元邀请知名学者校勘《十三经注疏》，刻本所据均为宋本，在刊刻过程中不轻易改字，发现宋本之误，也仅于误字之旁加圈，另出校勘加以说明。阮元的治学特点是由训诂入手，长于比对归纳。认为考据、义理、辞章三者密不可分，应该兼顾并重。如果不重考据，将无从窥探学问的门径，无法升堂入室，但只重名物考据，不探求义理，仍然不能步入学问的殿堂。阮元虽主张由训诂求义理，但同时意识到汉学埋头故纸，限于繁琐的流弊，因而坚决反对“但求名物，不论圣道”的纯粹训诂之学，意在超越局部的研究而作融会贯通的工作，这也是阮元在学术见解上与戴震的差异之处。阮元从事文字训诂，不是进行一词一义、一事一物孤立的研究考证，而是以联系的、发展的眼光来观察研究事物。研究礼制典章，不纠缠于事物名称的孤立考证，而是着眼于古代礼制的大体，充分体现出他联系、变化、会通的史学观。

乾嘉年间，由庄存与为先导、刘逢禄奠基的常州学派异军突起，其代表人物还有庄述祖、张惠言、宋翔凤等。由于他们多为清代常州府人，所以人们习惯上称之为“常州学派”或“阳湖学派”。

庄存与(1719—1788)，字方耕，号养恬，江南武进人。乾隆十年(1745)进士，授翰林院编修，后历任直隶学政、礼部侍郎、山东学政等职。提倡今文经学，发挥《公羊传》中的“微言大义”，讲求经世致用，所著《春秋正辞》，成为常州学派的开山之作。庄存与经学研究的重点，不在于字句的训释与名物考证，而在于把握经典的基本思想。他提倡今文经学，但也不排斥古文经学，在讲解《春秋》时，不限于引用今文经解，还大量地引用《左传》。他的经学影响了其侄子庄述祖，及外孙宋翔凤、刘逢禄等，他们皆继承家学，致力于公羊学的研究，其中刘逢禄对常州学派的形成贡献最大。

刘逢禄(1776—1829)，字申受，号申甫，江苏武进人。嘉庆十九年(1814)成进士，改翰林院庶吉士，散馆，授礼部主事。道光四年(1824)，补仪制司主事，于礼部十余年未迁，卒于官。逢禄为学务通大义，不专章句，著有《尚书今古文集解》、《书序述闻》、《左氏春秋考证》、《公羊春秋何氏解诂笺》、《春秋公羊经何氏释例》、《后录》、《谷梁废疾申何》、《论语述何》、《四书是训》、《箴膏肓评》、《发墨守评》、《诗声衍》、《刘礼部集》、《易虞氏变动表》、《六爻发挥旁通表》、《卦象阴阳大义》、《虞氏易言补》、《庚申大礼记注长编》、《春闱杂录》、《东陵勘地图说》、《石渠礼论》、《说文衔声记》、《五经考异》等。他认为《春秋》三传中，唯《公羊传》得孔子真传。他是庄存与之后，最为全面系统地研究"公羊学"的学者。清代的今文学，在他这里才得以真正的复兴。

要言之，常州学派推崇今文经学，以"公羊学"为研究对象，抛弃了乾嘉汉学苦心钻研的古文经学，试图从儒家经典里找到理论武器，作为社会变革的理论工具，进而推动社会改革。常州学派在清代学术史上占有重要地位，对清代后期的社会政治思想产生过巨大影响。鸦片战争前后，魏源等援引《公羊传》经义抨击时弊、倡导经世改革；晚清康有为利用今文经学进行"托古改制"，为社会变革提供理论依据，与常州学派关系密切。

关键词：

经学　目录学　玄学　史学　泰州学派　吴派　常州学派

思考题：

1. 目录学的开创者是谁？
2. 玄学的内涵是什么？它是如何形成的？
3. 泰州学派的代表人物有哪些？他们的哲学主张是什么？
4. 吴派、皖派代表人物有哪些？他们的学术特点是什么？
5. 常州学派代表人物有哪些？他们的学术特点是什么？

第八章　江苏语言文化

语言是文化的重要内容，文化传统要靠语言来传递；同时，语言本身又是一种文化现象，蕴含着丰富的文化内涵。所以，从语言的角度来谈文化，十分有价值。事实上，一个民族的语言，在标准语之外还有由于历史和地理等因素形成的各种方言，每一种方言都具有独特、浓郁的地域色彩。我们从最原始的语言感觉上就能体会到各地方言的不同，如北京话婉转流畅，山东话朴实醇厚，上海话悠扬和谐，苏州话娇柔细润，天津话豪迈爽直，东北话强悍粗放，广州话跌宕活跃等等。因而，人们对家乡的款款深情饱含着对家乡话的眷恋，"乡音未改鬓毛衰"，正是这种感情的真实写照。于是，当我们审视特色鲜明的江苏方言之时，实际上也正在感受着丰富多彩的江苏区域文化。

距今七千年左右，中华大地上有东南青莲岗文化、西北仰韶文化、北方细石器文化三大文化区域，土著居民分别是太古的夷越、氐羌、胡狄等民族。一般认为这些文化区域的远古先民所使用的语言，统称为中国太古语，也可以依据这三大区域主要民族的名称，分别称为太古夷越语、太古氐羌语与太古胡狄语。江苏地域属青莲岗考古文化系统，土著居民为夷越族，所操的语言为太古夷越语。公元前三千年左右，三大考古文化系统在中原河洛地区交会，黄帝进据中原，文化的融合促使了语言的融合，在太古夷越语、氐羌语、胡狄语的融合中，产生了原始华夏语。

根据文献资料记载，从周代开始，华夏汉语始终有一主导语言系统，主要用于官场应酬、文学创造、商贾贸易等，在语言学上这种语言叫做“雅言”，也叫“通语”，是与“方言”相对的概念。中国最早的雅言出现在周朝，大约在公元前1027年左右，周武王建立周朝，国都镐(今西安的西北)地区的语言就成了全国雅言的基础语言。当时居住在今东南区域的人们，商周时称为“九夷”、“东夷”，所操的语言与雅言不同，在当时叫作“吴语”。苏北大部分地区说的语言叫“淮夷语”。吴语、淮夷语以及戎、狄、巴、蜀、楚等地语言，都属于少数民族的土著语言，与雅言不同。

在漫长的历史演进过程中，民族之间相互往来并互相影响，各方言土语在民族交往之中发生着同化现象，江苏境内方言格局的形成就是南北民族交互影响所致。汉代以前，相当于现今江苏境内以淮河为界，淮河以南基本上属于吴语，以北是淮夷语。汉以后方言格局发生变化。汉末三国时期，由于战乱，江淮居民大量南下，使得淮夷、徐夷等地的语言南移，而淮河以北和中原一带的方言，也随之南移进入江淮一带吴语区。西晋末年“永嘉之乱”时期，大量人口为避战乱又从中原迁往长江中下游，这个事件史称“衣冠南渡”。“衣冠南渡”又给江苏境内的方言格局带来新的变动：吴语区的北界向南收缩，在南京、镇江地区，开始了北方语言取代吴语的势头。至宋金时期，北方话作为内部较一致的方言大区已经形成，并逐渐向南扩展。随着宋室南迁，原来属于吴语区的镇江和南京也最终被北方话侵占，成为北方话区。与此同时，吴语的范围也萎缩至长江以南的区域。由此可见，战乱造成居民的迁徙，而这种迁徙不仅加快了北方语言内部的统一，还促进了北方语言和南方语言的相互影响和借用。江苏境内的方言在漫长的历史时期，在这种相互作用中逐渐形成，所以，境内的方言既有轻灵婉转的南音，又有酣纯凝重的北音，更有二者会合过渡之处的兼容流畅，呈现出丰富多彩、兼容并蓄的特点。

在简单地勾勒了江苏方言沿革的轮廓之后，我们再来看现代江苏方言的具体分布情况。根据鲍明炜教授主编的《江苏省志·方言志》所述，江苏省的方言分区可以概括为“三区七片”，即：吴方言区，又分苏州片、常州片；江淮方言区，又分扬淮片、南京片、通泰片；北方方言区，又分徐州片、赣榆片。其中长江以南主要是吴方言，长江以北至淮河两岸主要是江淮方言，淮河以北约100公里以外是北方方言。由于江苏方言间边界交错情况复杂，边界线上的方言交互影响，再加上历史移民众多等因素，使江苏方言呈现十分复杂的现象，甚至在一个县、一个乡里都有明显的语音差异，全省方言点有数十处之多。

总之，江苏方言经历了漫长的发展过程，才形成了今天的文化格局。限于篇幅，本章主要分述江苏境内的吴方言文化、江淮方言文化和徐州方言文化。

第一节 吴方言文化

吴方言是汉语方言中最重要的方言之一，吴方言的通行地域，主要包括上海市、江苏省长江以南镇江以东地区（不包括镇江）、南通市的小部分、浙江省的大部分。江苏境内的吴方言主要分布于长江以南以及江北的少数地区，使用人口约占全省的1/4。其中苏州片包括苏州、吴县、吴江、昆山、太仓、常熟、无锡、锡山全部及启东、通州、海门的一部分，常州片包括常州、武进、江阴、张家港、宜兴、溧阳、金坛、丹阳、高淳全部及靖江、溧水、启东、海门、通州的部分地区。

一、吴方言的特征

（一）轻柔温婉、平仄相间的语音特征

吴方言最为显著的特点就是语音上的轻柔温婉、珠圆玉润。典型的吴方言以苏州话为代表，李素英在《吴歌的特质》中写道：“北平话‘雍容大雅’，字正腔圆，是端庄的美；苏州话娇啭黄莺，‘珠圆玉

润’,是柔和的美。苏州话轻灵、温婉、清丽的水磨腔调,一向被认为是最优美的方言之一,被称为‘吴侬软语’。”这种轻柔温婉的吴侬软语也就成了江苏的一种文化标记和背景符号。

吴方言的语言在声、韵、调诸方面和普通话都有很大的不同,地方文化色彩浓厚。普通话只有 m、n、l、r 四个浊音声母,吴方言除了这四个以外还有不少。如,普通话中“包”和“抱”声母相同[p],“抛”和“袍”声母相同[p‘],这两组字的声母只有送气和不送气之分;但是在吴方言中,“抱”、“袍”的声母却不同于“包”、“抛”,既不是[p]也不是[p‘],而是一个同部位的浊音[b]声母。再如:勃、特、共、其、字、佛、额、肉等字,我们用吴方言读,它们的声母都是浊音声母。这些浊音声母属于中古的全浊声母系统,普通话里已经清化消失,在吴语中保存了下来。所以,作为语言化石的吴语,具有重要的“考古”价值。

吴方言的韵母与普通话也有很大的不同。吴语韵母数量比普通话多,如,普通话有韵母 39 个,而苏州话多达 49 个。另外,吴语中单元音韵母丰富,很少有 ai、ei、ao、ou 等复元音,“每”“买”“快”“爱”等字的韵母在吴语中没有滑动的过程。另外,吴语中元音的发音比普通话靠前,如,把普通话中的 an 韵母读成 ε,例如:担、饭、蛮、产、办、兰等;把 ian 读成 i,例如:陷、尖、言、年、变、篇、建、乾等。正因为吴语的单元音丰富,发音部位靠前,比起其他地方的方言,说话时嘴形变动轻,舌位前后的变化幅度小,所以,听起来轻柔温婉,情浓绵绵,无怪乎被称为“吴侬软语”。

保留入声韵也是吴语韵母的一个重要特点,吴方言入声韵大约 10 个左右。普通话韵尾有元音韵尾和鼻音韵尾两类,古代汉语的韵母除了有元音韵尾和鼻音韵尾外,还有辅音、塞音韵尾。吴方言保留了喉塞音韵尾,如,一、白、凿、哲、烈、特、别、雪等字用吴方言读,音节的末尾,喉头都有一种收紧关闭的感觉,气流也不再流出,这就是喉塞韵发音的最大特点,入声韵就是带这种喉塞音韵尾的韵母。古代入声韵的诗词,我们用今天的普通话读根本就不押韵了,而用吴方言读，却是押韵的，例如，柳宗元《江雪》：

千山鸟飞绝，万径人踪灭。
孤舟蓑笠翁，独钓寒江雪。

“绝、灭、雪”是诗中押韵的字，都是入声字。用吴方言读，字音短促，而且押韵。如果用普通话读成绝(jué)、灭(miè)、雪(xuě)就成了不同的韵。再如白居易《长恨歌》一段：

汉皇重色思倾国，御宇多年求不得。
杨家有女初长成，养在深闺人未识。
天生丽质难自弃，一朝选在君王侧。
回眸一笑百媚生，六宫粉黛无颜色。

“国、得、识、侧、色”，都是入声字，用吴方言读这段诗也是押韵的。

普通话的声调有阴平、阳平、上声、去声四种，而吴方言却有七八种。古代汉语有平、上、去、入四个声调，吴方言一般把平、上、去、入各分阴阳两类。大致是清音声母为阴调类，浊音声母为阳调类，它们跟古代平、上、去、入的对应很整齐。了解吴方言的声调，可以帮助我们了解古四声，也可以帮助我们了解绝句、律诗中的平仄。古代诗人把古四声分为平仄两类，平就是平声，仄就是上去入三声。我们可以凭借方言的声调辨清平仄。例如：七绝的平起格式是：

平平仄仄仄平平　　仄仄平平仄仄平
仄仄平平平仄仄　　平平仄仄仄平平

李白的《早发白帝城》就是用的这个格式：

朝辞白帝彩云间，千里江陵一日还。

两岸猿声啼不住，轻舟已过万重山。

这首诗除了“千”字是平声（方言是阴平），用在仄的位置上以外（这是容许灵活变通的），其余与格式完全一致。用吴方言去读很快能够体会这首诗的平仄韵律，体会其中的情韵美。

总而言之，吴方言的声、韵、调在数量上比普通话丰富，因而吴方言更能细致入微地表现语音的变化，从而使吴方言具有轻柔温婉、平仄相间的语音特征。

（二）丰富多彩、斑斓多姿的词汇特征

词汇是语言发展过程最敏感的一部分。一方面，方言之间的相互渗透常常在语词上体现出来；另一方面，地方文化的风采也是通过词汇最为真切地表现出来。吴方言具有丰富多彩、斑斓多姿的词语，这些词语具有独特的风格，体现着浓郁的地域文化特征。

吴方言的词语表现出了较强的具象化特征，通过词汇中的具象语素表现一些书面词汇。如：一些名词的名称用可视的描写方法表达。例如把“蜈蚣”说成“百脚”，“眼珠”说成是“眼乌珠”、“眼睛乌珠”、“眼睛乌子”等。另外，通过具象的语素替换抽象的语素，“东西”一词被称为“物事”，用“物”和“事”两个语素表达“东西”一词的意义，无疑采用了具象化更强的语素。或者通过通俗的、动词性较强的短语表达抽象的概念。例如“贿赂”，书面色彩较强，而人们在生活中常常用“塞红包”、“送礼”、“烧香”等说法，则更为好理解。

吴方言的词形结构变化多样，词缀使用广泛。如，吴方言的形容词重叠式有其显著的特点，除了有“ABB”式外，还有“AAB”式。“ABB”式，如黄哈哈、酸济济、甜咪咪、瘦拐拐等；“AAB”式，在单音节形容词前面加上重叠成分，重叠以后所表示的意义加重了，程度加深了，如萱萱红、碧碧绿、腊腊黄、冰冰冷、喷喷香、精精光、拍拍满、笔笔挺、眯眯笑、绝绝平、粉粉碎等。普通话没有这种重叠式。词头和词尾非常发达,如名词词头“阿”使用的比较多,多用于亲属、排行及人品、人名上,如阿哥、阿侄、阿伯、阿囡、阿大、阿飞、阿木林、阿福、阿英等。“头”是常用的名词词尾,吴方言中除了老头、手头、舌头等和普通话用法相同外,还可以说绢头、竹头、夜头、大块头(胖子)、日头、行头、门口头、十个头(十块)、单斤头等等。又有“佬”尾用于人品,如上海小赤佬、大好佬、鼓板佬、坪巴佬、本地佬、江北佬等。最为特殊是状语词尾不用“地”,而用“叫”或“能”,如慢慢叫走、好好能吃。

吴方言词汇中还保留了很多古语词。吴方言和普通话的基本词语都是从古汉语而来,但古汉语里的很多词普通话已经不再使用,而吴方言口语中却仍在继续使用,如:“媪”古指年长妇人,普通话已不再使用,但苏州人至今仍称年长的妇女为“媪婆”;又如,古人称白天为“昼”,而苏州人称上午为“上昼”,下午为“下昼”。古称谓在苏州话中也未绝迹,苏州话里“官人”和“娘子”不仅指新人,还称呼日常夫妻,如果用苏州话向人介绍某家夫妻,就会说:“诺,王家个小官人做木匠,伊个娘子么,是裁缝。”

(三)严密稳定、独具特色的语法特征

语法在语言的变化中最缓慢,所以也是语言各要素中最为稳定的因素。吴方言的语法结构在漫长的历时演变过程中也是如此,表现出了严密稳定的特点。但是,通过与普通话的比较,吴方言在语法上也具有显著的特征。

吴方言中宾语前置的主谓谓语句占优势,如“我看过了电影”常说成“我电影看过了”。双宾语句如“我给你一本书”,除说成“我拨本书你”外,也常说成“我书拨本你”。另外,动补结构后面的宾语常常提前,比如说“做我不着”、“打你不过”、“对渠不住”、“讲俚勿过”(讲不过他)等。祈使句往往在宾语位置加“伊”(他)字复指话题,如普通话的“你把地板拖一下”、“你先把酒喝了”,吴语通常说“侬地板拖拖伊”、“侬老酒先吃脱伊”。

吴方言语法上还有一个突出的特点:语气助词数量多,而且含义丰富。

例如:你上街买菜,问:“白菜多少钱一斤?”苏州人回答:“一块钱哉。”无锡、常州人回答:“一块立。”用语气词“哉、立”,这就告诉你刚才可能卖一块五或两块钱一斤,现在已降价卖一块钱一斤。语句很简单,含义很明确。

语气助词还可以连用,表示更复杂的关系。如,母亲问:“事体(家务)做好了吗?”这个问题就有三种回答:

第一种:苏州孩子回答:(事体)做好哉。

无锡孩子回答:(事体)做好立。

用了语气词“哉、立”表示已完成。

第二种:苏州孩子回答:(事体)做好格哉。

无锡孩子回答:(事体)做好格立。

连用了语气词“格哉、格立”,强调已完成,而且有时还包含完成这一家务很不容易的口气。

第三种:苏州孩子回答:(事体)做好格哉啘。

无锡孩子回答:(事体)做好格立啘。

连用三个语气词,除了肯定强调作业早已完成外,还有点儿诧异,意思就是“怎么不知道”;或有一丝不耐烦,“怎么还要问!”

二、吴方言的影响

(一)吴方言与文学

在中国漫长的文学发展史上,方言总是活跃于民间文学之中,占有举足轻重的地位。吴方言最初的文学形式为“吴歌”。“吴歌”在《诗经》时代已经产生,但是没有被《诗经》收录。顾颉刚在《吴歌小史》中说:“这也许是因为它们蛮夷鴃舌之音,还不足以登中原文化的大雅之堂的缘故。”然而古今皆有不少文人学者试图将吴歌送进“大雅之堂”,如,明代王世贞在《艺苑卮言》中说:“吴中人棹歌,虽俚字乡语，不能离俗，而得古风人遗意，其辞亦有可采者。”吴地也有不少文人对吴歌搜集整理，如冯梦龙所辑录的《挂枝儿》和《山歌》就是元明时期的吴歌。

继吴歌之后，吴方言也进入了诸多话本、通俗小说等文学形式。如冯梦龙的通俗小说，总体上用当时官话写成，但在描述江南风土人情的时候，往往运用吴方言，如《喻世明言》第12卷《众名姬春风吊柳七》中描绘：

不一日，来到姑苏地方，看见山明水秀，到个路傍酒楼上，沽饮三杯。忽听得鼓声齐响，临窗而望，乃是一群儿童棹了小船，在湖上对水采莲，口中唱着吴歌云：

采莲阿姐斗梳妆，好似红莲搭个白莲争。红莲自道颜色好，白莲自道粉花香。粉花香，粉花香，贪花人一见便来抢。红个也忒贵，白个也弗强。当面下手弗得，和你私下商量。好像荷叶遮身无人见，下头成藕带丝长。

在这两段文字里，苏州的水柔山丽和吴语的靡曼缠绵表现得如此浓郁，二者的神韵也巧妙地融汇在了一起。

晚清时代，吴方言小说再度崛起，如李宝嘉《官场现形记》、韩邦庆《海上花列传》、张春帆《九尾龟》、张南庄《何典》等，这些作品中有诸多吴地的成语、俗谚、歇后语、惯用语，人物对白也生动地再现了吴地人们的语言风貌，如《海上花列传》：

王阿二一见小村，便撺上去嚷道：“耐好啊，骗我阿是？耐说转去两三个月哚，直到仔故歇坎坎来！阿是两三个月嘎，只怕有两三年哉。我教娘姨到栈房里看仔耐几埭，说是勿曾来，我还信勿过，间壁郭孝婆也来看耐，倒说道勿来个哉。耐只嘴阿是放屁，说来哚闲话阿有一句做到。把我倒记好来里，耐再勿来末，索性搭耐上一上，试试看末哉！”

再如：

> 双玉略略欠身，两手都搭着淑人左右肩膀，教淑人把右手勾着双玉脖项，把左手按着双玉心窝，脸对脸问道：“倪七月里来里一笠园，也像故歇实概样式，一淘坐来浪说个闲话，耐阿记得？”

江苏吴语区域的戏剧，也体现了浓郁的方言特色。在无锡、常州一带有锡剧，在苏州一带有昆曲、苏滩、越剧，这些剧种给人的感觉清柔委婉、缠绵悱恻，也充分体现了吴语本色。另外，别具特色的苏州评弹，更是圆润婉转、引人入胜，充分体现了吴语的柔美清雅。

（二）吴方言与普通话

随着时代的发展，有些吴方言词语，如“垃圾”、“瘪三”、“筷子”、“打烊”、“尴尬”、“吃不消”、“顶真”、“硬碰硬”等，渐渐地被普通话吸收，成为吴方言和普通话的共同成分。此外，汉语中不少外来词是先通过吴语，然后流传全国各地再进入普通话的，从音译用字来看具有明显的吴方言特征。例如“沙发”，英语原词是 sofa，与吴方言“沙发”的音很接近，还有“咖啡（coffee）”、“色拉（salad）”、“白兰地（brandy）”、“派司（pass）”等等，都属于这种情况。吴方言外来词有音译的、意译的，更多的是音意结合的词，如，“雪茄烟”、“摩托车”、“士林布”、“罗宋汤”等。

第二节　江淮方言文化

江淮方言又叫下江官话，是北方方言的次方言，这个方言区地跨江苏、安徽、湖北三省，方言人口七千多万。全区又分三片：洪巢片（江苏、安徽）、泰通片（江苏）和黄孝片（湖北）。事实上各片的语音仍有不同程度的差异。例如,泰通片与吴方言接近,黄孝片与西南方言和湘方言接近;洪巢片是江淮方言的中心,不依附别的方言,有比较稳固的独立性。但这种差异不会造成交际的障碍。江苏境内的江淮方言属于洪巢片和泰通片,语言学界又以扬州、南京、通州三个城市为中心,将江苏境内的江淮方言分为扬淮、南京、通泰三片:扬淮片包括扬州、江都、高邮、宝应、仪征、镇江、扬中、淮阴、淮安、涟水、沭阳、泗阳、泗洪、洪泽、盱眙、金湖、连云港、东海、灌南、盐城、阜宁、建湖、响水、滨海、射阳等地;南京片包括南京、句容、溧水、江浦、六合;通泰片包括南通、如皋、海安、如东、泰州、姜堰、泰兴、兴化、东台、大丰等地。

一、江淮方言的特点

(一)丰富多样的土语群

江苏境内的江淮方言分为诸多特色鲜明的土语群,它们虽然在语音、语法、词汇上的差别不大,但形成和发展却有其独特性。这些方言土语群成为一道一道文化景观,从一个侧面体现了丰富多彩的地域文化特色。

江苏境内,扬州话历史悠久,特色鲜明,是江淮方言区独领风骚的土语,这与扬州悠久的历史和优越的经济条件密不可分。扬州市位于江苏的中部,长江下游的北岸,自古就有“苏北门户”之称。早在公元前486年,扬州就已建城,是我国最早开展对外贸易和国际交往的城市之一,历来南北文人商贾汇聚于此地,也由此成为南北语言的交会之地。另外,扬州人口在历史上的数次大变动,对扬州方言的形成也起了关键性的作用。西晋时期永嘉之乱后,大量的中州士人避乱来扬州;北宋末年,皇室南渡的时候,客居扬州一年半,大批北方居民也随之而来;元朝末年扬州惨遭兵燹,至明初扬州居民十室九空,明太祖只得强制苏南一带的居民充实淮扬两郡。所以,经过这种漫长的南北交融,使扬州方言呈现出自己独特的风格特点。

南京话又是江淮方言中独具特色的土语，其形成和发展也是受人口迁移的影响，它由吴语演变而来。魏晋南北朝时，南京话属于吴语区。永嘉之乱后，南京话在数次受到北方方言的影响之后，又经过与江淮一带方言的同化、融合，逐渐具备了综合的性质，成为明清时期官话的标准音。如明末时法国人金尼阁著《西儒耳目资》一书，这是供西洋人学习汉语的教科书，这部书就是直接用南京语音来标注向世界介绍汉语的。再如 1878 年至 1882 年，第一位受聘于哈佛大学教授汉语的中国学者戈鲲化所教也是南京话。

南通话具有过渡区和方言岛的双重性质，也是很特殊的一种土语。它有七个声调，近似于吴语；古全浊声变送气清音，则类似于客家话；从词汇和语法的特征看，又应该将它看作江淮官话，属北方方言。所以，有的学者说"南通话虽然被划归江淮方言，其实却是个四不像"。这种语言现实的形成，有其地理和历史渊源。南通一带属冲击平原，成陆较晚，又是长江入海口，素有"淮南江北海西头"之称。在唐代以前，南通还只是一块被称作"胡逗洲"的水洲，最初此地的居民是各地流配犯人以及流落到此谋生的内地居民，《太平寰宇记》就有关于"胡逗洲"的记载，"上多流人，煮盐为业"。长期的"五方杂处"，加上闭塞的交通，造成了多种文化的交融混合，从而形成了特点鲜明的南通"方言岛"。

（二）南北交融的语言特征

上古江淮官话地区多说吴语，到东晋之后，随着北人南迁，北方官话才逐渐取代吴语的地位。但是，至今江淮官话尤其是通泰片，还有许多说法与吴方言相近，如"没有"通泰方言说"不曾"，"今天"、"明天"通泰方言说"今朝"、"明朝"，都与吴语接近。有一部分江淮官话与吴语相同也保留了古汉语里入声。在普通话里，如果念"巴—八"、"梯——踢"、"遇——育"、"库——哭"、"乌——屋"，发音是一样的，但操江淮官话念出来，则会有差别，后面一个字的发音听起来是比较短促的，均读为入声。

江淮官话属于北方方言的一个次方言区，但是，有一些语音特征却与南方方言相同，如，江淮官话“n、l”不分，“连”说成“年”，“流”说成“牛”；多没有 zh、ch、sh 三个声母，说“顺水又顺风”为“损水又损风”；通常“en、eng”和“ing、in”不分，“陈”和“程”相混，“金”和“京”相混，多数地方是将“eng”发音为“en”，将“ing”发音为“in”。这三点与西南官话、赣方言等相同。

江淮方言的词汇特色也具有南北兼备的特色。有些词直接来自北方方言，如“垡头”（同东北话）、“黄猫”（黄鼠狼，同山东济宁话）；有些词直接来自西南方言，如“打平火”（大家 AA 制吃喝，同四川、云南等地方言）、“放抢”（抢夺，同武汉话）；有的和吴方言相同，如“园”（收藏）、“眠”（倒伏、卧倒）；有的和湖南方言相同，如“细”（小，同双峰话）、“怕丑”（害羞，同双峰话）。有些江淮方言中同时使用的同义词，却明显来自南北地区，如：晓得——知道；认得——认识；来家——回家；起去——起来等，前者为吴方言中的词语，后者为北方话的词语。

二、明清戏曲小说与江淮方言

（一）南戏曲韵基础音系为江淮方言

元末明初，北曲杂剧日渐式微，而南曲戏剧则日渐兴盛。改朝换代，也改变了江南地区戏剧演唱的流行与欣赏。入明以后，南曲戏文因尚未有南曲专用韵书，而借用《中原音韵》。《洪武正韵》问世后，语音上更接近江南语音而被权作南曲韵书。但这本书并非专为南曲而作，使用上也产生了许多不便。由此，朱元璋第十六子朱权专门为南戏作韵书《琼林雅韵》，至此，南戏曲韵基本上以《琼林雅韵》为宗。《琼林雅韵》记录了十三、十四世纪江南语音的主要特点，如“平声不分阴阳”、“入派三声”等。另外，朱权整个少年时代是在南京，在秦淮河畔的歌舞升平中度过，他的乡音是土生土长的明代初年的南京话，其基础音系是源于靖康南渡时由中原迁来江淮而发展到明初的南京话。由此我们可以推断，从明代开始南戏曲韵基础音系就为江淮方言了。

（二）明清白话小说语言与江淮方言

现代学术界通常认为，宋元以来影响较大的小说，如《水浒传》、《西游记》、《儒林外史》、《红楼梦》等等，都是用北方方言写成的，其实将明清白话小说认定为北方方言太笼统，准确地说，这些小说应该是用江淮官话写成的。比如，从籍贯看，作者多是江苏人，如《水浒传》作者施耐庵，江苏兴化人；《西游记》作者吴承恩，江苏淮安人；《儒林外史》作者吴敬梓，安徽全椒人，久寓南京；《红楼梦》作者曹雪芹幼居南京。据研究者认为，《红楼梦》的版本越早南京话成分越多，北京话成分增多是在传抄中改动所致。这些小说中保存了大量的江淮方言词汇，使得作品充满生活气息，成为一幅幅反映风土人情的画卷。如：

掼：强调力气大。《儒林外史》第三回："邻居见他不信，劈手把鸡夺了，掼在地下，一把拉了回来。"

没的：不存在，没有。《红楼梦》第六十四回："黛玉道：'你可是没的说了。'"

韶刀：啰嗦、唠叨。《儒林外史》第五十三回："聘娘道：'你看侬妈也韶刀了！'"

长尾巴：过生日。《红楼梦》第四十四回："气的我只要给平儿打报不平儿，忖夺了半日：好容易'狗长尾巴尖儿'的好日子，又怕老太太心里不受用，因此没来，究竟气还未平。"

滴答：形容啰嗦、不爽快或理不清。《西游记》第二回："悟空笑道：'师父果有些滴答。'"

挺、挺尸：原义指尸体笔直地挺在床上，后将此引申为睡觉。江淮方言用此词表达生气、发怒或戏谑等感情。《西游记》第九十四回："八戒道：你那里知，俗语云吃了饭儿不挺尸，肚里没板脂哩！"《金瓶梅》第八十一回："被来保推他往屋里挺觉去了。"

看乔：轻视、误解。《儒林外史》第四回："惹绅衿老爷们看乔了，说道:‘要至亲做甚么呢?’”

搭嘴:吃零食。《儒林外史》第二十六:“闲着没事,还要橘饼、圆眼、莲米搭嘴。”

病:比得上。东台方言“病哪个吃得快”。其本字当为“并”,《广韵》:“并,比也;又比,并也,近也。”《水浒传》中有“病大虫薛永”。

短:抢夺。拦路抢劫叫“短路”,即夺于路,东台方言夺人之物叫“短”。《水浒传》中的短命二郎即夺取人命的二郎神,与惹不起的太岁、掌生死簿的阎王都是凶神恶煞。

快乐饮酒:《儒林外史》第四十六回:“余大先生看见这些话更可厌,因说道:‘我们不讲这些话,行令吃酒罢。’当下行了一个‘快乐饮酒’的令,行了半夜,大家都吃醉了。”“快乐饮酒”是使用的谐音的修饰手法,“快”就是“筷”,“乐”就是“落”,“快乐饮酒”就是“筷落饮酒”,即“筷子落下来就饮酒”的意思。“乐”和“落”在《广韵》中都是来母铎部的入声字,它们都是卢各切。现在的江淮方言中,“乐”和“落”语音还是相同的。

第三节 徐州方言文化

北方方言按其语音特点可以分为六个土语群:河北话、东北话、山东话、胶东话、河南话和淮北话。其中的淮北话即在江苏境内,尤以徐州话最为典型。徐州话的形成与其地缘和历史密不可分。徐州市位于江苏省西北部,地处苏、鲁、豫、皖的交界处,处在不南不北、不东不西的位置,在古代从此地可以通过黄河与京杭运河漕运到达苏、鲁、豫、皖、冀五省,史称“五省通衢”。另外,徐州的历史久远,地域辽阔,上古时代此地建有徐国,历史上称之为徐方,是历史江苏境内最为古老的城邑之一。这种特殊的地理历史因素决定了徐州方言独有的文化特色。

一、徐州方言与普通话的区别

徐州方言属于北方方言区，与江苏的其他方言相比，它和普通话之间存在的差异要小得多，但在发音和词汇的使用方面还有一些不同。

（一）语音的差异

某些声母发音的不同。徐州方言与普通话在声母发音上，往往把某些平舌音说成翘舌音。例如："争取"的"争"、"桌子"的"桌"等在普通话中，这些字的声母应为"zh"，而在徐州方言中往往读为"z"；"吹灯"的"吹"、"检查"的"查"、"柴油"的"柴"等，声母在普通话中为"ch"，而在徐州方言中往往读为"c"；"杀鸡"的"杀"、"沙子"的"沙"等在普通话中的声母应为"sh"，而在徐州方言中往往读为"s"。除此之外，在徐州某些地区的语言发音上"f、h"分不清，f 是唇齿音，h 是舌根音，普通话里分得很清楚，但在徐州的某些方言中却有相混现象。如："荒唐"说成"方糖"、"开花"说成"开发"等。

声韵配合关系的不同。普通话声母和韵母的配合关系往往以声母的发音部位和韵母的"四呼"为依据，而徐州方言却并不是这样。如：普通话唇音拼 o 不拼 e，而徐州方言中有很多唇音与 e 相拼的现象。例如"玻"，普通话拼 bo，徐州话拼 be；"摸"普通话拼 mo，徐州话拼 me；普通话的唇齿音 f 不拼 i，而在徐州方言中往往会有拼 i 的现象。如"飞"fei 字，徐州话念 fi（阴平）；普通话唇音不拼 ong，徐州话却有时和 ong 相拼，如"蒙"meng，徐州话念作 mong。在徐州话的声韵拼合中，介音 u 常常读为元音 e，如邳州把"队"dui、"最"zui 念成 dei（去声）、zei（去声），把"吞"tun、"论"lun、"村"cun 念成 ten（阴平）、len（去声）、cen（阴平）。

声调调值的不同。徐州方言声调的发展趋势也是平分阴阳，入派三声，分为阴、阳、上、去四个调类，与普通话相同。二者的差距主要表现在声调的实际读音（调值）上。例如：徐州话声调虽然跟普通话同样是四类，但它的阴平调不是高平调(55)，而是降升调(313)，阳平调不是中升调(35)，而是高平调(55)。徐州方言跟普通话的调类间有着整齐的对应关系。徐州人学习普通话的声调时，学会四声的读法后，就可找跟普通话对应的关系，凭自己方言中的调类去推知普通话的调类。

(二) 词汇方面的不同

从总体来说，徐州方言与普通话差异较大的还是词汇，如：一些名词称谓语，徐州话有自己特殊的用语，如，太阳说“太影”，月亮说“月老娘(月朗娘)”，小男孩说“半头孩”，膝盖说“胳髅呗子”，麻雀说“小小虫”，蜻蜓说“咣咣蜓”。

徐州方言中还有许多特殊的词语，如：

每每：过去。“现在不是每每了，老子现在有的是钱。”

外气：见外而客气。“这事谁跟谁，谈钱就外气了。”

滴娄打挂：一串，很长且乱，也形容人衣帽不整。“他滴娄打挂说了一通，我也没听懂啥子意思。”“他一点也不讲究，整天滴娄打挂的。”

杂不拉子：剩下的，不重要的。“全是杂不拉子了，还不便宜点儿卖。”

甜不索的：笑眯眯的，嬉皮笑脸。“别看老王甜不索的，其实一肚子坏水。”

一屁拉：比较极短的时间。“就这一屁拉功夫，他早把车修好了。”

一忽娄子：一大群，很多。“小王，人家喊了一忽娄子人来，还不快跑。”

打翻八：胡搅蛮缠。“你真能打翻八，再跟你讲下去没意思了。”

有些俗语与普通话意义相同，但是说法却略有不同。如普通话说“鸡蛋里挑骨头”，徐州话“掰着勃土找裂缝”；普通话说“临时抱佛脚”，徐州话则说“临上轿扎耳眼子”。

二、粗犷而细腻、直白而含蓄的徐州方言

徐州地区流行着一句谚语"南蛮北侉，徐州炼渣"，一般北方人称南方人为"蛮子"，而南方人称北方人为"侉子"，"炼渣"应该就是不南不北的意思。因为徐州处于中国不南不北的位置，徐州人是南方人眼中的北方人，又是北方人眼中的南方人；徐州话，南方人听起来是北方话，而北方人听起来则是南方话。也就是这种特殊的地理位置，使得徐州方言体现着北方人的粗犷和直白，也具有南方人的细腻和含蓄。

有人说徐州是雄性的，雄性代表着粗放，反映在语言上，徐州话是豪爽的、直接的、干脆利落的，往往能够更传神、更生动地表达出自己要说明的意思。比如，我们说某人办事利索，反应快，就夸这人"透思"、"上路"，否则，就说这人"真肉"、"不上路"；说到张三"小唧唧鬼"，李四"疵毛撅腚"，不用再多说什么，人们立刻就明白了"张三"和"李四"是什么样的人。把这杯酒喝完，南方人说"这杯酒你干掉算了"，徐州话只用两个字："透了！"腹泻，徐州人直截了当地说"拉稀屎"、"窜稀"、"顺腚窜"等。另外，有些谚语也很直白和粗俗，如"拉不出屎来怨茅蹬儿"、"抬杠压死驴"、"挣不出个爷娘来"等等。这些词语均表现出徐州方言粗犷和直白的特点。

但是，徐州方言中也有很多含蓄细腻的表达方式，由于某种交际需要或心理作用而对所说的话有所避忌时，往往用委婉、间接的说法代替直白，来装饰美化，这样就形成了讳饰语。徐州方言日常生活和交际方面的讳饰语相当多。如：怀孕，徐州话常常说成"双身子"、"有喜"、"身子重"等；十二生肖中，人们讨厌老鼠，害怕蛇，因此碰到这两个属相，徐州方言中就说属"水儿"和"小龙"；对于死也有委婉的说法，老人说"老"，年轻人说"殇"，妻子说"殇家"，还可以说"走了"、"过去了"、"没有了"、"没事儿了"等；一个人太肥胖，说好听点儿叫"富态"、"发福"、"发了"；身体瘦弱叫"炼巴"；过去饭店里一律管醋叫"忌

讳”,要吃醋,就说“来点忌讳”,也应该为了避免“争风吃醋”的坏字眼儿。

三、钩沉探源、据今见古的语言化石

徐州作为历史悠久的文化古城,其文化积淀非常深厚。这自然在徐州方言中也有所反映。比如,徐州话里保留了许多古语词,这些古语词充分体现着浓郁深厚的文化传统。人们可以根据这些古语词的音义线索,去追根导源,探究古代语言的真实面目和演变轨迹。所以,从这个意义上说,徐州话里的古语词保留着古汉语文化的遗存,起到了语言化石的作用。

觳觫:颤抖的样子。《孟子·梁惠王上》:“吾不忍其觳觫,若无罪而就死地。”现在徐州人说的“吓得直打合瑟”,“冻得直打合瑟”。“合瑟”就是“觳觫”的音变形式,在春秋时已在使用。

念思:想念。“打你走后,咱娘天天念思你。”《说文·心部》:“怀,念思也。”此为汉代通行语。

让:责备。今徐州责备人仍说“让人”。《说文·言部》:“让,相责让也。”为汉代通行语。

恣儿:惬意,自得。“玩得真恣儿。”《五音集韵》:“恣,恣睢自得貌。”苏轼《赠莘老》:“今日骆驼桥下泊,恣看修网出银刀。”此为宋辽金时代的用语。

一些金元戏曲词语也在徐州方言中存留了下来:

耽:受,承受或承担。徐州话说“人老了,耽不住风寒。”《高祖还乡》:“你本身做亭长,耽几盏酒。”

挓挱:展开,伸开。今徐州方言伸开两手叫“挓挱着两手”,也写作挓煞、查沙、挓挲等。无名氏《耍孩儿拘刷行院套》:“有箫不会品,有银不会掐,查沙着一对生姜手。”又《李逵负荆》:“抖擞着黑精神,扎煞开黄髭鬓。”《集韵》:“挓挱,开貌。”郭澄清《大刀记》第二十章:“小勇一见志勇的面,就把扛在肩上的红缨枪一扔,挓挲着胳膊扑过来。”

骗:向上伸腿。今徐州话"一骗腿上了马(墙)"。《集韵》:"騗,跃马而乘马也,或书作骗。"《西厢记》:"你本是个折桂客做了偷花汉,不想去跳龙门,学骗马。"

明清小说中也保存了一些徐州方言词语,如:

这行、那行:这类、那类或这种、那种,指示代词,一般含有贬义。如徐州话:"我哪有功夫管你这行事!""那行子人家不通人性。"《金瓶梅》第六十七回:"我那里要你这行钱。"

好不好:假如不好的话……。徐州话"好不好叫你滚蛋!"《金瓶梅》第十二回:"西门庆道:'你还不知我手段!除了俺家房下,家中这几个老婆、丫头,但打起来也不善,着紧二三十马鞭子还打不下来,好不好还把头发都剪了!"

徐州话里还有一些词语非常鲜明独特地反映了当地的文化风情。如"霸王别姬"作为徐州的一道名菜,就很有地方文化特色,因为这里曾是楚霸王的故都。又如徐州菜系中另一道名菜,是将十只鸡腿经处理后油炸而成,却以"十面埋伏"命名,楚汉风味也油然而生。

第四节　江苏语言学家及家学传承

除了我们以上介绍的江苏语言地域文化特色,江苏语言文化还表现在语言学家代有人出及语言家学传承的人文特色。

一、江山代有才人出,各领风骚数百年——继往开来的语言学家

江苏境内最早的语言学家应该是三国时期的韦昭(204—273),他为吴郡云阳(今江苏丹阳)人,著有《官职训》、《汉书音义》等。东晋时期,由山西迁往江南的郭璞(276—324)也是一位语言学大师,所撰《方言注》、《尔雅注》中多处提到当时居住的"江东"方言。

南北朝时期是江苏地区语言学界群星灿烂的第一个时期。"四

声”的发现，是中国语言学史上的大事，这与江南的语言学家有关。所谓“四声”，是指古代平、上、去、入四种声调。南朝齐永明（483—493）年间，受梵呗转读的启发，活跃在都城建康（今南京）的沈约、周颙等人以“平、上、去、入”四字作为各类的调名，沿用至今。原籍琅邪（今山东临沂市），世居建康的颜之推，是当时语言学界的领袖，所撰写的《颜氏家训》中有《音辞篇》，论及古今南北音韵，尤为脍炙人口。他还参加了《切韵》的讨论。南朝后期还有两位颇为有名的语言学家，一是训诂学家顾野王（519—581），他所著的《玉篇》，是继东汉许慎《说文解字》后的又一部重要字典；一是训诂学家陆德明（约550—630），他执笔的《切韵》音系“折衷于金陵、洛下”，以当时的金陵（今南京）音为标准，开创了韵书修撰的体例。他撰有《经典释文》，这是古人读经书时用的字典，以考证古音为主，兼辨训义，是保存古代音训较早的一部字典，为后世所推崇。顾野王、陆德明均为吴郡吴县（今江苏苏州）人。

隋唐五代时期也有很多著名的语言学家，其中有不少在金陵，如颜之推，其先世随晋室南迁，定居金陵，所作《音辞篇》，论及古今南北音韵，尤为脍炙人口。刘臻幼居金陵，精于《汉书》，时称“汉圣”。扬州的学者在当时语言学界也有很高的名望并有诸多著作问世，如曹宪（为隋朝秘书学士）及其《博雅音》、《尔雅音义》、《文选音义》，李善（？—689）及其《文选注》等。扬州地区还有专治“说文”的徐氏兄弟，时称“大小徐”，大徐名铉（917—992），校注《说文解字》，小徐名锴（921—975），著《说文解字系传》。

明代的江苏语言学家分为两类：一类为等韵学家，主要有嘉定人章黼（1432—1460），著有《韵学集成》；南京人李登，著有《书文音义便考私编》；李登之子李世泽，著有《韵法横图》；镇江人茅溱著有《韵谱本义》。一类为古音学家，江宁人焦竑（1541—1620），所著《焦氏笔乘》中论及《诗经》音，抨击叶音说。当时著名的语言学家陈第（福建人）曾专程赴南京拜访焦氏，与之共讨古音学。南京至今仍有

“焦状元巷”的地名。

有清近三百年，江苏语言学家辈出，主要集中在苏州、常州和扬州，形成了吴中学派、常州学派和扬州学派。

苏州府域首推顾炎武（1613—1682）。昆山人顾炎武，所著《音学五书》开启了清代古音学。钱大昕（1728—1804），嘉定（原属江苏省，1958年划归上海市）人，他以古声纽研究蜚声古音学界，以“古无舌上音”、“古无轻唇音”等，揭示了汉语声母演变规律。钱大昕的弟子朱骏声（1788—1858），所著《说文通训定声》为《说文》学的不刊之作，朱因此名列“说文四大家”之一。吴县人惠栋（1697—1758），为乾嘉学派中吴派的开创者，著有《惠氏读说文记》、《汉书注》等。太仓人毕沅（1730—1797），研究经史和文字训诂，著有《释名疏证》。吴县还有四位比较著名的语言学家：钮树玉（1760—1827）著《说文考异》、《说文新附考》，陈奂（1786—1863）著《诗毛氏传疏》，程际盛著《续方言补》，吴大澂（1835—1902）著《说文古籀补》。

常州府域的语言学家首推段玉裁（1735—1815）。金坛人段玉裁，发现古韵“支脂之”三分，为音韵学史上“凿破混沌”的发现。又著《说文解字注》，为“说文四大家”之首。张惠言（1761—1802）、张成孙父子撰《说文谐声谱》，明确提出“丝联绳引”法，是对传统古音学研究方法的精辟总结，陈澧由此发展出“反切系联法”。洪亮吉（1764—1804）撰《汉魏音》，孙星衍（1753—1818）著《尚书今古文注疏》，时人将其并称为“孙洪”。庄述祖（1750—1816），为当时有名的《说文》学家。庄述祖外甥刘逢禄（1776—1829），为常州学派的奠基者，所撰《诗声衍》提出古韵二十六部之说，成为黄侃二十八部分法的直接来源。

扬州府域的语言学家首推“高邮二王”。王念孙（1744—1832）以《广雅疏证》、《读书杂志》为代表作，因与段玉裁同出戴震门下，以声音通训诂，故世称“段王之学”。其子王引之（1766—1834），著有《经义述闻》、《经传释词》，父子二人在当时被誉为“高邮王氏，郑许之亚”。仪征人阮元(1764—1849),位居高官,倡导学术,主持校刊《十三经注疏》,编撰《经籍纂诂》。宝应人刘宝楠(1791—1855)撰《论语正义》、刘台拱(1751—1805)撰《方言补校》,扬州人焦循(1763—1820)撰《孟子正义》,江都人汪中(1745—1794)有《尚书考异》、《大戴礼记补注》。

其他地区也有一些语言学家。丹徒人张玉书(1642—1711),奉诏主编《康熙字典》和《佩文韵府》。江浦人胡垣,著有《古今中外音韵通例》。宿迁人徐用锡(1657—约1736),首创舌上音古读舌头音之说。盐城人陈玉树,专治《尔雅》,著有《尔雅释例》。镇江人刘鹗(1857—1909)所撰《铁云藏龟》对甲骨文研究功劳颇大。东海人许桂林(1779—1822),著有《许氏说音》。

王念孙像

王引之像

在现代中国语言学史上,江苏籍语言学家居全国之冠。丹徒人马建忠(1845—1900),所著的《马氏文通》,将西方语法学理论引入中国,创立了第一个完整的汉语语法体系,奠定了中国现代语言学基础。无锡人丁福保(1874—1952),主编《说文解字诂林》、《佛学大辞典》。吴县人汪荣宝(1878—1933),所著《歌戈鱼虞模古读考》,运用梵汉对音研究中国古音,引发了中国古音学研究的大辩论。仪征人刘师培(1884—1919),善于把近代西方社会科学研究的方法和成果,吸收到中国传统文研究中来,开拓了传统文化研究的新境界,代表作有《小学发微补》、《春秋左氏传古例诠征》、《古书疑义举例补》等。寓居苏州的章太炎(1869—1936)、执教金陵的黄侃(1886—1935),其学术被称为"章黄学派"。作为这一学派的主要传人武进人徐复,为当今著名训诂学家,著有《秦会要订补》、《后读书杂志》等。常州人赵元任(1892—1982),著有《国语新诗韵》、《现代吴语的研究》、《中国话的文法》,被称为"中国现代语言学之父"。江阴人刘复(1891—1934),中国实验语言学的鼻祖。海安人魏建功(1901—1980),著有《古音系研究》,主编《新华字典》。丹阳人吕叔湘(1904—1998),曾任中国社科院语言所所长,著有《中国文法要略》等。常州人周有光(1906—),著有《世界字母简史》等。

到台湾的江苏籍学人,如高邮人高明,主编《中文大辞典》;武进人董同龢(1911—1963),著有《上古音韵表稿》、《汉语语音史》等;东台人周法高(1915—1994),著有《中国古代语法》、《金文诂林》等,此外,还有如皋人丁邦新、邳州人薛凤生,皆蜚声于汉语学界。

二、语言文化的家学传承

江苏历代语言学家辈出与江南兴盛的家学文化息息相关。家族中的成员往往埋头经典,扎实问学,祖孙、父子、弟兄芝兰续芳、骚雅接响,从而形成了"操染觚翰累世相传、树艺芝兰经久不断"的"语言家学链"。下面,我们就以清代传统训诂研究为例,谈谈江苏语言文化的家学传承。

(一)训诂世家及传承形式

我们通过对有关史志、碑传、家乘等史料的勾稽,整理出清代江苏重要的训诂世家共计 18 家,如表所示:

清代江苏训诂世家汇总表

地区	家族主要传承人	人物关系	训诂内容
扬州高邮	王念孙、王引之	二世	小学
扬州宝应	刘台拱、刘履恂、刘宝楠、刘恭冕	三世	论语
扬州宝应	朱克简、朱克生、朱彬、朱士彦、刘恭冕	三世	礼学
扬州甘泉	焦源、焦镜、焦葱、焦循、焦廷琥	五世	周易
扬州江都	汪中、汪喜孙	二世	礼学
苏州嘉定	钱大昕、钱大昭、钱塘、钱坫、钱东垣、钱侗、瞿中溶	二世	群经
扬州仪征	凌曙、刘文淇、刘毓崧、刘寿曾、刘师培	四世	左传
扬州仪征	汪棣、汪光爔	二世	周易
扬州兴化	顾九苞、顾凤毛、任大椿、任兆麟、任基振、	二世	礼学
常州武进	臧琳、臧镛堂、臧礼堂	高祖玄孙、兄弟	尚书
常州武进	庄存与、庄述祖、庄绶甲、庄有可、刘逢禄、宋翔凤	三世	公羊学尚书
常州武进	张惠言、张成孙、董士锡	二世	周易
常州金坛	段玉裁、龚丽正、龚自珍、	三世	小学
常州无锡	华学泉、顾栋高	二世	春秋
常州无锡	任启运、任翔	二世	礼学
苏州元和	惠有声、惠周惕、惠士奇、惠栋	四世	周易
苏州元和	江声、江镠、江沅	三世	尚书
苏州吴县	朱骏声、朱孔彰	二世	小学

上述18家传统训诂世家的内部成员组成结构复杂多样。就代代相传的纵向结构而言，两世治学的家族最多，两世治学的，既有父子相传者，如高邮王念孙、王引之父子，江都的汪中、汪喜孙父子，吴县的朱骏声、朱孔彰父子；又有父子兄弟相传者，如嘉定的钱大昕、钱大昭兄弟及子侄钱东壁、钱东塾、钱塘、钱坫、钱东垣、钱侗、钱铎，兄弟、父子、叔侄之间皆治传统训诂学，时有“嘉定九钱”之称。其次是三世治学，如吴县的江声、江镠、江源，扬州宝应的刘台拱、刘履恂、刘

宝楠、刘恭冕等。四世以上的训诂世家虽然少，但其声名显赫，均为专家之学，如，苏州吴县惠栋家族、扬州甘泉焦循家族世传《易》学，扬州仪征刘文淇(1789—1854)，家族世传《左传》。除此之外，还有常州武进臧氏一家隔代相传，臧琳(1650—1713)的经学研究隔断了三代以后，在其玄孙臧镛堂和臧礼堂处又开始兴盛起来。

另外，清代江苏传统训诂世家的内部结构，除了族亲代代相传的纵向关系以外，还有复杂的横向联系，这种结构是维系家族与社会之间重要的关系网络。这种网络不断加强，使得不同的学术思想得以相互渗透。据《清史稿》等史料记载，扬州一地的汪中、阮元、朱彬、刘台拱、焦循、刘文淇和刘宝楠等人，常相互切磋，为学术至交，互为师友。同时，他们之间还有盘根错节的姻亲关系，汪中之妻与朱士端的父亲朱毓楷为同胞兄妹，朱彬是刘台拱的表弟，朱彬堂弟朱联奎又为王念孙的女婿；焦循为阮元的女婿，阮元与刘台拱又为亲家。另外，还有许多甥舅外孙相承的关系，如凌曙为刘文淇的舅舅，华学泉为顾栋高的舅舅，宋翔凤、刘逢禄为庄述祖的外甥，龚自珍为段玉裁的外甥，顾九苞、顾凤毛为任大椿的外甥等等，凡此之类，无不反映着江苏训诂世家之间学术的交融。

(二) 训诂世家的家学内容

训诂世家是以血亲关系为基础而形成的学术组织，同一家族中的成员，从小耳濡目染受到家族文化的影响，在研究内容上必然会有共同的印记。因为中国传统语言学是建立在经学训诂之上的，清代的语言学家(小学家)同时又是经学家，他们往往累世专治一经。所以，清代训诂世家的家学内容，也主要表现在对于经学的研究上。

《论语》研究。以研究《论语》著称的家族为宝应刘氏家族，刘台拱精于《论语》，作《论语骈枝》一书。其堂弟刘履恂及其儿子刘宝楠、刘宝树，均受教于刘台拱，后刘宝楠在《论语骈枝》的基础上，作《论语正义》二十卷，为著名的训诂学著作。他生前只完成了此书的前十四卷，后六卷由其子刘恭冕续成，由此可见，《论语正义》凝结了刘氏三代人的心血。

《左传》研究。清代江苏研究《左传》著称的家族为仪征刘氏。刘文淇开创一门四世的《左传》之学，历时四十年，作《春秋左传旧注疏证》一书，其子刘毓崧（1818—1867）著有《春秋左氏传大义》二卷。其孙刘寿曾（1838—1882）有《读左札记》、刘贵曾（1845—1898）有《左传历谱》传世。曾孙刘师培更是传承家学，有诸多著作问世，如《春秋左氏传答问》、《春秋左氏传古例诠微》、《读左札记》等，为近代传统训诂研究的代表人物之一。

易学研究。对《易》学的研究，有苏州元和焦循一家，焦循所著《易学三书》(《易图略》、《易通释》、《易章句》)，被誉为“石破天惊”之作。曾祖父焦源、祖父焦镜、父亲焦葱“皆有隐德，传易学”；又有吴县惠栋一家，曾祖父惠有声（1608—1677）、祖父惠周惕（？—约 1694）、父亲惠士奇（1671—1741）皆有易学研究著作传世，惠栋在前人的基础上精研易学，有《周易述》、《易汉学》、《易例》等著作，他的《易汉学》专考汉代《易》说，被誉为“汉学之绝者千有五百余年，至是而粲然复章矣”。

礼学研究。对于礼学的研究，有扬州兴化的任大椿（1738—1789)，他著《弁服释例》十卷、《深衣释例》二卷、《释缯》一卷，皆为礼学名物训诂的代表作。其族兄任兆麟，作《夏小正注》四卷。其儿子任基振习礼学、小学，作《尔雅注疏笺补》一书。顾九苞（1738—1781）幼丧父，其母为任大椿的姑母，通达文史，教授顾氏，顾氏长于礼学与《毛诗》。其子凤毛，亦受教祖母，年十一，通五经。从钱塘学音韵学，著有《毛诗集解》、《楚辞韵考》、《入声韵考》等。

《尚书》研究。常州的庄氏家族以研究《尚书》著称。庄存与（1719—1788）的《尚书既见》、庄述祖的《尚书今古文考证》、庄有可的《尚书经文集注》均为经典之作。两位外甥刘逢禄、宋翔凤亦传外家学承。另外，还有常州武进臧氏家族，臧琳著有《尚书集解》。臧琳的玄孙臧镛堂，从学于钱塘卢文昭，接续高祖学问，致力于《尚书》研究。

其弟臧礼堂精于小学、《尚书》学，有《尚书集解案》六卷。

清代江苏语言家学文化兴盛时期主要集中在乾隆、嘉庆、道光三朝，咸同以降开始衰微。到晚清鸦片战争以后，尤其是在随后的十九世纪末，内忧与外患使清帝国的大厦岌岌可危。这种外在浩劫动荡内在家道中落的社会，使语言世家不复存在。然而，当有志之士站在历史的裂缝中回顾先祖们的遗言训导之时，掠过层层发黄的故纸堆，才感觉到过往自己家族的生活智慧与不息精神，连同其依附的文化传统和价值认知，已成为整个中华子孙的血液精华。虽然没有了小家族中世代传衍，然而，我们的整个中华民族依然在操染觚翰中累世相传、在树艺芝兰中经久不断。经过上百年社会的动荡，今天的江苏依然是包括语言学在内的各种人才辈出之地，这应该也是家学文化传衍至今，对我们影响深刻的显著体现。

关键词：

方言与文化　吴侬软语　江淮方言　徐州方言　江苏语言学家

思考题：

1. 怎样看待江苏境内的方言分区？
2. 吴方言为什么被称为“吴侬软语”？
3. 怎样理解江淮方言南北交融的特征？
4. 徐州话与普通话的有何区别？
5. 你怎样看待江苏籍语言学家的学术影响？

第九章 江苏文学

文学,具有地域性。中国幅员辽阔,五十六个民族有着各异的生活方式,所谓"五里不同风,十里不同俗",加上历史沿革、人文内涵的殊异,形成了许多不同特点的区域文化,也形成了特征鲜明的地域文学。江苏自古以来山水灵秀,风物清嘉,丰富的自然资源和悠久的历史传统,浸润着江苏文人的心灵,从而催生出一部部秀美清雅的文学作品,构成了江苏文学史上丰硕的长卷。在文学创作方面,无论是诗、词,还是小说,江苏都名家辈出。在诗歌领域,六朝及明清时期江苏有多个诗歌流派,如清代的娄东诗派、虞山诗派、云间诗派等,都是当时著名的诗歌流派。在词的创作上,中唐以降,曲子词的兴盛,为江苏文学的发展增添了极为旖旎的风情。晚唐五代以来,江苏词坛先后涌现出李煜、冯延巳、范仲淹、秦观、蒋捷、陈维崧、徐灿、顾贞观、黄景仁、张惠言、蒋春霖等大家,并且产生了阳羡词派、常州词派、吴中词派等词学流派。他们或抒发个人情怀、或吟咏江苏风貌,或总结词学创作理论,为中国词学的发展作出了重要贡献。在小说的创作上,江苏更是举足轻重,可以大书特书。刘向《说苑》、《新序》和《列女传》,可视为中国短篇小说的雏形。其后,江苏小说创作的传统一直没有中断,并且不断发展、成熟。从刘义庆的《世说新语》,到施耐庵的《水浒传》、吴承恩的《西游记》、冯梦龙的"三言",直至晚清"四大谴责小说"中,江苏文人占有三席,都可以看出江苏小说创作在全国的重要地位。此外,江苏的散文创作与文学理论著述也成就斐然,进入二十世纪以来的江苏文坛,一如既往群星璀璨。

第一节　含英咀华的江苏诗坛

中国文学史上,代表着反映现实诗歌传统的《诗经》,和代表着浪漫色彩诗歌传统的《楚辞》,是中国文学走向辉煌的开端。作为中国文学的一部分,江苏文学在先秦时期,并没有取得特别光辉灿烂的成就,也缺乏灿若星河的名家名篇。然而,在《古诗源》中记载着这样一首民谣:“梧宫秋,吴王愁。”(《吴王夫差时童谣》),短短的六个字,却用比兴的手法将吴国危机四伏、吴王愁眉深锁的忧患情态,表现得淋漓尽致。这也许是现存最早的一首吴地民歌,从中可以看出江苏文学从一开始就注重抒发情感的特色。

楚汉相争,西楚霸王项羽被困垓下,慷慨悲歌。“力拔山兮气盖世,时不利兮骓不逝。骓不逝兮可奈何,虞兮虞兮奈若何?”唱出了英雄末路的悲哀。与项羽的落寞相比,汉高祖刘邦的《大风歌》则是别样风气。《大风歌》是刘邦平定黥布叛乱之后衣锦还乡,过沛县,邀集故人饮酒时所作。酒酣之时,刘邦击筑,唱了这首歌:“大风起兮云飞扬,威加海内兮归故乡,安得猛士兮守四方!”汉朝人称这篇歌辞为《三侯之章》,后人题为《大风歌》(《艺文类聚》)。项羽,是下相(今江苏宿迁西南)人;刘邦,是沛县丰邑中阳里(今属江苏丰县)人。中国历史,历来成王败寇,然而,这一成一败,却成就了江苏诗坛重要的开篇。

一、六朝时期的江苏诗坛

六朝时期,是江苏文学发展的重要时期。

汉末魏初,建安七子中的陈琳,字孔璋,广陵射阳(今江苏宝应县)人。陈琳善于诗、文、赋的创作。其诗歌代表作为《饮马长城窟行》,通过夫妻的对话,反映出了徭役的繁重与夫妻离散的哀苦,是继承《诗经》和汉乐府反映现实传统的上乘之作。

晋武帝太康(280—289)时期,西晋社会出现了短暂的繁荣景象,随之而来的是太康文学的兴盛。在江苏诗坛上,“二陆”是这一时期十分重要的作家。二陆是指陆机、陆云兄弟。陆机(261—303),字士衡,吴郡华亭(今属上海)人,文学家、书法家。“少有奇才,文章冠世”(《晋书·陆机传》),被誉为“太康之英”。流传下来的诗作共104首,大多为乐府诗和拟古诗。代表作有《君子行》、《长安有狭邪行》、《赴洛道中作》等。刘勰《文心雕龙·才略篇》评其诗云:“陆机才欲窥深,辞务索广,故思能入巧,而不制繁。”其诗注重修辞,讲究对偶,语言华美典雅,代表西晋一代文学之风气。陆云(262—303),字士龙。好学,有才思,五岁能读《论语》、《诗经》,六岁能文章,与其兄陆机齐名,诗作清雅省净,以短篇见长。

宋齐时代,山水诗产生并不断发展,代替了东晋以来的玄言诗,鲍照的乐府诗为七言诗的发展开拓了新的境界。

鲍照(414—466),字明远,祖籍东海(今江苏涟水),久居建康(今南京)。南朝宋人,与颜延之、谢灵运合称“元嘉三大家”。鲍照创作以诗为主,《拟行路难》十八首,表现了建功立业的愿望、对门阀社会的不满、怀才不遇的痛苦、报国无门的忿懑和理想幻灭的悲哀,真实地反映了当时寒门士人的生活状况。其诗歌感情饱满,风格俊逸豪放,直接继承了建安诗歌的传统。鲍照在中国文学史上具有重要的地位,杜甫有“俊逸鲍参军”之评,对唐代诗人李白、岑参、高适、杜甫有较大的影响。

二、唐宋时期的江苏诗坛

唐宋时期,江南地区经济发达,城市繁华,促进了文学的繁荣昌盛。唐代是中国古典诗歌发展的全盛时期,无论作者之数量、题材之广泛,还是艺术之高超、影响之深远,都是空前的。

张旭(675—约750),字伯高,一字季明,吴(今江苏苏州)人。善草书，性好酒，世称张颠，也是杜甫《饮中八仙歌》所写的“饮中八仙”之一。其草书与李白诗歌、裴旻剑舞并称“三绝”。诗亦别具一格，以七绝见长，与贺知章、张若虚、包融号称“吴中四士”。张旭的诗歌流传下来的虽不多，但是“纵使晴明无雨色，入云深处亦沾衣”，这样构思婉曲、清逸可爱的诗句，与其布局错综有致的草书一样颇具特色。而同为“吴中四士”之一的张若虚，则为中国诗歌史贡献了经典名篇《春江花月夜》。张若虚，扬州（今江苏扬州）人，生卒年、字号均不详。《全唐诗》仅存其诗二首，其中《春江花月夜》虽沿用陈隋乐府旧题，但语言清新优美，韵律宛转悠扬，风格明丽，抒写真挚动人的离情别绪与富有哲理意味的人生感慨，融合着对宇宙人生的热情礼赞，为千古绝唱，有“孤篇横绝，竟为大家”之誉。

中唐时期，江苏诗坛也是名家辈出。如金坛（今江苏金坛）人戴叔伦的诗作，多以农村生活为题材，也描写边塞生活。其寄怀写景的小诗，委婉有致，清新可喜。其论诗主张“诗家之景，如蓝田日暖，良玉生烟，可望而不可置于眉睫之前也”，对后世诗坛的神韵说颇有影响。无锡诗人李绅的《悯农》诗两首，其中“锄禾日当午，汗滴禾下土。谁知盘中餐，粒粒皆辛苦”，脍炙人口，妇孺皆知。

晚唐时期，江苏诗坛重要的作家有许浑、赵嘏、陆龟蒙等。许浑是丹阳人，人称江南才子，长于律诗，与杜牧齐名。代表作《咸阳城东楼》中“溪云初起日沉阁，山雨欲来风满楼”句，“字字清新句句奇”，成为千古传诵的名句。赵嘏（约 806—853）字承祐，山阳（今江苏淮安）人。其《长安秋望》诗“残星几点雁横塞，长笛一声人倚楼”句，杜牧称其为“赵倚楼”。陆龟蒙，字鲁望，苏州人，隐居甫里（今甪直），号甫里先生，其诗清逸可爱，颇具神韵。

除了江苏的本地诗人之外，江苏地域秀丽的风光、繁华的城市，也吸引了无数诗人前来驻足、题诗吟咏。这其中不乏声名显赫的诗人，如李白、王昌龄、杜甫、元稹、白居易、杜牧等。他们或来此赏玩，或为官于此。唐代的江苏，成为人文荟萃之地。如李白多次游览江南，流连忘返于南京、镇江、苏州等地，留下了像《登金陵凤凰台》、《乌栖曲》、《苏台览古》等名篇。再如王昌龄（690—756），字少伯，长安人，是盛唐时期著名的边塞诗人。曾任江宁丞，以擅长七言绝句著名，代表篇目有《出塞》等，他的边塞诗气势雄浑，格调高昂，充满了积极向上的精神，有“诗家夫（天）子王江宁”之美誉。

两宋时期的江苏诗坛，屡有强音。北宋初期，诗坛享有盛名的当数范仲淹。范仲淹（989—1052），字希文，吴县（今江苏苏州）人，著名的政治家、思想家、军事家和文学家。著名的散文《岳阳楼记》让后世记住了他“不以物喜，不以己悲”、“先天下之忧而忧，后天下之乐而乐”的名句。除此以外，范仲淹诗、词皆长。诗歌内容颇为广泛，现存300多首。

范仲淹像

江西诗派，是宋代最有影响的诗歌流派，被誉为江西诗派“三宗”之一的陈师道，即是江苏藉作家。陈师道（1053—1102），字履常，一字无已，号后山居士，彭城（今江苏徐州）人。一生安贫乐道，闭门苦吟，有“闭门觅句陈无已”之称。陈师道为苏门六君子之一，其诗歌锤炼幽深，以苦吟著名。他提出学诗应从黄庭坚入手，而最终要学习杜甫，尤其要注重学习杜诗的字法、句法、格律。在诗歌风格方面，主张“诗文宁拙毋巧，宁朴毋华，宁粗毋弱，宁僻毋俗。”（《后山诗话》）其诗《别三子》、《示三子》语言质朴，情感深挚，历来为读者所喜爱。

南宋时期，范成大、杨万里、陆游、尤袤等被称为“中兴四大诗人”，其中江苏诗人占其二。范成大（1126—1193），字致能，号石湖居士，吴县（今江苏苏州）人，谥文穆。他从江西派入手，后学习中、晚唐诗，继承了白居易、王建、张籍等新乐府现实主义的精神，终自成一家。其诗歌风格平易浅显、清新妩媚，反映的社会生活面比较广泛，思想深刻，代表作有他出使金国时所写七十二首绝句和晚年闲居时所写的《四时田园杂兴》六十首。后者描写农村春、夏、秋、冬四个季节的景色和农民的生活，同时，也反映了农民遭受的剥削以及生活的困苦，钱锺书称其是“中国古代田园诗的集大成”（《宋诗选注》）之作。

尤袤（1127—1202），字延之，号遂初居士，无锡人。尤袤以诗和藏书著称。可惜的是，尤袤的大量诗稿和其他著作，以及三万多卷藏书，在一次火灾中全被焚毁。现存的近五十首诗歌，是由清人尤侗从方志、类书中搜集而来。内容多为对国事的忧愁和对当时南宋小朝廷一意偏安、屈膝投降的不满。诗风平淡自然，有反映现实的风格。

三、明清时期的江苏诗坛

明清两朝，江苏的文学成就卓著。文人众多，名家辈出；流派纷呈，风格多彩，皆声震当代，影响后世。

苏州，在元末曾是东南地区经济与文化的中心之一，吴中文学一度十分兴盛。明初，以高启为首的“吴中诗派”盛称于一时，高启、杨基、张羽和徐贲并称“吴中四杰”。高启（1336—1374），字季迪，长洲（今江苏苏州）人。元末曾隐居吴淞江畔的青丘，因自号“青丘子”。高启的诗歌创作兼采众家之长，曾经从汉魏一直摹拟到宋代，又因获罪被腰斩，死于盛年，故而没能熔铸创造出独立的风格。他反映人民生活的诗歌质朴真切，富有生活气息；吊古抒怀之作寄托了深沉的感慨，风格雄劲奔放，一变元末以来缛丽的诗风。后世对高启的诗歌成就甚为推崇，称“有明一代诗人，终莫能及之者”（赵翼《瓯北诗话》）。以高启为首的吴中诗派，追求个性解放的生活态度和诗风，在吴中一带影响较大。

明代中期诗坛上有“金陵四大家”——陈沂、顾璘、王韦、朱应登，他们虽然受到李梦阳等“前七子”的影响，但颇有金陵文学的地域特色。其中陈沂(1469—1538)仰慕苏轼，自号小坡，论诗以唐人为宗。顾璘(1476—1545)的诗歌创作注意风采格调，学唐人，但不刻意模仿。“金陵四大家”的出现，标志着明代中期金陵地区较为成熟的文学群体的形成，并且逐渐打破了南京明初以来文学活动凋零的萧条状态。

明代中后期“后七子”中的太仓人王世贞(1526—1590)，字元美，学问渊博，与李攀龙同为“后七子”的领袖，倡导文学复古运动，标举“文必秦汉、诗必盛唐”，在当时有着广泛的影响。李攀龙殁，王世贞独领文坛二十余年，声华意气，笼盖海内。其诗歌取材赡博，纵心触象，都能化为诗料，形诸歌咏。王世贞七绝最有特色，在其诗歌创作中较少模拟痕迹，意到调成，自然宛转。

崇祯及后期的南明年代，是明王朝崩溃与遗民活动的时期。这期间诗歌的主要成就，表现在既是政治结社又是文学团体的复社、几社中的几位诗人身上，他们多为松江人，松江古称“云间”，因而称“云间诗派”。其中最为著名的是陈子龙(1608—1647)，陈田《明诗纪事》辛签卷一中评论陈子龙诗时说:“殿残明一代诗，当首屈一指。”陈子龙的文学观点深受前后七子复古思想的影响，他的诗歌早年是格调偏胜，或绮丽宛转，或质朴深沉，如《小车行》以乐府民歌的形式，描绘了百姓流离失所的惨景。中年以后是骨干老成，沉雄清丽，苍劲浑雅。明亡后，他的诗更是向悲壮沉雄一路发展，如《秋日杂感》(行吟坐啸独悲秋)，写诗人在抗清失败后痛感复明无望的悲怆心境，格调沉郁，慷慨悲凉。还有夏完淳(1631—1647)的诗歌多抒写国破家亡之痛，悲壮凄楚，纵横淋漓。

清代是中国封建社会的最后一个王朝，也是中国文学集大成的时期。反映在江苏诗坛上，群星遍布，星光璀璨。明末清初以钱谦益为领袖的虞山诗派，和以吴伟业为首的娄东诗派，与当时以陈子龙为首的云间派，三足鼎立，使吴中地区成为一个全国知名的诗学中心。到了清中叶，以沈德潜为首的格调派，与以袁枚为首的性灵派，二分“天下”，共主江苏诗坛。

虞山诗派，是明末清初江南海虞地区的一个地域性诗歌流派，以钱谦益为宗师，包括其门生冯舒、冯班、瞿式耜，族孙钱曾、钱陆灿及吴历等。虞山诗派最大的特点，是学古而不泥古，讲究情真、情至，积极主张诗歌革新，并能取诸家之长而自成风格，对东南诗坛的繁荣起到了很大的推动作用。

娄东诗派，以吴伟业为首，诗人大都为娄东（今江苏太仓市）人，故名。吴伟业（1609—1672），号梅村，因此“娄东派”又有“梅村派”之称。娄东派论诗推崇唐人，倾向明代“前后七子”，与云间派相近，却又不墨守盛唐一派而兼学各家。其中，吴伟业的诗歌多写易代之时的种种人情物态，又讲究格律、铺叙，文词清丽、音节调谐，代表作七言歌行《圆圆曲》通过写吴三桂与陈圆圆的悲欢离合，抒发了对明清易代的深沉思考，是清代诗歌史上的经典名作之一。

沈德潜的“格调派”和袁枚的“性灵派”是清代诗坛重要的两个诗歌流派。格调派，因其领袖沈德潜主张“格调说”而得名。沈德潜（1673—1769），字确士，号归愚，长洲（今江苏苏州）人。曾任内阁学士兼礼部侍郎。著有《沈归愚诗文全集》，选有《古诗源》、《唐诗别裁集》、《明诗别裁集》、《清诗别裁集》等。沈德潜论诗讲究“格调”，所谓“格调”，指诗歌的格律、声调，同时也指由此表现出的高华雄壮、富于变化的美感。沈德潜的“格调说”本于明代“前后七子”，所以，他于明诗推崇“前后七子”而排斥公安派、竟陵派，论诗歌体格则宗唐而黜宋。

与“格调说”相左，袁枚则提出了“性灵说”。袁枚（1716—1797），字子才，号简斋，晚年自号仓山居士、随园主人、随园老人，钱塘（今浙江杭州）人。乾隆四年（1739）进士，历任溧水、江宁等地知县，有政绩，四十岁即告归。在江宁小仓山下筑随园，吟咏其中。广收诗弟子，女弟子尤众。袁枚是乾嘉时期代表诗人之一，与赵翼、蒋士铨合称“江右三大家”。袁枚不是江苏人，但他长期任职江苏，晚年又定居南京，所以，他也算是江苏诗坛重要的代表人物之一。袁枚诗歌理论上倡导“性灵说”，强调写诗要有自己的个性，认为“自三百篇至今日，凡诗之传者，都是性灵，不关堆垛”（《随园诗话》）。主张直抒胸臆，写出个人的“性情遭际”。袁枚本人的诗歌则多写自身生活感受，多写身边琐事，多风花雪月的吟诵，因此，有些诗歌缺少社会内容，趋向艳俗，近体诗倒是颇多佳作。赵翼（1727—1814），字云崧，号瓯北，江苏阳湖（今江苏常州）人，论诗与袁枚相近。其诗不主一格，好发议论，思想敏锐，有性灵派殿军之称。这一时期江苏诗坛上，著名的诗人还有郑燮、黄景仁等。郑燮（1693—1765）字克柔，号板桥，江苏兴化人。其诗多反映民生疾苦，如《孤儿行》、《姑恶》、《悍吏》等诗。“衙门卧听萧萧声，疑是民间疾苦声。些小吾曹州县吏，一枝一叶总关情。”诗中借竹发端，通过联想与比喻，表达了作者深切关心民瘼的感情。黄景仁（1749—1783），字仲则，江苏武进人。黄仲则的诗歌成就尤其突出，被誉为“乾隆六十年间，论诗者推为第一”（包世臣《齐民四术》），其“全家都在风声里，九月衣裳未剪裁”（《都门秋思》）写寒士的悲酸，“十有九人堪白眼，百无一用是书生”写诗人的自傲等，皆独具个性。其诗深受李白影响，又自出机杼，是清代最具诗人气质和才华的诗人。

第二节 推源扬波的江苏词坛

词，又称曲子词、乐府、乐章、长短句、诗余、琴趣等，兴起于唐五代，大盛于两宋，衰微于元明，而又复兴于清代。词在形式上的特点是“调有定格，句有阕”，据《旧唐书》上记载：“自开元以来，歌者杂用胡夷里巷之曲。”词与音乐紧密结合，先盛行于民间。唐中叶以后，文人学士竞相依声填词，逐渐形成了文人词。

与诗歌相比,江苏词坛在中国词史发展历程中更具重要的作用和价值。所谓“推其源,扬其波”,是指五代时期词的创作有两个中心,一个是西蜀,一个是南唐。西蜀词人承晚唐温庭筠、韦庄一派,赵崇祚编的《花间集》是该派创作的结集;而冯延巳、李煜则代表了南唐词的最高艺术成就,他们创作的词,在意境等方面比西蜀要高出一筹,且冯延巳、李璟、李煜,都是江苏人。

宋词是中国词史上的顶峰,活跃在宋代词坛上的著名词人,亦多江苏籍作家,如范仲淹、秦观等。此外,很多知名词人对江苏也是情有独钟,或在江苏为官,或游冶于江南秀丽的河山,所写的那些脍炙人口的词作都离不开江苏的生活背景。

清词复兴,江苏词坛很好地继承了唐宋以来的词学创作经验,以陈维崧为首的阳羡词派,和以张惠言为首的常州词派,先后辉映于清代词坛。尤其是常州词派,将清词发展推向了又一个巅峰,并不断影响着后世的词学发展进程。所以说,江苏词坛在漫长的词学发展进程中,起到了推源扬波的作用。

一、南唐时期的江苏词坛

南唐,以建康为都城,重要的江苏词人有冯延巳、李璟、李煜,他们活动的中心在南京。

冯延巳(903—960),又名延嗣,字正中,广陵(今江苏扬州)人。在南唐做过宰相,生活过得很优裕、舒适。多才艺,善辩说,工诗。他的词继承了花间词的传统,以写恋情为主,表达相思恨别之情,又有突破和创新。他的词善于用清新的语言,通过自然意向与心理变化来抒写内心的惆怅,另外,词空间境界比较阔大,常以大境写柔情,如“将远恨,上高楼。寒江天外流”(《更漏子》);“楼上春山寒四面”(《鹊踏枝》)等。北宋词家,如晏殊、晏几道、欧阳修等,都深受其影响,对其推崇备至。王国维评冯延巳词说:“虽不失五代风格,而堂庑特大,开北宋一代风气。”(《人间词话》)很好的概括了冯延巳词的特点与词史地位。

南唐二主的词作，尤其是后主李煜的词，更代表了南唐词的最高水平。中主李璟、后主李煜，彭城(今江苏徐州)人。李璟(916—961)字伯玉，传世名作有《浣溪沙》，其中“细雨梦回鸡塞远，小楼吹彻玉笙寒”句，深得后人喜爱。李煜(937—978)，字重光，初名从嘉，号钟隐、莲峰居士。李璟第六子，宋建隆二年(961)继位，史称李后主。后宋军破南唐都城，李煜降宋，被俘至汴京，封为违命侯。后被宋太宗用药毒死。李煜艺术才华非凡，精书法，善绘画，通音律，诗文都有一定造诣，尤以词的成就最高，是千年词史一流的大家。他的前期词多写宫廷生活，多为艳情之作；后期因为山河破碎，身世幽困，多追忆往事之词，怆怀家国，感怀悲凉，极富表现力。李煜的词，改变了晚唐以来的浓艳之风，开拓了词的境界，有极强的艺术感染力。王国维《人间词话》说：“词至李后主而眼界始大，感慨遂深，遂变伶工之词而为士大夫之词。”唐圭璋曾评价其词“后来词人或刻意音律，或卖弄典故，或堆垛色彩，像后主这样纯任灵性的作品，真是万中无一”。其《虞美人》、《浪淘沙》、《乌夜啼》等词，均是词坛上不朽的篇章，因此，李煜也被称为“千古词帝”。

南唐二陵

二、两宋时期的江苏词坛

宋词，宛如中国文学宝库中一颗夺目绚烂的明星，它以自己姹紫嫣红、千姿百态的风神，与唐诗争奇，并称双绝，都代表着一代文学之盛。江苏词坛，在两宋时期，则是一颗熠熠生辉的璀璨明珠，有“穷塞主词”范仲淹的苍凉豪迈，也有“婉约之宗”秦观的清丽雅致。

范仲淹是江苏词坛的重要作家。他不仅能诗，词也写的好，虽然仅存五首，但脍炙人口的《苏幕遮》（碧云天）和《渔家傲》（塞下秋来风景异）被广为传诵，前者具有婉约之风，后者具有豪迈之气。尤其是《渔家傲》一词，为范仲淹临危受命、戍守延州之作，气象宏伟壮阔，开拓了宋词的新境界。范仲淹也因此被欧阳修称为“穷塞主词”，对苏轼、王安石的词也深有影响。

秦观更是北宋词坛上家喻户晓的词人，被称为“苏门四学士”之一。秦观（1049—1100），字少游，一字太虚，号淮海居士，别号邗沟居士，扬州高邮（今江苏高邮）人。秦观青年时期豪俊慷慨，有杀敌疆场、建功立业的志向。三十岁左右，曾游历东南地区，拜访名贤，探古觅胜。后世提及秦观，多论其词名。秦观词多写男女爱情和身世感伤，文字工巧精细，音律谐美，情韵兼胜，历来词誉甚高。其词缘情婉转，语多清丽。代表作为《望海潮》（梅英疏淡）、《鹊桥仙》（纤云弄巧）、《满庭芳》（山抹微云）等。《鹊桥仙》中的“两情若是久长时，又岂在朝朝暮暮”被誉为“化腐朽为神奇”之句。《满庭芳》中的“斜阳外，寒鸦数点，流水绕孤村”被称做“天生的好言语”。南宋张炎的《词源》称：“秦少游词体制淡雅，气骨不衰，清丽中不断意脉，咀嚼无滓，久而知味。”秦观词风，承柳永而来，向来被认为是婉约之宗。

此外，金陵（今南京）、扬州、苏州、京口（今镇江）这些历史文化名城，也都是两宋词坛词人所青睐的地方。

金陵为南唐故都，词人每每至此，念及后主李煜在此“尝怏怏以国蹙为忧，日与臣下酣宴，愁思悲歌不已”（欧阳修《新五代史》），以及后来身为阶下之囚的遭遇，都会有借古伤今之作。

扬州，经历了两千多年的世事沧桑，几度兴废，引发了无数文人墨客的歌咏、慨叹。宋代时，扬州为淮南东路驻所，韩琦、欧阳修、苏轼等人均曾出知扬州。宋代的词人，用他们特有的词作，将扬州秀美的景物、旖旎的风情以及其盛衰变迁，抒写得淋漓尽致。透过这些词作，读者便能感受到这座城市的性格与魅力，从而与词人所发出的沧桑巨变的历史慨叹产生共鸣。如秦观的《醉蓬莱》："见扬州独有，天下无双，号为琼树。占断天风，岁花开两次。九朵一苞，攒成环玉，心似珠玑缀。瓣瓣玲珑，枝枝洁净，世上无花类。"描写了扬州特有的琼花。再如欧阳修《朝中措》："平山栏槛倚晴空，山色有无中。手种堂前垂柳，别来几度春风。　文章太守，挥毫万字，一饮千钟。行乐直须年少，尊前看取衰翁。"表达的是"文章太守"当年纵情畅饮、挥斥方遒的豪气，也包含了词人对扬州的深深记忆。

除此而外，辛弃疾的怀古名作《永遇乐·京口北固亭怀古》，形象地总结了镇江山川壮丽、英才辈出的特色。

三、清代江苏词坛

清词接武两宋，踵事增华，不仅有继承，而且有发展，是词史上的又一座高峰。首先，较之宋词，清词的境界更为开阔。从明清易代的巨变，到清王朝被推翻，一切重大的政治社会事件，无不在清代词人笔下有生动的表现。其次，清代词人之众，词作之多，远远超过前代。再次，清代著名的词家，如朱彝尊、张惠言等，多为学人，对词集的流播校辑有重要的影响。第四，清代词派纷呈，明末陈子龙创云间派，之后阳羡、浙西二派并举，陈维崧、朱彝尊领袖词坛，"嘉庆以前，为二家牢笼者十居八九"（谭献《箧中词》）。嘉道间，张惠言兄弟《词选》出，创立常州词派，经过周济、谭献的宣扬，成为清中后期影响最大的词派。总之，清词在宋词全盛的基础上，经历了元明的沉淀，总结前人的创作理论与经验，最终攀上了另一个高峰。而这其中，江苏词人及江苏词坛，是清词最为浓墨重彩的一笔。

（一）陈维崧与阳羡词派

阳羡词派，是清代初年的一个词派，主要活动在顺治年间和康熙前期。词派领袖为江苏宜兴人陈维崧，宜兴古称阳羡，所以叫阳羡词派。

陈维崧（1625—1682），字其年，号迦陵，宜兴（今属江苏）人。康熙十八年（1679）举博学鸿词，授翰林院检讨。54岁时参与修纂《明史》。陈维崧出生于文学世家，学识鸿富，才气纵横，吴伟业誉之为"江左凤凰"。他与吴伟业、冒襄、龚鼎孳、王士禛、邵长蘅、彭孙遹等都有交往，与浙西词派领袖朱彝尊尤其接近，两人在京师时，切磋词学，合刊《朱陈村词》。

陈维崧词作长调、小令都颇擅长，而且作品丰富，现存《湖海楼词》收词1800多首，兼豪放与婉约之美。他的词多能反映社会现实，如《贺新郎·纤夫词》写清兵征发十万民夫替战船拉纤，下半阕"稻花恰称霜天秀。有丁男、临歧诀绝，草间病妇"，将被征丈夫不得不诀别自己生病妻子的凄楚，描写得淋漓尽致。而《沁园春·题徐渭文钟山梅花图，同云臣、南耕、京少赋》一词，则把历史故实、眼前新事、画面景色、词人胸臆全都融于词中，风格豪迈沉至，因此，陈廷焯《白雨斋词话》评为："情词兼胜，骨韵都高，几合苏、辛、周、姜为一手。"他的词风接近苏轼和辛弃疾，风格尤似辛弃疾的雄浑苍凉。前人表现豪放多用长调，而陈维崧则长短并用，且能在极短的小令中表现豪壮之情。同时，他的婉约之作也不失清新雅致。古今词论家对陈维崧都赞誉很高，陈廷焯《白雨斋词话》说："国初词家，断以迦陵为巨擘"，"迦陵词气魄绝大，骨力绝遒，填词之富，古今无两"。正因此，在陈维崧的周围，聚集了一批与之风格相近的词人，如曹亮武、陈维岳、万树、蒋景祁等人，相互唱和，一时颇具声势，形成阳羡词派。他们力主词风多样，反对专尚婉约，强调抒情写恨，寄托亡国悲慨。阳羡词派为清词的中兴作出了重要贡献，其流风余韵波及后世，清中期的蒋士铨、洪亮吉、黄景仁等都受其影响。

(二) 张惠言与常州词派

常州词派,是清代嘉庆以后由武进(今江苏常州)人张惠言开创的重要词学流派。张惠言(1761—1802),字皋文,号茗柯。早岁治经学,工骈文辞赋,后受桐城派刘大櫆弟子王灼等影响,与恽敬共治唐、宋古文,开创阳湖文派。

康熙、乾隆时期,浙派占据着清代词坛的大半江山。他们推崇姜夔、张炎,标举南宋,一味追求清空醇雅,使得词的内容渐趋空虚狭窄。嘉庆初年,浙派词人更是专注格律声调。为了挽救一代词风,张惠言辑《词选》,选唐宋两代词共 44 家,提倡"以《国风》、《离骚》之情趣,铸温、韦、周、辛之面目",要求词应通过比兴手法,表达"贤人君子幽约怨悱不能自言之情,低徊要眇以喻其致"(《词选序》),强调继承诗骚比兴寄托的传统,推尊词体,对晚清词坛深有影响。其代表作《水调歌头·春日赋示杨生子掞》、《木兰花慢·杨花》将胸襟学问熔铸为一体,是清词中经典佳作。属于常州词派的作家,还有张琦、董士锡、周济等人,其中影响较大的是周济。

周济(1781—1839),字保绪,一字介存,号未斋,晚号止庵,江苏荆溪(今江苏宜兴)人。推衍张惠言词学,谭精研思,持论精审,是常州派重要的词论家。著有《味隽斋词》、《止庵词》、《词辨》、《介存斋论词杂著》等,编有《宋四家词选》。周济强调词的社会功能,主张创作"非寄托不入,专寄托不出",提出"诗有史,词亦有史"的"词史"说,提出了"问涂碧山,历梦窗、稼轩,以还清真之浑化"的学词途径。常州词学经过周济的发挥,体系上更为完备和实用,其影响一直延续到晚清,乃至现代。

另外,晚清词坛的著名词人蒋春霖(1818—1868),字鹿潭,江苏江阴人,有《水云楼词》。其词多写晚清战乱给人民带来的苦痛与世事衰残之感,谭献誉之为诗中之老杜,并将其与纳兰性德、项廷纪并称为清代三大词人。

当然,清代词坛的江苏词人身影,不仅仅只是阳羡词派和常州词派的词人,重要的还有王士祯倡导的以扬州为中心的广陵唱和与前后吴中七子的群体创作等。一部清词史,江苏词人起着推源扬波的重要作用,也为清代词坛留下了宝贵的词学佳作和词学著述。

第三节　风流蕴藉的江苏散文

虽然江苏散文的繁荣局面出现比较晚一些,但早在汉代也有独立成书的散文作品,这就是刘向(前 79—前 8)的《新序》和《说苑》。刘向,彭城(今江苏徐州)人,汉楚元王刘交四世孙。他是西汉后期一位重要的经学家、目录学家,也是一位颇有成就的散文家,《新序》10卷和《说苑》20 卷是他说理散文的代表作。这两部书是采集群书中逸闻轶事而按照以类相从的原则编撰而成的,寓含劝诫训教之意。例如《说苑》中的"师旷之喻":

> 晋平公问于师旷曰:"吾年七十,欲学,恐已暮矣。"师旷曰:"何不炳烛乎?"平公曰:"安有为人臣而戏其君乎?"师旷曰:"盲臣安敢戏其君乎?臣闻之:少而好学,如日出之阳;壮而好学,如日中之光;老而好学,如炳烛之明。炳烛之明,孰与昧行乎?"平公曰:"善哉!"

劝诫居于高位者要勤奋学习,出语警策,寓意深刻,说理透辟,颇有风趣。这两部书在历史的叙述中穿插故事,颇有文学意味,像"叶公好龙"、"狐借虎威"、"病入膏肓"、"唇亡齿寒"等成语典故,都脍炙人口,千古流传。

江苏散文的繁荣局面出现比较晚一些,但早期也不乏名篇佳作,比如汉代淮阴(今属江苏淮安市)人枚乘(公元前?—前 141)的《七发》,这是一篇赋(介于诗歌与散文之间的一种文体),运用虚构的故事框架和问答体形式，从思想上治疗楚国太子的重病，扩大他的心胸，提升他的人格境界。这对于汉赋体制的定型和发展有极其重要的意义。西晋吴郡华亭人陆机(261—303)的《吊魏武帝文》，凄婉动人。南朝宋代东海(今江苏连水)人鲍照(414—466)的《芜城赋》，竭力铺叙广陵(故城在今江苏江都县东北)昔日的繁华和当时的荒芜，抒发作者的今昔兴亡之感，形象鲜明，文辞遒丽。他的《登大雷岸与妹书》即景抒情，又有对妹妹的声声叮嘱，复杂的心境与苍凉的笔法融为一封家书，成为南朝骈文的骊珠，山水文学中的奇葩。南朝梁代丹阳秣陵(今江苏南京市江宁区)人陶弘景，好读书，喜道术，辞官后隐于句容茅山，时人号“山中宰相”。他的《答谢中书书》，称道江南山水之美，文辞清丽，是六朝山水小品文之名作。晚唐陆龟蒙的讽刺性散文，短小精悍，气势和锋芒引人注目，在后世文学也很有影响。

江苏散文的繁荣局面出现在明清时期。

明代中期“吴中四才子”中的祝允明才思敏捷，散文有奇气，如《谯楼鼓声记》将每晚时常听到的谯楼鼓声写得活灵活现，其中蕴藏着一股怀才不遇的怨气。唐寅“初尚才情，晚年颓然自放”(《明史·唐寅传》)，如《与文徵明书》效法司马迁的《报任安书》，饱含屈辱与悲愤，道出内心的不平，情真意切，感人至深。文徵明的散文长于叙事，语言清新，如《〈游洞庭东山诗〉序》，借秀丽湖山而寄托兴怀，萧散淡远之气见诸笔端。

嘉靖年间，出现了唐宋文派，其代表作家中有武进(今属江苏常州)的唐顺之(1507—1560)、昆山(今属江苏苏州)的归有光(1506—1571)。他们主张师法唐宋，并以韩愈、柳宗元、欧阳修、苏洵、苏轼、苏辙、曾巩、王安石为师，尊之为“唐宋八大家”。唐顺之“为古文，洸洋纡折，有大家风”。《与季彭山》从一个侧面展示了他自己由崇信程朱理学转向阳明心学的心迹，文章篇幅不长，但如尺水兴波，笔势奔放，锋芒所触，如金石齐鸣，令人神往。《任光禄竹溪记》赞赏“凛然有偃蹇孤特之气”的任君，虽然名为山水小品，但实际上议论的成份大于记叙的成份，体现了山水小品议论化、理性化的倾向。全文立意新颖，感情充沛，清新流畅。

归有光，字熙甫，号震川，昆山（今属江苏）人。嘉靖十九年(1540)举应天乡试第二名，后八次会试不第，直到嘉靖四十四年(1565)以六十岁高龄考中进士。授长兴令，官至南京太仆寺丞。他实为唐宋派魁首，著有《震川先生集》，黄宗羲在《明文案序》中指出："议者以震川为明文第一。"

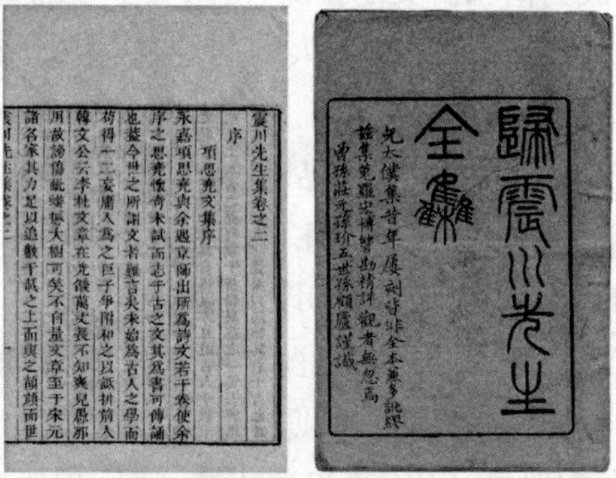

《归震川先生全集》

归有光的《书张贞女死事》、《张贞女狱事》等揭露恶霸横行、吏事腐败等黑暗现实。《御倭议》、《备倭事略》、《昆山县倭寇始末书》等中，刻画了倭寇入侵后"流血成川，积骸如山"的惨状，主张严惩那些"坐视四郊之民肝脑涂地"的官吏，并为抗击倭寇、保境安民而献计献策。《沧浪亭记》、《吴山图记》等，巧妙地将对偶、开拓、断续、离合等法寓于无法之中，简约精深而又婉转情深，波澜起伏而又风神疏淡。最有特色的是归有光将笔触深入到家庭生活，抒写日常人伦，寓事于理，以情动人。《项脊轩志》是叙写家庭盛衰离合、个人今昔之感的名篇，布局精巧，曲折生动，于平淡中见浓郁，言近旨远，余韵悠长。《先妣事略》巧妙将追忆亡母的真情实感与伦理道德融为一体，纯是至情至性之语，无一饰笔，真切自然。风韵疏淡，是归有光描写家庭生活的散文的主导风格，人口皆碑的《项脊轩志》、《先妣事略》及《寒花葬志》等均是如此。《寒花葬志》仅112字，全文如下：

> 婢，魏孺人媵也。嘉靖丁酉五月四日死。葬虚丘。事我而不卒，命也夫！
>
> 婢初媵时，年十岁，垂双鬟，曳深绿布裳。一日天寒，爇火煮荸荠熟，婢削之盈瓯。予入自外，取食之，婢持去不与，魏孺人笑之。孺人每令婢倚几旁饭，即饭，目眶冉冉动。孺人又指予以为笑。回思是时，奄忽便已十年。吁！可悲也已！

寥寥数笔，二三件小事，刻画出婢女寒花纯朴天真、活泼灵秀的个性，行文轻灵流转，感情深切真挚，具有似浅实深、风韵疏淡的美感。

嘉靖、隆庆年间，“后七子”复起，继前七子之后再次高举“文必秦汉”的旗帜，推进秦汉文派。“后七子”之一的宗臣（1525—1560），兴化（今属江苏）人，他有时在散文创作中另辟蹊径，指陈时弊，详明锋锐，颇有特色。《报刘一丈书》用近于小说的笔法刻画出严嵩等权贵与奔走于权贵者的丑恶嘴脸，反衬出作者洁身自爱、不随波逐流的高贵品质，讽刺辛辣，痛快淋漓。“后七子”领袖王世贞（1526—1590），太仓（今属江苏）人，他在“后七子”中著作最多，其散文将明代秦汉文派的创作推向高峰。《竹里馆记》描绘自然环境生机盎然，天趣流溢，与放歌长啸、逍遥自在的馆主融为一体，显得清新可人，意境灵动。《与李于鳞书》、《与徐子与书》、《与吴明卿书》等短札，叙离合，感时事，坦露襟怀，情真意切，风格清新，自然可爱。他的小品文往往将人生感慨与老庄思想、魏晋风度及禅学境界融为一体，如《胜国之季》、《王稚钦少为文》和《敖士赞》等，也显示出学养与性灵有机结合的风貌。他的不少悼念文章也是情真意切的小品，如《哭亡妹王氏文》以其妹临终嘱托引领全文，忆叙亡妹生平事迹，切切言辞中见流血哀肠。他的游记散文如《游张公洞记》、《游牛首诸山记》等，别具一格。

明代后期太仓（今属江苏）张溥（1602—1641）的《五人墓碑记》，华亭（原属南直隶松江府，1958 年由江苏省划归上海市）夏完淳的《狱中上母书》等，均为散文名篇。

清初的散文主要分为两种：学人之文与文人之文。学人之文的主要代表之一是明遗民顾炎武。顾炎武（1613—1682），字宁人，号亭林，昆山（今属江苏）人。明诸生，少年时曾参加反对宦官权贵的斗争。明亡后，曾参加抗清斗争，后又以死抗拒清朝大臣的荐举。他是明清之际著名的学者和思想家，与黄宗羲、王夫之并称"清初三大儒"。他论学强调"博学于文"、"行己有耻"，治经注重考据，倡导经世致用，开清代朴学风气。著有《天下郡国利病书》、《日知录》、《顾亭林诗文集》等。顾炎武主张"文须有益于天下"，他的政论文中为世所称的有《郡县论》、《生员论》、《与友人论学书》等。《郡县论》提出了封建专制主义体制改革的问题，观点鲜明，结构严谨，文风朴实。《生员论》大胆地揭露当时科举制度的弊端，提出了废除生员制度的设想与方案，思路开阔，逐层推进，纵横开合，颇有气势。《与友人论学书》是一篇书信体的学术论文，该文大力批驳束书不观、崇尚空谈的风气，着重阐述了开启一代学风的思想纲领——"博学于文"、"行己有耻"，有破有立，先破后立，逻辑严密，气韵贯注，语言古朴雄劲，而在散句中间有俪句，显的活泼生动。顾炎武还有一些为世传诵的文章，如《复庵记》、《吴同知行状》以及《日知录》中的一些篇章。《复庵记》借明遗民范养民事迹及其居所"复庵"的记述，表达了作者对明室的眷恋与哀痛，寄托着他对反清复明的政治抱负。文章巧于构思，善于安排，层次分明，结构谨严，以叙事为主，兼及写景，在叙事与写景中充满着炽烈的情感。《吴同知行状》是一篇悼念亡友的文章，通过对抗清中牺牲的吴其沆生平事迹的叙述，赞扬了他爱国爱家的优良品质，在平静的叙事中蕴含着深厚的情感。总之，顾炎武的散文既注重社会功能，又颇有艺术价值，往往将叙事、写景、议论、抒情融为一体，结构疏放自如，文风质朴自然，深得唐宋散文的精髓。

清初以文名传世的“三大家”，其中之一是汪琬。汪琬（1624—1690），字召文，又字钝庵，长洲（江苏苏州）人。顺治年间进士，曾任户部主事、刑部郎中等。后以病假归，结庐太湖尧峰山，人称尧峰先生。康熙十八年（1679），举博学鸿词科，授编修，与修《明史》。著有《钝翁类稿》、《尧峰文抄》。他的散文简洁平实，条达疏畅，计东为汪琬所作的《生圹志》中说：“若其文章，溯宋而唐。明理卓绝，似李习之（李翱）；简洁有气，似柳子厚（柳宗元）。”《送王进士之任扬州序》为送别王士禛而作，表现了挚友惜别时的难舍心情。文章虽不足二百字，但写得含蓄隽永，委婉动人。《陶渊明像赞并序》以知人论世的方法，说明《桃花源记》是虚拟之辞，揭示了陶渊明厌恶魏晋政治险恶而崇尚古朴、与世无争的避世心理。《江天一传》围绕忠、孝、节、义组织材料，多角度地刻画了民间抗清义士江天一刚强不屈、有勇有谋的个性特征。文章布局灵活，叙事有法，结构严谨，又富于变化。生活在乾隆时期的苏州人沈复（1763—?）所著的自传体散文《浮生六记》，文笔细腻，伉俪情深，清新真率，在清人小品文中别具一格。

清代散文的主要流派之一是阳湖文派，其代表人物恽敬、张惠言均为阳湖（今江苏武进）人，他俩与李兆洛为古文中的“阳湖三家”。

恽敬（1757—1817），字子居，乾隆四十八年（1783）举人，曾选富阳县令，以南昌府同知罢官，益用力于古文。有《大云山房集》。《清史稿·文苑》本传说：“论者国朝文气之奇推魏禧，文体之正推方苞，而介乎奇正之间者惟敬。苞之文，学者尊之为桐城派，至敬出，学者乃别称为阳湖派云。”他与张惠言共同致力于古文，调和汉学与宋学，兼采古文与骈文之长，以博雅恣肆取胜。恽敬为文颇有气势，不拘成法，讲究辞采。《谢南冈小传》为郁郁不得志的穷秀才立传，为怀才不遇的传主深自惋惜，并自责未能及时发现人才，态度真诚，立意正大，风格自然。《游庐山记》记述他自己几天中游庐山南麓所经历的景地，突出写了文会堂、欢喜亭、秀峰寺、神林浦等“娱性逸情”之处，将山水之奇美与娱情逸兴交融在一起，文笔简炼，灵活自如。

张惠言嘉庆四年(1799)中进士，入翰林院，改庶吉士，后授编修。他精通《周易》、《仪礼》，是乾嘉时期著名的经学家；善古文，为阳湖文派的宗师之一；工词，为常州词派初祖。著有《茗柯文编》。张惠言的文章大致分为两个阶段："少年辞赋，尝拟司马相如、扬雄之言；及壮，为古文，效韩氏愈、欧阳氏修。"(恽敬《张皋文墓志铭》)张惠言早年致力于辞赋创作，大赋如《黄山赋》学汉魏，小赋如《望江南花赋》以六朝为宗。后期在"经世致用"思想的指导下，张惠言的古文表现出强烈的社会现实感和锐利的批判锋芒。《书山东河工事》详尽地描述了清嘉庆二年(1797)山东黄河决口的惨状，揭露了封建官僚昏聩害民的罪行，据闻实录，冷峻客观，叙事简洁，讲求章法。《陈长生传》为一贫如洗、默默无闻的农民立传，语言朴实平易，人物形象栩栩如生。《送张文在分发甘肃序》将一位屈身下僚的官吏坚强而有操守的品质刻画得非常生动，在对张文在的极力赞扬声中表达了作者对当时吏治的深切忧虑。文章简短而不局促，奔放而不粗砺，议论严整周密，文气纡徐舒缓，是张惠言散文中备受推重之作。总之，张惠言的散文笔力纵恣，语言流畅，并富有文采，往往于雅润中见气势，缜密而又不乏典丽，这与他深厚的儒学修养有关，也与他在古文创作中融入赋的手法不无关系。

李兆洛(1769—1841)，字申耆，武进(今江苏常州)人，嘉庆十年(1805)进士，官安徽凤台知县，丁忧去官，主讲江阴书院二十年。有《养一斋集》。私淑桐城派姚鼐，但他主张骈散并行，"相杂而迭用"，选录战国至隋代被他认为属于骈体范文774篇，汇为规模宏大的《骈体文钞》，分32类。其文介于骈散之间，《菜根香室题壁》是一篇山水小品，主要叙述他自己为官闲暇之时修整园林的经过，由此阐释人生感悟，语言清新，颇似唐代柳宗元的《永州八记》的风格。

在此还要特别提到的是以散文(或骈文)撰写的文学理论著作，江苏地域著名的文学理论著作有陆机的《文赋》、刘勰的《文心雕龙》、叶燮的《原诗》、刘熙载的《艺概》等。陆机的《文赋》是他总结前人写作经验又结合自身创作感受的结晶，明确提出“诗缘情而绮靡，赋体物而浏亮”的观点。刘勰（约465—约532），虽然他的祖籍东莞莒县（今山东莒县），但他实际上居住京口（今江苏镇江），而一生活动主要在建康（今江苏南京）。他所著的《文心雕龙》是我国第一部规模宏伟的文学理论批评的杰作。全书10卷50篇，较为全面总结前代文学状况，反对片面追求形式主义的文风，重视文学艺术自身的特征，主张文学创作须有发展变化，“日新其业”。《文心雕龙》不仅为时人所重，而且至今有巨大的指导价值；不仅是我国的宝贵文学遗产，而且越来越传向世界。叶燮（1627—1703），吴江（今属江苏）人。他的《原诗》分为内外篇，阐发以“源流正变”为核心的诗歌发展论、主客观结合的诗歌创作论等，卓立于古代诗话之中而被当代研究者所推崇。刘熙载（1813—1881），兴化（今江苏兴化）人。他所撰的《艺概》将作家作品放在文学发展史的进程中去揭示其基本风貌和相互关系，具有一种史学家的气度和眼光，不乏真知灼见，往往标新立异，时有石破天惊之见。

第四节　世情广大的江苏小说

一部中国小说发展的历史中融入了许许多多重要的作家、文人的努力，其中江苏作家以其敏锐的观察力和丰富的想象力，使得江苏的小说创作成果卓著。

一、魏晋南北朝时期的江苏小说

唐以前的小说，都是用文言写成的，属于中国小说史上的孕育期。从内容和体裁上看，可以分为志怪、志人两类。魏晋南北朝时期，志怪小说的代表作为东晋初年干宝的《搜神记》，而志人小说的代表作则是江苏藉作家、南朝刘义庆的《世说新语》。

《世说新语》

刘义庆（403—444），彭城（今江苏徐州）人，字季伯，南朝刘宋宗室。《宋书》说他“性简素，寡嗜欲，爱好文义，词才虽不多，然足为宗室之表。”他广招四方文学之士，聚于门下，集体撰述。作品有《世说新语》、《幽明录》、《宣验记》等。

《世说新语》依内容可分为“德行”、“言语”、“政事”、“文学”、“方正”等三十六类。每类若干则，全书共一千多则。每则文字长短不一，有的数行，有的三言两语，这也是笔记小说“随手而记”的特征体现。鲁迅称其为“记言则玄远冷峻，记行则高简瑰奇”。主要记述的是东汉末年至晋代士大夫清高放诞的言谈逸事，较多地反映了当时士族的思想、生活和风气，有助于人们了解当时士人所处的时代状况及政治社会环境。鲁迅曾指出：“《世说》这部书，差不多就可看作一部名士底教科书。”《世说》中的人物事迹、文学典故等，多为后世作者所引用，对后来笔记影响尤其大。

二、唐代的江苏小说

小说发展到了唐代，进入一个自觉时期。唐传奇的出现，标志着我国短篇小说的成熟。而江苏作家沈既济的《枕中记》和蒋防的《霍小玉传》，是这一时期的代表作。

沈既济(750—800)，苏州吴（今江苏苏州）人。他的《枕中记》受刘义庆《幽明录》“焦湖庙祝”的启发，借以描写唐代官场的现实。作品写卢生在邯郸逆旅中，遇道士吕翁，借其青瓷枕入睡，梦中经历了他生平热烈追求的“出将入相”的生活。一梦醒来，还不到蒸熟一顿黄粱饭的工夫。于是卢生大彻大悟，万念俱息。后来“黄粱一梦”的典故即出于此。《枕中记》对后世影响深远，李肇在《唐国史补》中称该篇：“其文尤高，不下史迁（司马迁）。”后人有很多作品纷纷仿效，其中最有名的是汤显祖的《邯郸记》。

蒋防《霍小玉传》则纯写人间爱情悲剧。蒋防，生卒年不详。字子徵，又字如城，唐义兴（今江苏宜兴）人。蒋防年少时，才思敏捷，聪明过人，能诗善文，传奇《霍小玉传》尤为著名。小玉本是没落贵族霍王的爱女，后沦为歌妓，与书生李益立下婚誓。李益别娶卢氏，小玉因此忧愤而死。死后阴魂不散，使得李益终生难以安宁。作者以同情的笔触，把霍小玉塑造成一个温婉美丽、受尽凌辱而不肯屈服的悲剧形象。小说结构严谨，形象完美，富有典型意义。明代文学家胡应麟推崇为“唐人最精彩动人之传奇”。

三、明清时期的江苏小说

明清，是小说发展空前繁盛的时期。江苏作家与批评家，为中国古代小说攀上顶峰作出了重要的贡献。这一时期，江苏籍著名的小说家及作品有：施耐庵的《水浒传》、吴承恩的《西游记》、冯梦龙的“三言”等。

施耐庵，元末明初的文学家。本名彦端，兴化人（今属江苏，关于施耐庵的生平和籍贯，学界仍有争议），博古通今，才气横溢，词章诗歌、天文地理、医卜星象等都精通。35 岁考中进士，后弃官归里，闭门著述。他根据民间艺人、文士以及民众集体创作的水浒戏，搜集整理关于梁山泊宋江等英雄人物的故事，最终写成“四大名著”之一的《水浒传》。《水浒传》是我国文学史上影响巨大的作品，它思想内容丰富，艺术创作成熟。《水浒传》继承并发展了写实和虚构的优秀传统，并把二者有机结合起来。在英雄人物的塑造上，作者善于把人物置身于真实的历史环境中，紧扣人物的身分、经历和遭遇来刻画他们的性格。同时，在人物的对比中，突出他们各自的性格。《水浒传》的语言成就也极为突出，明快洗炼，无论叙述事件，还是刻画人物，往往是寥寥几笔，就获得绘声绘色、形神毕肖的效果。

吴承恩（约 1504—1582），字汝忠，号射阳山人，山阳（今江苏淮安）人。出身在一个从"两世相继为学官"到没落为商人的家庭。吴承恩"髫龄即以文鸣于淮"，却"屡困场屋"，三十多岁时，始补岁贡生；后因母老家贫，做过短期的长兴县丞。他酷爱野史奇闻，长期以一种卖文自给的清苦方式生活。一般认为《西游记》是吴承恩最终写定的。《西游记》是中国古典四大名著之一，成书于明朝中叶，主要描写的是唐僧、孙悟空、猪八戒、沙悟净师徒四人西天取经，历经八十一难的故事。孙悟空、猪八戒这两个形象，以其鲜明的个性特征，在中国文学史上立起了一座不朽的艺术丰碑。《西游记》不仅内容丰富，结构严谨，人物塑造鲜活丰满，想象多姿多彩，语言朴实通达，更为重要的是，《西游记》在思想、艺术境界上达到了新的高度。自问世以来，在中国乃至世界各地广为流传，被翻译成多种语言。

明代苏州籍作家冯梦龙，也是江苏小说创作的一个重要人物。他编订辑录的短篇小说集"三言"（《喻世明言》、《警世通言》、《醒世恒言》），内容丰富，情节较之话本更为生动，细节描写和人物内心活动的刻划更加丰富细腻。

此外，南京藉作家许仲琳的《封神演义》、纪振伦的《杨家将演义》、苏州吴县袁于令的《隋史遗文》、常州陈森的《品花宝鉴》等，也都是颇有影响的小说作品。而明清小说中非江苏籍作家创作的小说，大多提及江苏，或与江苏有着千丝万缕的联系。如中国古代小说的辉煌明珠《红楼梦》，其作者曹雪芹虽不是江苏人，但却生于江宁，其曾祖父、祖父、父辈三代世袭江宁织造。曹雪芹十三岁前在南京过着锦衣玉食的生活，所以，在其小说创作中每每可见南京和苏州的影子。

第五节 群星璀璨的20世纪以来的江苏文坛

20世纪以来，江苏文坛群星璀璨，例如刘半农（1891—1934），原名刘寿彰，后改名复，初字半侬，后改字半农，号曲庵，笔名有寒星、范奴冬等，江苏江阴人，现代著名诗人、杂文家和语言学家。1920年9月，时在英国伦敦的刘半农写了一首《教我如何不想她》的著名情诗，首创了“她”字，并第一次将“她”字入诗。1925年秋开始任北京大学国文系教授，讲授语言学。主要著作有诗集《扬鞭集》、《瓦釜集》、《半农杂文》、《半农杂文二集》等。叶圣陶（1894—1988），原名叶绍钧，作家、教育家、出版家，江苏苏州人。早年当小学教师，并参加新潮社和文学研究会。代表作有童话集《稻草人》以及长篇小说《倪焕之》等。朱自清（1898—1948），原名自华，字佩弦，号秋实，中国现代诗人、散文作家。原籍浙江绍兴，生于江苏东海，长大于江苏扬州，故称“我是扬州人”。北京大学毕业，曾任清华大学中文系教授、系主任，所著合编为《朱自清全集》。朱自清以散文闻名，不仅以描写见长，并且还在描写中达到情景交融的艺术境界。其散文名篇《背影》、《荷塘月色》等广为大众传诵。瞿秋白（1899—1935），原名双，号熊伯，江苏常州人，散文作家、文学评论家。30年代，参与领导“左联”，与鲁迅并肩战斗，在现代文学史上产生过重大影响。著有游记《俄乡纪程》、《赤都心史》。所作杂文，辛辣尖锐，可与鲁迅媲美。

五四前后，鸳鸯蝴蝶派在江苏盛行。“鸳鸯蝴蝶派”发端于20世纪初叶的上海，因写才子佳人成双成对有如鸳鸯蝴蝶而得名。作家众多，无严密组织。人们多以其所办最有影响的刊物《礼拜六》名之，统称为“礼拜六派”。其代表人物有徐枕亚、包天笑、周瘦鹃、张恨水、吴双热、吴若梅、程小青、孙玉声、李涵秋、许啸天、秦瘦鸥、冯玉奇等。其中有很多作家是江苏人，如包天笑（1876—1973），江苏吴县（今属苏州)人。初名清柱,又名公毅,字朗孙,笔名天笑等,为著名报人、小说家。抗战胜利后定居香港,发表《且楼随笔》、《钏影楼回忆录》等。1973 年在香港逝世。著有《上海春秋》、《海上蜃楼》、《包天笑小说集》等,译有《空谷兰》、《馨儿就学记》等。徐枕亚(1889—1937),江苏常熟人。名觉,字枕亚,别署徐徐、泣珠生、东海三郎等。代表作《玉梨魂》。周瘦鹃(1895—1968),江苏苏州人,现代作家、文学翻译家。原名周国贤,曾任江苏省苏州市博物馆名誉副馆长。他的作品主要有短篇小说《亡国奴日记》、《祖国之徽》、《南京之围》、《卖国奴日记》、《亡国奴家里的燕子》,散文集《行云集》、《花花草草》、《花前琐记》、《花前续记》等。他是我国较早的文学翻译家之一,于 1916 年翻译、1917 年集印的《欧美名家短篇小说丛刊》,介绍了包括高尔基《叛徒的母亲》在内的欧美二十多个作家的作品,鲁迅先生赞扬说它是"昏夜之微光,鸡群之鸣鹤"。

另外,此时较为重要的一个文人群体为南社。南社是辛亥革命时期的文学团体,社名取"操南音,不忘其旧"之意。南社是中国近代文学史上规模最大的文学社团。该团体于 1909 年 11 月 13 日在苏州成立,发起人同盟会会员陈去病(1874—1933),江苏吴江人;高旭(1877—1925),金山(今属上海)人;柳亚子(1887—1958),吴江人。南社社员人数达 1180 余人。1917 年,因对"同光体"的评价发生争论,南社内部开始分裂。1923 年,南社解体。《南社丛刻》是南社主办的刊物。自 1910 年 1 月至 1923 年 12 月,共出版 22 集。此外,1910 年 10 月 11 日(重阳节),周实等在南京凭吊明孝陵,事后刊行《白门悲秋集》,1917 年出版《南社小说集》,二者均为《南社丛刻》的增刊。南社文学以诗歌为主,大体以辛亥革命为分界线。此前,主题多为批判清朝统治,倾诉爱国热情,呼唤民主,谴责专制,号召人们为祖国的独立富强而斗争,风格慷慨豪壮。此后,主题转为批判辛亥革命的不彻底,抒发理想破灭的悲哀,斥责袁世凯的称帝丑剧,风格愤郁低沉,但作品的层次不一,也有靡靡之音。

1928年至1949年，江苏南京曾为中华民国首都。这一时期，江苏文学并没有太大的突破，但值得一提的是1934年9月，以南京金陵大学青年学生为主体成立了文学团体“土星笔会”，创办刊物《诗帆》，主要成员有滕刚、汪铭竹、程千帆、孙望、常任侠、沈祖棻等，出版《土星笔会丛书》共15种，有诗集、诗论集、译文集等。后来他们中的大部分成员都成为了学者，其中坚持文学创作并且获得了较高成就的是沈祖棻。沈祖棻(1909—1977)，字子苾，别号紫曼，笔名绛燕、苏珂。词人、诗人、学者。生于江苏苏州，祖籍浙江嘉兴海盐，与程千帆为“四十年患难夫妻”。著有《微波辞》、《涉江词稿》、《涉江诗稿》、《宋词赏析》、《唐人七绝诗浅释》、《古诗今选》(与程千帆合作)以及短篇小说、新诗、散文、杂著百数十篇。

解放后，江苏文学在各个领域都取得了十分重要的成果，名家辈出，尤其在小说创作方面，更是取得了辉煌的成绩。重要的作家有：钱锺书(1910—1998)，原名仰先，字默存，号槐聚，江苏无锡人，中国现代著名作家、文学研究家。他的小说《围城》被现代文学史家夏志清称为“中国近代文学中最有趣、最用心经营的小说，可能是最伟大的一部”。汪曾祺(1920—1997)，江苏高邮人。当代著名作家，以短篇小说和散文闻名，被视为京派作家。著有小说集《邂逅集》，小说《受戒》、《大淖记事》，散文集《蒲桥集》，大部分作品收录在《汪曾祺全集》中。陆文夫(1928—2005)，江苏泰兴人，曾任苏州文联副主席、中国作家协会副主席等。著有《献身》、《小贩世家》、《围墙》、《清高》、《美食家》等小说。他的作品，常写闾巷中的凡人小事，以清隽秀逸、含蓄幽深、淳朴自然著称，具有浓郁的姑苏地方色彩和深厚的文化品格。高晓声(1928—1999)，江苏武进人，20世纪50年代开始创作，出版《李顺大造屋》、《七九小说集》、《高晓声八一小说集》、《陈奂生》、《觅》、《新娘没有来》等小说集与长篇小说《青天在上》、《陈奂生上城出国记》。

关键词：

《文心雕龙》 南唐词 阳羡词派 阳湖文派 格调说 性灵派 南社

思考题：

1. 为什么说《世说新语》是“志人小说”？
2. 为什么说张若虚的《春江花月夜》“以孤篇压倒全唐”？
3. 清代词坛上有哪些流派？
4. 你怎样看待20世纪以来的江苏文坛？

第十章　江苏戏曲文化

早在春秋之时，江苏境内长江南北便已是闻名的礼乐之邦。后越灭吴、楚又灭越，楚人敬鬼尚巫，其祭祀活动曰“傩”。今海州童子戏，南通僮子戏等，皆为古傩之遗响。两汉时，徐州、扬州、镇江、连云港等地的乐舞相当繁盛，从上述地区出土的汉画像石、陶舞俑均不难为证。南朝时，建康先后为宋、齐、梁、陈四朝帝都，经济、文化繁荣，歌舞伎艺较前更为发达。唐代江苏亦有参军戏，且有职业戏班。至元代，江苏则成为杂剧南流最初的集中和播散基地，也是杂剧中心从大都转向杭州的重要中介。到了明清时期，江苏更成为昆曲传奇等戏曲活动的中心地区，这些都孕育出别具一格的戏曲文化。江苏戏曲文化蕴涵深厚，剧种多样，剧目丰富，南北差异明显，风情与韵味各异。江南以昆曲最为典型，还包括锡剧、苏剧、丹剧；江北则有扬州乱弹、扬剧、淮剧、淮海戏、通剧、丁丁腔、柳琴戏、江苏梆子等。由于语言和人文环境的不同，使得每个剧种的唱腔都有着各自独特的风格。

第一节　昆曲发源地

2001 年 5 月 18 日，联合国教科文组织总干事松浦晃一郎在巴黎宣布了第一批“人类口头和非物质遗产代表作”名单，共计 19 个项目，分别由 19 个国家申报，我国则成为首批获此殊荣的国家，所申报的项目正是发源于江苏昆山的昆曲艺术。

昆曲，是我国最古老的剧种之一，以昆山腔为主要声腔，又称“昆腔”，上世纪初始有“昆剧”之称，此外还有“吴音”、“吴歈”、“吴歌”等别称。昆曲形成的历史，可谓源远流长，早在元末明初之际（14 世纪中叶）即产生于江苏昆山一带，迄今已有六百多年。元末，昆山人顾坚把流行于吴中民间的南曲原有腔调加以整理和改进，称之为“昆山腔”，为昆曲之雏形。明朝嘉靖年间，杰出的戏曲音乐家魏良辅（原籍江西南昌，流寓昆山）与善长北曲的张野塘、苏州洞箫名手张梅谷、昆山著名笛师谢林泉等人合作，对昆山腔的声律和唱法进行了改革创新，兼收南北曲之长，以笛、箫、笙、琵琶作伴奏乐器，造就了一种细腻优雅、低回婉转的“水磨调”，通称昆曲。当时流行天下的戏曲唱腔还有海盐腔、余姚腔、弋阳腔三大声腔，新的昆曲唱腔后来居上，“流丽悠远，出乎三腔之上，听之最足荡人”（徐渭《南词叙录》）。

革新过的昆山腔最初仅在苏州一带传播，而且只是清曲，俗称“冷板凳”，没有剧场效果，真正让它走上戏曲舞台的是另一位关键人物——昆山人梁辰鱼。梁辰鱼在继承魏良辅等人成就的基础上，对昆腔作了进一步的完善，并以昆山腔新声创作了《浣纱记》。《浣纱记》一般被认为是中国古代戏曲史上第一部昆腔传奇，它以春秋吴越争霸为背景，表达对国家兴亡的深沉思考，同时还演绎了越国大臣范蠡与浣纱女西施的爱情故事，情节曲折，人物鲜明，语言藻丽华美。剧作问世后不久便受到普遍欢迎，获得了巨大的成功，王世贞曾有诗云“吴阊白面冶游儿，争唱梁郎雪艳词”，描绘的正是人们对梁氏作品的由衷喜爱。《浣纱记》中的经典出目《寄子》写伍子胥忠心耿耿，冒着灭族的危险欲死谏吴王，临行前把儿子伍封寄养在齐国大夫鲍牧家。一路上父子深情对唱，最后惨然离别，唱词古朴悲切，楚楚动人，今天昆曲舞台还经常演出。

昆山腔新声风靡苏州之时，也在三吴地区蔓延。无锡距苏州最近，得风气之先。无锡之后，昆曲继续迅速向四面八方传播，南京、扬州、通州等地均“竞效吴腔”，尤以南京为盛。当时南京北曲杂剧的优势早已不在，代之而起的南戏诸腔又很快被昆山腔所褫夺，士大夫们对昆山腔“靡然从好，见海盐等腔已白日欲睡”（顾起元《客座赘语》）。昆山腔从改革到勃兴，逐渐流行于江苏全境，最后扩展到福建、江西、广东、湖北、湖南、四川各地。万历年间流传到北方，并进入政治、文化中心北京。著名剧曲家王骥德曾言：“迩年以来，燕赵之歌童舞女，咸弃其捍拨，尽效南声，而北词几废。”（《曲律》）说的正是昆曲在北方的流行导致了传统北曲衰微的情形。这样，昆曲由地方性剧种逐步发展为全国性剧种，最终形成了“四方歌曲必宗吴门”的局面。

以苏州为中心的昆曲，其流布大致可以分为南下、北上和西进三条路线，在这一过程中，它对当地许多剧种均产生不小的影响。昆曲于明代后期南下流入浙江，形成浙昆；清雍正、乾隆年间随徽班进入福建，逐渐形成闽西汉剧，还影响了福州地区儒林戏的形成；明末清初进入广州，乾隆五十年（1785），广州至少有十三个昆曲职业班社，粤剧、潮剧大受影响；清中叶进入广西，对桂剧的形成有一定的影响。昆曲由苏州北上进入山东，明末清初形成的柳子戏、道光年间形成的章丘梆子以及清末形成的枣梆中均有昆曲的影子；进入河北后，则催生了北昆；道光年间在北京和徽班合流，对京剧形成产生了巨大影响；乾隆年间昆班进入河南，对平调的形成有过影响；乾隆年间进入山西，曾对晋剧、上党梆子的形成有过影响；乾隆末年昆班进入甘肃、宁夏，被秦腔融合后成为“乱弹腔”即所谓“梆昆”。昆曲从苏州向西，明末进入安徽地区，对徽剧的形成产生直接影响；进入江西，则对赣剧、东河戏的形成产生影响；清初进入湖南，对湘剧形成有所影响，清代中叶在桂阳催生湘昆，对祁剧、常德汉剧、巴陵戏等的形成均有一定影响；清康熙年间进入湖北，影响到襄阳清戏、麻城高腔的形成；雍正、乾隆年间进入四川，影响到川剧的形成；乾隆年间昆班进入云南，影响到滇剧的形成。

继梁辰鱼的成功之后，江苏籍的文人学士为昆山腔写戏逐渐蔚然成风。明清两代，是江苏昆曲作家辈出的时期，著名剧家及昆曲作品有：

苏州张凤翼(1527—1613)，字伯起，号灵虚，别署灵墟先生、冷然居士。著有《红拂记》、《祝发记》、《虎符记》、《灌园记》、《扊扅记》等六种，合称《阳春六集》。《红拂记》最出名，剧中红拂女虽为一歌妓，却有胆有识，气度不凡，慧眼识英雄，为了自己的未来主动逃离杨府，深夜投奔心上人李靖，并帮助他成就了一番功业。其性格的决断与远见卓识在戏曲中均得到了很好的表现。全剧案头与场上、文本与演出俱佳，“演习之者遍国中”。

吴江沈璟(1553—1610)，字伯英，号宁庵。著有《义侠记》、《博笑记》、《坠钗记》、《红蕖记》、《双鱼记》等十七种，合称《属玉堂传奇》。《义侠记》是著名的“水浒戏”，敷演武松景阳冈打虎，杀潘金莲、打蒋门神、大闹飞云浦、血溅鸳鸯楼，假扮行者同鲁智深等上梁山，最后娶妻完婚接受招安，其中不少的出目如《打虎》、《挑帘》、《裁衣》、《显魂》、《杀嫂》等成为明清戏曲舞台上常演的折子戏。

吴江顾大典(1540—1596)，字道行，号衡宇、衡寓。著有《青衫记》、《葛衣记》等四种，合称《清音阁传奇》。《青衫记》本白居易《琵琶行》，以青衫为线索，质衫、赎衫、携衫、赠衫，而以泪衫作结，故名。顾大典“妙解音律”，“所蓄家乐，皆自教之”。此剧不仅顾氏家班演出过，明清两代“梨园子弟多歌之”。

长洲甫里许自昌(1578—1623)，字玄佑，号霖寰，又号去缘，别署梅花主人。著有《水浒记》、《桔浦记》、《弄珠楼》、《报主记》、《临潼会》等七种。《水浒记》在后世演唱很盛，《借茶》、《刘唐》、《拾巾》、《前诱》、《后诱》、《杀惜》、《活捉》等出更是昆曲常演的折子戏。

常熟徐复祚(1560—约1630)，原名笃儒，字阳初，后改讷川，别署阳初子、三家村老。著传奇《宵光剑》、《红梨记》，另有南杂剧《一文钱》一种。《一文钱》描写财帛如山而又吝啬异常的富豪卢至，在途中拾到一文钱后引发的故事。虽杂有因果说教，但对贪鄙悭吝的卢至形象，塑造得十分深刻，很有喜剧特色。

宜兴吴炳(1595—1648),字可先,号石渠,晚年又自称"粲花主人"。作有传奇剧本多种,尤以《绿牡丹》、《画中人》、《西园记》、《情邮记》、《疗妒羹》五个剧本最为著名,后人将其合称《粲花五种》。

吴县李玉(生卒年不详),字玄玉,号苏门啸侣,又号一笠庵主人。他一生作品颇丰,见于各种曲目书中著录的剧作有 42 种。其《一捧雪》、《人兽关》、《永团圆》、《占花魁》四部戏剧被曲界称为"一笠庵四种曲",即所谓"一、人、永、占"。李玉作品里有不少脍炙人口的名句,如《千钟禄》中"收拾起大地山河一担装"一段就广为传唱,以至有"家家收拾起"的俗谚。

长洲冯梦龙(1574—1646),字犹龙,又字子犹,别号龙子犹、墨憨斋主人、顾曲散人、词奴等。传世的传奇作品有《双雄记》和《万事足》两种。他的主要活动是更定传奇和修订词谱。冯梦龙更定的传奇剧本达数十种之多,其中颇有不少名作,如汤显祖的《牡丹亭》、《邯郸梦》,李玉的《一捧雪》、《人兽关》、《永团圆》和《占花魁》等。通过更定,这些作品往往可以更便于昆曲演唱与舞台表演。

此外,像无锡周南星、郑瑜、邹式金、顾彩、杨潮观,太仓吴伟业,常熟丘园,丹徒秦之登,吴县袁于令、沈起凤,南京纪振伦、清啸生,江都吴绮,扬州徐石麒、王光鲁等等,也都有传奇作品流行于世。反映明代朝廷忠奸斗争的《鸣凤记》相传亦是太仓王世贞所作,它是中国戏曲时事剧的开山作品。可以说,作为昆曲发源地的江苏,不仅为昆曲的音乐、唱腔的完善作出了决定性的贡献,同时,大量优秀的本土作家作品还为昆曲的传播奠定了坚实的基础。

明末清初,昆曲作品除了全本演出外,"折子戏"也开始风行。其实早在明中叶,一些家庭昆班就开始在厅堂中演出折子戏,如万历年间常熟钱岱家班。折子戏之所以能够得到人们认可,是由于两百年来,昆曲已积累了相当数量的剧目,其中名剧的情节、关目已是妇孺皆知,因此折子戏虽无头无尾,但并不难看懂。折子戏以其生动的内容、细致的表演、多样的艺术风格弥补了当时剧本创作冗长、拖沓、雷同的缺陷，在乾隆、嘉庆年间，折子戏的演出达到高潮。清代，江苏长洲人钱德苍编选了著名的戏曲剧本选集《缀白裘》，它所收录的400多个出目主要便是昆曲曲目。通过艺人对戏剧人物的精雕细琢，在昆曲舞台上出现了一批生、旦、净、丑等本行为主的应功戏，如生、旦的《琴挑》、《断桥》、《小宴》；旦角的《游园》、《惊梦》、《痴梦》；净角的《山门》、《嫁妹》；丑角的《狗洞》、《下山》等，它们都是观众百看不厌的精品。这些折子戏在思想内容、情节结构、人物刻画上较之原本均有新的成就，尤其在表演艺术上，不同以往偏重度曲，而是在“做”上下足了功夫，表现人物精益求精，力求细腻传神。

清代中叶以后，昆曲在“花雅之争”中落败，专业的演出班社几乎绝迹，但过去清曲演唱的传统却依然很盛行，包括各种业余曲社活动。20世纪30年代，吴梅等人在南京成立了“紫霞曲社”，其后又相继出现了“南京乐社昆曲组”、“河海大学石城曲社”、“南京海内外同胞京昆爱好者联谊会”、“金陵昆曲学社”等曲社组织；扬州有成立于20世纪中叶的“广陵曲社”、“扬州业余昆曲研究组”(后更名为“扬州市文联业余昆曲研究组”)，以及后来的“广陵昆曲学社”等业余曲唱组织；苏州有以清唱为主的业余曲社，仅从民国五年(1916)的咏霓社算起，就有谐集曲社、道和曲社、吴歈集、苏州业余女子昆曲社、幔亭曲社，以及20世纪末陆续恢复建立的“东吴曲社”、“昆曲兴趣小组”、“吴继月昆曲会”等。这些曲社在具备条件时，也会在专业艺人的帮助下，粉墨登场，称作“彩串”。曲社中人还积极搜集、整理、出版多种曲谱，推广和保存昆曲。由此可见，昆班虽流散，而江苏各地的唱曲活动却未曾消歇，这种活跃在民间的自发进行研习与传承昆曲的活动，为昆曲的传承和发展发挥了重要的作用。

1956年，浙江昆苏剧团周传瑛、王传淞等在北京上演了经过整理改编的昆剧《十五贯》，轰动京华，享誉全国，“一出戏救活了一个剧种”，全国掀起学习《十五贯》的热潮。“传”字辈再次被集合起来，到戏曲学校培养年轻演员，并形成了今天的苏昆、北昆、湘昆和永昆等多种风格的昆腔流派。如今，各院团均致力于昆曲折子戏的抢救传承工作，一方面对已经失传或濒临流失的经典剧目进行挖掘整理；另一方面，随着《长生殿》、《牡丹亭》等优秀剧目在港澳台地区及有关国家的巡回演出，昆曲在海内外的影响也不断扩大。2004 年，由著名台湾作家白先勇主持制作，两岸三地艺术家携手打造的“青春版”昆曲《牡丹亭》开始走进大学校园，并在世界巡演，更使这门古老的艺术焕发出青春的活力。昆曲是一种生于斯、长于斯，与江苏，尤其是江南的人文环境息息相关的剧种，承载着厚重的文化底蕴，如何让它的魅力不断地传承下去，是值得所有人认真思考的问题。

青春版昆曲《牡丹亭》舞台布景

第二节　缤纷多彩的地方戏文化

除了成长为全国性剧种的昆曲之外，江苏还拥有形形色色的地方戏文化。由于地方戏与方言关系密切，而江苏大致可以分为三个方言区，各有若干个不同的剧种。

吴语区，含苏州、无锡、常州、丹阳等十七个市、县。该区有锡剧、苏剧、丹剧、海门山歌剧以及现已消失的高淳阳腔目连戏、高淳高腔，其中锡剧是最主要的地方剧种。

锡剧：俗称滩簧。流行于江苏南部和上海市，由常州、无锡一带的“东乡小调”发展而成，其后又吸收了江南民间“采茶灯”的舞蹈，辛亥革命前后搬上舞台。早期有“常州滩簧”、“无锡滩簧”之分。无锡滩簧先进入上海，后来常州滩簧也进入上海，在上海逐渐合流而同台演出，所以一度称为“常锡文戏”。锡剧进入城市后，与其它剧种接触、交流和竞争，首先在剧目上有了显著发展。它从“宝卷”和“弹词”引进了《珍珠塔》、《玉蜻蜓》、《双珠凤》、《孟丽君》等；从徽班吸引了《琵琶记》、《蔡金莲》等；由京剧移植了《贩马记》、《樊梨花》等。锡剧的曲调有簧调、老簧调、大陆调、新大陆调、玲玲调、紫竹调、三角板等，大多柔和轻快，富有江南水乡民间音乐的特色。伴奏乐器有板胡、月琴、琵琶、唢呐、打琴等。解放后，江苏省成立了三十余个锡剧团，从艺人数达到近两千人，呈现一派生机盎然的景象。在当时“百花齐放、推陈出新”和戏改政策的指引下，各剧团在音乐、舞美等方面进行了艺术革新，并通过挖掘整理传统戏和改编现代戏，推出一大批颇具影响的曲目，如《双推磨》、《庵堂相会》、《红楼梦》、《新儿女英雄传》、《打面缸》、《白马告状》等。这些剧目和表演各有特色，艺术风格各异，在省内省外获得了不少高层次奖项，为锡剧这一剧种赢得了声誉，也掀起了一阵欣赏锡剧的热潮。当时还将许多著名的锡剧剧目灌制了唱片、录音带，并拍成了电影、电视剧，进一步扩大了锡剧在全国的传播和影响。

苏剧：流行于苏州地区，由南词、昆曲、花鼓滩簧合流而成。苏剧的前身是苏滩，苏滩是江南滩簧的一种，原来称为“对白南词”，俗称“打山头”。清光绪年间，对白南词传至上海，逐渐形成“苏道”和“海道”两个流派。至民国初年，南词剧目不断积累，几乎囊括了昆曲的常演剧目，像《西厢记》、《牡丹亭》、《琵琶记》等。20世纪30年代，苏滩以化妆南词为过渡，正式形成戏曲新剧种——苏剧。苏剧在文学、音乐方面都与昆曲有着渊源关系，许多苏剧艺人兼能昆曲，在昆曲衰

著名锡剧剧目《双推磨》演出剧照

落时期，也有不少昆曲艺人改演苏剧，苏剧表演艺术因得到昆剧的丰富滋养，逐步形成朴实、细腻、注重内心体验的独特风格。

丹剧：流行于江苏丹阳一带，源于民间曲艺“瞽目啷当”。清末，定居丹阳的瞽词艺人沿门卖唱，几经衍变，形成以丹阳方言字调为行腔基础的“啷当调”，并逐步改走唱为坐唱，成为曲艺“瞽目啷当”。1958年，开始以“啷当调”演出文艺节目，当地还成立了文艺骨干啷当训练班，1959又成立云阳剧团，并正式定名为丹剧。丹剧在表演过程中，从本省兄弟剧种移植了大批剧目，经常赴外地演出，使丹剧流行区域不断扩大，东至无锡、吴县；南至高淳及安徽的宣城、广德；北至仪征、邗江、江都、泰兴、靖江等地。

海门山歌剧：流行于海门一带的地方剧种，它源于海门山歌。海门山歌距今有七百余年历史，为吴歌之支脉。海门近海，其山歌自古即有“海潮音、浪花调”之称。20世纪50年代，海门县政府组织成立了专业的海门县山歌剧团，这也是海门山歌剧种唯一的剧团，被誉为“江海平原一枝花”。

江淮方言区，含南京、镇江、扬州、泰州、盐城、淮阴等四十余个市、县。该区有扬剧、淮剧、淮海戏、通剧、海州童子戏以及现已消失的淮红剧、洪山戏。

扬剧：流行于扬州、镇江和南京、上海一带以及安徽部分地区，由扬州花鼓戏和苏北香火戏吸收维扬清曲（又称“扬州清曲”、“广陵清曲”）、民歌小调发展而成。扬州花鼓戏原为对歌对舞的“打对子”，只有一小面（丑），一包头（旦）两个角色，后来发展为“三包四面”的群舞，并穿插笑话“打岔”。清康熙年间，民间已有此类花鼓演出。此后内容不断丰富，开始搬演《补缸》、《小寡妇上坟》、《双怕妻》等小戏，并从徽班吸收了《踩鼓》、《借妻》、《探亲》等剧目，又把清曲的《僧尼下山》、《活捉》等搬上舞台，出现了能演 40 多个剧目的班社，始形成花鼓戏。因用丝弦伴奏，唱腔比较细腻，俗称“小开口”。苏北香火戏原为农村酬神赛会时，香火（男巫）扮演的戏，有文香火、武香火之分，又有内坛（坐唱）与外坛（武打）之别。内坛剧目多出自长篇“神书”，其中有《魏征斩龙》、《秦始皇赶山塞海》、《刘全进瓜》、《杨金锁》等。外坛剧目则有《小乔思夫》、《张郎休妻》、《二郎探母》等。因为演出时只用锣鼓伴奏，唱腔高亢粗犷，故俗称“大开口”。后来为了争取观众，“大开口”艺人与“小开口”艺人同台演出增多，并逐渐合流，称“维扬戏”（或“扬州戏”）。解放后，维扬戏由政府正式定名为扬剧，并在扬州成立了扬剧联合第一剧团。上世纪 50、60 年代是扬剧发展的鼎盛期，不少剧目如《鸿雁传书》、《挑女婿》、《袁樵摆渡》、《上金山》、《放许仙》、《断桥会》等很受观众欢迎，取得了较大影响。

淮剧：又名江淮戏，流行于江苏、上海和安徽部分地区。清代中叶，在江苏盐城、阜宁一带流行着一种由农民号子和田歌、栽秧调发展而成的说唱形式“门叹词”（又称“门弹词”、“门谈词”），形式为一人单唱或二人对唱，仅以竹板击节。后与苏北民间酬神的香火戏结合，两种艺人时常结伙搭班，三、五人，八、九人不等，时聚时散，露天演出“对子戏”、“三小戏”。这些戏的演出场面比较简陋，无弦乐，仅有大锣、小锣、响板和竹根鼓。后来它们又接受了徽剧和京剧的艺术陶冶，在唱腔、表演和剧目等方面逐渐丰富，其影响遍及盐淮乡村，并于民国初开始南下进入城市，被当地群众称为“江淮戏”。1953 年淮剧正式定名，并在南京成立了江苏省淮剧团（后迁盐城），之后通过对传统剧目挖掘整理，产生了一批淮剧的保留剧目，像《南访》、《五台出家》、《兵困禅林》、《金水桥》、《赞貂蝉》等。

1959 年江苏省扬剧团首次进京演出剧目单

淮海戏：旧称“淮海小戏”，流行于江苏淮阴地区、连云港市及盐城、徐州、扬州地区的部分乡镇和皖北一带。源出于海州、沭阳、灌云一带流行的“拉魂腔”，因以三弦伴奏，又称“三括调”。早期是沿门说唱民间故事的“门头词”，清道光年间，艺人开始自由结班，赶青苗会、烧香会演唱。演唱时于地画圈，圈内放席，艺人分角色表演，时称“小戏”。清光绪六年(1880)后，徽剧、京剧的流入，促使小戏艺人打破闭关自守的局面，或拜徽剧、京剧演员为师，或与其搭班合演，吸收了剧目，革新了唱腔，丰富了表演。光绪末年，舞台上出现了第一代女艺人，艺术上也有了新的发展。1940 年，中国共产党建立淮海地区抗日民主根据地，先后组织了“艺人救国会”及“实验小组”，并给小戏命名为“淮海小戏”，编演《送子参军》、《小板凳》、《柴米河畔》、《三星路》、《反内战》等现代戏。新中国成立后，江苏省建立了淮海剧团以及连云港、灌云、东海、泗阳、滨海等十市、县专业剧团，并于 1954 年定名为“淮海戏”。

通剧：南通地方戏曲剧种。南通一带，自古有巫觋之风，俗称做僮子，亦称“香火”。清代，南通僮子祭祀活动四时不断，春天有“青苗会”、“迎青帝”、“迎神赛社”，端午跳“钟馗傩”，秋季有“消灾会”，冬季有“腊祭”。南通僮子分文武僮子，武僮子做武执事，在场地上表演爬刀山、钻火圈、要火流星等武术杂技，故又称“外场”。文僮子做文执事，由一至二人坐唱，一锣一鼓伴奏。其仪式和剧目很多，有《开门请神》、《度天关》、《审替身》、《谢土封神》、《打扫净园》等。僮子在乡间从事迷信活动的过程中，把具有一定故事情节的说唱神鬼词句及七字调、鼓儿书唱本加工后，化妆登台，串演戏文。通剧以南通方言加锣鼓伴奏的演唱、粗犷的唱腔和通俗易懂的唱词，为人们喜闻乐见。僮子的做“劝”（劝世文）演戏，尽管纯朴得过于简陋，粗糙得近乎原始，但它却千真万确是典型的民间戏剧，并拥有大量的观众，长演长盛，历久不衰，象南通这样地处沿海地区、经济和文化发达的城市，南通僮子依然比较完整地保留着原始、古朴的风貌，简直令人不可思议。建国后，僮子摒弃其祭神驱鬼的迷信内容，利用其说唱形式，演现代剧，推陈出新，并于 1960 年正式更名为通剧，在编导、表演、音乐、舞美等方面都有很大的提高。近年来，南通僮子不仅被列为专门课题重点研究，而且越来越引起国内外学者的注重和兴趣。

北方方言区，含徐州地区的八个市、县。该区有柳琴戏、江苏梆子和丁丁腔。

柳琴戏：旧称“拉魂腔”，又有“拉呼腔”、“拉花腔”、“拉洪腔”、“拉喉腔”、“拉后腔”等名称，1953 年，因其主要伴奏乐器为“柳叶琴”，遂正式定名为柳琴戏。它形成于清代中叶以后，主要分布在江苏、山东、安徽、河南四省接壤的广大地区，在江苏则主要流行于徐州市及丰、沛、邳、铜山、睢宁、东海、宿迁、赣榆等十余县。柳琴戏的来源，说法不一，一说是以鲁南民间小调、劳动号子和农村生活音调为基础，一说是源于山东临沂地区的花鼓秧歌，即“肘鼓子”（又名“周姑子”、“姑娘腔”）。在整个发展过程中，融汇了当地的民间音乐及毗邻地区的剧种音乐，逐步形成了自己完备的唱腔体系，内容丰富多姿，有“九腔十八调、七十二哼哼”之说。徐州地处大陆中部，为南北两大派系剧种交汇、流经之地，对柳琴戏唱腔的渗入影响颇大。柳琴戏的传统剧目有二百余出，以生活小戏和“三小”戏为主，小戏以《喝面叶》、《小姑贤》等为代表；大戏以《四告》、《观灯》、《大花园》等最为有名。20世纪50年代后，剧团又创作改编了不少有影响的剧目，如《灵堂花烛》、《状元打更》、《三赐御匾》等；80年代初，又有时装戏《小燕和大燕》被拍成电影艺术片广为放映，也受到不同层次观众的喜爱。至今徐州附近民间仍流传着："三天不听拉魂腔，吃饭睡觉都不香"的民谚，足见观众对柳琴戏的喜爱。

江苏梆子：俗称"大戏"，亦名"梆子戏"、"徐州梆子"等，1960年始称"江苏梆子"。明末清初，山西、陕西梆子传入山东，形成山东梆子。山东梆子艺人主要活动鲁西南、鲁南和苏北地区，徐州百姓对山东梆子异常喜爱，许多山东梆子艺人开始定居徐州授徒传艺，久而形成具有地方特色的"徐州梆子"。徐州梆子的演唱风格，既硬重又轻柔，男腔尤多花腔，袭用山东梆子唱腔方法演唱，悦耳动听，故生脚戏，特别是"黑红花脸"的剧目较多。其代表剧目为"四大征"（《薛礼征东》、《樊梨花征西》、《姚刚征南》、《燕王征北》）、"四大铡"（《铡赵王》、《铡美案》、《铡郭嵩》、《铡郭槐》）及"老十八本"、"新十八本"等，这些剧目多采用"武戏文唱"的形式，以大段唱腔来塑造人物，推进剧情。角色行当分三大类15行，表演除"四功五法"外，还吸收了相当数量的杂耍特技，如"漱牙"、"爬杆"、"活腮"、"滚棚"、"吊辫子"、"鸡蛋簸米"等。1976年后，江苏梆子戏获得新的生机，古装戏《八姐游春》、《公主夺夫》，现代戏《银杏坡》、《青春泪》均受到好评，新编古装戏《华山情仇》参加全国梆子戏剧种新剧目交流演出，获优秀演出奖、优秀表演奖等六项荣誉。江苏梆子戏青年演员

徐州梆子戏《打神告庙》演出剧照

张虹、燕凌先后获得第九届和第十八届中国戏剧梅花奖。

丁丁腔：始称“太平歌”，是徐州特有的戏曲种类。17世纪后半叶兴起于利国镇一带，后在苏、鲁、豫、皖接壤地区广为流传。明末清初，常有漕运船队在利国镇的厉湾、寄堡、庙庄等地停泊。太平歌原是村民自娱自乐的歌谣，后来在发展中不断完善，由独唱而对唱、合唱，发展成为戏剧形式。主要伴奏乐器为月琴，以其声“丁丁冬冬”清脆悦耳，遂以“丁丁腔”名之；一说表演“太平歌”时，演员所持花伞的周围饰有小铜铃，舞动时发出丁丁当当的音乐效果，故言“丁丁腔”。与江苏其它剧种相比，丁丁腔的现状比较堪忧。

值得一提的是，有些非本土戏曲的样式，像越剧、黄梅戏等外来剧种，因其艺术水准较高，在江苏也有很好的观众基础。江苏还是京剧表演艺术的杰出代表梅兰芳的故乡，并于上世纪50年代成立了江苏省京剧团，拥有众多的票友。这些剧种连同土生土长的锡剧、扬剧等，一起构成了江苏缤纷多彩的地方戏文化。

第三节　江苏戏曲文化特色

在江苏戏曲漫长的发展进程中，始终涌动着积极创新的生命力，并逐渐形成鲜明的地域特色。具体而论，可以归结为以下几点：

一、南腔北调，兼收并蓄

江苏人口地域结构的多样性，首先必然带来戏曲文化的多元性。江苏戏曲以“海纳百川，有容乃大”的精神，以本土文化为母体，吸收消化了国内其它地方剧种的优长，将北方的粗犷豪迈与南方的精致纤巧熔为一炉，造就了南北戏曲的辉煌，体现出极高的包容性与融合性。如作为南方剧种代表的昆曲，其实从一开始便受到北方杂剧的深刻影响。魏良辅在对昆山腔进行改革时便有意识地借鉴当时北曲结构谨严的长处，昆曲不仅继承了大量元杂剧的曲调，而且也沿袭了元杂剧的曲调组合及形式。许多昆曲的传统经典剧目如《单刀会》、《西厢记》、《金锁记》等，也都是改编自北杂剧。尤其是至今仍在昆曲舞台上演出的《游殿》、《闹斋》、《惠明》、《请宴》、《听琴》、《寄柬》、《跳墙》、《佳期》、《拷红》、《长亭》、《惊梦》等折子戏便是出自于明代江苏吴县文人李日华改编的《南西厢》。另一方面，当昆曲盛极一时的时候，具有浓郁北方特色的戏曲声腔进入江苏后也并未受到任何的排斥，如发源于山陕地区的秦腔清初便在扬州等地开始演出，费轩《梦香词·调寄望江南》写道："扬州好，几处冶游场。转爨大秦梆子曲，越邻安息棒儿香。一觉十年长。"著名秦腔艺人魏长生便以其高超的演技，深受人们的喜爱，不仅花部演员模仿学习，一些昆班子弟亦投入门下。其它江苏地方戏剧中的情况也大体相似。这种兼收并蓄的传统营造了开放包容的戏曲创作与演出氛围，从而丰富和提升了江苏戏曲文化的美学品质。

二、追求品位，雅俗共赏

包括昆曲在内的江苏戏曲各剧种最初均来自于乡野民间，富含俗文化的生活情趣，同时在漫长的发展演变过程中，戏曲作家与表演者也从未放弃对品位的追求，这才有了戏曲作品的精致典雅和美仑美奂，可以说，"雅俗共赏"是江苏戏曲深深的文化印记。像昆曲传入北京后，以其文辞典雅，轻歌曼舞，深得文人士大夫、官宦阶层的青睐，盛行于达官显贵的红氍毹上，被称之为"官腔"，视之为"雅乐正音"，出现了高度雅化、脱离普通群众的趋向。明末清初戏曲家、江苏如皋人李渔在其著名的曲学论著《闲情偶寄》中便对此有着清醒的认识，他一再强调戏曲曲文"贵显浅"，认为"传奇不比文章，文章做与读书人看，故不怪其深，戏文做与读书人与不读书人同看，又与不读书之妇人小儿同看，故贵浅不贵深"。然而，到了清中叶以后，被誉为"雅部"的昆曲在与"花部"诸腔争斗中每况愈下。至乾隆初年，戏班子的演出竟陷入了观众"闻歌昆曲，辄哄然而去"之尴尬境地，这种情形的出现某种程度上恰是因为对“雅俗共赏”正确理念的背离所致。那些后来居上的地方戏的曲文语言通俗，自然本色，适合于社会上具有不同文化修养的广大观众的理解水平，从而能达到普遍欣赏的目的。

三、受众广泛，群众基础坚实

戏曲作为一种审美艺术和中国传统文化的瑰宝，其功能价值的最终体现，还要通过观众的欣赏过程来完成，而包括昆曲在内的各类剧种在江苏一直拥有着广泛的受众。早在明清时期，各阶层的人们便积极参与到各种戏曲活动之中。像著名的“虎丘曲会”，明代散文家袁宏道在《虎丘记》中曾作过这样的描述：每年八月中秋，苏州人“倾城阖户，连臂而至。衣冠士女，下迨蔀屋，莫不靓妆丽服”，大家因为共同的兴趣聚到了一起。于是，一个完全自发的盛大曲会开始了，成百上千的歌者各唱各的，“声若聚蚊，不可辨识”。渐渐地，唱者的竞技心起，“以歌喉相斗”，便成了唱曲比赛，音色较差的就被自然淘汰。当“明月浮空，石光如练”时，“一切瓦釜，寂然停声，属而和者，才三四辈”。上千的听众，凝神倾听，夜色更深，只剩“一箫，一寸管，一人缓板而歌，竹肉相发，清声亮彻，听者魂销”。比到“月影横斜，荇藻凌乱”时，整个虎丘山上，箫板等乐器不再伴奏，出现了最终的胜利者，只见“一夫登场，四座屏息，音若细发，响彻云际，每度一字，几尽一刻。飞鸟为之徘徊，壮士听而下泪矣”。类似的曲会一直到近代都延绵不绝，吴江人陈去病在《五石脂》叙述道：“吾邑四乡往往有三家之村，为识字之氓，亦俨然集其徒六七，围灯团坐，相与吹弹丝竹，唱元明人曲本，亹亹可听。入夜则打十番鼓，杂以科诨，大类郡城清唱。”郑板桥《扬州》诗也说“千家养女先教曲”，这些都可见戏曲活动在民间之繁兴。

江苏各种戏曲活动中，文人士大夫无疑是欣赏与创作的重要主体，但即使是一般的黎民百姓，也不乏有较高造诣的戏曲迷。杨恩寿

《词余丛话》曾记载一则趣事，说清初昆曲作家、吴县文人袁于令，夜间坐轿回家。过一大户门前，听见里面正在唱《霸王夜宴》。轿夫叹息道："这么好的月夜，唱什么霸王！为何不唱'绣户传娇语'！"袁于令听轿夫这么一说，高兴得差点从轿上翻下来。因为轿夫说的"绣户传娇语"，正是袁于令名作《西楼记·错梦》一出里的唱词。一个轿夫可以随口说出戏曲作品中一段唱词，足见一般百姓对戏曲的熟悉和热衷程度。无独有偶，江苏著名报人、小说家包天笑在《西堂度曲》也有一段相似的记载："凡是青年学曲，都是喜唱小生，因为那些曲本都是描写才子佳人，难得有脱其窠臼者……原来江南一带都没有大喉咙的，即说话也是轻声细气。只有一人在女冠子桥一家糕团店的司务，我已忘其姓名，横竖都够人家呼之为'糕团大面'，凡曲家都知之。如有高尚的曲局，邀之惠临，他便脱去油腻的作裙，穿上蓝布长衫傲然而来。缙绅先生敬之如上宾，当筵一曲，响遏行云，群皆叹服。"这位做糕团的师傅因为曲唱得好而受到人们的尊敬。从上述事例中均不难看出，戏曲在江苏普通百姓中曾经拥有过很高的影响力，欣赏与演出能够形成良性互动，彼此相互促进、相互影响，这也是未来戏曲传承的历史文化基础。

关键词：

昆曲　锡剧　淮剧　柳琴戏　江苏梆子

思考题：

1. 什么叫昆曲？
2. 产生于江苏的昆曲代表作品有哪些？
3. 江苏戏曲文化的特色是什么？
4. 举例介绍你所在地区的地方戏文化。
5. 你认为如何才能更好地传承江苏的戏曲文化？

第十一章　江苏书画艺术

江苏物华天宝，人杰地灵，山水清嘉，文物鼎盛。适宜的气候，丰富的物产，相对安定的居住环境，造就了这里的艺术化生活。从“断发文身”的自我修饰到“人家尽枕河”的诗意栖居，从“三万六千何渺渺”的太湖到“虎踞龙蟠”的钟山，人文与自然的结合，孕育了江苏一代又一代的艺术家和艺术精品。特别是从魏晋以来，江苏艺术形成了以绘画和书法为代表的格局，在我国绘画和书法史上留下了浓墨重彩的辉煌篇章。

第一节　江苏绘画艺术

一、江苏绘画的发展历程

（一）先秦两汉——质朴自由的早期绘画

江苏绘画源远流长，在绘画艺术尚未脱离实用阶段的原始社会至两汉时期，江苏的绘画已经出现了不俗的成就。岩石、崖壁、青铜器、石砖、木板、漆器之上的刻纹图案是江苏最早的绘画。连云港将军崖的“稷神崇拜图”，是新石器时代晚期的大型岩画。该画由十个大小不等的人面及植物构成，人面仿佛谷物结出的果实，意味着谷物如同人一样具有生命思想，像人一样父母子女代代相传，反映了原始社会稷神崇拜的状况。春秋战国时期，吴国青铜器上雕刻的各种纹

稷神崇拜图

饰，如丹徒夔龙纹鼎所饰“顾龙”、镇江谏壁王家山关墓出土的青铜匜、盘、舟内所刻宴饮、乐舞、射侯、舟旅等贵族生活场面，风格自由，具有浓厚的地方色彩。

徐州地区的两汉画像石，是江苏绘画艺术殿堂里的一颗明珠。汉画像石本是汉人门楣、石窟、祠堂、墓室、棺椁上具有鲜明主题的石刻装饰画。徐州地区发现的汉画像石大多是西汉末至东汉中晚期时期的作品，内容涉及神仙故事、历史人物、社会生产生活等。如《牛耕图》，以农家生产活动为题材，在表现农夫呵牛扶犁耕作时，加入了“箪食壶浆”的妇人和车旁的小狗，生活气息十分浓厚，整个画面有静有动，有远有近，布局紧凑合理，富有浓郁的诗情画意。无论从历史

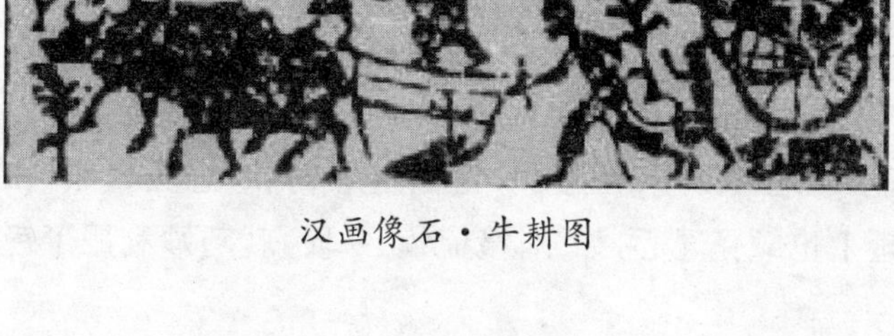

汉画像石·牛耕图

研究还是从艺术角度去看，都是弥足珍贵的艺术瑰宝。

（二）魏晋南北朝——独领风骚的人物画

魏晋南北朝，由于连年战乱、南北割据、北方士族南迁等原因带动了江南大开发，江南地区的绘画艺术也在这种历史进程中取得了长足的进步，在山水画、花鸟画、人物画、宗教画等领域均有所创获，出现了一批著名的画家。从流传至今的曹不兴“误墨成蝇”、张僧繇“画龙点睛”等传说，就不难窥见他们的画技有多么高明了。在众多的绘画门类中，人物画脱颖而出，代表了江苏绘画乃至当时整个中国绘画的最高成就。

魏晋南北朝之前，人物画的主要功能是图示宣教、辅助政教。到了魏晋南北朝，一方面，由于玄学的兴起，促进了人的觉醒，人本身成为美的表现对象；另一方面，佛教的盛行，带来了大量绘制或雕塑的佛像，这些异域艺术与中国传统技法相融合，给中国的绘画输入了新鲜的血液。佞佛的风气加上佛教宣传的需要，佛像占据了这一阶段人物画的半壁江山。不过，与北方常将佛像凿刻在石窟（云冈、龙门石窟等）的方式不同，江南的艺术家们尝试着用笔墨绢帛，将人物画发展到一个新的阶段。据说，曹不兴是中国境内第一个画佛像的人，“昔竺乾有康僧会者，初入吴，设像行道。时曹不兴见西国佛画仪范写之，故天下盛传曹也”（宋郭若虚《图画见闻志》引蜀僧仁显《广画新集》）。因此，曹氏有“佛画之祖”的美誉。此外，这一时期重要的画家，如有“六朝三杰”之称的顾恺之、陆探微、张僧繇，均是人物画的高手。

由于年代的久远，那时的人物画大多都已经失传，目前仅有顾恺之的《女史箴图》、《洛神赋图》、《列女仁智图》等少数画作尚有摹本传世。顾恺之《女史箴图》是根据西晋文学家张华的《女史箴》一文而创作的，就认知价值而言，此画真实地展示了古代贵族妇女的发型衣饰以及日常生活的某些方面；就艺术价值而言，其线条宛如“春蚕吐丝”、“流水行地”（汤垕《画鉴》），笔法连绵匀和、悠缓自然，在构图和形象处理上也颇具匠心，如“对镜梳妆”一段，就巧妙利用了镜子来表

顾恺之《女史箴图》(局部)

现三维空间的技法,将一位背身而坐的人物面容通过镜子映照出来,堪称绝妙。

(三)唐宋——开宗立派的山水画

江苏绘画发展到唐宋时期,出现了新的变化。魏晋南北朝时期暂露头角的山水画,经由王维的改造,在江苏及其他地区画家的推波助澜下,终于成为中国山水画史上赫赫有名的南宗画派。晚明董其昌说:“画之南北二宗,亦唐时分也……南宗则王摩诘始用渲淡,一变钩斫之法,其传为张璪、荆、关,郭忠恕、董、巨,米家父子,以至元之四大家。”(《画禅室随笔》卷二)董氏之论勾勒了南宗山水的发展历程,而他所提到的张璪、董源、巨然、米家父子、元四家中的黄公望、倪瓒等人,或为江苏人,或与江苏有着极深的渊源。

唐代苏州人张璪,尤工树石山水,“山水之状,则高低秀丽,咫尺重深,石尖欲落,喷泉如吼。其近也,若逼人而寒;其远也,若极天之尽”(《唐朝名画录》)。南唐的董源虽为江西钟陵(今江西南昌进贤)人,但他长期生活在山明水秀的江南,所以他的山水画作不见高山叠嶂,崚峭怪石,而是峰峦晦明,林麓烟云,洲渚掩映,是典型的江南风景,表现了平淡天真、缥缈轻逸的情趣。传世作品有《寒林重汀》、《夏山图》等。江宁(今南京)开元寺僧巨然,师法董源,为淡墨轻岚、平淡趣高一格,史以"董巨"并称,为"江南画派"之开创者。到了南北宋之交,师法董源的还有南徐(即今镇江一带)江参(字贯道)和寓居苏州、镇江等地的米芾、米友仁父子,他们的山水画多作江南平远景色,不作雄伟险峻的峰峦。其中米氏父子之画,基底用清水润泽,淡水墨渍染,没有轮廓线,加上湿墨点,从而给人以朦胧之状、湿润之感,即使不画云雾,也似有云雾变幻之感,人称"米氏云山"。

除了在山水画方面的突出贡献外,南唐中主李璟提倡绘事,并创立"南唐画院"。因此,在南京也聚集了一批颇有影响的画家,其中句容周文矩、南京王齐翰、潍坊顾闳中(寓南京)等的人物画,南京(一说南昌)徐熙的花鸟画,也均在画史上占有一席之地。像顾闳中的《韩熙载夜宴图》,是因后主李煜闻听中书舍人韩熙载纵情声伎,"乃命闳中夜至其第窃窥之"(《宣和画谱》)而作。该画由五个部分组成,细节丰富,人物各具姿态,其中人物、器物一一可考,生动再现了南唐显贵的宴乐生活,是我国绘画史上的珍品。

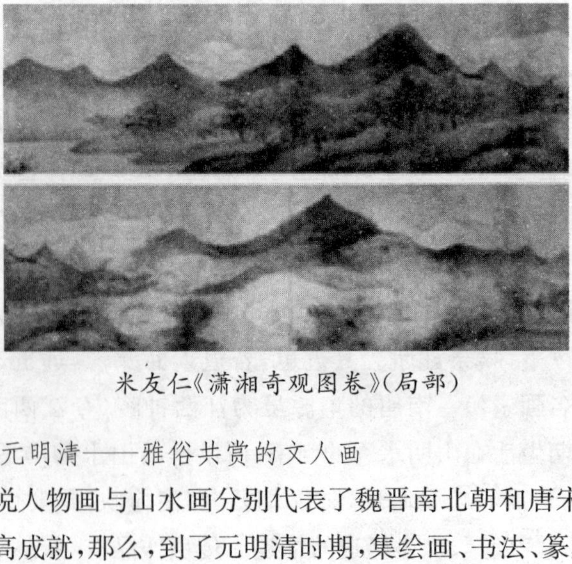

米友仁《潇湘奇观图卷》(局部)

(四)元明清——雅俗共赏的文人画

如果说人物画与山水画分别代表了魏晋南北朝和唐宋时期江苏绘画的最高成就,那么,到了元明清时期,集绘画、书法、篆刻、文学为一体的文人画的繁荣，使江苏绘画进入了黄金时代。文人画自北宋正式崛起后，逐渐成为画坛的主流。由于元代存在民族歧视、文人地位低下等问题，汉族文人大多既受冷遇，又不愿与朝廷合作，他们只能寄情于诗文书画，自命清高，因此，元代几乎成了文人绘画的一统天下。而明清两代，由于八股取士、文网严密等原因，大批文人怀才不遇、沉沦下僚，绘画也就成为他们寄托情思，表现遁世、高逸情调的重要途径之一。作为人文渊薮的江苏，自然成为这一时期全国文人画的重镇。具体来说，元代绘画的中心在东南江浙一带，在江苏境内的就有无锡、镇江等地，又以苏州为中心。这种情况从元代一直延续到明清两代，像“元四家”中的黄公望、倪瓒，明代中叶出现的吴门四家（沈周、文徵明、唐寅、仇英）、清初的四王（王时敏、王鉴、王原祁、王翚）等都出自上述地区。

由于文人画的作者大多是学者、诗人，他们标举“士气”、“逸品”，崇尚品藻，讲求笔墨情趣，脱略形似，强调神韵，重视文学、书法修养和画中意境的营构，因此，这一时期江苏的绘画总体上呈现出一种清雅的风格。常熟的黄公望（1269—1354）处在由宋到元的山水画转型和文人画形成发展的时期，从他开始，中国的绘画走出了一条书法入画、写意疏放、清淡简远、平淡天真的文人画之路，为明清山水画的繁荣奠定了坚实的基础。他的代表作是晚年所作的长卷《富春山居图》（此画已分成两段，前段《剩山图》藏于浙江省博物馆，后段《无用师卷》藏台北故宫博物院）。此图丘陵起伏，峰回路转，江流沃土，沙町平畴。云烟掩映村舍，水波出没鱼舟。近树苍苍，疏密有致，溪山深远，飞泉倒挂。亭台小桥，各得其所；人物飞禽，生动适度。景随人迁，人随景移，达到步步可观的艺术效果。其布局由平面向纵深展宽，空间极其自然，使人感到真实和亲切，笔墨技法包容前贤之长，又自有创造，并以淡淡的赭色作赋彩，这就是黄公望首创的“浅绛法”。整幅画作简洁明快，虚实相生，有“清水出芙蓉，天然去雕饰”之妙，集中显示出黄公望的艺术特色和心灵境界，被后世誉为“画中之兰亭”。

黄公望《富春山居图》(《剩山图》)

但是,文人绘画亦有浅薄、模仿、粗制滥造之病。一方面,由于明清时期的画家大多靠卖画为生,免不了落入俗套。明末苏州人范允临曾指出:“今吴人目不识一字,不见一古人真迹,而辄师心自创,惟涂一山一水,一草一木,即悬之市中,以易斗米,画那得佳耶?”(《输寥馆集》卷三)另一方面,那种“偶然戏墨小品,少得天趣,不过文人遣兴之作”(松年《颐园论画》)的绘画也实在谈不上高雅。此外,由于明清时期商品经济的发展,市场对文人画特别是名家画作的需求量大,如沈周之画“通天下贵贱以及裔夷皆宝之”(祝允明跋沈周《山水花鸟册》,《中国古代书画图目》二),故而因供不应求而出现的代作、伪作等情况就常常发生。沈周、唐寅因求画者太多,于是索性“手题他人画笔,为应酬之具”(张丑《清河书画舫》),文徵明经常叫他的弟子朱朗代笔还画债,以至于伪造临写文徵明画者很多,“往往真不能当赝十二,而环吴之里居者,润泽于先生之手几四十年”(王世贞《文先生传》,《弇州四部稿》卷八十三)。上述这些情况给这一时期江苏绘画染上了一些世俗的色彩。不过,瑕不掩瑜,元明清时期的江苏绘画仍然占据中国绘画的重要地位。

二、江苏绘画的主要成就

(一) 大师众多,流派纷呈

从三国东吴的曹不兴开始,江苏历史上的著名画家就不断涌现,像顾恺之、张僧繇、陆探微、张璪、董源(流寓)、巨然、徐熙、米芾(流寓)、米友仁(流寓)、黄公望、倪瓒、王绂、夏昶、沈周、文徵明、唐寅、仇英、石涛(流寓)、髡残(流寓)、龚贤、王时敏、王鉴、王翚、王原祁、金农(流寓)、郑燮、李鱓、李方膺等都是中国绘画史上著名的画家。从明代开始,江苏画家呈现群体化的特点,真正意义上的流派开始出现,并呈现蔓延嬗递之势,其中较为著名的有吴门画派、娄东派、虞山派、武进派、江宁派、金陵八家、新米派、扬州八怪、京江派等。限于篇幅,这里仅介绍吴门画派和扬州八怪。

吴门画派为明中期的著名画派,因其代表人物沈周、文徵明等都是吴(今苏州)人,故谓之"吴门画派"。他们在艺术上较全面地继承了宋元以来的优秀传统,丰富了文人画的内涵,并形成了自己独特的风格。需要指出的是,以往将唐寅、仇英也划入吴门画派,这是不妥的。因为就师承和风格而言,沈、文等人以师法"元四家"为主,唐寅则以师法南宋院体为主,而仇英是以工笔重彩见长。

沈周(1427—1509)是吴门画派的创始人之一,在元明以来文人画领域中具有承前启后的作用。沈周山水、花鸟皆工,董其昌说:"写生与山水不能兼长,惟黄要叔能之……我朝则沈启南一人而已。"(《画禅室随笔》)其早年山水多小幅,以严谨细秀为特点,世称"细沈";晚年山水多作大幅,笔法粗简豪放,人称"粗沈"。沈周花鸟,多用浅墨淡色,或参以水墨泼染之法,墨气滃然,极有韵味。代表作有《庐山高图》、《东庄图》、《吴门十二景册图》、《沧洲趣图卷》、《芝田图》、《松下芙蓉图》、《枯树八哥图》等。文徵明(1470—1559)的绘画造诣较为全面,山水、人物、花鸟等皆擅,传世作品以山水画成就最高。他的画虽然也有粗、细两种风格,但以缜密工致、文静清秀的细笔著称，代表作有《林榭煎茶图》、《浒溪草堂图》、《惠山茶会图》、《江南春图》、《溪桥策杖图》、《秋葵折枝图》等。此外，陈淳、陆治、文嘉、文伯仁、钱穀、陆师道、周天球、谢时臣等人也是该派的重要画家。吴门画派对明清时期的文人画影响很大，论者尝曰："自嘉靖以后，循至有明季世，竟掩有中原而独步之势。随潮拥水，直使清代三百年之山水画，亦全属此派范围之下，其情况真有不可一世之概。此外，直承王摩诘之统系，继沈、文而起者，作家尤多，虽非全属吴人，然均入吴派范围之内。"（潘天寿《中国绘画史》）

清代江苏绘画中较有特色的群体是扬州八怪。扬州八怪本是指清代康熙中期至乾隆末年活跃于扬州地区的一些职业画家。但具体所指，说法不一。综合起来看，曾列名八怪的有金农、黄慎、郑燮、李鱓、李方膺、汪士慎、高翔、罗聘、华喦、高凤翰、边寿民、闵贞、李勉、陈撰、杨法等人。其实他们并非都是扬州籍，也并不专指八个人。近年来，人们趋向于称他们为"扬州画派"。其实，扬州八怪在艺术风格上各不相同，但是他们大多生活清苦，以卖画为生，多借画抨击丑恶的事物和人，抒发不平之气。作品注重个性，追求创新，不死守临摹古法，画面主观感情色彩强烈，注意诗书画的有机结合。这些因素使得他们能够形成一股强大的艺术潮流，以标新立异的精神给画坛注入生机，对后世水墨写意画的发展产生重要影响。"八怪"之"怪"或即指此。八怪之中，以兴化郑燮（1693—1765）最为知名。他擅花卉木石，尤长兰竹。以书法笔画入画，自称"凡吾画竹，无所师承"，实则他主要师法徐渭、石涛、八大山人的画法。郑板桥特

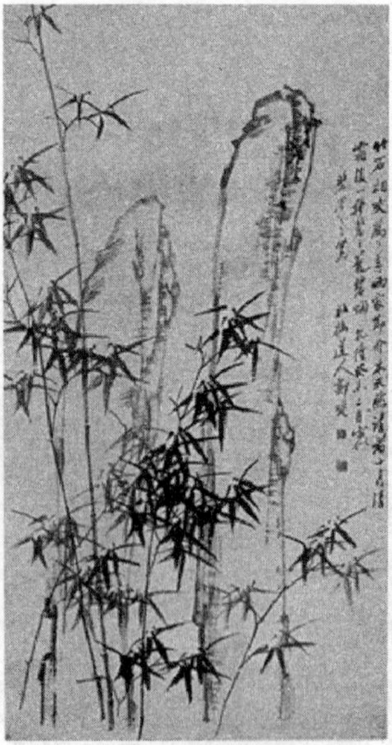

郑燮《竹石图》

别强调绘画要表现“真性情”、“真意气”，他笔下的竹挺劲孤直，往往就是自己思想和人品的化身，具有一种孤傲、刚正“倔强不驯之气”。他如金农、李方膺、汪士慎、高翔、罗聘之墨梅，各具特色。黄慎之人物，多取材于神仙佛道和历史人物，但却能变雅为俗，多有现实生活中的形象。李鱓之花卉，放笔写意，不拘法度，于挥洒脱落中见规矩，不拘形似，中得天趣。华喦之花鸟，吸收明代陈淳、清代恽寿平等人之长，善于捕捉自然生物的天趣，将花鸟的姿态刻画得活泼生动，形成了一种清新俊秀、率意疏宕的画风，对后世产生了积极的影响。

（二）理论丰富，技法创新

从魏晋开始，江苏绘画在理论和技法上的贡献便有目共睹。首先，江苏的画论家特别注重“形”与“神”这一涉及绘画审美要求问题的讨论。早期的绘画是以摹形造像的方式来反映现实，论画之优劣往往以形象塑造与客观对象的似与不似为标准。东晋的顾恺之在《魏晋胜流画赞》中率先明确提出了“以形写神”的观点，认为绘画应该形神并重，在写形的基础上达到传神。这就将原本被忽略的画家本人的主观思想感情，纳入到绘画中来。那么，如何达到“传神”的效果？顾恺之在《论画》中又提出了“迁想妙得”的主张。画家作画之前，首先要观察、研究对象，积极调动想象，揣摩、体会对象的精神气质，此所谓“迁想”；在把握对象的思想感情后，经过分析、提炼，形成艺术构思，揭示出表现对象的内在意蕴，这就是“妙得”。顾恺之还提出了“传神阿堵”说，认为点睛是传神的关键，若有丝毫闪失，就会导致“神气与之俱变”的严重后果。此外，他的《画云台山记》还充分表明了其对“置陈布势”的重视。顾恺之的“传神论”标志了中国传统美学形神论的创立，也成为中国画论的中心问题。唐代吴郡人张璪所说的“外师造化，中得心源”、宋代米友仁的“画之为说，亦心画也”（《元晖画跋》）、明代文徵明的“作家士气咸备”（《跋文同盘谷图》）等观点，均是围绕形神关系而展开的探讨。

其次，在绘画创作和鉴赏等方面，江苏画论家提出了许多独特的

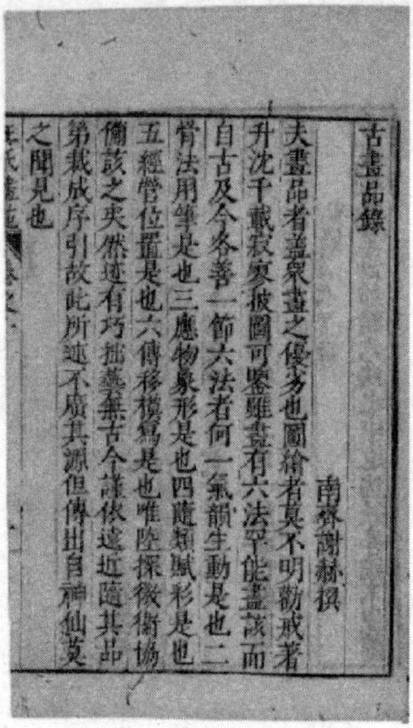

古畫品錄

南齊謝赫撰

夫畫品者蓋衆畫之優劣也圖繪者莫不明勸戒著升沈千載寂寥披圖可鑒雖畫有六法罕能盡該而自古及今各善一節六法者何一氣韻生動是也二骨法用筆是也三應物象形是也四隨類賦彩是也五經營位置是也六傳移模寫是也唯陸探微衛協備該之矣然迹有巧拙藝無古今謹依遠近隨其品第裁成序引故此所述不廣其源但傳出自神仙莫之聞見也

谢赫《古画品录》

见解。齐梁时期的谢赫是六朝最有成就的绘画理论家之一。他在《古画品录》中提出了气韵生动、骨法用笔、应物象形、随类赋彩、经营位置、传移模写等六条原则，其中气韵生动，即以生动的形象充分表现人物的内在精神，是对作品的总体要求，也是绘画中的最高境界，其他“五法”则是达到气韵生动的必要条件。谢赫的“六法”被奉为中国绘画史上“千载不易”、“万古不移”之圭臬。唐代吴郡人朱景玄所撰《唐朝名画录》以“神、妙、能、逸”四品，对唐代一百二十多位画家作了品评，体例完备，内容详尽，对了解唐代绘画具有重要参考价值。《四库全书总目》谓以四品论画“实始景玄，至今遂因之不能易”。元代黄公望在其《写山水诀》二十二则中对山水画的笔墨、设色、布局、构图、意趣、气格等，都有精辟的论述，被推为南宗山水画理论之真传。同为元人的倪瓒提出了“逸气”论，认为“写图以闲咏，不在象与声”(《题画》)，“逸笔草草，不求形似”(《答张藻仲书》)，“聊以写胸中逸气耳”(《跋画竹》)，即作画不在形似，也不在颜色似，而是要宣泄胸中的逸气，借此自娱而已。元末明初昆山王履在《重为华山图序》等文章中，提出了“意溢乎形”、“法在华山”、“意匠就天”、“宗与不宗”等一系列绘画思想，给明初画坛摹古的氛围注入了清新的风气。清代的郑燮主张继承传统“学七撇三”，“师其意不在迹象间”，在创作方法上，提出“眼中之竹”、“胸中之竹”、“手中之竹”，即观察、构思和表达三阶段论。

再次，追求技法创新，熔铸诸家自成一格，也是江苏绘画的重要成就。在人物画方面，刘宋时期的陆探微继承了顾恺之“密体”画法，并将顾氏所创“春蚕吐丝”线条改为刚劲挺拔的锐利线条，所画人物

唐寅《王蜀宫妓图》

多身材修长、清瘦秀丽、潇洒飘逸，从而形成了“秀骨清像”（张彦远《历代名画记》）的艺术风格。另外，他还吸收了书法笔意，注意线条之间的呼应、补充，人称“一笔画”。萧梁时期的张僧繇敢于大胆创新，在色彩上，学习天竺（今印度）的晕染法，从而使画作显出层次感和立体感，称为凹凸法。在用笔上，他一改顾、陆之“密体”，创造了豪迈疏朗的“疏体”风格；在人物造型上，他将画坛流行的陆探微式的“秀骨清像”变为“面短而艳”，从而使人物形象丰满可爱。

在山水画方面，中唐山水画家张璪是水墨渲淡山水画的创始人之一。他绘画时以墨为主，不求巧饰，常常“以掌摸色”，或“手摸绢素”。传说他能双管齐下，“一为生枝，一为枯枝，气傲烟霞，势凌风雨，槎枿之形，鳞皴之状，随意纵横，应手间出。生枝则润含春泽，枯枝则惨同秋色”（朱景玄《唐朝名画录》）。此外，上文提到的“米氏云山”是米芾破除勾、皴、点、染诸法，全以横点点成，这种画法虽然属于别派，但这种技法背后“寄兴游心”和“墨戏”的绘画美学思想，奠定了文人画的美学基础。

元明清时期的文人画，更是熔铸诸家，自成一格。元四家之一的倪瓒师法董源，参以荆浩、关仝技法，创“折带皴”画山石，画树木则兼师李成，构图多取平远之景，善画枯木竹石等，景物极简，用墨以干淡为多，人称“疏体”。明四家之一的唐寅，则融院体的工笔与文人画的笔墨于一体，形成笔法挺健细秀、墨色淋漓融合、风格严谨而轻逸的艺术特色。晚明的曾鲸（福建莆田人，流寓金陵），从西洋绘画技法得到启发，创造了既不同于西洋的“明暗法”、又不同于传统的人物画技法而独树一帜的“凹凸法”，即用淡墨渲染出阴影凹凸。代表作有《葛一龙像》、《王时敏像》、《顾梦游像》等。清初四王在宗法董其昌、推崇元四家的基础上，发展了干笔竭墨层层积染的技法，丰富了中国画的艺术表现力。清初武进恽寿平的花鸟画，脱离了院体画的窠臼，先勾勒轮廓后填彩敷色，直接用笔点蘸颜色而敷染成画，被称为“没骨法”。

总之，江苏绘画无论是在创作实绩还是在理论建树上都取得了令人瞩目的成就，在中国绘画史上占有重要的地位。

第二节　江苏书法艺术

一、江苏书法的发展历程

书法是以汉字象形的特点为依据，加以抒情、写意化而成的独特艺术形式。从它诞生那一刻起，抽象的线条便成为凝聚作者生命意识和审美意趣的载体，书法艺术也成为一个时代文化精神的反映。江苏的书法艺术有着悠久的历史和深厚的传统，早在春秋晚期的吴国，就出现了镌刻在青铜兵器上的“鸟篆”，它是吴地人民审美意识的萌芽。“鸟篆”的出现拉开了江苏书法的序幕，在漫长的岁月中，江苏书法由实用走向审美，由幼稚而逐渐成熟，最终确立了在中国书法史上不可替代的地位。

（一）魏晋南北朝时期江苏书法艺术

魏晋南北朝是江苏书法发展史上第一个重要的历史阶段。这一时期，篆、隶、真、行、草诸体咸备，俱臻完善，特别是真书（即楷书）、行书、草书三种重要书体均定型于魏晋时期。就风格而言，秦汉古拙的书风渐渐被秀美灵动、婉丽飘逸的风韵所替代，并对后世产生了深远的影响。江苏书法家对此期书法的发展作出了重要的贡献。

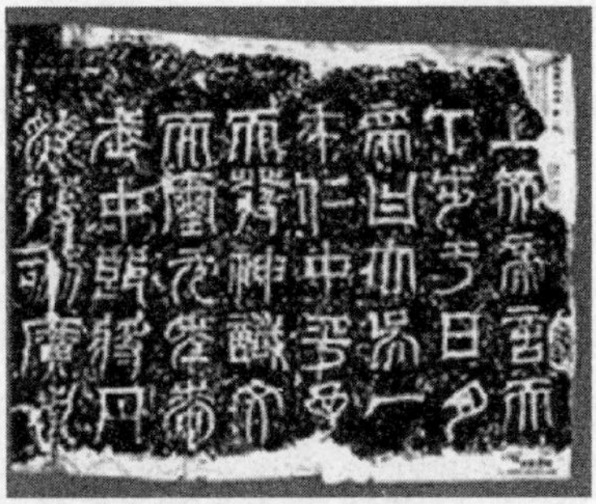

《天发神谶碑》拓本

三国时期东吴的皇象是江苏书法史上第一个重要人物。皇象，广陵江都（今扬州）人，善草书，工隶篆，著有《论草书》，时有“书圣”之称。相传《天发神谶碑》就是其作品。此碑记吴归侯孙皓功德瑞应之事，刻石原在南京孔庙尊经阁中，清嘉庆十年(1805)毁于火。碑文承袭秦始皇琅琊石刻遗风，篆意古远，用笔险劲，隶态淋漓，为前代书法之集大成者，有承隶启楷的作用。西晋以文学著称的吴郡华亭人陆机，同样也是一位著名的书法家。他问候生病友人的草书《平复帖》是中国古代著名书法家流传至今的最早墨迹，其笔法潇洒飘逸，字形古朴典雅，被视为章草向今草过渡的代表性书体。他的行书《遥想帖》在书法史上亦富有盛名。

与绘画相似，江苏书法的第一个辉煌阶段是东晋和南朝。东晋和南朝建都建康（今南京），江南成为当时的政治、经济、文化中心，聚集了一大批南北各地的汉族精英。东晋时期由于思想领域玄风大炽，个性意识觉醒，书法之善于表现个性的特点被发现，一时间帝王、士大夫名流竞相习书，蔚然成风，并出现了以世家大族为代表的书法家群体。这些书法家虽非今江苏籍人，但却多活跃于建康与江南一带，比较著名的有“八王”（羲之、献之、导、劭、珉、廞、濛、述）、“三谢”（尚、奕、安）、“六郗”（鉴、愔、昙、超、俭、恢）、“四庾”（亮、怿、翼、准），其中最突出的是王氏家族，出现了像王羲之、王献之这样杰出的书法家。而南朝更是书家林立，上至皇帝如齐高帝、梁武帝等，下至朝野各界人士莫不习书，书法家数量远超两晋。

在书法艺术上，南朝的书风几乎被“二王”所笼罩。这主要是因为他们中的不少人或是二王的后代，或是他们的弟子、再传弟子、三传弟子。南朝比较著名的书法家有萧思话、薄绍之、范晔、王僧虔、张永、张融、陆杲、萧衍、萧子云、陶弘景等。这些书法家不仅以其精湛的书法技艺流芳百世，有的还善于总结经验，凝练成书论，对书写工具、书写基本功、传承与创新、批评鉴赏等问题均有所探讨。像刘宋的羊欣《采古来能书人名》一文，将李斯以来的近七十名书法家逐一评定。梁武帝萧衍的《观钟繇书法十二意》是历史上第一篇钟繇书法专论，也是首篇对个别书法家的专论。该文提出了平、直、均、密、锋、力、轻、决、补、损、巧、称等法度方面的"十二意"。梁朝庾肩吾的《书品》采用"九品"法将汉至梁的书法家一百二十余人进行评级分类，各附短论，品评他们书法艺术的成就，建立了成熟的书法批评体系，与钟嵘的《诗品》、谢赫的《古画品录》鼎足而三，成为六朝美学评论的三大经典。

在众多书论家中，宋齐间的王僧虔是比较突出的一个。王僧虔是王导的五世孙，著有《书赋》、《论书》、《笔意赞》等书论，对书法思想作出了重要的贡献。他在《书赋》中提出了"情凭虚而测有，思沿想而图空"的观点，认为在书法创作过程中，主体依"情"与"思"活动，活动的方式是"凭虚"、"测有"、"沿想"、"图空"，即书法创作并不是对着具体事物描画，而是在一张白纸上书写，因此是创作主体的情思将还未出现的字形在头脑中酝酿成形。这一观点指出了书法是一门无中生有的创作艺术。在明了这一前提后，书法家应使自己"心经于则，目像其容"，将书法的审美法则和心、手、笔三者结合起来，达到"心忘于笔，手忘于书，心手遗情，书不忘想"(《笔意赞》)的最高境界。此外，他还对书法创作中的法度与自由、"力"与"媚"、"工夫"与"天然"等关系进行了剖析。

另外，由于曹操建安十年(205)曾颁布禁碑令，南朝因之，所以江南书法渐次以墨迹为主，和北方碑学形成了鲜明的对比，有"南帖北碑"之说。不过，从晋到南朝只是碑少，并非绝无。像齐《吴郡造维卫尊佛记》、梁《瘗鹤铭》、《萧憺墓碑》等就是碑中之佼佼者。

（二）唐宋时期江苏书法艺术

唐代是中国书法发展的第二个高峰。有唐近三百年间，“书家之盛，不减于晋”。“贞观、永徽以还，右军之势，几奔走天下”（马宗霍《书林藻鉴》）。盛唐、中唐时期，人们在厌倦了王氏书风后，开始突破“二王”风气的藩篱，从而形成了个性鲜明的书风。唐代江苏书法也正是沿着这一时代步伐前行的，比较著名的书法家有陆柬之、李邕、张旭、张怀瓘、蔡希综、沈传师等。

陆柬之（585—638），吴郡（今苏州）人，初唐著名书法家虞世南之甥。年轻时曾学书于虞世南，晚学“二王”。他隶、行、楷三体皆擅，书迹有《文赋》、《兰亭诗》等传世。所写行书《文赋》，用笔精到，刚柔相济，温润圆浑，飘逸和畅。他与虞世南、欧阳询、褚遂良齐名，并称“四子”。李邕（678—747），江都（今扬州）人，文选学家李善之子。其书初学王羲之，后博采众长自成一家，以行书闻名于世，时称“书中仙手”。传世书迹以《李思训碑》、《岳麓寺碑》、《李秀碑》等最为著名。《李思训碑》亦称《云麾将军李思训碑》，用笔方圆兼备，笔力劲瘦，斜中求正，神采飞扬，开行书豪放派先河。明代杨慎说：“李北海书《云麾将军碑》为第一，其融液屈衍，纡徐妍溢，一法《兰亭》，但放笔差增其豪丰体，使益其媚。”（《六艺之一录》引《杨升庵集》）张旭（约658—747），吴郡（今苏州）人。性嗜酒，与李白、李适之等人称“饮中八仙”。每醉后，号呼狂走而下笔挥毫，或以头濡墨而书，人称“张颠”。他从智永、虞世南、陆柬之一脉的王家笔法入手，而能独创新意，精工正草，尤以狂草著名。沈传师（769—827），吴郡（今苏州）人。行、楷皆善，宋代米芾自称大字以沈传师为师，其

李邕《李思训碑》

在书法创新上与柳公权齐名。传世书迹有《岳麓寺书》、《罗池庙碑》、《黄陵庙碑》等。

在书法理论方面，盛唐海陵（今泰州）人张怀瓘贡献最著。张氏本人亦工书，精真、行、小篆、八分，自谓真、行可比虞、褚，草欲独步于数百年间，惜无真迹流传。他的书法理论著述丰富，尤以《书断》最为知名。该书为三卷，卷上为书体论，论大篆、小篆、隶书、章草、行书、草书等十体。每论一体，解释名称，叙述源流，标举名家名作，最后予以总体评价。卷中是书学品评，分神、妙、能三品，并有神品和妙品书家小传。卷下是能品书家小传。卷末以总论为结。其观点之新颖，资料之翔实，论述之精辟，为同类书论所不及。另外，曲阿（今丹阳）人蔡希综所著《法书论》对后世也产生了一定影响。

米芾《蜀素帖》

与魏晋南朝书法及唐代书法这两座高峰相比，宋代书法略显逊色，这主要与帖学大行、书家专注于学帖而不像唐代那样博采众长等因素有关。与魏晋南朝的“尚韵”、唐代的“尚法”不同，宋代书法进入了“尚意”的阶段。两宋江苏书法家有广陵（今扬州）徐铉、徐锴兄弟、吴县（今苏州）范仲淹、范成大、丹阳翟汝文等，而以寓居镇江的米芾成就最高。米芾书画兼擅，其书法篆、隶、行、草、楷各体皆能，尤善行草，为“宋四家”之一。传世书迹有《蜀素帖》、《苕溪诗》、《天马赋》等。另著《书史》、《海岳名言》等书论。此外，宋代江苏书论家还有吴县的朱长文，其《墨池编》二十卷，主要辑录历代书法论文，历来为书法家所重视。

（三）元明清时期江苏书法艺术

元代江苏书坛进入相对冷寂的时期，艺术成就不大突出，书法家主要有长洲(今苏州)袁易、高邮龚肃、无锡倪瓒、平江(今苏州)陆友等人。倪瓒的书法,上承晋唐蕴藉清雅的风采,下启明代祝允明、文徵明小楷风格的先河。作为在野的高人韵士,他参禅学道,浪迹天涯,以冰雪之韵,创简远萧疏之风格。传世书迹有《三印帖》、《月初发舟帖》、《寄陈惟寅诗卷》等。

相比宋、元两代的沉寂,明代的吴门书派,给江苏书坛重新注入了新鲜血液。明代中期,今苏州地区出现了一大批书法家。这些书法家多为布衣或免官、辞官的文士,他们之间或为师友或为姻亲,彼此影响,前后传承,形成了相对一致的审美价值取向,史称"吴门书派",在中国书法史上颇具影响力。吴门书派的形成有一个历史过程。明初,台阁体笼罩书坛,长洲人宋克(1327—1387)独辟蹊径,从学习魏晋钟王入手,加之勤奋刻苦,"杜门染翰,日费十纸,遂以善书名天下"(《明史・文苑传》)。他擅长楷、草诸体,小楷得钟繇、王羲之精髓,章草甚得古人之妙,论者推为明代第一。宋克之后,徐有贞、吴宽、沈周等人继起吴门,取法宋人,上窥晋唐,格调渐高。他们对"吴门书派"的形成,起了先导作用。吴门书派中的祝允明、文徵明、王宠被称为"吴中三家",是吴门书派鼎盛时期的代表人物。他们在追求个性风格的同时,对浪漫主义和古典主义思想各有所钟,并均有突出建树,扭转了台阁体乌黑、方正、光洁、大小一律拘谨刻板的僵化书风,有力地推动了书法艺术的发展。

清代是中国书法中兴的一代,呈现出帖学和碑学的纷争与交融、复古与创新的嬗递特征。清代帖学流行期,江苏著名的书法家有太仓王时敏、昆山龚贤、丹徒笪重光、常熟吴历、苏州汪士鋐、金坛王澍、扬州高翔、丹徒王文治等。而南京郑簠、兴化郑燮及寓居扬州的杭州金农,则另辟蹊径,师法碑学,独具特色。郑簠(1622—1693),以行医为业,终生不仕。工隶书,兼精行草。学从《郑固碑》、《曹全碑》等入手,用笔潇洒活脱,参以行草笔意,间或加以篆笔,结体夸张,拙中见奇,独立风标。传世墨迹有《浣溪沙词轴》、《杜工部诗轴》等。郑

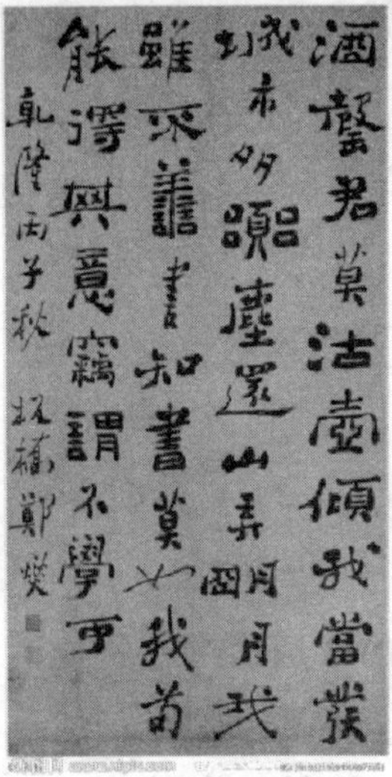

郑燮书法立轴

燮（1693—1765），把真、草、隶、篆四体融为一体，以真、隶为骨架，加入行草和兰竹笔意，自成一体，称作“六分半书”。金农（1687—1763）的隶书，用笔方扁，横画粗长，竖画细短，结体紧密，以斜取势，号曰“漆书”，又称“金农体”或“冬心体”（“冬心”为金农号）。嘉庆、道光以后，帖学盛极而衰，碑学代之而兴。无锡钱泳、仪征阮元、阳湖李兆洛、仪征吴熙载、常熟杨沂孙、翁同龢、吴县吴大澂等人，都是碑学期的著名书法家。

二、江苏书法的成就

（一）开创风气，引领潮流

自魏晋以来，江苏书法在中国书法史上就占据了重要的位置。这里不仅书家云集、名帖林立，更重要的是涌现出了一批开创新的审美风范、引领时代潮流的大书法家，他们的存在使得江苏书坛高原与高峰并存，彰显了江苏书法的创新精神和创造能力。

为江苏乃至全国书法艺术创造了第一座巍峨高峰的是东晋的王羲之。他是我国书法史上的千古楷模，影响和哺育了后世一代又一代书法家。王羲之（303—361，一作321—379）原籍山东临沂，出生在建康城内乌衣巷的贵胄王氏家庭，后迁居会稽（今浙江绍兴），曾担任右将军会稽内史等职，人称“王右军”。王羲之的时代，人们学写楷书都是模仿钟繇的笔法，王羲之也不例外。但比别人高明的是，他并不是单纯的模仿，而是继承了钟繇的创造精神。钟繇变八分（有波磔的隶书）为楷，但“左右波挑”仍存隶意。王羲之改革了钟繇的笔法，所书楷体含篆隶而不露痕迹。更为重要的是，王氏习书以自然为效法对象，故而能“各尽字之真态，不以私意参之”（姜夔《续书谱》）。像

“长”字纵长舒展，“地”字横向扁方，“藏”字密匀，“之”字疏，“日”字小，“还”字大，“华”字长，“国”字方，均能以字之自然姿态来安排点画。故其所写《黄庭经》、《乐毅论》备受后世推崇。

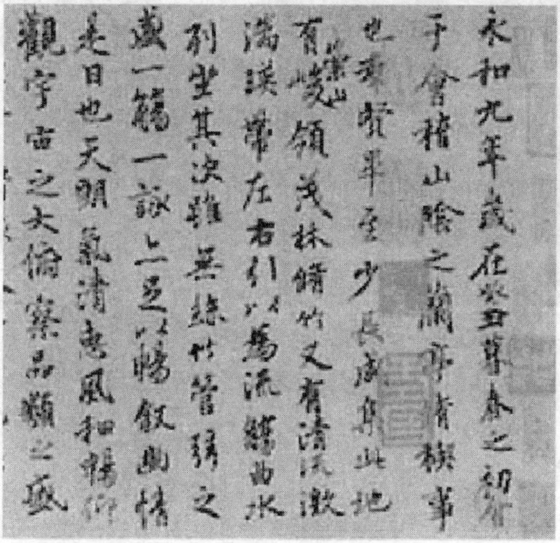

冯承素摹《兰亭序》

如果说王羲之的楷书奠定了他的书法史地位的话，那么他的行书和草书则是成就其“书圣”美誉的关键所在。行书、草书在王羲之的时代已经流行，他的聪明之处在于能将前代书法作品中的一些用笔、结字的优点，贯通于一种崭新的书法作品之中，并融入晋人特有的气度、风神、襟怀、情愫，从而形成了笔画粗细变化，用笔藏露互见，侧笔取势，顿提波磔，骨力内含，结字疏密斜正，字形大小参差，富有鲜明的节奏感与韵律感的风格。《丧乱帖》、《初月帖》、《孔侍中帖》、《快雪时晴帖》、《姨母帖》、《寒切帖》等都是其行、草书的代表作，其中《兰亭集序》对后世影响最大，有“天下第一行书”之誉。该作章法布白浑然一体，骨格清秀，点画遒美，自然和畅，字里行间流露出江左名士风度翩翩、神怡务闲的思想感情。全篇 28 行，324 字，参差多变而又和谐统一，全篇 7 个“不”字、20 个“之”字极尽变化之妙，无一相同。

然而可惜的是，其真迹已陪葬昭陵，现在流传的以“神龙”本（冯承素摹）最接近真迹。

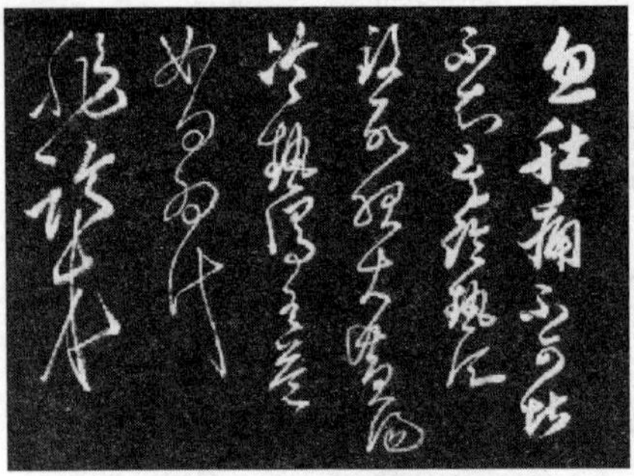

张旭《肚痛帖》

唐朝的张旭（675—约750），是江苏书法史上第二个最具影响力的书法家，在草书的创新与发展上贡献尤巨。他的草书势逸状奇，变幻莫测，可谓惊世骇俗，“而求其源流，无一点画不该规矩者”（《宣和书谱》）。韩愈曾描写其创作状态云：“喜怒、窘穷、忧悲、愉佚、怨恨、思慕、酣醉、无聊、不平，有动于心，必于草书焉发之。观于物，见山水崖谷，鸟兽虫鱼，草木之花实，日月列星，风雨水火，雷霆霹雳，歌舞战斗，天地事物之变，可喜可愕，一寓于书。”（《送高闲上人序》）正如杜甫在《饮中八仙歌》中所称赞的：“张旭三杯草圣传，脱帽露顶王公前，挥毫落纸如云烟。”正因为这种无所顾忌的大胆精神和兴酣笔落的创作状态，才使得他的草书达到了“变动犹鬼神，不可端倪”（《送高闲上人序》）的艺术效果。从他传世的《肚痛帖》、《断千文》可以看出，他将书法艺术提升到用抽象的点线去表现书法家思想的艺术境界，因而他的字仿佛有音乐的旋律，诗的激情，绘画的意趣。张旭还有《古诗四帖》、《郎官石柱记》、《酒德颂》等真迹传世。

明代中叶形成的吴门书派，冲破了“台阁体”的束缚，创造了丰富多样且极具个性的书风，成为江苏书法史上最具影响力的流派之一。吴门书派中要数祝允明的成就最为突出，王世贞《艺苑卮言》有“天下法书归吾吴，而祝京兆允明为最”之说。祝允明（1460—1527），字希哲，号枝山，因右手有六指，自号“枝指生”。他是书法家徐有贞的外孙、李应祯的女婿，这一家庭环境给了他得天独厚的习书优势。他的书法师承十分广泛，上溯两晋，下至宋元，无所不学，无所不精。因此，他的书法风格也具有多样性的特点，其书风跨度之大令人惊诧：既能写醇古端严的小楷，魏晋风韵跃然纸上，似乎看不出狂放张扬之处；又极善狂草，濡染大笔，泼墨淋漓，落笔如疾风扫落叶，迅捷跳宕，激情横溢，气势豪迈，颇有黄庭坚、怀素遗风。其草书突破了传统行笔流畅、字距紧密、行距宽松的格套，往往行距紧窄，字字相连，上下左右相互呼应，贯通一气，运笔常见顿挫战掣，风格豪放纵逸，极具个性风格。存世《自书诗卷》、《洛神赋卷》、《前后赤壁赋卷》均为其草书代表作。

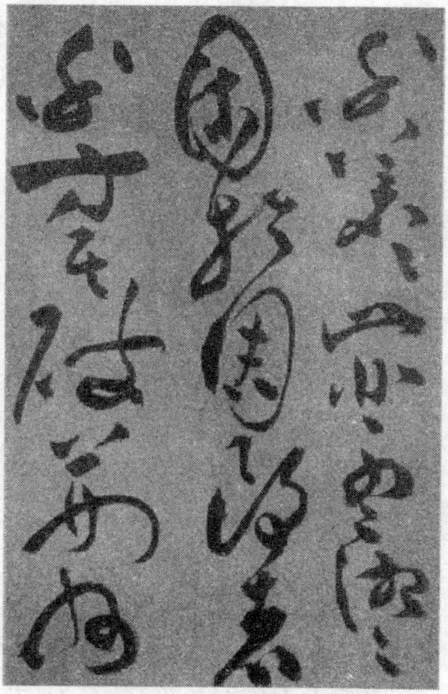

祝允明《前赤壁赋》

与祝允明豪放风格不同，文徵明则以秀雅的楷书、行书著称于世。文徵明(1470—1559)，原名壁，字徵明。四十二岁起以字行，更字徵仲。因先世衡山人，故号衡山居士，世称“文衡山”。文氏少年岁考时因字拙而不许乡试，遂发愤学书，日临智永《千字文》一遍，常年不辍。文徵明兼擅楷、行、草、隶诸体，尤以流丽秀劲、温纯精绝的蝇头小楷著称。他是继元代赵孟頫后，古典主义书法流派中的又一代宗师。传世书迹有《金刚经卷》、《离骚经九歌册》、《滕王阁序》、《赤壁赋卷》等。

除了上述诸人外，江苏历代书法家中不乏追求个性、突破陈规者。东吴的皇象，能够将胡昭、钟繇两种不同的风格融合在一起，从而形成“相众而形一，万字皆同”(张怀瓘)的风格。齐梁时期的萧子云(487—549)，“善草隶书，为世楷法”，声明远播海外，当时朝鲜半岛上的百济国使者曾慕名来建康求其书法真迹。南唐后主李煜(937—978)，既是词人又是书法家，他创“金错刀”笔法，注重表现字的气韵与骨力，崇尚瘦硬通神。南宋范成大(1126—1193)，远追二王，近取苏轼、黄庭坚、米芾，广收博代，融于一炉，自成一家，在当时书坛别具面目，独树一帜。元代张雨(1277—1331)，师承欧阳询、赵孟頫，间学怀素，自成风格，尤善大草、行书及小楷，倪瓒曾推为"诗、文、字、画皆为本朝第一"(《题张贞居书卷》)。还有像作者不明的《瘗鹤铭》(有王羲之、陶弘景、王瓒、顾况等说)，全文166字，现存95字，原刻于镇江焦山西南麓岩石上，宋以后因山石崩塌坠入长江，清康熙年间由陈鹏年雇工打捞出残石五块。该碑字体楷书，略带隶、行意趣，字形大小不一，错落有致，线条深沉圆劲，雄健有力，笔势恢宏，风格飘逸，清新自然，被黄庭坚评为"大字之祖"。

(二)尚意主情，书如其人

除了在创作实绩上江苏书法起到了表率和楷模的作用，江苏历代书论也取得了很高的成就。主要表现在以下几个方面：

首先是确立了以"意"、"情"为核心的书法理论观念。卫铄是这一理论的先导。她在《笔阵图》中提出了"意前笔后"的著名观点。她说"执笔远而急，意前笔后者胜"。所谓"执笔远"是指手握笔管距离笔尖较远，"急"指书写者当时的心态急迫、不可遏制，因此"意前笔后"的意思是心中先有意然后立即形诸笔端，心手相应，即成妙作。可见卫夫人所谓"意前笔后"之"意"近乎于创作构思，是创作主体对书写之形、态、意、情等的先期把握。随后卫铄的弟子王羲之对"意"的内涵进行了发挥。他说："心意者将军也"(《题卫夫人〈笔阵图〉后》，"凡书贵乎沉静，令意在笔前，字居心后，未作之始，结思成矣"(《书论》)，即创作过程分构思与书写两步，虽是一气呵成，但需主体"意"的统帅。王羲之论"意"还包括主体对所写内容理解和领悟后所具备的一种情感，他说："须得书意，转深点画之间皆有意。"(《自论书》)这里的"意"就已经超出了构思的阶段，而类似于创作者主观的"情"了。而到唐代，书法创作中"情"之一端被提到了重要的位置，张怀瓘说："万事无情，胜寄在我"(《书断》)，"含情万里，标拔志气，黼藻精灵”(同前),这就充分肯定了书法家主观情感在创作中的决定性作用。这种尚意主情的创作思想在宋代米芾那里一变而为“真趣”,他评价裴休的书作云:“率意写牌,乃有真趣,不陷丑怪”(《海岳名言》),他将“真趣”与“丑怪”对举,追求天然真率,反对人工造作,也就是把尚意主情放在第一位。清代刘熙载则进一步总结了书法创作中意为“书之本”以及“意法相成”等经验,并说“高韵深情,坚质浩气,缺一不可以为书”(《艺概·书概》)。总之,尚意主情的观念在江苏历代书论家中传承与嬗递,对不同时期书法观念和书法思潮都起到了有益的推动作用。

其次,确立了“书如其人”评价标准。刘熙载说:“书,如也,如其学,如其才,如其志,总之曰如其人而已。”(《艺概·书概》)“书如其人”是将书法作品的思想感情、品位风格与书法家个人的学养识见及道德品质建立起相对应的关系。“写字者,写志也”(《艺概·书概》),字是书者志向的外化,因此书法家的个人修养便成为判断其书风好坏的关键。正如唐代张怀瓘所说的“翰墨及文章至妙者,皆有深意,以见其志,览之即令了然”(《书议》),所以“理性情”,也就成为“书之首务”(《艺概·书概》)了。那么,究竟什么样的“性情”、“志”才是书法家应该具备的呢?王羲之说“夫书者,玄妙之技也,自非达人君子,不可得而述之”(《书论》),所谓“通人志士”即学识渊博志向远大的人,也就是要求创作主体具备很高的才学识见和思想品德。王羲之本人便属于这种通人志士。他虽是风流名士,但反对虚谈,主张勤于政务,他敢于直言进谏,不怕得罪时俗,体现了士人的社会责任感和伟岸品格,史以“骨鲠”称。因此,他的作品既有“清风出袖,明月入怀”的超然胸怀,又有“龙跳天门,虎卧凤阁”的刚健气势。当然,并不是所有书法家都是王羲之那样的“通人志士”,不同“性情”的书法家就形成不同的书风,所以刘熙载说:“贤哲之书温醇,骏雄之书沉毅,畸士之书历落,才子之书秀颖。”(《艺概·书概》)贤哲之士的字,温和醇厚;英雄豪杰的字,沉着刚毅;脱俗奇人的字,磊落洒脱;文人学士的字，清俊秀丽。正因为张旭敢于“脱帽露顶王公前”，所以他的狂草才势逸状奇变动犹鬼神；正因为祝允明的豪放不羁，其书作才赢得了“天愁鬼器不宁岁，鸾惊龙骇谁争驱”（黄省曾语）的赞誉；也正因为文徵明为人恭谦醇雅，故而其书法作品就表现出清雅、纯正、醇和的品格。

关键词：

吴门画派　扬州八怪　吴门书派　尚意主情　书如其人

思考题：

1. 何为“吴门画派”？它在江苏绘画史上的贡献是什么？
2. “扬州八怪”的艺术有何特色？
3. “以形写神”是谁提出的？其具体内涵是什么？
4. 你是如何理解“意在笔先”的？
5. “书如其人”的含义是什么？

第十二章　江苏建筑与园林文化

中国建筑，有着悠久的历史传统与光辉的成就。著名建筑学家梁思成曾说过："历史上每一个民族的文化都产生了它自己的建筑，随着这文化而兴盛衰亡。世界上现存的文化中，除去我们的邻邦印度的文化可算是约略同时诞生的弟兄外，中华民族的文化是最古老、最长寿的。我们的建筑也同样是最古老、最长寿的。在历史上，其他与中华文化约略同时，或先或后形成的文化，如古埃及、巴比伦，稍后一点的古波斯、古希腊及更晚的古罗马都已成为历史陈迹。而我们的中华文化则血脉相承，蓬勃地滋长发展，四千余年，一气呵成。"（《我国伟大的传统与遗产》）建筑是历史的见证，是文化的遗存，修筑在崇山峻岭之上的万里长城，建于隋代河北赵县的安济桥，明清两代气势磅礴的故宫……这些蜚声中外的建筑杰作，无不向人们彰显着中华文化的光荣与伟大。

江苏，作为全国的经济重镇，同时也是知名的文化大省，几千年来，朝代更迭、沧桑变迁，多少王侯将相、才子佳人已经湮灭于历史的长河中，唯一留下的是文化的印迹和作为历史见证的众多古建筑。江南、淮扬温婉的园林建筑和水乡人居，金陵雄壮的帝王都城，彭城刚劲的秦汉宫阙和汉代墓葬，以及苏东包容万象的海洋文化建筑群，这些都是江苏建筑与园林文化的精髓。走遍江苏，从东至西，从南至北，我们与建筑一起体味文化江苏的魅力。

第一节　江苏的建筑艺术

一、江南水乡民居

人人尽说江南好，游人只合江南老。

春水碧于天，画船听雨眠。

垆边人似月，皓腕凝霜雪。

未老莫还乡，还乡须断肠。

这是晚唐诗人韦庄在《菩萨蛮》中对他所见江南景象的生动描绘，“春水碧于天，画船听雨眠”一句将江南水乡的灵动一笔荡漾开去，让人流连忘返。谈及江南水乡，民居建筑是其重要的特色。

江南水乡民居的历史可以追溯到距今约七千年的河姆渡文化。一方水土养一方人，先民们在这块土地上生息繁衍，与江南多水乡泽国的地貌相适应，形成了适合这里的居住、生活方式。早在商代，江南地区就形成了初具规模的民居聚落。从汉代起，这里开始居住官吏，魏晋南北朝时期北方的战乱局面使大批人向南迁徙，这一趋势使南方的经济和文化迅速发展，经济重心从此南移。唐代，这里已形成了相当规模的官宅，在宋代绘画《千里江山图》、《平江图》中，对江南民居的建筑布局已有具体生动的描绘。随着南宋建都杭州，江南在政治、经济、文化上都有了空前的发展。到了明清，江南已成为全国经济、文化最发达的地区，达官显贵、地主富商、文人雅士纷纷选择此地建宅，山庄别墅、亭台楼阁，处处皆是，各具特色。

江南的水乡民居充分体现了江苏文化中实用与审美功能相结合的特点。江南湖荡星罗棋布，河汊交错纵横，江南的小镇一般都抱湖、环水、临河，依循水势，自然布置，点缀于一片湖光水色之中。河道或呈网状、或呈带状、或为“E”字形、或为“T”字形，流贯全镇，以舟楫相通，津梁连系。因此，江南民居多沿河而建，其建筑特色充分适应了临水而居的环境。

首先，江南民居多二层小楼，底楼是砖结构，上层是木结构。

其次，民居多有檐廊。临水建筑在底层延伸出一排屋顶，下面设置栏杆，两者共同构成檐廊。这里不仅可以开设店铺，也是人们聊天的场所。

再次，江南民居建筑面积大，往往民居之间紧密相连，因此，考虑到防火，户与户之间的夹墙建得很高，能在相邻民居发生火灾时隔断火源。

同时，江南民居的结构多为穿斗式木构架，不用梁，而以柱直接承檩，外围砌较薄的空斗墙或编竹抹灰墙，墙面多粉刷白色。屋顶结构也比北方住宅薄。墙的底部常砌片石，室内地面也铺石板，起到防潮的作用。厅堂内部随着使用目的的不同，用传统的罩、槅扇、屏门等自由分隔。梁架略施少量精致的雕刻，涂栗、褐、灰等色，不施彩绘。房屋外部的木构部分用褐、黑、墨绿等颜色，与白墙、灰瓦相映，色调雅素明净，即所谓的“粉墙黛瓦”。

江南民居的布局形式大致有三种：

第一种为面水民居，即“门前石街人履步，屋后河中舟楫行”的前街后河格局。前街可作为店面经营各种商品；后河具有较为浓郁的生活气息，几乎每家门外都有一个小小的埠头，洗衣、洗菜、淘米等都在这里进行，来往的小船也可在此停泊。第二种为临水民居，即所谓“人家尽枕河，楼台俯舟楫”的屋室半悬、飞凌水面的景观。日常生活的居所就是天造地设的看台，把生活场景诗意化了。一早一晚“朝看晓雾蒙蒙，晚看灯影摇曳”的景致，更是美不胜收。第三种为跨水民居，即“轿从门前进，船从家中过”的以廊、桥跨河建宅的水上人家。这种跨水民居一般占地较大，建筑更是百转千回，楼在桥边，窗在水上，水道与主道一起直通主人家的客厅。

江南民居的布局体现了江南建筑艺术的无穷意味，形成了丰富天真的建筑表情，是中国民居建筑史上较为浓墨重彩的一笔，而苏州市更是江南水乡民居的重要代表之一。唐代诗人杜荀鹤在《送人游吴》中有“君到姑苏见，人家尽枕河”之句，描绘的就是苏州的水乡民居。其中较为知名的有周庄、同里、角直以及苏州市内的山塘街、平江路等。

（一）山塘街

被称为“姑苏第一名街”的山塘街始建于唐代宝历年间。公元825年，白居易任苏州刺史。上任不久，他坐轿到虎丘去，看到附近的河道淤塞，水路不通，立即找来有关官吏商量，决定在虎丘山环山开河筑路，并着手开凿一条山塘河。它东起阊门渡僧桥附近，西至虎丘望山桥，长约七里，故俗称“七里山塘到虎丘”。这条河在阊门与运河相接。在河塘旁筑堤，即山塘街。山塘街一头连接苏州的繁华商业区阊门，一头连着花农聚集的虎丘镇和名胜虎丘山，自唐代以来一直是商品的集散之地，南北商人的聚集之处。山塘街上的民居最能体现苏州水乡民居的特征。它中间是山塘河，山塘街则紧傍河的北侧，通过一座座石桥与另一侧的街道连接。山塘街上店铺、住家鳞次栉比，这里的房屋多为前门沿街，后门临河，有的还建成特殊的过街楼。古时，商贩载着小船在河上进行各种买卖交易，同时，歌舞画舫也穿梭往来其中。

（二）平江路

平江路是苏州市区的一条历史老街，是一条沿河的小路，其河名为平江河。它南起干将东路，北越白塔东路和东北街相接。宋元时，苏州又名平江，而这条路是当时苏州城东半城的主干道，平江路因此得名。在苏州最古老的城市地图宋代《平江图》上，就有平江路这条街道。平江路，又名“十泉里”。《吴门表隐》中有记载：“平江路古名十泉里，有古井十口，华阳桥南一，奚家桥南一，苑桥北一。”八百年来，平江路依然在原址保留了它河路并行的格局，小桥流水、粉墙黛瓦，显示出疏朗淡雅的风格。河道西面的民居多依河而建，上了年纪的老房子，白墙青瓦，木栅花窗，木料多用棕红或棕黑色，清淡分明。外墙多已斑驳，却如丹青淡剥。墙面剥落处又攀生出许多的藤萝蔓草，随风摇曳，神采灵动。江南的匠人心思玲珑，把园林美学发挥到了日常住宅，幽静的河道便与粉墙黛瓦的房屋、楼阁、小桥、花木之间彼此借景，宛如一幅长卷画。

（三）周庄

周庄古名贞丰里，位于苏州城东南，昆山的西南处，是一个有着九百多年历史的江南水乡古镇，有"中国第一水乡"的美誉。西晋文学家张翰、唐代诗人刘禹锡、陆龟蒙都先后在这里居住过。周庄，是典型的江南水乡，四条河道交叉形成"井"字型，将古镇分割，形成八条街道，十五座各式小桥宛如彩虹般地横跨在河道上。镇上的大部分民居都临港背河。过街骑楼、临河水阁、水墙门、长驳岸、河埠廊坊，这些都是典型的水乡民居的特色。《周庄镇志》写到："镇为泽国，四面环水，港汊分歧，湖河联络，咫尺往来，皆需舟楫。"也因此，周庄被誉为中国水乡古镇的"活化石"。其中，最具代表性的民居当属周庄的沈厅。沈厅，由元末明初巨商沈万三的后裔沈本仁于清乾隆七年(1742)建造，是周庄最大的民居建筑，典型的"前厅后堂"格局，七进五门楼，大小一百多间房屋，分布在百米长的中轴线两侧。沈厅，由三部分组成。前部是水墙门、河埠，供家人停靠船只、洗涤衣物之用；中部是墙门楼、茶厅、正厅，为接送宾客、办理婚丧大事及议事之处；后部是大堂楼、小堂楼、后厅屋，为生活起居之所。

二、城池建筑

我国的城池建筑，开始甚早。考古发掘表明，约 6 500 年前的先民就已经开掘壕沟，筑城墙。经过近六千年筑城发展，中国历代建设的城池，从都城到一般的城池，近于千座。再加上明清以来，各县镇建城至少有三千多座，总计四五千座城池(张驭寰《中国城池史》)。所谓"城池"，即"掘土为池，培土为城"，城，指城墙，池，指护城河。汉代王充《论衡·须颂》云:“城墙之土,平地之壤也,人加筑蹈之力,树立临池,国之功德崇于城墙。”古代城池,起初是为了先民聚居而发展起来的,慢慢地,城池就开始有了军事防御的功用。冷兵器时代,城墙是国家最重要的防御工事之一。城墙的坚固与否,不仅仅体现着王权的威仪,更直接关系到社稷的安危,所以,历朝历代的最高决策者在筑造城墙时,始终将工程质量视为头等大事,丝毫不敢懈怠。这也造就了中国境内的城池文化。直至今日,中国古代城池在世界建筑史以及军事防御史上都具有十分重要的典范意义。

江苏境内有众多古老的城池建筑:无锡梅里地区的太伯城遗址、常州武进县的淹城遗址、淮安盱眙的东阳城遗址、扬州北部的唐城遗址、徐州的城下城遗址,这些,都曾经是江苏境内重要的城池建筑。它们历经沧桑变化,见证了多少王侯将相的兴衰成败和朝代的兴替更迭,如今这些曾经雄奇伟岸一时的城墙,大多没能经受得住岁月的风沙,最终湮灭于炮火或风雨中,只剩下残垣断瓦,已不复当年的盛况。但是,它们彰显的依然是建筑艺术的伟大和先民们的集体智慧。在众多的城池建筑中,至今保存尚好的当属南京城和苏州城了。

南京城,原称“应天府”,是明初的都城,以高大坚实、雄伟壮观的明代城垣建筑闻名于世,是在六朝的建业城和南唐的金陵城的基础上发展而来的。南京城墙,东傍钟山,西据石头,南凭秦淮,北控后湖,周长96里,实测33.65公里,规模宏大,气势雄伟,不仅是我国现存古代第一座大城,在世界城垣建筑史上也是首屈一指。公元1366年,明太祖朱元璋听取朱升“高筑墙”的建议,开始建造城墙,至1386年竣工,前后达21年之久。建筑规模宏大,城基宽14米,高14至21米,有大城城门13个,其中聚宝、三山、通济三门最为壮观。城垣用巨大的条石砌基,用巨砖筑成,十分坚固。朱元璋亲自监理的南京明城墙,不仅是当时世界上最长的城墙,也是迄今世界上最坚固的城墙之一,历600多年的风雨,今天依然固若金汤。

南京城墙的建造是“人穷其谋、地尽其险、天造地设”的产物,最重要的特色是因各段地形和位置的不同，采用不同的建筑结构。南城及东西城的南段，面临平原和河流，无坚可守，除以河为堑外，城墙建筑最为坚固。墙内外壁表层用大块条石砌筑，里层填以巨大的块石，形成各厚3米左右的内外墙体，均用糯米汁加石灰灌浆。内外墙之间再填以黄土、片石，隔层夯实。北城及西城的大部分地段，倚山临湖，地形复杂，城墙结构比较简单。或用城砖砌筑，墙体较为单薄，或在砖筑的内外墙体中间夯填黄土块石。东城的部分地段，城墙外壁用条石砌筑，内壁用砖砌筑，中间夯填黄土、乱石或碎城砖。

整个明城墙，从内到外由宫城、皇城、京城、外郭四重城墙构成。历史上的明故宫，则是由皇城与宫城两部分组成，合称皇宫。皇城在外，围护着宫城。南北长2.5公里，东西宽2公里，周长9公里，呈凸字形。整个明故宫，为前朝后寝的规制，殿宇重重，楼阁森森，雕梁画栋，气势恢宏，曾作为明初洪武、建文、永乐三代皇宫，长达54年之久。直到明永乐十九年(1421)，明成祖朱棣迁都北京，南京明故宫才正式结束王朝皇宫的使命，但仍由皇族和重臣驻守。它与现存的北京故宫在建制上几乎相同，只是宫殿稍小些，是北京故宫的先导。

南京明城墙，以其占地区域广、坚固、雄伟而著称于世。后人对此有“高、坚甲于海内”之感慨，而16世纪中叶三次到过南京的意大利人、传教士利玛窦也称：“这座城市超过世上所有其他的城市。”

除了南京城之外，提及城池，不得不提苏州城。史书记载，春秋时，伍子胥相土尝水，“立陆门八，以象天之八风；水门八，以法地之八卦”，为吴王阖闾筑起大小二城，大城即现在苏州城的雏形。阖闾城采用了“外郭、大城、小城”三重城的形制。《越绝书》对阖闾城的规模有过详细的记载：“吴大城，周四十七里二百一十步二尺。陆门八，其二有楼。水门八。南面十里四十二步五尺，西面七里百一十二步三尺，北面八里二百二十六步三尺，东面十一里七十九步一尺。”大城外有“吴郭，周六十八里六十步”。内有“吴小城，周十二里。其下广二丈七尺，高四丈七尺。门三，皆有楼，其二增水门二，其一有楼，一增柴路”。这种形制与春秋战国时期各诸侯国的都城建设制度基本一致。小城供帝王和贵族居住，号称宫城。吴小城的周围与大城一样，有城壕环绕，因系依水筑城，2 500 年来，苏州水路未变，城址也就始终保持如初，这在世界建城史上也是一个特例。

此后，阖闾城在经历了越灭吴、楚灭越的多次战争后，遭到严重破坏。历秦汉六朝与隋唐，期间多有修葺与毁坏。宋徽宗政和三年(1113)，苏州升为平江府。政和、宣和年间，苏州城墙得到了进一步的修治和加固。据史载，《平江图》为南宋绍定二年(1229)郡守李寿朋重建平江坊时，由吕梃、张允成、张允迪所刻。从平江图可知，宋代平江城的布局与现在的苏州城大致相同。街道以双棋盘式构建布局，子城位于城内偏东南，平面为纵长方形，其他的城市布局，主要以它为中心，环布左右。子城北部，街道河流密集，是居民聚居区。城西南则有驿馆、府学、贡院等。城内有各类行业街市，如米行、花市等。城内四周邻近城墙处还建有多座军寨。城内园林均巧妙地依水而筑。城内南北河道 6 条，东西河道 14 条，有大小桥梁三百多座。全城共有古塔 12 座，跨街楼坊 65 座，还有庙宇寺观近 50 处。明清两季，苏州城墙也是屡经战火，又屡次修葺，据同治《苏州府志》记载：“康熙元年，巡抚韩世琦改筑城垣，并拓女墙。今城周四十五里长五千六百五丈，高二丈八尺，广一丈八尺。女墙高六尺。为门六，葑、娄、齐、阊、盘，各有水陆门，惟胥无水门。每门有楼，建官厅、军器库，凡窝铺一百五十七，敌台五十七，雉堞三千五十一。门有守门官公馆及营房，而锁钥则归总捕同知焉。”此后，“雍正七年，浙江总督李卫暨署江苏巡抚张坦麟檄委修缮倾圮。八年，巡抚尹继善复檄补修。道光十八年，增修，海宁查侍御元偁协赀助工。咸丰十年，粤匪陷城，六门俱经改筑。事平，以次修复，惟阊门月城尚未复旧制。”现在，苏州的砖城基本上是清代改筑后保留下来的。

自伍子胥筑阖闾城后，苏州城的基本规制大体未有大的变化，经宋而及明清，苏州城池得到了进一步的修建，城市也进一步繁荣，这些,从清乾隆年间徐扬所绘《盛世滋生图》中我们就可以感受到。苏州这座两千五百年的历史文化名城,至今在江苏、在中国、在世界还依旧散发着它特有的东方魅力。

三、陵墓建筑

中国的墓葬,是伴随着中华民族的文明诞生而同步发展的。中国文化经历了几千年的发展历程,墓葬文化在中国文化的传承中,地位十分重要。它既是地面文化的补充,又是中国几千年历史文明的缩影。在远古时代,人们就有一种观念,即“思维和感觉不是身体的活动,而是一种独特的、寓于身体之中而在人死亡时就离开身体的灵魂之活动”(钱穆《中国文化史导论》)。汉民族注重土葬,因此,十分重视陵墓的修建。历朝历代的帝王,在身前就开始主持自己陵寝的修建工作。江苏,北有九州之一的徐州两汉文化,南有作为六朝古都的金陵文化。从现存的陵墓来看,南京的明孝陵、中山陵,徐州的龟山汉墓、楚王陵等,都有着独特的建筑艺术价值和历史文化价值。

作为重要的历史文化名城,徐州的历史文化遗存丰富,其中汉代三绝,即汉墓、汉兵马俑、汉画像石以厚重的历史文化底蕴为人们所熟识,而汉墓更位列第一。迄今为止,徐州汉墓已发掘清理近300座,在这些形式各异的汉墓中,尤以十几座汉代王侯陵墓最具规模,而在这十几座王侯陵墓中,龟山汉墓以其规模的巨大,建筑的精美,神秘的色彩独占鳌头。

从发掘的龟钮印看,龟山汉墓是西汉第六代楚王刘注的夫妻合葬墓,而龟山汉墓也是徐州汉墓中唯一确定了主人的墓葬。该墓葬的构造奇特,依山掏空山体,凿山为墓,陵墓为两座并列相通的夫妻合葬墓,分由南北两个甬道相通。南甬道为楚王刘注墓,北甬道为其夫人墓,两墓均为横穴崖洞式。墓葬开口处位于龟山西麓,呈喇叭形状,有墓室十五间,室室相通,大小配套,主次分明,总面积达700余平方米,这些均为工匠手工开凿。墓室入口处,南北二甬道平行向里开凿,距中轴线的偏差仅有5毫米,精度达1/10 000。二甬道的夹角为20秒,误差仅为1/16 000,要延伸到1 000公里外的西安才会相交,在古代没有现代化开凿挖掘设备辅助的情况下,这不得不算是人类陵墓建造技艺史上的一大奇迹。这两条甬道也是迄今为止世界上打凿精度最高的通道之一。作为全国已知汉墓中极具科学文化价值和汉代特色的崖洞墓,徐州龟山汉墓建筑也蕴含了汉代工匠的高超智慧和精湛技艺。

如果说徐州龟山汉墓体现的是中国封建社会初期造墓艺术的精湛,那么,南京的明孝陵则集中表达了中国封建社会发展到鼎盛时期,帝王造陵艺术的集大成,反映出中国封建社会最高的丧葬制度。

明孝陵在南京市东郊紫金山南麓,茅山西侧,朱元璋和皇后马氏合葬于此。陵区内的主体建筑和石刻有方城、明楼、宝城、宝顶,包括下马坊、大金门、神功圣德碑、神道、石像路石刻等,都是明代建筑遗存,保持了陵墓原有建筑的真实性和空间布局的完整性。尤其是明孝陵的"前朝后寝"和前后三进院落的陵寝制,反映的是礼制,但突出的却是皇权和政治。明孝陵是现存建筑规模最大的古代帝王陵墓之一,其陵寝制度既继承了唐宋及之前帝陵"依山为陵"的制度,又通过改方坟为圜丘,开创了陵寝建筑"前方后圆"的基本格局。明孝陵的帝陵建设规制,一直规范着明清两代500余年20多座帝陵的建筑格局,在中国帝陵发展史上有着特殊的地位。所以,明孝陵堪称明清皇家第一陵。

四、桥梁建筑

江苏自古水陆纵横,特别是江南,所谓"小桥流水人家"。据不完全统计,目前,江苏列入各级文保单位的古桥有两百多座。古建筑学家戚德耀曾说过:"古代,北方交通多靠车马,南方则多靠舟船,交通方式决定了桥梁样式:北方的桥坡度平缓,桥体厚重,气势雄壮,便于车马奔驰;南方的桥轻盈秀气,拱券高耸如长虹卧波,便于桥下行船。

此外，北方干燥，泥土厚实地基牢固，可以承载重桥；南方地下水丰富，软土承载力有限，要求结构轻巧；北方汛期洪水湍流，春季浮冰奔突，冲击力强，因此桥墩厚实；南方河道纵横，水流不急，因此桥墩可以做得轻薄。”秦岭和淮河一线，被认为是中国南北分界线，淮河穿境而过的淮安，历史上有“南船北马”的特有景观，即北上的弃舟登车，南下的下马上船。江苏古桥以淮河沿线为界，呈现出典型的江南特色和比较明显的北方特色。

江苏境内的古桥，南方比北方保存得要好，主要分布在苏、锡、常、宁、镇等地，其中，省级文保单位以上的古桥有 26 座（组），苏州就有 14 处，而淮河以北的，只有徐州铜山区利国镇的白家桥。这座 22 米长的三孔石桥坡度平缓，为元代所建，已有 600 多年的历史。

江苏的古桥，若论结构形式的精妙，当属位于南京溧水胭脂河上的天生桥。据史载，朱元璋定都南京，派李新开凿胭脂河，有一块天然巨石横于河中，挡住去路，于是，李新利用热胀冷缩原理，焚石凿河，上接石臼湖，下连秦淮河。因以巨石面留为桥，中凿石孔十余丈，以通舟楫，桥因势而成，故名“天生”。后人建神工亭以示纪念，指天生桥为天下一绝，有鬼斧神工之妙。像这种在人工运河上留下巨石而成的天生桥，国内仅此一座。

如果说天生桥，是古代工匠巧妙利用地貌特征而形成的杰作的话，那么扬州瘦西湖内的五亭桥则是古代桥梁建筑史中将造型美、装饰美和结构美有机结合的典型。五亭桥是瘦西湖的标志，其最大的特点是阴柔、阳刚的完美结合，南秀、北雄的有机融和。该桥是清乾隆二十二年（1757），巡盐御史高恒及扬州盐商为迎奉乾隆南巡而建，因为建于莲花堤上，而且形状像一朵盛开的莲花，所以，它又叫莲花桥。扬州的五亭桥受北京北海五龙亭的影响很深，因为没有北海那种开阔的水面，所以，工匠们因地制宜，将亭、桥结合，形成亭桥，分之为五亭，群聚于一桥，亭与亭之间以短廊相接，形成完整的屋面。桥亭秀，桥基雄。造桥者把桥身建成拱卷形，由三种不同的卷洞联系，桥孔共有15个，中心桥孔最大，跨度为7.13米，呈大的半圆形，直贯东西，旁边12桥孔布置在桥础三面，可通南北，亦呈小的半圆形，桥阶洞则为扇形，可通东西。正面望去，连同倒影，形成五孔，大小不一，形状各殊。这样，就在厚重的桥基上，安排了空灵的拱卷，在直线的拼缝转角中安置了曲线的桥洞，与桥亭和谐辉映。

在江苏境内说起古桥梁，苏州的桥是最具有代表性的。苏州是著名的水城，有东方威尼斯之称。城内河道纵横，桥梁众多。苏州桥梁的建造上溯春秋，下及明清，如春秋时的临顿桥、乌鹊桥、斟酌桥，汉代的顾家桥，三国时的渡僧桥，南朝的悬桥和天后宫桥等。唐代，苏州的桥梁遍布大街小巷，白居易有“绿浪东西南北水，红栏三百九十桥”之句。据宋代《平江图》著录，有桥梁359座。明清两代，由于部分河道填塞，桥梁有所减少。据《苏州府志》载，明代有桥梁300座，清代311座。但到民国时期，据《吴县志》记载，又有桥梁349座。现在，随着城市建设的不断发展，苏城内外共有桥梁近千座，其中古城内现存古桥168座。在漫长的岁月中，苏州的古桥形成了自己“多、古、秀、趣”的特色。

从建筑材料来看，江南的桥梁以石桥最多见，石桥中，拱桥的数量又最多。苏州的宝带桥是江苏现存最大最长的石拱桥。宝带桥，建成于唐代元和年间，由苏州刺史王仲舒主持建造。为筹措资金，王仲舒带头将自己身上的宝带捐出，宝带桥之名由此而来。宝带桥用坚硬质朴的金山石筑成，桥长316.8米，53孔，是我国现存的古代桥梁中最长的一座多孔石桥。现桥是明代正统年间重新修建的。清咸丰年间和抗日战争时期，由于英帝国主义和日本侵略者的破坏，宝带桥毁损相当严重。解放后，人民政府根据明代的规模和形制，修缮了这座古桥。宝带桥不仅改善了大运河和澹台湖之间的交通条件，而且因其制造工巧，加上青山绿水相衬，恰似飘动在水乡原野上的一条宝带，更显绮丽多姿。

除了古代桥梁之外，由于长江天堑从江苏境内横亘而过，因此，长江大桥的建造也是江苏桥梁建筑史中值得骄傲的一页。截止2013年，江苏省境内已有九座长江大桥：崇启大桥、苏通大桥、江阴长江大桥、扬中长江大桥、润扬长江大桥、南京长江大桥、南京长江二桥、南京长江三桥、南京长江四桥。其中南京长江大桥于1960年1月正式动工兴建，1968年9月铁路桥首先建成通车，12月29日公路桥又建成通车。南京长江大桥是公路铁路两用桥，是继武汉长江大桥和重庆白沙砣长江大桥之后的第三座跨越长江的大桥，是全部由中国自行设计和施工的特大双层钢筋形梁桥，上层为公路桥，下层为双线铁路桥。该桥主桥10孔，铁路桥长6 772米，公路桥长4 589米，宽15米。作为当时世界最长的公、铁路两用桥，南京长江大桥被收入了吉尼斯世界纪录。

第二节　江苏园林文化历史发展概述

园林，是指在一定的地域、运用工程技术和艺术手段、通过改变地形（筑山、叠石、理水）、种植花草、营造建筑和布置园径等途径建造而成的休闲与游憩场所。就世界范围而言，园林风格大体可以分为以西方园林为代表的规则图案式园林和以中国园林为代表的自然山水式园林。

中国园林是为了游览观赏、起居理事、读书养性等而建的，包括山、水、石、动植物与厅、堂、轩、榭、楼、台、阁、馆、廊、桥等各种建筑物的综合建筑群。由于南北地域文化的差异，园林的样式也有差异：一是以气势恢宏见长的北方皇家园林；二是以精致小巧见长的南方私家园林。我国的园林艺术历史悠久，风格独特，在世界园林史上也享有盛誉。总体而言，中国的造园者，从一开始就注重追求人造景观与自然景观的浑然一体；中国的造园艺术，以追求自然的精神境界为最终目的，以实现“虽由人作，宛自天开”。

早在春秋战国时期，江苏就有了园林艺术的萌芽。据文献记载，吴王夫差所筑姑苏台，已经初步具备了园林艺术的要素。到了魏晋南北朝时期，苏州出现了私家园林。据《苏州府志》记载："笮家园在保吉利桥南。古名笮里，吴大夫笮融所居。"明清时期，是中国造园史上的一个黄金时代，同时，也是江苏园林的大发展时期。这一时期，不仅园林的数量众多，而且造园的艺术也日趋完美。明代中晚期，苏州的拙政园、留园等，相继建成；明末清初，扬州望族郑氏兄弟建影园、休园、嘉树园、五亩之园等。清代，江苏各地的著名的私家园林就更举不胜举了。

除了私家园林之外，江苏园林中还有宗教园林。佛教传入中国后，宗教园林就开始出现，如建于东晋的有"吴中第一名胜"之称的虎丘云岩寺和镇江的金山寺；建于南齐永明七年(489)的南京栖霞寺；建于南齐的常熟兴福寺等等，都是寺观园林的代表。

同时，随着魏晋南北朝时期人们崇尚自然美的审美意识的觉醒，江苏的园林建设开始朝着与自然山水相结合的自然山水园林方向发展。一般都以湖为中心，沿湖造园，将自然美景与精心雕琢的楼台建筑结合在一起，如扬州的瘦西湖、南京的玄武湖、莫愁湖，都是这一类自然山水园林的代表。

一、春秋时期：江苏园林的发轫

春秋时期，十九世吴王寿梦领导吴国与楚国分道扬镳，逐渐走上兴霸道路。于是，吴国最早的宫苑园林就开始出现在典籍记载中。唐代陆广微在《吴地记》中写到："夏驾湖，寿梦盛夏乘驾纳凉之处。凿湖为池，置苑为囿。"南宋范成大的《吴郡志》也写到："夏驾湖，在吴县西城下。吴王寿梦避暑，驾游于此，故名。"遗憾的是，从现存的典籍看，我们已经无法确切了解夏驾湖的建筑规模和建筑样式。

公元前514年，寿梦的嫡孙、二十四世吴王阖闾上台后，令伍子胥筑阖闾城，即现在的苏州城。接着，吴起兵破楚，大获全胜。越王勾践深知吴王夫差嗜好盖造宫室，兴建亭台楼阁，便运用辅国大夫文种“伐吴计谋”，用重金财物献给吴国君王与臣下，使他们财迷心窍，对越失去警惕；送去美女消磨吴王的意志；送去能工巧匠、建筑良材，让吴国大造宫殿、高台，耗尽其资财，疲乏其民力。

一次，越王勾践命木工三千入山伐木，一年不归，伐得大批上等木材。其中有一对巨木粗二十围，高四十丈，一棵是有斑纹的梓树，另一棵是楩楠树，木质硬朗而挺拔，令匠人精工雕刻成盘龙花纹大柱，抹上丹青，又镶嵌白玉，错彩镂金，金光闪闪，光怪陆离。还将所有采伐的良材进行加工，然后派文种大夫献于吴王夫差，建造富丽堂皇的宫殿与高台。吴王夫差见之，龙心大悦，他不听伍子胥的劝阻，立刻如数照单全收了这批良材。当时这批来自会稽的粗大木材，把山下所有的河道、沟渠塞满，“木渎”因而得名。据史载，为修造姑苏台，材料历经三年才积聚，五年方造成。阖闾在世时曾在山上筑烽火高台，观察、预防外来之敌，而吴王夫差却饰以铜钩玉槛，改建成规模宏大的馆娃宫，宫内有响屧廊、玩花池、琴台，山顶凿吴王井等。

我们暂且抛开历史，对夫差的政绩不加评论，单从园林建筑看，姑苏台已经初现了中国园林的基本要素。因此，夏驾湖、姑苏台可视为江苏园林的滥觞，从一开始就与西方规则图案式的园林有着泾渭分明的区别，也对后世江苏园林的建造产生着重要的影响。

二、魏晋时期：江苏园林的发展

魏晋南北朝时期，由于大规模的战乱多发生在北方，并且时间持续很长，使得北方经济遭到严重破坏。南方则相对稳定，经济得到迅速发展。随着江南地区生产力的发展，北方大批士族南迁，这些士族阶层多受魏晋以来玄学文化的影响，追求自然环境的雅丽，大有“翛然林木中”之趣。他们将自己的爱好带到江南，兴建宅园，于是，这一时期，私家园林开始兴起，并逐渐发展、定型。

辟疆园就是这一时期园林艺术的典型。辟疆园是东晋名士顾辟疆的名园，园址在今江苏省吴县。顾辟疆，字不传，吴郡吴（今江苏苏州)人。顾氏为江南著姓,顾辟疆历仕郡功曹、平北将军参军。《晋书·王献之传》记载:东晋大书法家王献之自会稽经吴,闻辟疆名园,径来访之。王献之与顾辟疆不相识。王献之来时,值顾辟疆集宾友酣宴。王献之入园游赏,指麾好恶,傍若无人。顾辟疆勃然大怒,曰:"傲主人,非礼也。以贵骄人,非道也。失此二者,不足齿之伧耳。"这就是著名的"辟疆驱客"的故事。辟疆园至唐宋时尚存,是自有史书记载以来的第一例苏州私家园林。范成大《吴郡志》:"晋辟疆园,自西晋以来传之。池馆林泉之胜,号吴中第一。"

另外,三国时期,吴国建都建康,相继造了太初宫、显明宫等皇家园林。孙权之孙孙皓也曾大造苑囿,堆土山,兴工程。这一时期,江苏较为著名的皇家园林有建康的华林园和乐游园。当时的扬州也是园林众多。南朝刘宋元嘉二十四年(447),刺史徐湛之在广陵蜀冈一带,营构"风亭、月观、吹台、琴室",并遍植瓜果花木,成一时之盛事。

自佛教传入中国以来,这一时期还出现了宗教园林。如东晋咸和二年建造的以"吴中第一名胜"著称的苏州虎丘云岩寺,建于南齐永明七年的南京栖霞寺等。

总之,这一时期各种园林样式不断涌现,园林的造园技艺与人们的审美情趣相结合,是江苏园林发展的重要历史时期。

三、唐宋元时期:江苏园林的成熟

唐朝,是中国历史上统一时间最长、国力最强盛的朝代之一。唐代江苏园林的建造也日趋成熟,特别是一些文人雅士,把当时具有最高艺术水平的诗歌带入生活中,使生活诗意化,也在园林建造中运用写意的手法,追求浑然天成的美。尤其是当时的扬州,园林建造极其繁盛,唐代诗人姚合就有"园林多是宅"之句(《扬州春词三首》),而当时的江南太湖流域,也园林众多。此外,如皋有芙蓉园,江都有壶春园,仪征有东园。此时的江苏,处处可见各式园林建筑。

宋朝,是中国历史上经济与文化教育最繁荣的时代。儒家复兴,社会上弥漫尊师重道之风，科技发展亦突飞猛进。著名史学家陈寅恪说过："华夏民族之文化，历数千载之演进，造极于赵宋之世。"这一时期，也是江苏园林的成熟期。因为，园林的建造需要有富足的经济与和平的环境作为支撑。而随着唐代安史之乱后，中国的经济和文化重心逐渐南移，熊月之在论及"唐代以后的江南"的时候，就说到这一时期的江南是"中国经济、文化最发达的地区"(《上海通史》)。因此，园林的修建也就日臻兴盛。

苏州现存最早的园林——沧浪亭，就是这一时期建造的。沧浪亭，据说开始为五代时吴越王钱镠之子钱元亮的池馆。北宋庆历年间，诗人苏舜钦遭贬谪流寓来苏州，因感其原址高爽静僻，野水萦洄，便以四万钱购得，因其在水旁筑亭，取"沧浪之水清兮，可以濯我缨；沧浪之水浊兮，可以濯我足"之意，遂取名曰"沧浪亭"。后该园几经荒废。清康熙三十五年(1696)重修，改移沧浪亭于土阜之上，并建轩、廊等建筑，临池造石桥作为入口处，现在的沧浪亭基本保留的就是清代的布局。沧浪亭古朴幽静，在苏州诸园中别具一格。苏州园林大都以高墙四围，自成丘壑。沧浪亭则外临清池，一泓清水绕园而过，河流自西向东，绕园而出。这种布局巧妙地融园内外景色于一体，借助"积水弥数十亩"的水面，扩大了空间，造成深远空灵的感觉。

元代，江苏的园林建造基本保持了唐宋园林建造的风格，未有太多的变化。但是，这一时期江苏建园数量却大大增多，苏州著名的狮子林就是这一时期建造的。

四、明清时期：江苏园林的兴盛

明清时期，江苏已经成为全国经济最为发达的地区之一。所谓"苏湖熟，天下足"，当时的农业在全国具有举足经重的地位。同时，手工业也极度繁荣，苏州是当时重要的丝织业中心，南京是棉织业的重要产地。与此同时，江苏的商业、货运等在全国都占着重要的比重。唐寅有“世间乐土是吴中”的诗句,描述的即是当时苏州商业的繁盛景象。王锜《寓圃杂记》更是形象地记载了明代中叶苏州经济的繁盛景象:“以至于今,愈益繁盛,闾檐辐辏,万瓦甃鳞,城隅濠股,亭馆布列,略无隙地。舆马张盖,壶觞罍盒,交驰于通衢永巷中,光彩耀目。游山之舫,载妓之舟,鱼贯于绿波朱阁之间。丝竹讴歌,与市声相杂。凡上供锦绮、文具、花果、珍羞、奇异之物,岁有所增。若刻丝累漆之属,自浙宋以来,其艺久废,今皆精妙,人性益巧而物产益多。至于人材辈出,尤为冠绝。”

园林的建造,在一定程度上依赖于经济的繁华。社会经济高度发展,手工业和建筑等行业极度繁盛,也为园林的兴盛提供了重要的物质保证。另外,明清时期的江苏人才辈出,在教育及科举取士方面在全国都占有领先地位。仅以苏州为例,据有关资料统计,明朝自明太祖洪武四年(1371)至明思宗崇祯十六年(1643)的前后 272 年间,全国共录取文状元 90 名,而仅苏州一府就产生了 8 名,约占全国总数的 9%。到了清代,自顺治三年(1646)开科取士,至光绪三十年(1904)期间,全国共录取文状元 114 名,而江苏则占了 49 名(商衍鎏《清代科举考试述录》)。封建社会的科考是入仕的重要条件,而入仕之后,或腾达,或隐居,为了满足文人“城市山林”的一种传统的心理积淀,他们往往会为自己修建私家宅院,这其中很多即是流传至今的园林建筑。如苏州的拙政园,即为明弘治年间苏州进士王献臣所建,取“拙者之为政”之意。因此,明清时期,江苏的教育、人文、书法、绘画等的兴盛,为江苏园林在明清时期的兴盛提供了重要的精神文化方面的保障。

这一时期,江苏著名的园林有:建于明代早期的南京瞻园和无锡的寄畅园,建于明代中晚期的苏州的拙政园、留园等,建于明末清初扬州望族郑氏兄弟的四个花园,即影园、休园、嘉树园、五亩之园等。

第三节　江苏园林的特点及园林理论研究

中国古典园林是风景式园林的典型，是造园者试图将自然美与人工美相结合的尝试。它以自然界的山水为蓝本，由曲折之水、错落之山、迂回之径、参差之石、幽奇之洞所构成的建筑环境，将自然界的景物荟萃一处，从而表达园林美学思想。而江苏园林是中国古典园林的代表，它集中体现了中华民族性格和文化中端庄、含蓄、幽静、雅致的一面。

一、江苏园林的特点

（一）以私家园林为代表

中国的园林，按照不同的分类标准，可以划分成不同的类别。一般将其分为皇家园林、寺观园林和私家园林。

皇家园林，以北方园林为代表，以北京为中心，其规模宏大，体态端庄，色彩华丽，风格上趋于雍容华贵，体现了帝王威仪与富贵特色，如颐和园、北海公园、承德避暑山庄等，其中承德避暑山庄是我国现存最大的皇家园林。

寺观园林主要指佛寺、道观、历史名人纪念性祠庙等。

私家园林一般面积较小，以精取胜。其风格潇洒活泼，玲珑素雅，曲折幽深，明媚秀丽，且讲究山林野趣和朴实的自然美。江苏园林以私家园林为代表，多在江南，以苏州园林为典型。据资料显示，江苏园林始见于南北朝，至五代时期，随着江南园林的发展，苏州的造园艺术日益繁盛。明中期以后，私家园林建造之风再度兴盛，南京、无锡、苏州等地私家园林无论从数量还是质量上都是对前代的一次超越。据清同治《苏州府志》所载，当时吴县、长洲、元和三县私家园林至少有 200 多处。这些园林，其规模虽然没有皇家园林那么气派恢宏，但善于把握有限的空间，巧妙地组合成千变万化的园林景色，并广泛吸取了中国山水画的理论，追求山林野趣和朴实的自然美，充分体现了我国园林的民族风格。

（二）自然美与艺术美的有机结合

江苏园林是自然美与艺术美有机结合的精美产物。“自然美”是江苏园林遵从“虽由人作，宛自天开”的园林建筑美学而产生的。园林里的叠山理水，都顺应自然，具体体现在：布局师法自然，构景融于自然，建筑顺应自然，花木表现自然。首先，园林的总体布局、组合顺应自然规律，如亭台轩榭在布局上“绝不讲究对称”；在处理园林中山与水的关系，以及假山堆叠与涧、溪的构造等时，都提出要合乎自然的规律，尽量减少人工斧凿的痕迹。其次，江苏园林试图在有限的内部空间里完美地再现外部世界的空间和结构，使得构景融于自然。园内庭台楼榭、游廊小径蜿蜒其间，内外空间相互渗透，得以流畅、流通、流动。透过格子窗，广阔的自然风光被浓缩成微型景观。第三，在园林的建筑中，时时刻刻流露出自然之美和自然之趣。如人工的山，从选料、石纹、堆叠的形状等处处要显示自然天成之趣；再如拙政园的东园，是在明朝王心一所设计的“归园田居”基础上扩展而成，据记载有放眼亭、夹耳岗、啸月台、紫藤坞、杏花涧、竹香廊等诸胜。中为涵青池，池北为兰雪堂，周围以桂、梅、竹屏之，池南及池左，有缀云峰、联壁峰，峰下有洞，曰“小桃源”。步游入洞，如渔郎入桃源，桑麻鸡犬，别成世界。兰雪堂之西，梧桐参差，茂林修竹，溪涧环绕，为流觞曲水之意。北部系紫罗山、漾荡池。东为荷花池，面积达四五亩，中有林香楼。家田种秫，皆在望中。这是典型的追寻自然之趣的园林建筑设计风格。第四，园林的花草树木的点缀表现自然。园林中，考虑到四季的更替，将各种花卉、树木巧妙的布局，再通过借景与隔断，使得花草时时刻刻出现在居住者或游人眼中，构成“不出城廓而获山林之怡，身居闹市而有林泉之趣”的情致。

所谓“艺术美”，是指江苏园林件件都可以称得上是精美的艺术品。所谓“中国古典园林，是以建筑和山水花木的组合为主旋律，以文学、书法、绘画、雕刻、工艺美术、盆景以及音乐、戏曲等门类艺术作为和声协奏的，既宏伟繁复而又精丽典雅的交响乐。它是把各种不同门类的作品有机地荟萃在一起，从而给人以丰富多样的审美感受的综合艺术博物馆”（金学智《中国园林美学》）。江苏园林，尤其是江南私家园林，则更加鲜明地体现出中国古典园林的艺术美。古代有位旅行家说过：“身并于云，耳属于泉，目光于林，手缁于碑，足涉于坪，鼻慧于空香，而思虑冲于高深。”江南私家园林风景中的形象美、色彩美、音响美、韵律美，给人以各种艺术享受和浸润。如江苏园林中的题景、门楣、对联、匾额设计，就是书法、雕刻、文学等多种艺术门类的集合。作为艺术语言，这些匾额又是一种符号、工具和建筑物典雅的装饰品，是园林中一道亮丽的风景，具有文化景观美。在江南私家园林中，遍及建筑内外，各种造型典雅别致的楹联匾额，有的华丽，有的素雅；有的布置在室内，有的在室外的石头或建筑上；有的字体大，有的字体小；有的是楷体行体，有的是隶书草书。它们本身就是一种园林景观，具有极高的历史、人文、审美价值，是园林中不可或缺的艺术珍品。再如园林中的家具摆设，江苏现存的古典园林中，大部分的家具都是明清两代的，用料上乘，有紫檀、黄花梨、红木、乌木、榉木等。明代家具是中国家居发展的一个高峰，其特点是造型简洁大方，构架严谨，色彩素雅，雕饰图案少而精；而清代家具则日趋繁复，用料粗重，装饰琐碎，色彩注重漆饰，与明式家具迥然不同。如果细细游览江南的私家园林，无异于徜徉在明清家具的博物馆中，可以让游人尽情领略明清两朝各式造型独特、做工精美的家具精品。

（三）丰富的人文内涵和完美的居住条件相结合

江苏的文化是精致的、灵动的，同时也是实用的，江苏的园林文化恰巧与这一文化特色相吻合。它既具有丰富的人文内涵，同时又是适合人居的实用建筑。

首先，江苏园林，尤其是江南地区的私家园林，不仅是历史文化的产物，也是中国传统思想文化的载体。从民族文化心态来看，“天人合一”的理念是中国人一直强调的精神之一，也是江苏古典园林艺术的灵魂。其主要观点是追求尊重自然的前提下改造自然，创造出宜人、和谐的园林生态。从文化内涵看，江苏园林产生于江苏这个“文萃”之地，园林的建造自然与艺术、文学、哲学等巧妙结合。因此，在园林的各个角落，都储存了大量的历史、文化、思想和科学的信息，物质和精神内容都极其深广，有反映和传播儒、释、道等各家哲学观念、思想流派的；有宣扬人生哲理、陶冶高尚情操的；还有借助古典诗词文学，对园景进行点缀、渲染，使人于栖息游赏中，化景物为情思，获得精神的满足的。

其次，从实用性角度看，江苏的园林大多数是可供居住的，即园林宅院合一，可赏、可游、可居，可以体验让人舒畅的生活。这种建筑形态的形成，是在人口密集和缺乏自然风光的城市中，人类依恋自然，追求与自然和谐相处，美化和完善自身居住环境的一种创造。如苏州的拙政园、留园、网师园等，建筑类型齐全，保存完整，系统而全面地展示了苏州古典园林建筑的布局、结构、造型、风格、色彩以及装修、家具、陈设等各个方面内容，是明清时期江南民间建筑的代表作品。同时，其建筑规制又反映了中国古代江南民间起居休憩的生活方式和礼仪习俗，是了解和研究古代中国江南民俗的实物资料，是这一时期中国江南地区高度的居住文明的典型，体现了当时城市建设科学技术水平和艺术成就。

二、园林理论研究

江苏历来经济繁荣，人文荟萃，园林建造更是经久不衰。历代的造园实践使得江苏也产生了一批重要的造园巧匠与专家。其实，明清以前，江苏就有很多知名文人、画家参与过造园工作及园林设计，如元代的倪云林。到了明代，有唐寅、祝允明、文徵明、沈石田等。清代则有郑板桥等“扬州八怪”。正是有了一代代的造园实践的积累与总结，因此，明代开始，中国的造园理论开始进入总结期，出现了中国造园史上最著名的两部造园理论研究著作:《园冶》和《长物志》，其作者分别是吴江人计成和长洲人文震亨。

《园冶》是中国第一部园林艺术理论的专著，也是世界上最古老的一部造园学理论著作。明崇祯四年(1631)成稿，崇祯七年刊行。全书共 3 卷，附图 235 幅。主要内容为“园说”和“兴造论”两部分。其中“园说”又分相地、立基、屋宇、装折、门窗、墙垣、铺地、掇山、选石、借景 10 篇。《园冶》一书的精髓，可归纳为“虽由人作，宛自天开”、“巧于因借，精在体宜”两句话。这两句话的精神贯穿于全书，也一直为后世所引用。《园冶》一书是计成将园林创作实践总结提高到理论层面的专著，反映了中国古代造园艺术的成就，为后世的园林建造提供了理论基础以及可供模仿的范本。同时，《园冶》用骈文写成，在文学上也有一定的地位。

《长物志》是明代后期出现的一部关于生活和品鉴的笔记体著作。作者文震亨(1585—1645)，字启美，号木鸡生，明末苏州府长洲县人，文徵明的嫡曾孙。《长物志》被称为晚明士大夫生活的“百科全书”，全书分为室庐、花木、水石、禽鱼、书画、几榻、器具、衣饰、舟车、位置、蔬果及香茗等十二卷，内容齐全，架构清晰。《长物志》的内容涉及到相关园林美学的范畴，是私家造园专著的代表作之一，也是古典园林自两宋发展到明末清初时期的理论总结。《长物志》一书中与造园有直接关系的是室庐、花木、水石、禽鱼、蔬果五卷，而另外七卷书画、几榻、器具、衣饰、舟车、位置、香茗与园林有着间接的关系。全书体现了古代文人在园林建造中的自我塑造。如对于园林的选址，文震亨认为“居山水间者为上，村居次之，郊居又次之”；在建筑设计上，需要“随方制象，各有所宜；宁古无时，宁朴无巧，宁俭无俗”等。此外，其“花木”卷分门别类地列举了园林中常用的 42 种观赏树木和花卉，详细描写它们的姿态、色彩、习性以及栽培方法，还提出园林植物配置的若干原则，比如说“草木不可繁杂，随处植之，取其四时不断，皆入图画”等。最难能可贵的是，指出造园应突出大自然生态特征，使得各种植物能够在宛若自然界的环境中和谐生长。

第四节　江苏园林拾翠

一、帝王宫苑：南京瞻园

瞻园，位于南京市瞻园路208号，又称“大明王府”和“太平天国历史博物馆”。瞻园始建于明朝初年，是中山王徐达的府邸花园，现仍留存的石矶及紫藤，距今已有六百多年历史。

明朝初年，朱元璋因念功臣徐达“未有宁居”，在自己的吴王府前大兴土木，建成了这所规模宏大的府邸花园，并建“大功”牌坊一座，成为富有皇家气派的一代名园。清顺治二年(1645)，该园成为江南行省左布政使署。乾隆帝巡视江南，曾驻跸此园，并御题“瞻园”匾额。太平天国时，瞻园先后为东王杨秀清府、夏官副丞相赖汉英衙署和幼西王萧有和府。天京失陷后，该园毁于兵燹。同治四年(1865)、光绪二十九年(1903)，瞻园两度重修。解放后，瞻园经过多次重修，园林建筑日渐恢复，现为南京太平天国历史博物馆。

瞻园分东西两个部分，大门在东半部，上悬一大匾，书“金陵第一园”，字系赵朴初所题。对面有照壁，照壁前是一块太平天国起义浮雕。进门正中是一尊洪秀全半身铜像，院中两边排列着当年太平天国用过的大炮20门。二进大厅上有郭沫若题写的“太平天国历史陈列”匾额，主要陈列文物有天父上帝玉玺、天王皇袍、忠王金冠、大旗、宝剑、石槽等300多件，总陈列面积约1 200平方米。

西半部是一座典型的江南园林，园内古建筑有一览阁、花篮厅、致爽轩、迎翠轩及曲折环绕的回廊，这些建筑和回廊把整个瞻园分成5个小庭院和一个主园。静妙堂位于主园中部，是园内的主题建筑，一面建于水上，宛如水榭，把全园分成南北两部分，结构对称，动静搭配。堂之南北各有一座假山，水是相通的，西边假山上还有岁寒亭一座。园虽不大，却颇具特色，是江南名园之一。

瞻园素以假山著称，全园面积仅 8 亩，假山就占了 3.7 亩。南、北、西面均是假山，西假山最高，为土山；北假山均由太湖石堆砌而成，可见其明代手法；南假山是现在重新堆叠而成的，山洞曲折幽深，山峰挺拔多姿。进园门后，透过漏窗便隐约可见一座奇秀的石峰"仙人峰"，传说是宋徽宗时"花石纲"的遗物。瞻园的回廊也颇具特色，串连南北，蜿蜒曲折。

刘敦桢所著《中国园林》巨幅集锦画册中，将瞻园作为古金陵园林唯一的代表作载入中国园林史册，可见瞻园在江苏园林建筑中的重要地位。

二、清丽脱俗：扬州个园

个园，是清嘉庆、道光年间，扬州的盐商黄至筠在明代石涛所建的"寿芝园"旧址上兴建起来的。当时园中遍植翠竹，因苏东坡有诗句"宁可食无肉，不可居无竹；无肉使人瘦，无竹使人俗"，园主人名"至筠"，"筠"借指竹，而"个"者，竹叶之形，"个园"因此得名。

个园是一处典型的私家住宅园林，园内的四季假山，是现存扬州园林技艺的典型代表，所谓"扬州以名园胜，名园以叠石胜"。个园不大，假山面积却占了全园约三分之一。进入园林，首先映入眼帘的是月洞形园门，门上石额书写"个园"二字。园门两侧各种竹子枝叶扶疏，"月映竹成千个字"，与门额相辉映衬；白果峰穿插其间，如一根根茁壮的春笋，此即是春景。"春"去"夏"来，绕过"宜雨轩"，在浓阴环抱的荷花池畔，一座六七米高的太湖石假山呈现于眼前，这便是湖石堆叠成的"夏山"。假山玲珑剔透，有"夏云多奇峰"之意，过石桥，进石洞，只觉得藕荷飘香，苍翠生凉。转过"鹤亭"，是座"一"字形长楼，循楼而去，"秋从夏雨声中入"，长廊尽头便是"秋山"。秋山全用黄山石堆叠而成，构思大胆，用石泼辣，相传为大画家石涛杰作。看此山，山势巍峨，峰峦起伏，又见古柏斜伸，红枫遍植，钟乳石挂，石桥俨然，气象不同一般。步下秋山，过“透风漏月厅”，迎面是一组由宣石（白色石英石）堆叠而成的“冬景”。此地是阳光直射不到的地方，所以，无论是近观或远看，都似覆盖着一层未消的残雪，隐隐散出逼人的寒光，仿佛山脉、山顶“终年积雪”之貌。

个园四季假山各具特色，表达出“春山艳冶而如笑，夏山苍翠而如滴，秋山明净而如妆，冬山惨淡而如睡”和“春山宜游，夏山宜看，秋山宜登，冬山宜居”的诗情画意。个园旨趣新颖，结构严密，被著名园林专家陈从周教授称为“国内孤例，是扬州园林中最具地方特色的一景”。

三、野趣盎然:无锡鼋头渚和寄畅园

除了私家园林外，江苏园林建筑中还有一类为山麓园林。山麓园林一般利用自然山水而建，多野趣。江苏的山麓园林，主要分布在以太湖为中心的苏州、无锡地区（南京的玄武湖也属于山麓园林），无锡的鼋头渚景区则是著名的山麓园林的代表。鼋头渚，因深入太湖中的半岛顶端，形似鼋头，因此得名。该园依山傍水，因其别具一格，所以有“来无锡必游太湖，游太湖必游鼋头渚”之说。鼋头渚的风光是山清水秀，浑然天成，为太湖风景的精华所在，有“太湖第一名胜”之称。郭沫若有“太湖佳绝处，毕竟在鼋头”诗句赞誉，更使鼋头渚风韵流扬境内海外。

惠山东麓的寄畅园，则是另一派山麓园林的景色。寄畅园坐落在无锡市西郊东侧惠山横街的锡惠公园内，毗邻惠山寺。寄畅园原来的主人姓秦，是宋代著名诗人秦观的后裔，所以又叫做“秦园”。秦氏是无锡的名门望族，以诗书传家，名人辈出。寄畅园，元朝时曾为僧舍，明正德年间，曾任南京兵部尚书的秦金得到此处，辟为园，名“凤谷行窝”。秦金，号凤山，而园子又建在惠山的山谷里，因此“凤谷”包含人名、地名两层意思；行窝区别于皇帝的行宫，也表明这座别

墅还处于草创阶段,以山林野趣为主。万历年间,第三代园主人秦炌曾任湖广巡抚,后因受牵连而被罢官。回无锡后,寄抑郁之情于山水之间,疏浚池塘,改筑园居,构园景二十,每景题诗一首,并取王羲之《答许椽》诗"取欢仁智乐,寄畅山水阴"句中的"寄畅"两字名园,寄畅园由此得名。

园景布局以山池为中心,巧于因借,混合自然。假山依惠山东麓山势作余脉状,又构曲涧,引"二泉"伏流注其中,潺潺有声,世称"八音涧",前临曲池"锦汇漪"。而郁盘亭廊、知鱼槛、七星桥、涵碧亭及清御廊等则绕水而构,与假山相映成趣。园内的大树参天,竹影婆娑,苍凉廓落,古朴清幽。以巧妙的借景,高超的叠石,精美的理水,洗练的建筑,在江南园林中别具一格。

总体上说,寄畅园因其"自然的山,精美的水,凝练的园,古拙的树,巧妙的景"知名海内外。清朝时,康熙、乾隆二帝也一再来此题诗。北京颐和园内的谐趣园,圆明园内的双鹤斋,都是仿寄畅园而建,足见该园的重要地位。

四、园林精华:苏州四大名园

"上有天堂,下有苏杭",苏州园林吸收了江南园林建筑艺术的精华,是中国优秀的文化遗产。1997 年,在意大利那不勒斯召开的联合国教科文组织世界遗产委员会第 21 届会议上,批准将以拙政园、留园、网师园、环秀山庄为典型例证的"苏州古典园林"项目列入《世界遗产名录》。2000 年 11 月,在澳大利亚召开的世界遗产委员会第 24 届会议上,又将沧浪亭、狮子林、艺圃、耦园和退思园作为"苏州古典园林"的扩展项目,列入《世界遗产名录》。在项目评定报告中,联合国教科文组织是这样评价苏州园林项目的:"没有哪些园林比历史名城苏州的园林更能体现出中国古典园林设计的理想品质,咫尺之内再造乾坤。苏州园林被公认是实现这一设计思想的典范。这些建造于 11—19 世纪的园林,以其精雕细刻的设计,折射出中国文化中取法自然而又超越自然的深邃意境。”

苏州园林善于把有限空间巧妙地组成变幻多端的景致，结构上以小巧玲珑取胜。沧浪亭、狮子林、拙政园、留园分别代表着宋、元、明、清四个朝代的艺术风格，被称为“苏州四大名园”，素有“江南园林甲天下，苏州园林甲江南”之誉。

（一）“沧浪之水清兮，可以濯我缨”：沧浪亭

沧浪亭，位于苏州市城南三元坊附近，是江南现存诸园中历史最为悠久的古典园林之一。前文已对其历史做过详细介绍，见第二节。

踱步沧浪亭，未进园门便见一池绿水绕于园外，临水山石嶙峋，复廊蜿蜒如带，廊中的漏窗把园林内外山山水水融为一体。园内以山石为主景，山上古木参天，山下凿有水池，山水之间以一条曲折的复廊相连。沧浪亭外临清池，曲栏回廊，古树苍苍，垒叠湖石。人称“千古沧浪水一涯，沧浪亭者，水之亭园也”。

沧浪亭主要景区以山林为核心，四周环列建筑，亭台及依山起伏的长廊又利用园外的水景，通过复廊上的漏窗渗透作用，沟通园内外的山水，使水面、池岸、假山、亭榭融成一体。著名的沧浪亭在山顶上，它高踞丘岭，飞檐凌空。亭的结构古雅，与整个园林的气氛相协调。亭上石额“沧浪亭”为俞樾所书。

园中最大的主体建筑是“明道堂”。明道堂取“观听无邪，则道以明”之意，为明、清两代文人讲学之所。墙上悬有三块宋碑石刻拓片，分别是天文图、宋舆图和宋平江图。堂南有“瑶华境界”、“印心石屋”、“看山楼”等几处轩亭。折而向北，有馆三间名“翠玲珑”，四周遍植翠竹，取“日光穿竹翠玲珑”之意而成。

同“翠玲珑”相邻的是五百名贤祠，祠中三面粉壁上嵌594幅与苏州历史有关的人物平雕石像，为清代名家顾汀舟所刻。五百名贤只是取其整数而言。每五幅像合刻一石，上面刻传赞四句，从中可知这些古贤的概况，他们是从春秋至清朝约2500年间与苏州历史有关的人物。名贤中的绝大部分是吴人，也有外地来苏为官的名宦。名

贤像多数临自古册，也有的来自名贤后裔，具有文献价值。

沧浪亭古朴幽静，在苏州诸园中别具一格。苏州园林大都以高墙四围，自成丘壑。沧浪亭则外临清池，一泓清水绕园而过，游人需要漫步渡桥才能进入园中，因此，有“未入园林先成景”的效果。

（二）“五复五反看不足，九上九下游未全”：狮子林

“五复五反看不足，九上九下游未全”，这是清代大学者俞樾对狮子林的赞誉。狮子林，至今已有 650 多年的历史，为元代园林的代表，位于苏州城区东北角的园林路，平面成东西稍宽的长方形。园内假山遍布，长廊环绕，楼台隐现，曲径通幽，有迷阵一般的感觉。长廊的墙壁中嵌有宋代四大名家苏轼、米芾、黄庭坚、蔡襄的书法碑及南宋文天祥《梅花诗》的碑刻作品。

狮子林，原为寺庙园林，是菩提正宗寺的后花园。公元 1341 年，高僧天如禅师来到苏州讲经，受到弟子们的拥戴。至正二年（1342），弟子们买地置屋为天如禅师建造禅林，初名“狮子林寺”，后易名“普提正宗寺”、“圣恩寺”。因园内“林有竹万，竹下多怪石，状如狻猊（狮子）者”，又因天如禅师得法于浙江天目山中峰禅师，为纪念佛徒衣钵、师承关系，取佛经中狮子座之意，故名“师子林”、“狮子林”；亦因佛书上有“狮子吼”一语（“狮子吼”是指禅师传授经文）而命名。建园前，天如禅师邀请了著名的画家倪瓒等人设计样图。倪瓒参与造园，并题诗作画（绘有《狮子林图》），使狮子林名声大振，成为佛家讲经说法和文人赋诗作画之胜地。

狮子林的布局，东南多山，西北多水，四周高墙深宅，曲廊环抱。以中部水池为中心，叠山造屋，移花栽木，全园布局紧凑，有“咫足山林”的意境。狮子林既有苏州古典园林亭、台、楼、阁、厅、堂、轩、榭之人文景观，更以湖山奇石、洞壑深邃而盛名于世，素有“假山王国”之美誉。

狮子林的湖石假山既多且精美，湖石玲珑，洞壑宛转，曲折盘旋，如入迷阵，有“桃源十八景”之称。假山全由一色太湖石堆砌成姿态

各异、神情迥然的无数石狮子的样子。洞顶奇峰怪石林立，均似狮子起舞之状，有含晖、吐月、玄玉、昂霞等峰，而以狮子峰为诸峰之首。

园内建筑以燕誉堂为主，堂后为小方厅，有立雪堂。向西可到指柏轩，为二层阁楼，四周有庑，高爽玲珑。指柏轩之西是古五松园。西南角为见山楼。由见山楼往西，可到荷花厅。厅西北傍池建真趣亭，亭内藻饰精美，人物花卉，栩栩如生。“真趣”为清乾隆皇帝下江南时手题“真有趣”中二字。亭旁有两层石舫。石舫北岸为暗香疏影楼，由此循走廊转弯向南可达飞瀑亭，是全园最高处。园西景物中心是问梅阁，阁前为双香仙馆。双香仙馆南行折东，西南角有扇子亭，亭后辟有小院，清幽雅致。

据史载，1703 年 2 月 11 日康熙皇帝南巡狮子林赐额“狮林寺”后，乾隆皇帝六游狮子林，先后赐“镜智圆照”、“画禅寺”及现存“真趣”等匾额。乾隆还下令在北京圆明园、承德避暑山庄内仿建了两座狮子林。可见当年帝皇对狮子林情有独钟。

除了帝王、学者的赞誉之外，当代园林专家童寯评述狮子林假山“盘环曲折，登降不遑，丘壑宛转，迷似回文”的赞语，也可以视为对狮子林十分贴切的概括。

（三）“是亦拙者之为政也”：拙政园

拙政园，位于苏州市东北街 178 号，是苏州园林中面积最大、最具有代表性的古典园林，也是我国江南古典园林代表作品，人称“江南名园，园中精品”，同时，又被誉为“中国园林之母”。它与承德避暑山庄、苏州留园、北京颐和园，同称中国四大名园。

拙政园，初为唐代诗人陆龟蒙的住宅，元朝时为大弘寺。明正德年间，御史王献臣仕途失意，归隐苏州，将其买下，聘著名画家、吴门画派的代表人物文徵明参与设计蓝图，历时 16 年建成，借用西晋文人潘岳《闲居赋》中“筑室种树，逍遥自得……灌园鬻蔬，以供朝夕之膳……是亦拙者之为政也”之句取园名。“拙政”之名，贴切地表达了王献臣的归隐之心，把浇园种菜作为自己的“政”事。园建成不久，王献臣去世，其子在一夜豪赌中，把整个园子输给徐氏。500 多年来，拙政园屡换园主，且东、中、西三园屡被分隔，直到上个世纪 50 年代，三园才完璧合一，恢复初名“拙政园”。

拙政园以其布局的山岛、竹坞、松岗、曲水之趣，被胜誉为“天下园林之典范”。拙政园内的水面占全园面积的五分之三，总体布局疏密自然，其特点是以水为主，水面广阔，景色平淡天真、疏朗自然。它以池水为中心，楼阁轩榭建在池的周围，其间有漏窗、回廊相连，园内的山石、古木、绿竹、花卉，构成了一幅幽远宁静的画面，代表了明代园林建筑风格。拙政园形成的湖、池、涧等不同的景区，把风景诗、山水画的意境和自然环境的实境再现于园中，富有诗情画意。

全园由东园（归园田居）、中园（拙政园）、西园（补园）三部分组成。中部是拙政园的主景区，为精华所在。其中水池约占了三分之一。远香堂是中园的主要建筑，取宋代周敦颐《爱莲说》中“香远益清”之意，中园中多数建筑取名与莲相关，可见，在建筑之中融入了建园者自身的人格塑造和期许。远香堂是一座三开间四面厅，建于原“若墅堂”的旧址上，为清乾隆时所建，青石屋基是当时的原物。它面水而筑，结构精巧，周围都是落地玻璃窗，可以从里面看到周围景色。堂内陈设非常精雅，正中有一块匾额，上书“远香堂”三字，乃明代文徵明手迹。

远香堂东有一座小山，小山上有“绿绮亭”，这里还有“枇杷园”、“玲珑馆”、“嘉实亭”、“听雨轩”、“梧竹幽居”等众多景点。从梧竹幽居向西远望，能看到耸立云霄之中的北寺塔，北寺塔影可清晰地倒映入拙政园的池水内，这是苏州园林精湛的借景手法的绝好实例。水池的中央建有荷风四面亭，亭的西面有一座曲桥通向柳荫路曲。亭子的南部有一座小桥连接着倚玉轩，从这里向西可以到小飞虹，这是苏州园林中唯一的廊桥。桥的南面有小沧浪水阁，桥的北面是香洲。

东园的面积约 31 亩，规模大致以明朝王心一所设计的“归园田居”为主，现在的景多为新修。西园面积约为 12.5 亩，也以池水为中心,有曲折水面和中区大池相接,有塔影亭、留听阁、浮翠阁、笠亭、与谁同坐轩、宜两亭等景观。又新建三十六鸳鸯馆和十八曼陀罗花馆,装修精致奢丽。其中,建筑以南侧的鸳鸯厅为最大,方形平面带四耳室,厅内以隔扇和挂落划分为南北两部,南部称“十八曼陀罗花馆”,北部名“三十六鸳鸯馆”,夏日用以观看北池中的荷蕖水禽,冬季则可欣赏南院的假山茶花。

拙政园设计精良,但总的格局仍保持明代园林浑厚、质朴、疏朗的艺术风格,是中国园林建筑史上的精品之作,代表着江苏古典园林,尤其是私家园林的精髓。

(四)“但留风月伴烟梦”:留园

留园,位于苏州阊门外,始建于明代嘉靖年间。原是明太仆寺卿徐泰时的私家花园。清嘉庆年间,刘恕购得此园,更名“寒碧山庄”,又因园随主姓,亦称“刘园”。同治年间,又为著名实业家盛宣怀购得,重加扩建,修葺一新,取“留”与“刘”的谐音,始称留园。1860年战事中,该园大部分被焚毁,仅存旧刘园的部分,因此,留园亦有经历劫难而留存下来的意思。清代俞樾曾作《留园游记》,称其为“吴下名园之冠”。留园内,厅堂、走廊、粉墙、洞门等建筑与假山、水池、花木等组合成数十个大小不等的庭园小品,其建筑数量居苏州各园之冠。

留园景区分成四个部分:中部以山水为主体,池水明洁清幽,峰峦环抱。东部以古典建筑和石峰为主,曲院回廊,引人入胜,这也是全园的精华所在,蜚声中外的冠云峰即在此。冠云峰是太湖石中的绝佳品,是苏州花园中最大的一块太湖整石,集太湖石“瘦、皱、漏、透”四奇于一身。相传这块奇石还是北宋末年“花石纲”中的遗物。留园的西部环境僻静,富有山林野趣;北部则竹篱小屋,完全是一派田园风味。

留园的设计者巧妙地将山水、田园、山林、庭院等四种景色融于一园之中,匠心独特。其层层相叠的建筑,布局紧密:厅堂宏敞华丽,装饰精雅巧妙;书斋安静闲适,环境深幽宜读;风亭月榭与凉亭小榭更是高高低低，迤逦相属。园内建筑的名称也取得十分典雅别致：明瑟楼、恰杭、闻木樨香轩、濠濮亭、自在处、汲古得修绠、佳晴喜雨快雪之亭、亦不二、待云庵等等，亦佛亦道，亦儒亦庄，莫不体现着园主人造园时融入的卓越智慧。

留园建筑艺术的另一重要特点，是它对内外空间的巧妙处理，善于利用各种建筑群，把全园的空间合理地分隔、组合，从而划分成不同的景区。再比如在设计时，若建筑面对山池时，想要有湖山真意，则取消面湖的整片墙面；建筑各方位对着不同的露天空间时，就以室内窗框为画框，室外空间作为立体画幅引入室内。同时，留园更以其“三绝”闻名全国，他们分别是上文提及的冠云峰、五峰仙馆的楠木殿和五峰仙馆内保存的大理石天然画“雨过天晴图”。

总之，留园重门叠户，园内移步换景，是清代园林的代表作。它紧密的结构与拙政园的疏朗境界，实可并称为苏州园林的双绝。

关键词：

江南民居　城池　江苏园林　皇家园林　拙政园　假山

思考题：

1. 江南水乡民居的建筑特点是什么？
2. 苏州城的历史是如何变迁的？
3. 江苏园林有哪几种类型？其代表园林有哪些？
4. 苏州园林的建造特点是什么？
5. 你能对一部江苏历史上著名的造园理论著作进行简单的介绍吗？

第十三章　江苏饮食文化

俗话说:民以食为天,这句话充分显示了人类对饮食的依赖。中国是非常讲究饮食的国家,食不厌精、脍不厌细,有“烹饪王国”的美誉。饮食文化是中华传统文化的重要组成部分,经过历代的传承与发展,现已形成菜系齐全、品种繁多的完整体系。江苏具有悠久的历史与灿烂的文化,其饮食文化也同样博大精深,值得我们去探讨研究。

第一节　江苏饮食文化的起源与发展历史

一、饮食文化概说

饮食,是人类赖以生存、生活的最基本的物质基础。果腹是人生的第一需要,也是饮食文化的起点。有了这个基础,才会随历史的演变,衍生出丰富多彩、流派纷呈的风味名吃和各大菜系,从而构成中华民族源远流长、独具特色的灿烂的饮食文化。

饮食文化是指人类饮食实践活动中所反映的社会多层次的物质形态和精神形态的总和。饮食文化的内涵十分丰富,包括食材的选择和利用,饮食的加工技艺,烹饪方法,食器的运用以及以饮食为基础的思想意识、道德哲学和艺术审美等,如饮食心理、饮食美学、饮食民俗、饮食文艺、营养保健等。总的来说,饮食文化是以饮食为核心的各类文化现象的总称。

我国的饮食文化是建立在广泛的饮食实践基础上的，它是人类生存、生活和发展的重要反映，并与人类的物质生活和精神生活息息相关。人类赋予饮食的象征意义远比其简单的营养内涵丰富得多，在中国文化的背景下，饮食远远超越了延续生命的需要，更是一种美的享受。

饮食文化源远流长，历史悠久。远古时代，人类茹毛饮血，火的发明，使人类由生食进化为熟食，这是人类饮食史上的一大飞跃。因为有了火，人们懂得将腥臊味重的生肉放在火上炙烤，使其香脆可口，满足了人类的味感，最原始的烹饪技术也由此产生了。

饮食生活也经历了从自然饮食状态，到调制饮食状态发展的过程。随着农业、畜牧业的不断发展，人们的食物来源大大丰富，在能充饥果腹的前提下，人们开始讲究饮食的乐趣，开始追求烹饪的精细化，懂得用调味品调味，以不断满足人们的味感。《尚书·说命下》云："若作和羹，尔惟盐梅。"说明那时的人已懂得用盐、梅来调味，自此，饮食进入了一个新时代。据有关史料记载，周代调味的理论与方法均比较成熟，调味品有：葱、芥、韭、薤、蓼、醯、梅等，能调出酸、辛、苦、咸、甜等味道，已能做到"五味调和"了。发展到今天，我国烹饪所使用的调味品多达500种左右，可以调制出任何美味。

追求饮食的美感，除了对食品进行再加工外，还表现在对饮食器皿的制作和讲究，饮食文化的范围也由此扩大。在远古时代，人们在石头上烧烤，用手捧起水喝，为了方便饮食，人们开始制作炊具和食具，制陶技术产生后，使人们对饮食器具的审美追求成为可能。新石器时代仰韶文化出土的陶器中，有各种水器、甑、灶、鼎、碗、杯、盆等日用陶器，其中人面形纹、鱼纹、鹿纹、蛙纹与鸟纹等形象逼真生动。不少出土的彩陶器为艺术珍品，如水鸟啄鱼纹船形壶、人面纹彩陶盆等，除了图腾崇拜的深层意义外，更表达了人们装饰、美化食具的最初目的，饮食提升为一种精神的享受。

在长期的发展及实践过程中，中国饮食在烹饪过程中逐渐形成许多流派，其中最有影响和代表性的，也为社会所公认的有"八大菜系"说，也即鲁、川、粤、闽、苏、浙、湘、徽菜系。一个菜系的形成和它的悠久历史与独到的烹饪特色是分不开的，同时也受到这个地区的自然地理、气候条件、资源特产、饮食习惯等影响。有人把"八大菜系"用拟人化的手法描绘为：苏、浙菜好比清秀婉约的江南美女；鲁、徽菜犹如朴实敦厚的北方壮汉；粤、闽菜宛如风流儒雅的潇洒公子；川、湘菜就像才艺满身的风雅名士。

二、江苏饮食文化的起源与历史

江苏位于美丽富饶的长江三角洲地区，地形以平原为主，也有丘陵错落。长江东西贯穿，京杭大运河南北贯通，还有淮河、新沭河、通扬运河等大河。全国五大淡水湖江苏有其二，洪泽湖、太湖像两块宝镜镶嵌在苏北平原及江南水乡，全省共有大小湖泊290多个。江苏东临黄海，有近1 000公里的海岸线，拥有广阔的浅海、滩涂，有着得天独厚的自然条件，境内平原广袤，水网密布，平原、水面所占面积比位居全国首位。气候温暖湿润，四季分明，适合种植水稻、小麦，以及各种瓜果蔬菜。江、河、湖、海一应俱全，水产资源特别丰富，丘陵地带盛产茶叶、山果，可谓门类齐全，品种繁多。丰富的物产孕育了悠久的饮食文化。

江苏饮食文化源远流长。6 000多年前，江苏先民就使用陶器烹饪，江苏烹饪技术可追溯到春秋时期。屈原在《楚辞·天问》中记载了彭铿做雉羹事帝尧的传说："彭铿斟雉，帝何飨？受寿永多，夫何久长？"相传帝尧时有个叫彭铿的人，烹制了雉羹奉献帝尧，有益寿延年的功效，得到尧帝的赞美，并受封于彭城，即今徐州。彭铿所烹制的羹被誉为"天下第一羹"，彭铿也成为天下厨师之祖，可见徐州的饮食文化历史悠久。徐州地区至今还有世代相传的"彭祖长寿宴"。相传春秋时期齐国有著名的庖厨名易牙，又名狄牙，长于调味，烹饪技艺很高，王充《论衡·谴告》中说："狄牙之调味也，酸则沃(浇)之以水，淡则加之以咸，水火相变易，故膳无咸淡之失也。"说明易牙能通过水、盐、火的调和使用，做出酸咸合宜、美味可口的饭菜来。他曾三次到徐州学习烹饪，得到彭祖的真传。在齐桓公九合诸侯时，易牙还制作了"八盘五簋"的盛宴以宴请诸侯。虽然易牙"烹子为羹"获得齐桓公的宠信，并参与发动政变致齐桓公活活饿死，被后人所唾弃，但他辨识、调和口味的能力曾得到孔子、孟子的高度评价。他还将烹饪与医疗相结合，开创了食疗的先河。齐国菜是我国最早的地方风味菜，后来成为中国的八大菜系之一的鲁菜，易牙对鲁菜以及苏菜中的徐州风味菜，无疑是有功的。

苏南的饮食文化起源也较早，长江下游的饮食很早就以"饭稻羹鱼"为主。据《吴越春秋》记载，伍子胥逃往吴国时，一渔夫渡其过江后，见其面有饥色，即去为他取饭，"有顷，父来，持麦饭、鲍鱼羹、盎浆"。"鲍"即盐渍鱼，说明当时民间饮食中鱼羹较为普遍，而且百姓懂得用盐腌制鱼以保鲜。专诸行刺吴王僚前，得知吴王僚"好味"，爱好美食，且特别喜欢炙鱼，于是去太湖学习烹饪炙鱼三个月，掌握烹饪技艺后回到吴宫为吴王烹鱼，将鱼肠剑藏于烹制好的鱼腹中，将吴王僚刺死。另据《阖闾内传》记载，伍子胥从楚国凯旋而归，吴王阖闾"治鱼为鲙"来犒劳他，"鲙"即切碎的鱼肉。这些史料都说明，在南方无论贵族还是平民，都以鱼、米为主食，与北方饮食有明显不同。

汉代淮南王刘安发明了豆腐，首先在江苏、安徽等地流行。南北朝时相传南京一"天厨"，一个瓜能做出几十道菜，一种菜又能做出几十种风味来，可见烹饪水平之高。到了唐宋时期，江苏菜已达到了相当高的水平，据北宋《清异录》所载，扬州的缕子脍、苏州的玲珑牡丹鲊等，有"东南佳味"之美誉。元代大画家倪瓒还写了一部饮食专著《云林堂饮食制度集》，这是一部反映元代无锡地方饮食风格的烹饪专著，书中汇集饮食 50 多种，都以菜品命题，逐条而记，除记述原料、配料外，还写明烹饪方法，足见当时人对饮食的重视。元明之际又有江苏人韩奕撰饮食专著《易牙遗意》，假托名厨易牙，实则是仿古代食经之作。全书分为脯、蔬菜、糕饵、汤饼等12类，共记载了150多种调料、饮料、糕饼、面点、菜肴、蜜饯等的制作方法，内容非常丰富。

清代著名文学家袁枚，长期生活在南京，他撰写的《随园食单》，是古代烹饪理论与实践的集大成者，分为须知单、戒单、海鲜单、江鲜单、特牲单、杂牲单、羽族单、水族有鳞单、水族无鳞单、杂素菜单、小菜单、点心单、饭粥单和茶酒单14个方面，系统地论述烹饪技术和南北菜点，其中所记多为苏菜，集中反映了苏菜烹饪技艺及江苏的饮食文化，在国内外广为流传。仪征的李斗在《扬州画舫录》中，记载美食者、善烹者多达200多人，还涉及饮食原料、饮食市场、糕点、菜肴、家厨技艺、船宴、茶担等，保存了大量文人饮食的珍贵资料。另外，江苏的饮食文化在文学作品中也得到充分展示，如小说《红楼梦》中就有许多关于饮食的记载。作者曹雪芹出身于江宁织造之家，曹雪芹是在“秦淮风月”之地的江宁（今南京）长大的，小说中所记饮食许多反映了江苏特色。

江苏古代政治、经济、文化比较发达，且物产丰饶，饮食资源丰富，所以饮食文化起源较早，历史悠久，烹饪水平也一直处于领先地位。时至今日，代表江苏饮食文化的苏菜在国内外也很有影响，具有较高地位。目前国宴中大多数菜肴仍以淮扬菜为主。

第二节　江苏饮食的主要菜系与特色菜品名点

江苏地理位置、气候条件十分优越，物产丰富，经济发达，人文荟萃，为饮食文化的发展提供了较好的基础，所以江苏饮食在中华饮食文化史上占有重要的篇章，不论是四大菜系说（川菜、鲁菜、苏菜、粤菜），还是八大菜系说（川菜、鲁菜、苏菜、粤菜、湘菜、闽菜、徽菜、浙菜），苏菜都是重要的一系。江苏菜是由南京、扬州、徐州、苏州、无锡、常州等地方风味菜构成，主要菜系有：

一、淮扬菜

扬州古称淮扬、维扬，淮扬菜以扬州菜为主，今所称淮扬菜也包括淮安、镇江地区的风味菜肴。扬州自古是富庶的鱼米之乡，特别是大运河开凿以后，扬州成为水陆交通枢纽，一直是漕运和盐运中枢。"腰缠十万贯，骑鹤下扬州"，扬州可谓商贾云集，市场繁华。扬州经济、文化高度发达，也促进了饮食文化的繁荣。淮扬菜经隋唐发展至明清，糅合南北风味于一炉，从而形成了统一的菜系。

淮扬菜的选料相当严格，很少用山珍海味，多用当地产的普通原料，河鲜比重较大，且特别讲究时令新鲜，注重鲜活、鲜嫩，如扬州一带江面特产鲥鱼、刀鱼、河豚，称为"长江三鲜"，是江苏时鲜、名贵的食材，有"刀鱼不过清明、鲥鱼不过端午"之说。淮扬菜调味清淡，咸甜适中，南北皆宜，强调本味，既有南方菜的鲜、脆、嫩的特色，又融合了北方菜的咸、色、浓的特点。制作精细，讲究刀工，切丝如发，注重菜品的形态与雕刻，尤以瓜雕享誉四方。烹饪善用火候，擅长炖焖烧煮，因为这几种方法能较好地突出原料本味。总之，淮扬菜色彩鲜艳，造型美观别致，色香味形俱佳。

淮扬菜菜品繁多，场面盛大。李斗在《扬州画舫录》中记载："烹饪之技家庖最胜。如吴一山炒豆腐、田雁门走炸鸡、江郑堂十样猪头、汪南溪拌鲟鳇、施胖子梨丝炒肉、张四回子全羊、汪银山没骨鱼、汪文蜜蛑螯饼、管大骨董汤、鮝鱼糊涂、孔切庵螃蟹面、文思和尚豆腐、小山和尚马鞍桥，风味皆致绝胜。"可见清朝时扬州就有很多家常名菜流传。满汉全席最早记录在《扬州画舫录》中，名著《红楼梦》中描述的菜肴也多为淮扬菜，1949 年中华人民共和国开国大典首次盛宴也是淮扬菜。因这些缘故，淮扬菜有八大名宴流传，即满汉全席、红楼宴、板桥宴、鉴真素宴、开国第一宴、乾隆御宴、三头宴、少游宴。

现在特色菜有：淮扬三头（扒烧整猪头、折烩鲢鱼头、蟹粉狮子头）中的蟹粉狮子头，以猪肉为原料，将肥肉和瘦肉分别切斩成细粒，

蟹粉狮子头

用酒、盐、葱、姜汁、干淀粉、蟹粉拌匀，粘和成为大肉圆，状如狮子头，常配以碧绿的青菜，肥而不腻，鲜香异常；三套鸭，用家鸭套野鸭，野鸭套菜鸽，以火腿、冬笋作辅，逐层套制，家鸭肥美，野鸭香酥，菜鸽细嫩，一菜三味，别具风味；还有如将军过桥、芙蓉鸡片、大煮干丝、扬州炒饭等都很有名。

面点和风味小吃也是淮扬菜富有特色的组成部分，历史悠久，品种丰富，十分有名，《随园食单》、《扬州画舫录》等都有记载。淮扬名点如蟹黄汤包，以皮薄、汁浓、味鲜而著称，还有肉包子、细沙包子、翡翠烧卖、千层油糕、茶馓等，都很有影响，尤以富春茶社的五丁包子最负盛名。

"扬州三把刀"中的厨刀现不仅享誉全国，而且已经走向世界，几乎只要有华人的地方就有淮扬菜。

二、金陵大菜

金陵大菜又名"京苏大菜"，是南京地区风味菜肴的总称。南京历史悠久，"江南佳丽地，金陵帝王州"，六朝定都给南京带来了一度的繁华。六朝天厨的代表南齐的虞悰，善于调味，所制菜肴非常鲜美。南唐时顾闳中所画的《韩熙载夜宴图》，正是当时金陵家宴的真实写照。明清时期，金陵更是商贾汇聚、名士云集，尤其是秦淮河边，每天歌舞升平、纸醉金迷，有"六朝金粉地"的"销金窟"之称。清代才子袁枚，长期生活在南京小仓山，撰写的一部烹饪巨著《随园食单》，基本以京苏大菜为原型。南京今天是江苏的省会城市，是江苏政治、经济、文化的中心，饮食文化自然也是十分繁荣的。

京苏大菜历史上是由官府菜、市肆菜、民间菜、清真菜、素菜和船菜构成。其特点是选料严谨，制作精细，讲究刀工，突出主料。口味上兼取四方之美，融合八方之味，口味醇和，咸淡适宜，考究原汁原味。烹调方法上，注重炖、焖、叉烤，讲究火候。酥烂脱骨不失其形，滑嫩爽脆不失其味。

盐水鸭

金陵大菜的著名菜品很多，有炖生敲、炖鸡孚、炖菜核(心)合称的“金陵三炖”，有叉烤肥鸭、叉烤鮰鱼、叉烤酥方组合成的“金陵三叉”，四大名菜包括松鼠鱼、蛋烧卖、美人肝、凤尾虾。在全国最有影响力的还要数鸭类菜肴和全鸭席。南京是全国闻名的“鸭都”，鸭子身上的一切对于南京人来说都是不可浪费的美味，南京自古就有“无鸭不成席”的说法。制鸭技术久负盛名，早在1400多年前的南朝时期就有记载。南京的鸭肴闻名全国，除桂花盐水鸭、金陵烤鸭外，板鸭、烧鸭、金陵酱鸭、啤酒鸭、香酥鸭、八宝珍珠鸭、金陵片皮鸭、鸭肫干、鸭舌等，也各具特色，十分有名，享有“金陵鸭馔甲天下”之美誉。

金陵大菜的著名菜品有蒸鲥鱼、酥鲫鱼、凤鱼、凤菜心、镶丝豆腐、葵花圆子、火腿炖黄芽菜等。传统的名菜还有罐罐肉、素什锦菜、八宝一棵松、松子熏肉、扁大肉酥等。时至今日，京苏大菜在吸收外帮菜精髓的基础上，不断地推出新的菜品，如王府鸡包翅、双味葫芦鸭、火筒大排翅、蟹粉炖鸡孚、金牛鸭子、雨花凤尾虾、芦蒿烤鸭卷、荷叶夹锅烧肉、蒿香炖母鸡、鲍汁浸油藤、红透龙虾等名菜。

金陵饮食在选料上，各种野菜很受欢迎，包括芦蒿、菊花脑、马兰头、枸杞头、荠菜、马齿苋、鹅儿肠、香椿头，称为“旱八鲜”，此外还有所谓“水八鲜”，即指鱼、菱、藕、茭瓜、茨菰、鸡头果、莲蓬、水芹。

南京小吃的品种也比较丰富，包括旺鸡蛋、活珠子、鸭血粉丝汤、牛肉粉丝汤、鸭油酥烧饼、鸡汁回卤干、卤茶鸡蛋、尹氏鸡汁汤包、糯米藕、五香鹌鹑蛋、梅花糕、桂花糖芋苗、豆腐脑、桂花赤豆元宵、凉粉等等。

南京小吃主要集中地有夫子庙、狮子桥、甘家大院等，制作的特色小吃称为“秦淮八绝”。所谓“秦淮八绝”，指南京八家小吃馆的十六道名点：魁光阁的五香茶叶蛋、五香豆；永和园的蟹壳黄烧饼、开洋干丝；奇芳阁的鸭油酥烧饼、麻油干丝；六凤居的葱油饼、豆腐脑；奇芳阁的什锦菜包、鸡丝面；蒋有记的牛肉锅贴、牛肉汤；瞻园面馆的薄皮包饺、红汤爆鱼面；莲湖糕团店的五色小糕、桂花夹心小元宵。

三、苏州菜

苏州菜古称吴菜，现也包括苏州、无锡、常州等苏南地区的菜肴风味。苏州地处太湖之滨，土地肥沃，物产丰美。鱼米之乡丰盛的物产，水陆交通商贸的交流，人文荟萃的文化熏陶，精致细腻的民风民俗，孕育了苏州的饮食文化。苏州菜起源较早，到清乾隆年间进入全盛时期。几个世纪来，它吸引了无数文人墨客居住或驻足于此，他们在自己的诗文中对苏州的菜肴赞誉有加。相传乾隆皇帝南巡时曾到苏州得月楼用餐，尝到江南美味后非常高兴，口称苏州为“天下第一食府”。《红楼梦》中提及的不少名菜，如糟鹅、鹅掌、鸽蛋等均为苏州佳肴。

考察苏州菜，首先会关注到“鱼文化”的突出位置。苏州开始建城，就和鱼联系在一起。吴王僚因嗜食“炙鱼”，才有机会让专诸藏剑于“炙鱼”，被刺丧生失国。“炙鱼”也就成为最早见于正史的姑苏美味，可以说，姑苏美食从“炙鱼”始。苏南位于太湖流域，水产品十分丰富，尤其是鱼类，鱼的制作最具特色。鲈鱼脍也是吴中美食，《晋书·张翰传》记载：“张翰在洛，因见秋风起，乃思吴中菰菜、莼羹、鲈鱼脍，曰：‘人生贵适志，何能羁宦数千里以要名爵乎？’遂命驾而归。”此后鲈鱼更是声名大振。

苏南地区鱼品多，各色鱼菜花样繁多。苏州菜最有名的要数松

松鼠鳜鱼

鹤楼的松鼠鳜鱼。松鼠鳜鱼采用有太湖石斑之称的太湖鳜鱼加以精细刀功刻花而成。经油炸、淋汁后吱吱有声,形似松鼠,经道光皇帝御笔赐名,乃成为江南最为著名的上品佳肴。除了鱼之外,以虾为主的名菜也很有特色。如碧螺虾仁,取太湖淡水嫩河虾,配以苏州特产碧螺春茶叶,清熘而成。此菜茶香清醇,虾仁鲜滑,令人回味无穷。

苏州菜选料不以珍奇为贵,但重博采时新,因材施艺,讲究时令,凡物应时则贵,失时则贱,不同的季节有不同的特色菜品。如春季有笋腌鲜、樱桃肉、白汁鼋菜;夏季有西瓜鸡、荷叶粉蒸肉、响油鳝丝;秋季有白汤鲫鱼、松鼠鳜鱼、走油四喜;冬季有美味酱方、煮糟青鱼等。苏州菜以家常菜为基础,却善于粗菜细做,将平常之物做得精巧。《浮生六记》中的芸娘便“善不费之庖,瓜蔬鱼虾,一经芸手,便有意外味”。当代小说家、《美食家》的作者陆文夫说:苏州“家常菜都比较简朴,可是简朴的并不马虎;经济实惠,精心制作,这就是苏州人的特点”。

苏州菜在外形上刻意求工,刀艺精湛,色彩协调,力求色、香、味、形、器,乃至环境、节令、氛围等方面浑然天成,装盘后的菜品有吴门画派清新自然的风格。在烹调方法上,苏帮菜常用的有数十种,但无论何种火工,均求精到。尤其擅长炖、焖、煨、焐等火工菜。“蜜汁火方”、“酒焖踵”、“黄焖鳗”、“叫化鸡”、“母油鸭”等均为苏州传统火工菜的代表。

在口味上,苏州菜调味清淡醇和,浓淡有度,有一种浑然天成的雅致,与苏州园林一样低调而不张扬。过分辛辣或腥、膻、奇、烈、怪等味为苏州菜之大忌,荤菜必用葱、姜、酒,酒的用量尤重,盐为主调味,多数菜不用糖,或加微量糖,旨在提鲜。红烧菜加糖较多,但通常应有咸、酸等味相对应，讲究咸中带甜，甜出头咸收口。只有少数甜食菜点采取单一甜味。因此，也不能以“偏甜”来概括苏州菜的整体口味。无锡菜与苏州、常州地区相比，则口味趋甜。常州菜口味浓淡适宜，现在常州餐饮以环境及服务取胜，在全国有一定的影响。

江苏尤其是苏南，水乡泽国，河网密布，百姓以舟为车，无论是官船、民船、游船，后梢都备有炊具炉灶，于是形成了独特的船菜，称为“行庖”、“行厨”。苏州的船菜特别有名，清西溪山人《吴门画舫录》云：“吴中食单之美，船中居胜。”苏州船菜主要以河鲜、湖鲜为主，船菜之所以兴旺，一靠原料新鲜，二靠烹饪手艺。河鲜、湖鲜都是由渔民刚刚打捞出水的，即捕即吃，非常新鲜，烹饪手艺沿袭了当地渔民传统的手法，多以活杀、活炝、清蒸、白煮为主，保持菜肴的原汁原味，鲜嫩可口。湖鲜尤以“太湖三白”最为著名。“太湖三白”是指太湖所特有的白鱼、白虾、银鱼。白鱼体型扁长，通体细鳞，肉质鲜嫩肥美，也是“三白”里最讲究加工的，宜清蒸以保其真味。白虾壳薄肉嫩，通体透明，白灼或制成醉虾，都鲜美无比。银鱼细长如玉簪，形圆而透明，做法多种多样，香酥银鱼、芙蓉银鱼、银鱼羹等，口味都有一种天然的鲜美。“太湖三白”都非常娇贵，几乎出水即死，所以要吃新鲜的最好就是在船上。在船上一边欣赏着碧波荡漾的美丽景色，一边食用太湖美味，真是人生的一大享受。

苏州的糕点以工艺精细、造型美观、选料讲究、配方独特而著称。它采用各种果仁，佐以桂花、玫瑰、薄荷等，色香味俱佳，而且与菜品一样讲究时令与季节，如春季有酒酿饼，清明前后有大方糕，夏季有绿豆糕、薄荷糕，秋季有月饼、巧果，冬季有芝麻酥糖、猪油年糕等。常年均有的特色名点还有卤汁豆腐干、松子猪油枣泥麻糕、八珍糕等。

苏州菜这一独具特色的天堂美食，以其悠久的历史，广博的取料，精巧的烹制，高雅的调味以及丰富的文化内涵，成为我国饮食文化领域里的瑰宝。

四、徐州菜

徐州菜又称徐海菜、两汉菜系，包括徐州、连云港一带的风味菜肴。徐州菜上承彭祖，饮食文化源远流长。彭祖是我国烹饪界公认的始祖。徐州历来是兵家必争之地，春秋战国时期就相当发达，饮食业发展也比较迅速。据史料记载，当年“烹子事主”的易牙，晚年落脚于此，后世有纪念他的店铺“易牙居”，在徐州文亭街尚有“易牙五味鸡”等名菜，桓公宴请诸侯的“八盘五簋”筵席，也沿用至今。

徐州菜具有鲜明的汉代风貌，底蕴丰厚。在刘邦、项羽相争的楚汉时期，项羽称霸，定都彭城。当时彭城已成为政治军事中心，客栈、菜馆、酒楼随之兴盛。汉代，徐州的烹调技术已有较大发展。当时已有“牝鸡抱蛋”、“沛公狗肉”、“鸳鸯鸡”等名菜，在徐州出土的汉画像石中可以窥见有关徐州饮食情况。经唐宋、明清的发展，徐州菜形成了独具特色的流派，各式酒席风格各异，有“鹿鸣宴”、“八盘五簋”、“大十样”、“五吉宴”、“龙凤宴”、“释家素宴”等。徐州菜因其悠久的历史及丰厚的底蕴在历史上对其他菜系产生一定的影响，被称为“百菜之祖”。

徐州菜在用料上取料广泛，肉食五畜俱用，水产以海味取胜。徐州位于江苏北部，与山东接壤，徐州菜在口味上接近齐鲁风味，菜肴色泽浓重，“黑”是徐州菜的一大特色。口味偏咸，习尚五辛，五味兼崇。烹调上擅长煎、炸、煮、爆、熘、烧等。随着时代变迁，今天的徐州菜也受淮扬菜、苏州菜的影响，色调亦趋淡雅，口味鲜咸适度，清而不淡，浓而不浊。徐州菜自发源起就有注重食疗的传统，具有浓郁的地方特色。

徐州菜不仅制作考究，风味独特，还具有浓郁的文化韵味，几乎每一道菜都有一个动人的传说。如“羊方藏鱼”，被称为中国第一名菜，至今已有 4 300 多年历史。相传彭祖的小儿子夕丁喜欢捕鱼，但他的父亲怕他溺水而不允许，他每次捕鱼回来必遭其父责骂。有一次夕丁捕鱼回来，正好他父亲不在，见锅里正炖着大块的羊肉，便将羊肉切开，将鱼藏入其中烹制，结果得到了意想不到的美味。“羊方藏鱼”这道最古老的名菜至今在徐州一些饭馆中流传，将鱼置于割开的大块羊肉中，加上调料同烹，蒸炖皆可，其味鲜美无比，据说这也是“鲜”字的由来。

“龙凤呈祥”，用龟和雉烹制而成。在古代龙象征皇帝，这里代指汉高祖刘邦，凤象征皇后，这里代指刘邦的夫人吕雉。龙是传说中的动物，丰沛父老为表达祈求吉祥的愿望，以水族中最长寿的龟代替龙，以雉代表凤，精心烹制，取名“龙凤呈祥”，寄寓美好的祝愿。另外如鼋汁狗肉、十面埋伏、霸王别姬等，都有生动的传说和深厚的文化意蕴。

霸王别姬

谈到徐州菜，不得不说的是古彭第一羹——饣它（同“啥”音）汤，这是徐州人早餐爱喝的一种鲜汤，相传是由彭祖所创的雉羹演变而来的，已有4 000多年的历史。传说乾隆皇帝南巡途经徐州时，品尝此汤，啧啧称赞，问道：“这是啥汤？”厨师机智地答道：“皇上说的对，这就是饣它。”从此，饣它汤的名字便传开了。此汤最早是用野鸡与稷米熬制而成，后来改为以母鸡与麦仁等为原料，其味香辣醇厚，鲜美可口。

徐州菜的面点、糕点也很有特色，如徐州民间特有的面点烙馍，历史悠久，至今深受徐州百姓的欢迎。

徐州饮食的主要品种可以概括为三汤、五菜、八点、十二馔。三汤：饣它汤、辣汤、丸子汤；五菜：麻老歪熟食、韩大个牛肉、胭脂野鸡、冯天兴烧鸡、樊哙狗肉；八点：锅烙包子、黄米面枣糕、烙馍、方酥、水饺、状馍、豆腐卷、油酥火烧；十二馔：羊方藏鱼、龙门鱼、糖醋四孔鲤鱼、彭城鱼丸、东坡回锅肉、鸳鸯鸡、霸王别姬、八大锤、乐天鸭子、葱烧孤雁、开洋炒苔菜荚、金丝缠葫芦。

除了以上提及的四大菜系外，江苏各地都有自己独特的饮食文化，形成各具特色地方菜。如常州菜，近几年影响较大，有“沪宁线吃看常州”一说。常州餐饮业生意兴隆，附近城市的人有的特地到常州来品尝美食，形成餐饮旅游的现象。常州菜以淮扬菜为基础，吸收其他菜系的优点，博采众长，兼收并蓄，并结合常州地域特色，融会贯通，不断创新，形成口感鲜美，淡雅精致、烹制本真的风味菜肴。常州菜在选料上首选原产地原料，如天目湖鱼头、“太湖三白”、戴溪青鱼、横山桥百叶、溧阳白芹等。常州菜在口味上五味调和，咸淡适中，以清淡本味为主。在烹饪上崇尚自然本真，讲究原汁原味。服务精细也是常州菜的一大特点，能让客人感受到细心、周到、热情的服务，从而提升了餐饮的品质。另外，常州菜品种多样，能满足不同人群的口味和消费需求，让不同的客人喜爱。常州武进曾评选出十大农家菜，即芙蓉鲜螺、寨桥老鹅、横山百页、雪山草鸡、焦店扣肉、湟里牛肉、常州萝卜干、尊龙酱鸭、黄天荡大闸蟹、太湖银鱼。这些菜品一直深受消费者喜爱。常州历史悠久的特色名点也很多，加蟹小笼包、酒酿元宵、虾饼、蟹壳黄、马蹄酥、大麻糕、银丝面、三鲜馄饨这八样，被称之为“常州名点八绝”。

江苏饮食的名品名产，除以上风味菜系中提及的以外，还有不少也名闻遐迩。如水产品中的阳澄湖大闸蟹，有“蟹中之王”的称号，其余如洪泽湖螃蟹、固城湖螃蟹、长荡湖螃蟹、兴化的“中堡庄醉蟹”等也较有名。此外还有连云港的对虾、淮安的长鱼席（即鳝鱼）等也有一定影响。肉制品中，有新沂捆蹄、如皋火腿、南京香肚、无锡肉骨头、镇江肴肉等。禽蛋类中有常熟叫花鸡、高邮咸蛋、皮蛋等。还有特产如宝应藕、扬州芹、溧阳白芹、金坛无节芹、银杏、葛藤粉等。酱菜、调味品类中有：扬州酱菜、镇江香醋、太仓糟油、甜油、酱等，皆享誉海内外，极大地丰富了江苏的饮食文化。

第三节　江苏传统节日的饮食文化

中国的传统节日源于农事，最早设定的有立春、春分、立夏、夏至、立秋、秋分、立冬、冬至，称为“四时八节”，人们在长期社会发展过程中，历代相沿承袭而形成许多传统节日及民俗，蕴涵了深厚的文化因素。这种行为层面的文化在人类生活中起着极为重要的作用，可以说传统节日是中国文化的根基。在传统节日中，特色饮食扮演了很重要的角色，是岁时节庆的重要组成部分，甚至可以说，传统节日是吃出来的，离了美食，便谈不上节日。俗话说“十里不同风，千里不同俗”，江苏传统节日的饮食文化也是丰富多彩，别具特色。

春节　农历正月初一，农历新年的第一天，即“岁首”，也称大年初一，是中华民族最重要的传统节日之一。在春节期间，节日饮食可谓丰富多彩，异彩纷呈，不仅菜肴丰盛，而且品种丰富，珍馐佳肴，分外诱人。初一至十五，亲朋好友要相互宴请，称年节酒。春节的饮食大多取吉祥之意，希望在新年有个好兆头，如江苏大部分地区早上要吃团子和圆子，称“吃团圆”；待客的茶中要放橄榄或红枣，谓“元宝茶”，寓意发财；招待客人的果盘中，必定要有云片糕，谐音“高”，步步登高，长辈给小孩的压岁钱也经常放在一条云片糕中；还要有糖果，寓意生活甜甜蜜蜜；枣子，寓意“早生贵子”，“早早发财”，“早日高中”等；桂圆，寓意“富贵团圆”；花生，又名长生果，寓意“长命百岁”；瓜子，寓意“瓜瓞绵绵”，子孙绵延；柿饼，寓意“事事如意”；桔子，寓意“吉祥如意”等等。当然，江苏各地的饮食风俗也有差异，如南京人早上吃年糕、馒头、面条，常州人早上吃团子、年糕，苏州人早上吃年糕、圆子、团子，徐州人春节吃饺子等等。

元宵节　农历正月十五，也称上元、元夕。元宵节必吃元宵，这是各地的普遍食俗，一般是晚上的餐桌上都有用米粉制成的小圆子，汤里放白糖、桂花，称为糖圆，或有馅的汤圆。汤圆的馅多种多样，苏南地区多以芝麻、白糖、核桃、枣泥等为馅，扬州多以蔬菜为馅。吃元宵寓意合家团圆。也有地区正月十三开灯就吃元宵，正月十八落灯吃面条，表示顺畅圆满。

立春　古代有“咬春”的习俗，全家围坐一起吃春饼，以祝家庭和睦。清代诗人袁枚曾称赞南京的春饼“薄如蝉翼，大若茶盘，柔润绝伦”。薄薄的春饼卷上炒好的肉丝、韭黄、荠菜等，风味独特。

二月二　是我国的另一个民间传统节日“龙抬头”，虽然在众多的民间节日中，这个算不得大的节日，但此节饮食习俗却很有趣。这一天的食物多取“龙”字，如南京吃饺子叫“吃龙耳”，吃春饼叫“吃龙鳞”，吃面条叫“吃龙须”，喝茶要喝“龙井茶”。苏州地区这一天要吃“撑腰糕”，用隔年的糕油煎，祈求腰板硬朗，耐得劳作。徐州一带要吃炒糖豆，有“二月二吃糖豆，人不生病地丰收”的谚语，寄托了人们祈求风调雨顺、五谷丰登的强烈愿望。

三月三　古称上巳节，最早是纪念黄帝的节日。汉代定为节日，是日于东流之水边，洗濯祓除，消灾除邪。魏晋以后，由祓禊仪式演变成为水边饮宴、郊外游春的节日，曲水流觞的雅韵流传久远。江苏地区这一天有踏青游玩，挑荠菜，戴荠菜花的习俗，南京人吃荠菜花煮鸡蛋，祈福去灾。苏南地区还有吃“亮眼糕”之俗，以隔年糕油煎食之，据说能明目，谓之“亮眼糕”。

寒食、清明节　寒食在清明节前一天，一说清明前两天，相传为纪念介子推，所以寒食禁火，只能吃冷食。清明节在公历 4 月 5 日左右，祭祖、扫墓、踏青、春游，各地习俗相近。苏州、常州、扬州有吃青团子的习俗。青团子用麦叶汁或一种绿色植物的汁液，与糯米粉混合，做成的团子颜色为青绿色，有一种特殊的清香。

端午节　农历五月初五，是民间又一个重要的节日，传说这一天是为了纪念伟大的爱国诗人屈原。这一天必不可少的食品是粽子。粽叶的材料因地而异，竹叶或苇叶，两三片重叠起来，包裹糯米煮熟，食时清香扑鼻。就造型而言，粽子有三角粽、锥粽、枕头粽、小脚粽等。粽子馅荤素兼具，口味有甜有咸。古代读书人要吃枣粽，寓意"早中状元"。还要吃与粽子一同煮的鸡蛋、咸鸭蛋，放在正午的阳光下晒一会，据说吃了整个夏天都不会头痛。在端午节还有饮雄黄酒辟邪的习俗，苏南还饮一种以菖蒲泡制的蒲酒，据说可以解毒。

七夕　农历七月初七，是传说中牛郎织女鹊桥相会的日子，现在也被称为中国的"情人节"。江南女子在是日夜晚，要在庭院中陈列瓜果，并在月光下以五彩丝线穿针，希望织女赐自己一双巧手，所以也叫"乞巧节"，又叫"姑娘节"。七夕的应节食品，以巧果最为出名。巧果又名"乞巧果子"，主要的材料是油面糖蜜。巧果款式极多，也有用手捏面，做成小动物等各种形状的点心，油炸令脆，颇受欢迎。宋朝时，街市上已有七夕巧果出售。

中秋节　农历八月十五。按照我国的历法，农历八月居秋季之中，而八月中，十五又居一月之中，故八月十五日称为"中秋"。这一天的月亮也被认为是一年中最圆最亮的，自古以来，人们就有中秋赏月的习俗。中秋节这一天的美点便是月饼，人们都要吃月饼以示"团圆"。据传吃月饼的风俗始于唐代的甜饼，后才形成了专门的中秋节日的糕点。清代，中秋吃月饼已成为一种普遍的风俗，清人袁枚《随园食单》介绍道："酥皮月饼，以松仁、核桃仁、瓜子仁和冰糖、猪油作馅，食之不觉甜而香松柔腻，迥异寻常。"江苏的月饼制作技巧很高，苏式月饼广受欢迎。苏式月饼是苏州等苏南地区人民集体智慧的结晶，用小麦粉、饴糖、食用植物油或猪油等制皮，经制酥皮、包馅、成型、焙烤工艺加工而成。苏式月饼的制作工艺起源较早，但直至清乾隆三十八年苏州稻香村的出现，这项技艺才开始被收集、整理、改良、创新、传播。历经两个多世纪，在稻香村和其他老字号的共同努力下，得到了全面发展，此制作技艺被列入"中国非物质文化遗产保护名录"。中秋的节日饮食习俗除吃月饼外，江苏有些地区还要吃桂花糖芋头。

重阳　农历九月初九，九为阳数，所以九月初九即为"重阳"。重阳要登高，据说可以避祸，不登高者以吃重阳糕代替，并饮菊花酒，佩茱萸，所以重阳这天有吃“重阳糕”的习俗。重阳糕以米粉和糖蒸制而成，切成菱形，上撒红绿丝、芝麻等，非常松软可口。也有用面粉加酒曲制成的蜂糕，上置枣、瓜仁等果品。南京地区有一种加枣和栗的糕，叫“枣栗糕”，希望儿女早日成家立业高升。重阳节还有饮“重阳酒”、“菊花酒”的习俗，一种用优质糯米酿成的甜酒，非常可口。

冬至　公历12月22日，民间称“小年”，吴地尤重冬至，称“冬至大如年”。冬至前一晚，俗称“冬至隔夜”，开宴饮酒，是谓“节酒”，苏州必喝冬酿酒，即以糯米酿成的甜酒，加桂花，醇香甘甜。常州等苏南地区冬至隔夜有吃大葱烧豆腐的习俗。南京、扬州等地早上要吃汤圆，称“冬至团”。冬至晚上照例要祭祖，然后合家吃晚饭，菜肴丰富。扬州这一天的时令食品有烧羊肉、羊肉丝汪豆腐等。

腊八　农历十二月初八，相传是释迦牟尼成道日。寺庙里在这一天取八种果豆煮粥以供佛，并分送给前来寺庙的施主，这种粥叫做“腊八粥”，也叫“八宝七味粥”，后来这一习俗普及到民间。江苏的腊八粥分甜咸两种，一般加入茨菰、荸荠、胡桃仁、松子仁、莲心、芡实、红枣、栗子、葡萄干、杏仁、木耳、金针菇及各种豆类等与粳米长时间熬煮而成。现在的腊八粥的配料是依个人口味而定的，甜的可加糖成甜品，咸的加青菜、油、盐。民间煮的腊八粥以咸的居多，百姓一般用青菜、胡萝卜、山芋、芋艿、茨菰、花生、赤豆、豇豆等凑成八种，加咸肉骨头煮成，一开锅香气扑鼻，令人垂涎。

除夕　农历腊月最后一天的晚上，是一年中最后一个，也是最隆重的一个节日。“除”是除旧布新的意思，与春节首尾相连。晚上合家围坐在一起吃年夜饭，喝守岁酒，共庆新年。菜肴也是一年所有节日中最丰盛的。其中鱼是必不可少的，寓意“年年有余”，有用大青鱼的，象征“吉庆有余”，有用鲢鱼的，象征“连年有余”，也有用鲤鱼的，取“跳龙门”之意。另外，鱼取其“鱼腹多子”之意，也有多子多福、人丁兴旺的吉祥寓意。除夕、过年吃的菜都非常讲究吉利，必不可少的菜除鱼之外，还有如：蛋饺形似“元宝”，肉圆寓意“团圆”，黄豆芽叫“如意菜”，炒青菜叫“长庚菜”，芹菜寓意“勤劳”、“勤俭”。年菜是早早准备好的，南京地区要做一种以豆芽、胡萝卜、腌瓜、金针菜、木耳、白芹、冬笋、百页等十多种菜切成丝混合炒成的一道菜，叫“什锦菜”。扬州年底也家家必炒十香菜。江苏大部分地区有除夕吃馄饨的习俗，徐州等地也有吃饺子的。馄饨以面粉做皮儿包裹各式的馅而成，寓意团圆，形状是扁圆的，和古代象征财富的元宝很相似，也寄托有新年里增添财富的愿望。民间也有在包馅时包进硬币等物，吃到的人预示着会有好运气。小小的馄饨，馅里可以包进去各种各样的希望，承载了多少吉祥的寓意。苏南地区年前一定要做团子或馒头，团子有各式各样的馅；苏中地区大都要蒸年糕，年糕寓意“年年高”；高淳县城乡，年终要做炒米糕，又称炒米糖。

我国的每一个传统节日都有它的应节食品，节日的饮食和中国传统风俗有了千丝万缕的联系。不管各地的食俗如何不同，但有一点是相同的，那就是都在食品中寄托了自己的美好祝愿。

第四节　江苏茶文化与酒文化

饮食，包括饮和食两个方面。饮，指饮茶、饮酒，所以，茶文化与酒文化是饮食文化中的重要组成部分。茶文化、酒文化糅合了中国儒、道、佛诸派思想，独成一体，是中国文化中的一朵奇葩。

一、江苏茶文化

中国饮茶起源甚早，相传起源于神农尝百草，远古以生叶蒸服，当作药材来使用。汉代南方个别地区已有茶树种植，茶已成为人们的饮料。东晋以后，饮茶在南方地区形成风气，并成为招待客人的饮品。南北朝时佛教盛行，僧人坐禅时容易犯困，茶有提神醒脑、消渴解乏的功用，因而在寺院普遍流行。到了唐朝，茶叶已经成为人们生活的必需品，文人雅士更是饮茶成癖，常以茶作为吟诗作赋的题材。唐代陆羽所著《茶经》，是中国乃至世界现存最早、最完整、最全面介绍茶的专著，论及茶叶生产的历史、源流、现状、生产技术以及饮茶技艺、茶道原理等，被誉为"茶叶百科全书"。宋承唐风，饮茶之风日益普及，出现了茶肆，斗茶等各种饮茶活动兴起，制茶技术也日益精湛。明清时期，茶文化进一步发展，茶的种类更加多样化，品饮方式更具艺术性。

江苏的茶文化历史悠久，尤以苏州为最有名，早在东晋时苏州就有以茶待客的风俗。江苏有许多文人撰写茶书，苏州作者的茶书就有：宋代丁渭的《茶录》、叶清臣的《述煮茶小品》，明代顾元庆的《茶谱》、张源的《茶录》，清代陈鉴曾客居苏州，著有《虎丘茶经注补》等。

江苏也有着自己的特色名茶，主要有苏州的洞庭碧螺春、宜兴阳羡茶、南京雨花茶、金坛雀舌、溧阳的天目湖白茶、太湖白云、连云港的云雾茶，扬州古有蒙顶茶，今有平山绿茶等。

碧螺春茶产于苏州洞庭东、西山，故又称洞庭碧螺春，已有 1 000 多年历史，是中国的十大名茶之一，与西湖龙井并称为绿茶中的"双璧"。碧螺春叶芽幼嫩，白毫毕露，条索紧结，卷曲如螺，冲泡后茶叶徐徐舒展，上下翻飞，清香袭人。洞庭碧螺春不仅受到特有水土的滋养，还有独特的花果香，主要是因为它生长在果园之中，茶树与桃、李、杏、梅、柿、桔、枇杷、石榴等果树间作，令碧螺春茶独具天然茶香果味，品质优异。"碧螺春"得名的来历颇具传奇色彩：一说因此茶产于早春，条索卷曲如螺旋，色泽碧绿而得名；一说是此茶民间最早叫"洞庭茶"，又叫"吓煞人香"，清代康熙皇帝视察并品饮了这种汤色碧绿、卷曲如螺的名茶，倍加赞赏，但

碧螺春

觉得“吓煞人香”茶名不雅，于是题名“碧螺春”，自此名声大振。碧螺春也是进贡朝廷的贡茶。

南京雨花茶，是60年代我国绿茶中崭露头角的新品名茶。因产于南京雨花石的产地雨花台而得名。茶叶外形圆绿紧直，带白毫，如松针。雨花茶必须在谷雨前采摘，采摘要求嫩度均匀，长度一致，一般以一芽一叶为标准。制作过程中全部为手工完成。雨花茶冲泡后茶色碧绿、清澈，香气清幽，滋味醇厚，回味甘甜。

金坛雀舌产于常州金坛市，以其形如雀舌而得名。采摘于谷雨前，采摘标准为一芽一叶初展。冲泡后香气清高，滋味鲜爽，汤色明亮。天目湖白茶产于常州溧阳市，1999年引种，并创立了自己的品牌。其形如凤羽，色如玉霜，品质独特。泡制后，香气浓烈，滋味鲜爽甘醇，汤色鹅黄明亮。

阳羡茶产于江苏宜兴，因鲜芽色紫，形似笋，故又称“紫笋茶”，有形美、色鲜、汤清、香高、味醇的特点。阳羡茶历史悠久，自古享有盛名，古时称之为“阳羡贡茶”、“毗陵茶”。因受到茶圣陆羽的称赞，被推为上品，因此声噪一时。时任常州刺史的李栖筠，将阳羡紫笋茶推荐给朝廷，被钦定为“贡茶”。诗人卢仝在《走笔谢陈谏议寄新茶诗》中也留下了这样的名句：“天子未尝阳羡茶，百花不敢先开花。”因为阳羡紫笋茶贡额不足，朝廷遂令长兴与宜兴“均贡”，陆羽的专著《顾渚山记》称：常州晋陵郡、湖州吴兴郡，每岁皆进贡紫笋茶。茶叶采摘后，在茶山集中焙制、包装、转运，然后快马加鞭，日夜兼程送往长安，赶上朝廷的“清明宴”，时称“急程茶”。为了协调常州、湖州的茶事，每年立春后五日，湖州、常州两州刺史就会在茶山聚会，商量采茶事宜，并邀请社会名流品茗论茶，吟诗作赋，称为“茶山境会”，场面热闹高雅，盛况空前。著名诗人白居易、杜牧等都曾留下诗作，如杜牧的《题茶山》，即以茶山茶事为题材。现以唐贡山下水质上乘的金沙泉（又名玉女泉）泡阳羡茶，盛于紫砂壶中，已成“江南饮茶三绝”。

宜兴的紫砂壶为茶具中的上品。紫砂壶原产地在江苏宜兴，从明武宗正德年间以来紫砂开始制成壶，名家辈出，500年间不断有精品传世。紫砂壶的特点是泡茶不仅不失原味，还能使茶叶越发醇香。壶壁吸附茶气，日久使用，即使空壶里注入沸水也有茶香。在冲泡后茶水的滋养下，紫砂壶使用的时间越长，壶身越光亮。紫砂透气性能好，泡茶不变味，贮茶不变色，而且隔夜茶也不会馊。

二、江苏酒文化

酒文化是指酿酒、饮酒等与酒有关的活动中所产生的一系列文化现象与文化形态的总称。酒文化作为一种特殊的文化形式，在中国传统文化中有着独特的地位。我国的酒主要是指由谷物粮食酿造的酒，果酒较少。我国酒的历史，可以追溯到上古时期。《史记·殷本纪》关于纣王“以酒为池，悬肉为林”、“为长夜之饮”的记载，以及《诗经》中“十月获稻，为此春酒”、“为此春酒，以介眉寿”的诗句等，都表明我国酒之兴起的历史相当悠久。

江苏的酿酒历史，可追溯到二千多年前的春秋战国时期。到了唐朝，江苏稻米生产取得了长足的发展，酿酒业也得到大的发展。江苏很多地方在唐人的诗歌中留下了酒香，其中以江宁的金陵酒、丹阳的新丰酒以及苏州的五酘酒最为有名。诗仙李白也是酒仙，“斗酒诗百篇”，留下了很多饮酒的诗篇，其中就有不少江苏的名酒。如“朝沽金陵酒，歌吹孙楚楼”（《玩月金陵城西》），“堂上三千珠履客，瓮中百斛金陵酒”（《寄韦南陵冰》），“多沽新丰酒，满载剡溪船”（《叙旧赠江阳宰陆调》），“南国新丰酒，东山小妓歌”（《出妓金陵子呈卢六四首》）。丹阳出好酒，南朝时就已有名，到唐代名气更大。《太平寰宇记》卷八九引《舆地志》云：“曲阿出名酒者，皆云后湖水所酿，故醇烈也。”曲阿后湖即练湖，今丹阳市西北。李白诗中所歌咏的，就是江苏江宁（今南京）的金陵酒及曲阿（今丹阳）的新丰酒。另外，苏州出好糯米，又有比较好的酿酒技术，所以一定出好酒。唐代苏州吴县的著名诗人陆龟蒙有《酒星》、《酒床》、《酒垆》、《酒楼》、《酒乡》等十多首组诗,对家乡乡村的酿酒、售酒、饮酒过程进行了详细的描述。在苏州酿制的美酒中,蒲黄酒、五酘酒最为有名。白居易有《谢李苏州寄五酘酒》诗。宋代诗人范成大在《吴郡志》卷二九《土物》"五酘酒"条,对五酘酒的制作方法及特点进行了记载。苏州人冬至前夜必全家围坐一起,饮自酿的冬酿酒,是一种度数极低的甜米酒,也有的与桂花一同酿制,口味甘甜幽香。苏南多以糯米酿酒,为黄酒。苏州黄酒、无锡惠泉酒、丹阳、金坛的封缸酒等,都较有名。

江苏北部的名酒有不少,宿迁的洋河镇在唐代就已酿制白酒,到明清时期一直是贡酒,即今天洋河大曲系列的前身。洋河大曲以优质的高粱,用美人泉水酿造,以其入口甜、落口绵、酒性软、尾爽净、回味香的独特风味闻名中外,是浓香型大曲酒的代表。还有泗洪的双沟酒、灌南的汤沟酒、涟水的高沟酒也较有名,有"三沟一河"之称。

饮酒之风古已有之,魏晋南北朝时期,社会动荡,人生无常,许多人逃避现实,饮酒作乐,借酒浇愁,促使饮酒之风更加盛行。《世说新语》记载,东晋初,"过江诸人,每至美日,辄相邀新亭,藉卉饮宴"。"竹林七贤"中嵇康、阮籍、刘伶等人,经常在一起纵酒放歌。南朝的皇帝也大多醉生梦死,士大夫们生活放诞,导致社会各阶层饮酒成风。

酒不仅是物质的,也融入到了人们的精神生活之中。文人雅士的饮酒,进一步丰富了酒文化的内涵。晋朝以来就有曲水流觞的高雅饮宴风俗,在三月初三上巳节这一天,由一种修禊祭祀活动,逐渐演变为文人雅士的诗酒集会。江苏自古以来文人雅士众多,饮酒习俗情趣高雅,文人常常边饮酒,边赋诗,还盛行行酒令。最具文化特色的文酒之会,更是促进了酒文化的繁荣。如扬州就有平山堂宴集、"九日行庵文宴"、红桥修禊等大型文人宴饮集会。清代诗人、美食家袁枚,经常在他自家随园中举行大型的赏花会、消夏会等,美酒佳肴,觞咏竟日。江南则文人社团活动较多,其中饮酒赋诗自然是少不了的,如明末清初的复社,经常举行社集游宴、诗酒酬唱活动,清初吴地的惊隐诗社,赏菊饮酒作诗,文献中多有记载。在这些宴集活动中,无酒不成欢，酒不仅是一种饮品，更是作为一种特殊的文化载体，在人们交往中占有独特的地位。

以酒待客是我国传统习俗，江苏的饮酒习俗也是代代相传，饮酒之风遍及社会各阶层。城镇酒肆遍布，迁客骚人多会于此，或把酒临风，激扬慷慨；或对酒当歌，感叹人生；或借酒浇愁，排遣郁闷，留下了多少丹青翰墨、绝妙诗词。酒文化其实已经渗透到人类社会生活中的各个领域，对文学艺术、政治经济等各方面都有着一定的影响和作用。

关键词：

饮食文化　饭稻羹鱼　淮扬菜　金陵大菜　苏州菜　徐州菜　茶文化　酒文化

思考题：

1. 何谓饮食文化？饮食文化的内涵包括哪些？
2. 江苏的主要菜系有哪些？分别有什么特色？
3. 你如何看待江苏传统节日的饮食文化？
4. 江苏有哪些名茶？产于何地？有何特点？
5. 江苏有哪些名酒？分别产于何地？
6. 江苏文人雅士的饮酒对酒文化有什么影响？

第十四章　江苏民间艺术

“江苏自古佳丽地，文运风流人文薮”，如果说这是对江苏文学艺术的一种概括的话，那么它只说对了一半，因为“吴歈楚声传自昔，下里巴音亦可怜”，江苏民间文艺也同样有着重要价值。它们是江苏人民日常生活审美化的具体体现，是江苏人民智慧的结晶。透过它们可以增进我们对江苏民间文化的了解，增强我们对江苏传统文化艺术的自信心，从而为创造具有符合新时代要求的江苏文化提供支持。

第一节　江苏民间文学

一、江苏民歌概况

（一）江苏民歌的发展历程

民歌是民间歌谣的省称，是我国民间文学的大宗，也是文人诗歌的源头。据说早在黄帝时期歌谣就已经流传，但由于文献不足征，现在知道的早期歌谣大约流传在西周至春秋时期，它们大多依靠《诗经》及其他先秦典籍而保存下来。这类歌谣大多出自中原地区，很少能够认定是产生于今天江苏境内的。不过这并非意味江苏在先秦时期没有歌谣，《楚辞·招魂》有云：“吴歈蔡讴，奏‘大吕’些”，“吴歈”就是当时吴地的歌谣，如《吴越春秋》所记载的《弹歌》、《涂山歌》、《渔父歌》、《河上歌》等等。但是由于先秦时期吴地的范围较广，因此，这些吴歌殊难断定就是江苏民歌。这种情况一直延续到两汉。

三国时期，孙权割据江东，江南得到开发，相关文献中可以明确为江苏歌谣的共有八首，分别是《白纻歌》（《南齐书·乐志》引周处《风土记》）、《时人为周瑜谣》（《三国志·周瑜传》注引《吴志》）、《孙亮初童谣》、《孙亮初白鼍鸣童谣》、《孙皓初童谣》、《孙皓天纪中童谣》（以上见《宋书·五行志》）、《建衡中寿春童谣》、《使者为妖祠诗》（以上见《三国志·孙皓传》注引《江表传》）。这些歌谣大多冠以童谣之名，内容却与政治密切相关，如“宁饮建业水，不食武昌鱼。宁还建业死，不止武昌居”（《孙皓初童谣》）。就是因孙皓迁都武昌，物质需要从下游溯流供给，人民怨声载道而作。只有《时人为周瑜谣》与政治无关，表现了周瑜知音的天赋，谣曰：“曲有误，周郎顾。”

江苏歌谣第一个高峰出现在东晋南朝，《晋书·乐志》曰：“吴歌杂曲，并出江南。东晋已来，稍有增广。”这主要是和自东吴以来的江南开发加速了人们对江南民风民俗的关注，以及“自永嘉渡江之后，下及梁陈，咸都建业”（《晋书·乐志》）等原因有关。这时期的江苏歌谣大多收录在北宋郭茂倩《乐府诗集》的“吴声歌曲”中，主要有《子夜歌》、《前溪歌》、《华山畿》、《读曲歌》、《懊侬歌》、《上声歌》等，共计三百余首。这些歌谣，“始皆徒歌，既而被之管弦”，成为配乐演唱的歌曲。在吴歌里，最著名的要数《子夜歌》，所谓“歌谣数百种，子夜最可怜。慷慨吐清音，明转出天然”（《大子夜歌》，《乐府诗集》）。据《晋书·乐志》记载，《子夜歌》原本是晋时女子名子夜者所唱，今《乐府诗集》所收有四十二首之多。在《子夜歌》的基础上，又变化出《大子夜歌》、《子夜警歌》、《子夜变歌》等歌曲，特别是为了表达缠

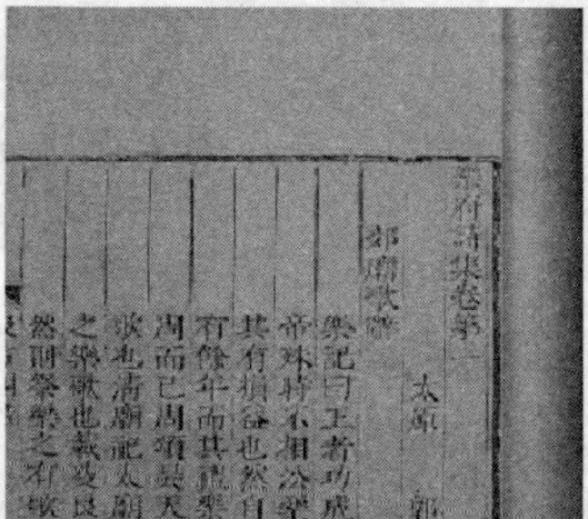

郭茂倩《乐府诗集》

绵悲切的恋情而发展出的《子夜四时歌》,更是各种变体中最为常见的形式。这种以四季为题咏的歌,应该是后世四季调的源头,它的出现丰富了民歌的体式。

隋唐宋元时期,由于缺乏搜集,民歌失传的不少。不过透过时人的零星记载,我们还是能窥见当时江苏民歌的一斑。唐范摅《云溪友议》云:金陵有啰唝楼,乃陈后主所建。《啰唝曲》,刘采春所唱,皆当代才子所作五、七言绝句。一名《望夫歌》,歌曰:"不喜秦淮水,生憎江上船。载儿夫婿去,经岁又经年。"这首《啰唝曲》当是拟民歌。刘禹锡模仿夔州民歌作了好几首《竹枝词》,其序有云:"余来建平(即夔州),里中儿联歌竹枝……聆其音……卒章激讦如吴声。"他将夔州民歌与"吴声"相比,可见他是听过吴歌的,并提出"激讦"即激烈昂扬来评价它。宋僧文莹在《湘山野录》中记载了梁太祖曾于开平元年(907)封钱镠为吴越王一事,称"镠执爵于席,自唱《还乡歌》以娱亲","父老虽闻歌进酒,都不之晓",钱镠于是"高揭吴喉唱山歌以见意,词曰:'你辈见侬底欢喜,别是一般滋味子,永在我侬心子里。'歌阕,合声赓赞,叫笑振席,欢感闾里"。苏轼任杭州通判时很欣赏当地的民歌,并拟作数首,如"陌上花开蝴蝶飞,江山犹是昔人非。遗民几度垂垂老,游女长歌缓缓归"。这虽是模仿杭州民歌,但藉此也可一窥苏南民歌的大概。南宋赵彦卫《云麓漫抄》卷九记载"吴中舟师"所歌的"月子弯弯照九州,几家欢喜几家愁",并说此歌"声甚凄切"。赵氏所记仅有两句,明人叶盛的《水东日记》则载有全文:"月子弯弯照九州,几家欢乐几家愁。几家夫妇同罗帐,多少飘零在外头。"元代末年苏州地区流行有"黄菜叶,西风来,便干折"(杨慎《古今风谣》)的童谣,这主要是为讽刺张士诚麾下参军黄敬夫、蔡彦文、叶德新而作。

明代嘉靖万历以后,通俗文学大为流行,人们对民歌的兴趣也大大提升。沈德符《万历野获编》记载:"嘉、隆间乃兴《闹五更》、《寄生草》、《罗江怨》、《哭皇天》、《干荷叶》、《粉红莲》、《桐城歌》、《银纽丝》之属,自两淮以至江南,渐与词曲相远……比年以来,又有《打枣干》、《挂枝儿》二曲，其腔调约略相似，则不问南北，不问男女，不问老幼良贱，人人习之，亦人人喜听之，以至刊布成帙，举世传诵，沁人心腑。”在这样的背景下，江苏民歌迎来了第二个高峰，其中以苏州冯梦龙的贡献最大。冯梦龙一生酷嗜通俗文学，并对遭一般士大夫鄙薄的民歌情有独钟，他先后刊行了《挂枝儿》、《山歌》计约 800 首民歌。其中除少数文人拟作外，大多都是民间原创，这些民歌多数是江苏民歌或流传于江苏，其中又以吴地民歌数量最多。冯梦龙之所以热心于民歌搜集，除了时尚潮流的影响外，与他本人“求真”的文学观有着密切的联系。他并不以民歌之浅陋、粗鄙为不足，反而认为“最浅最俚亦最真”(《挂枝儿》)。他针对当时文坛剽窃模拟的文风说道：“今虽季世但有假诗文，无假山歌，则以山歌不与诗文争名，故不屑假。苟其不屑假，而吾借以存真。”(《叙山歌》)正是在这种指导思想下，冯梦龙所刊行的民歌基本不做文字的改动，因此保存了大量吴地方言、方音，具有极高的文献和文学价值。

进入清代后，由于正统思想对意识形态的有力控制，作为淫辞艳曲代名词的民歌一度隐入了历史的洪流中。但这并不意味着民歌的中衰，相反明代中后期兴起的时尚小曲，在清代却取得了长足的发展。刘廷玑《在园杂志》卷三记载：“小曲……在南则始于《挂枝儿》……一变为《劈破玉》，再变为《陈垂调》，再变为《黄鹂调》。始而字少句短，今则累数百字矣。……今则尽儿女之私，靡靡之音亦。再变为《呀呀优》，‘呀呀优’者，‘夜夜游’也。或亦声之余韵。‘呀呀呦’如《倒扳桨》、《靛花开》、《跌落金钱》，不一其类。”李斗《扬州画舫录》卷十一有云：“小唱以琵琶、弦子、月琴、檀板合动而歌。最先有《银钮丝》、《四大景》、《倒扳桨》、《剪靛花》、《吉祥草》、《倒花篮》诸调，以《劈破玉》为最佳。有于苏州虎丘唱是调者，苏人奇之，听者数百人，明日来听者益多。……又有黎殿臣者，善为新声，至今效之，谓之《黎调》，亦名《跌落金钱》。二十年前尚哀泣之声，谓之《到春来》，又谓之《木兰花》。后以下河土腔唱《剪靛花》，谓之《网调》。近来群尚《满江红》、《湘江浪》，皆本调也。其《京舵子》、《起字调》，《马头调》之类，传自四方，间亦效之。”《在园杂志》刊刻于康熙五十四年(1715)，《扬州画舫录》初刻于乾隆六十年(1795)，因此，两人的记载大致反映了清代康熙中期至乾隆中后期江南及扬州民歌小曲的传唱情况。与明代相比，清代江苏民歌从曲调、篇幅等方面都有所发展和突破。这些民歌小曲既有自出本地，又有传自外省；既有用“土腔”所唱，又有能通行扬州、苏州等地的曲调。而且各种曲调之流行皆有时效，并不时有人改变唱腔推出“新声”。由此看来，清代江苏民歌的流传情况当远盛于明代。

近代以来，江苏民歌的发展进入了一个新的阶段。错综复杂的内外矛盾使得统治者放松了思想钳制，民歌遂如开闸而出的江河水一样汩汩滔滔，不仅传唱众多，而且很多书肆也加入了抄写、刻印民歌小曲的行列，像扬州小东门聚盛堂、苏州阊门内恒志书屋等书肆，都刊行了大量的民歌小曲。在五四新文化运动的大潮下，人们对民歌日渐重视，江阴刘半农、苏州顾颉刚等人率先整理搜集并研究吴地民歌，推出了《江阴船歌》(1919)、《吴歌甲集》(1926)、《吴歌乙集》(1928)等民歌专辑，遂使歌谣研究的热情在全国蔓延开来。随后又相继出现了李白英编的《江南民间情歌集》(1929)、叶德钧编的《淮安歌谣集》(1929)、林宗礼与钱佐元编的《江苏歌谣集》(1933)、管思九与丁仲皋编的《江口情歌》(1935)等歌谣集。

顾颉刚

建国后，在党和政府的号召下，江苏曾经有过三次规模较大的民歌采集活动。第一次是1950年代初期，由民间文学工作者与音乐工作者合作，在全省范围内搜集民歌；第二次是大跃进时期；第三次为文革以后，在文化部等部委的倡导下，江苏省文化厅等组织了全省民歌采集调查工作，全省各县市共搜集原始歌谣资料7万余首，经筛选后有1087首民歌编入《中国歌谣集成·江苏卷》。进入1990年代，常熟创建了我国第一个山歌馆：白茆山歌馆，并推出了《白茆山歌集》。近来又陆续出版了《芦墟山歌集》（吴江）、《河阳山歌集》（张家港）等地方歌谣集，江苏歌谣的发掘、整理与研究取得了丰硕的成果。

（二）江苏民歌的主要内容和艺术特色

冯梦龙在《叙山歌》中说他所搜集的山歌"皆私情谱耳"，"私情谱"三字道出了江苏民歌的主要内容。综观江苏历代民歌，抒写最多的内容便是男女爱情，这一传统形成于东晋，《乐府诗集》中的"吴声歌曲"大多是情歌。以《子夜歌》为例，既有表达两情相悦者，如"气清明月朗，夜与君共嬉。郎歌妙意曲，侬亦吐芳词"。又有表现失恋的悲伤，如"郎为傍人取，负侬非一事。摛门不安横，无复相关意"。更多则是诉说相思之苦、离别之恨，如"前丝断缠绵，意欲结交情。春蚕易感化，丝子已复生"。到了明代，江苏民歌依然以情歌为主。冯梦龙所辑《山歌》中的"私情四句"、"私情长歌"、"咏物四句"以及"桐城时兴歌"基本上都是表现男女之情的。如《无郎》"姐儿立在碧纱窗，眼观孤雁好恓惶。黄连抹子猪头苦恼子，好像个败落山门无子廊"。而《挂枝儿》所分"私部"、"欢部"、"想部"、"别部"、"隙部"、"怨部"、"感部"、"咏部"也大多是情歌，如《泥人》"泥人儿，好一似咱俩个，捻一个你，塑一个我，（看）两下里如何。将他来揉和了重新做。重捻一个你，重塑一个我。我身上有你也，你身上有了我"。与六朝相比，在内容的表达上更为大胆泼辣。六朝情歌，好比小家碧玉，怀春思人，温情脉脉，羞人答答；而明代情歌则大多直白露骨，打情骂俏，偷欢幽会，毫不遮掩，如"结识私情弗要慌，捉着子奸情奴自去当。拚得到双膝馒头跪子从实说，咬钉嚼铁我偷郎"（《偷》）。"瓜子尖尖壳里藏，姐儿剥白送情郎。姐道郎呀，瓜仁上个滋味便是介，小阿奴奴舌尖上香甜仔细尝"（《送瓜子》）。明代江苏民歌的这种特点，烙上了时代的深深印记。明代中后期，随着阳明心学对传统礼教的不断突围，程朱理学对人性的禁锢被瓦解了,“穿衣吃饭即是人伦物理”(李贽《续焚书》)的观点,助长了“人情以放荡为快,世风以侈靡相高”(张瀚《松窗梦语》)的社会风气。作为风俗人情晴雨表的民歌,自然是这一变化的先锋。而冯梦龙搜集民歌,也正是希望“借男女之真情,发名教之伪药”(《叙山歌》),用民歌的质朴天真来批评伪君子和假道学。

可以说,情歌是江苏民歌最主要也是最重要的内容之一,始终是江苏民歌的主旋律,虽然在不同的历史时期情歌的表达方式有含蓄直白之别,但其所表现的青年男女冲破封建礼教追求自主爱情婚姻的呼声却是始终如一的。当然除了情歌外,江苏民歌还有劳动歌、仪式歌、生活歌、风物歌、传说故事、儿歌以及时政歌、革命斗争歌等内容。限于篇幅不一一介绍。

在艺术上,江苏民歌也极具特色。就艺术形式而言,有独歌、对歌两种主要形式。独歌是江苏民歌中最常见的形式,从东晋的《子夜歌》到明清时期的山歌及各种小调,大多都以独歌的形式表情达意。独歌中又有“五更调”、“四季歌”、“十二月”(即“唱春调”)等形式,是以一夜五更或一年四时或十二月为顺序来抒发情感的,往往较一般的独歌更加缠绵或凄楚。这虽然是晚清近代以来的运用最多的一种形式,但其起源却比较早。仅以四季调来说,大概就可以追溯到东晋时期的《子夜四时歌》,如“自从别欢后,叹音不绝响。黄蘗向春生,苦心随日长。”(《春歌》)“田蚕事已毕,思妇犹苦身。当暑理絺服,持寄与行人。”(《夏歌》)“秋风入窗里,罗帐起飘扬。仰头看明月,寄情千里光。”(《秋歌》)“渊冰厚三尺,素雪复千里。我心如松柏,君情复何似?”(《冬歌》)这四首歌,抒写女子对情人的思念,情人一去不复返,女子对情人的思念从春天蔓延到冬天,这里既有渴望再见而不能的苦心,又有因情人在外而生的担心,还有独守空房的酸心,更有表明心迹的坚心,思情脉脉,前后连贯,可以说是一首完整的四季歌,为后世《四季相思》等四季调的远祖。

对歌也是江苏民歌的重要形式,早在东晋时期就出现了男女对歌。如“始欲识郎时，两心望如一。理丝入残机，何悟不成匹。”“见娘善容媚，愿得结金兰。空织无经纬，求匹理自难”(《子夜歌》)。这是一组女子唱男子答的对歌，女子认为男子不专一，辜负了自己的好意；男子回答说自从相见之后就很想和你在一起，但是“空织无经纬”，要想求得匹配是那么的不容易。到了清及近代，对歌由表达男女爱情发展至儿童游戏对唱，或成人以山歌互相问答盘诘，交流各种知识，如“啥个鸟飞来节节高？啥个鸟飞来像双刀？啥个鸟飞来青草里拌？啥个鸟飞过太湖梢？”“告天子飞来节节高，燕子飞来像双刀，野鸡飞来青草里拌，野鸭飞过太湖梢”(顾颉刚《吴歌甲集》)。

就艺术表现手法而言，江苏民歌最重要的特色之一便是借字寓意，即运用汉字多同音、近音字的特点来表情达意。这种手法在东晋的民歌中就被广泛运用，如《七日夜女郎歌》云：“婉娈不终夕，一别周年期。桑蚕不作茧，昼夜长悬丝。”(《乐府诗集》卷四十五)以“丝”谐“思”。又如明代吴歌《怨旷》：“小阿姐儿无丈夫，二十后生无家婆。好似学堂门前相对子箍桶匠，一边读字一边箍。”(《山歌》卷三)以“读”谐“独”，以“箍”谐“孤”，“一边读字一边箍”即“一边独自一边孤”。以上所举都属于同声异字以见意，在借字寓意中还有同声同字以见意者，如《子夜歌》中“空织无经纬，求匹理自难”，“匹”是布匹，实际是“匹配”，又如“摛门不安横，无复相关意”，以“关门”的“关”谐“关心”的“关”。据萧涤非的意见，借字寓意通常还有两句达一意，以下句释上一句的特点。这种手法被称为“吴歌格”。

其次是借物喻人，托物传情。这种手法往往以一事物的某些特征来比喻男女之情，在咏物类民歌中运用的最为广泛。如《网巾圈》“结识私情没要像个网巾圈，名色成双几曾做一连。当初只道顶来头上能恩爱，如今撇我在脑后边”(《山歌》卷六)。以明代流行的男子束发用具网巾为喻，表达了始乱终弃的怨恨之情。

复次是排比的运用。如“告诉你爹，这薄幸子一定不忠不孝；告诉你友，这薄幸人休要相交；告诉你妻，这薄幸夫也须留心防着；告诉普天下掌祸福的神灵听，这样薄幸贼莫恕饶；再告诉他日做墓志的官人也，莫把他薄幸名儿除掉了”(《挂枝儿》卷六《告诉》)。

二、江苏民间曲艺

曲艺是中国传统说唱艺术的总称，是由民间口头文学和歌唱艺术经过长期发展演变形成的一种独特的艺术形式。江苏境内的曲艺品种较多，有徐州琴书、工鼓锣、苏北大鼓、扬州清曲、扬州弹词、扬州评话、南京白局、丹阳啷当、小热昏、苏州评弹等等，其中流传广泛又极具地方特色的要数苏州评弹和扬州评话。

（一）苏州评弹

苏州评弹是苏州评话和弹词的合称。它们本是不同的曲种，但都用苏州话在书场中表演，盛行于江苏南部、浙江北部和上海等吴语地区，后来又组织在同一个行会里，尊奉共同的祖师，有相同的行规，故而被视为一业，统称评弹。在流行地区，评话俗称“大书”，弹词俗称“小书”，总称“说书”。评弹的题材内容主要有讲史、侠义公案、神话怪异、才子佳人、家庭伦理、世俗人情等，其中评话以前三类为主，弹词则以后三类为主。在长期流传过程中苏州评话和弹词在艺术上既有着相同的规律和技巧，又形成了各具特色的鲜明个性，成为中国曲艺史上的两朵奇葩。

苏州评话是以苏州话徒口讲说表演的说书形式，大概自明末清初开始流传，当时的传奇作家李玉在《清忠谱》中记载了说书艺人李海泉演说《岳传》的情景，有表有白，有类似赋赞的韵文，和今天的苏州评话十分相似。苏州弹词则是一种韵散结合、说唱相间、兼叙事代言为一体的苏州方言说唱艺术。其说的部分与评话相似，叙事为说书人以第三人称表叙，代言为说书人代书中人物用第一人称表演。其唱词一般为七字句式，按吴音或中州音押韵，弹唱以三弦、琵琶为主要乐器，表演者自弹自唱又互相伴奏、烘托。一般认为苏州弹词也是在明末清初开始流行的。

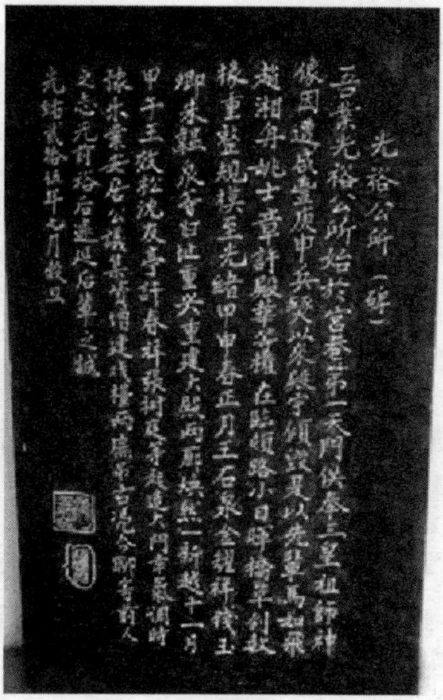

光裕公所碑

清代乾嘉年间，说书艺人本着保护自身利益、调整行业关系的目的，成立了苏州评弹最早的行会组织——光裕公所，从此，苏州评弹的发展进入了第一个兴盛时期。当时城乡间遍布茶肆书场，演出书目增加、艺人水平提高，并出现了像王周士、陆士珍、陈遇乾、毛菖佩、陈士奇、俞秀山、姚豫章等一批知名演员，在弹词音乐方面，以传统的"书调"（以吟咏为基础吸收民间小调而来）为基础，发展出了"陈调"（陈遇乾创）、"俞调"（俞秀山创）等新的唱腔。

近现代以来，上海逐渐成为繁华都市，许多行业纷纷入沪掘金，评弹的演出中心也由苏州转移到上海，形成了评弹发展的第二个繁荣期。这一时期，评弹演出书目十分丰富，据统计，当时流传下来的书目共有 138 部（周良《苏州评弹》）；弹词艺人流派纷呈，争相斗艳，在"陈调"、"俞调"的基础上先后形成了"马调"（马如飞创）、"周调"（周玉泉创）、"徐调"（徐云志创）、"蒋调"（蒋月泉创）等唱腔；评话艺人如杨鹤亭、赵湘洲、姚士章、杨莲青等，名角济济，人才辈出。20 世纪 20 年代开始，上海、苏州等地相继建立电台，并开设了空中书场，评弹借助这一新的媒体得以在更广的范围内传播。

蒋月泉

新中国成立后，上海、苏州等地相继成立了评弹团和评弹学校，原本松散的评弹艺人接受了政府的统一领导和管理，评弹艺术也迎来了其发展的第三个兴盛期，主要表现为：传统书目的整理加工。对一些广受欢迎的传统书目，如《玉蜻蜓》、《三笑》等，剔除糟粕，提升思想内涵，使其主题明确、人物个性鲜明。新书目的大量增加。据统计解放后至六十年代初期，新编书达163部（周良《苏州评弹》）。题材不断丰富。出现了一批反映抗日战争、解放战争的书目如《杜鹃山》、《林海雪原》、《铁道游击队》（以上评话）、《红色的种子》、《苦菜花》、《红岩》、《江姐》（以上弹词）等等，还出现了一些现代题材的作品如《小二黑结婚》、《青春之歌》等。演出形式的新变。在原来长篇、传统开篇等形式的基础上发展了中篇、短篇、连续中篇、谱唱开篇等新形式，适应了评弹在新的历史时期的发展要求。在唱腔上有所突破，出现了“张调”（张鉴庭创）、“琴调”（朱雪琴创）、“侯调”（侯丽君创）、“丽调”（徐丽仙创）等新的唱腔流派。在评话界，民国就已走红的潘伯英、张鸿声、顾宏伯、曹汉昌、顾汉良、陈晋伯、陆耀良、唐耿良、汪雄飞、张国良等人，或积极参加评弹书目的编写，或继续活跃书坛，而新中国成长起来的吴君玉、金声伯等人也成为评话表演的中坚力量。

苏州评话

20世纪80年代以来，由于经济发展，生活节奏加快，文化娱乐多元化，致使书场减少，听众流失，评弹和许多地方文艺一样渐趋衰落。不过由于评弹独特的艺术魅力和强烈的地方色彩，至今依然活跃在上海、苏州等地的书场、电台和电视荧幕中。

苏州评话和弹词虽然是两种曲艺，但在艺术上有很多相似之处。评弹的演出形式，常见的有单档（一人演出）、双档（两人演出），偶尔也有三个人一起演出的，称三个档。评话一般来说以单档演出的多。评弹的演出比较简单，只要桌椅、茶杯、一把折扇、一块醒木、一条手帕、两件乐器就可以了，故有

苏州弹词·双档

“轻骑兵”之誉。

就其表演技巧而言，一般可以概括成为“说”、“噱”、“弹”、“唱”、“演”五个字。作为口头语言艺术，故事的来龙去脉、人物形象的塑造、情节的展开、矛盾的发展都需要依靠说表，因此“说”是基本功，要求吐字清晰、悦耳动听、感染力强。“噱”就是噱头，利用笑料产生喜剧效果，起到挑松书情，调剂情绪，增进趣味性，增强欣赏效果和艺术效果的作用，是评弹必不可少的表演手段。“弹”和“唱”是弹词表演的重要组成部分，是“说”的辅助手段。“弹”以三弦、琵琶为主，要纯熟自如，托唱熨帖。“唱”有叙事性的唱，也有书中人物的唱，要求字正腔圆，音色优美，起到调节气氛、抒发情感的作用。在长期的演出实践中，弹词唱腔主要由“书调”、“曲牌”、“流派唱腔”三个组成部分，其中以流派唱腔的艺术成就最高。流派唱腔是说书艺人根据书情、结合自己嗓音特点、借鉴其他剧种的唱腔并吸收民间乐曲、小调发展而形成的极富个性的唱腔，往往以创造者的姓命名，如“马调”就是由马如飞所创。“演”就是演技，包括说唱时的动作、神态、口技等各种技巧的运用。“演”贯穿于整个说书过程，好的演技往往能够起到画龙点睛的作用，因此说书艺人曾经总结“演”有所谓“五到”，即要做到心到、口到、手到、足到、目到，也就是要做到外形动作与内在感情的协调统一。

苏州弹词中还有一种相对独立的文学和演出形式，叫开篇。原先是在正书开讲前所唱用以吸引听众、等待入场的。民国以来，随着弹词流派唱腔的发展，加上电台开设空中书场，开篇因其适宜电台表演而成为一种独立性的节目，并逐渐形成了独唱、对唱、夹白、小组唱、表演唱等多种形式，1949 年后又出现了根据内容谱曲的谱唱开篇。开篇因其曲调多变，节奏感强，唱腔丰富，语言精炼，长于叙事，善于抒情，兼带手面表演等特点而深受人们喜爱，目前依然传唱不衰。

苏州评弹是继昆曲之后，又一具有浓郁江南风韵的艺术形式，从其发展至今的近三百年来，以其旖旎宛转、清丽悠扬的独特之美，给小桥流水人家的江南增添了诗意和乐趣。目前，苏州评弹已列入国家首批非物质文化遗产保护名录。

（二）扬州评话

扬州评话是以扬州方言徒口讲说表演的曲艺说书形式，主要流行于扬州地区以及镇江、南京一带。扬州评话的流传大抵在明末清初，著名的说书艺人柳敬亭奠定了扬州评话的基础。柳敬亭（1587—1670?），原姓曹，名逢春，江苏泰州人。15 岁时因犯法而“亡命盱眙，苦饥，乃挟稗官一册，为人说书”（顾开雍《柳生歌序》），遂变姓为柳。后至松江经莫后光指点，书艺大进，并在南京一举成名，出现了所谓“秦筝赵瑟屏不作，共迎柳麻来说书”（徐缄《柳麻子行》）的局面。他说书的道具只有一棋子（即醒木）一折扇，棋子拍案以示开书，或说至关键处或说至激动时以助声势，折扇

柳敬亭

则可代作刀、枪、笔、墨之用。他能说《西汉》、《三国》、《隋唐》、《精忠传》、《水浒》等评话，以《隋唐》、《水浒》最为擅长。他的艺术实践和艺术成就，对扬州评话的发展起了重要的作用。

清代康熙、乾隆年间，扬州评话进入了昌盛期。李斗《扬州画舫录》曾记载："郡中称绝技者，吴天绪《三国志》、徐广如《东汉》、王德山《水浒记》、高晋公《五美图》、浦天玉《清风闸》、房山年《玉蜻蜓》、曹天衡《善恶图》、顾今章《靖难故事》、邹必显《飞驼传》、谎陈四《扬州话》，皆独步一时。近今如王景山、陶景章、王朝干、张破头、谢寿子、陈达三、薛家洪、谌耀廷、倪兆芳、陈天恭，亦可追武前人。"《扬州画舫录》成于乾隆末年，因此其所录"独步一时"之名家和"追武前人"之今人，大概对应了康、乾这两个时期。从李斗的记载来看，康乾之时，扬州评话不仅艺人众多，而且书目也相对丰富。这些说书艺人有的向文人学习，如徐广如就曾在一老书生的引导下"读汉魏文三年"，此后他的表演便"吐属渊雅，为士大夫所重"（李斗《扬州画舫录》）；有的学习戏曲表演的技巧并注重书场上下的互动，如吴天绪"效张翼德据水断桥。先作欲叱咤之状，众倾耳停之，则唯张口努目，以手作势，不出一声，而满室中如雷霆喧于耳矣。谓其人曰：'桓侯之声，讵吾辈所能效？状其意使声不出于吾口而出于各人之心，斯可肖也'"（李斗《扬州画舫录》）；还有的擅长口技，像浦天玉、谎陈四等人；更有从戏曲行业跳槽至说书队伍的像范松年。这一阶段，扬州评话还吸引了文人、学者、官吏等的关注和参与，费轩、董伟业、郑燮、李斗等人都和说书艺人有交往，为扬州评话留下了宝贵的文献记载。如康熙时的费轩在其《江南好》第六十首中说："扬州好，评话晚开场。略说从前增感慨，未知去后费思量，野史记兴亡。"身为扬州府学教授的金兆燕，还为说书艺人浦琳（天玉）作传，褒扬其所编演的《清风闸》。凡此种种均表明了扬州评话活跃的盛况。

清嘉庆之后，因漕运改道，盐政改革，扬州失去了昔日的繁华，扬州评话也随之跌入了低谷。艺人们不得不辗转于泰州、东台、高邮、兴化、宝应、盐城等地艰苦谋生。清同治三年(1864)以后,太平天国濒于瓦解,扬州经济有所恢复,社会趋于安定,扬州评话出现了新的繁荣局面。清代中后期扬州评话名家有金国灿、龚午亭、李国辉、邓光斗等人。

民国以来,扬州评话的一些名家,向南京、上海等地开拓,并在镇江开辟了新的根据地,形成了扬州评话发展的又一个新局面。但是到民国二十六年(1937)冬,随着扬州的沦陷,扬州评话又陷入了低靡的境地。直到新中国成立以后,评话艺人在政府的统一组织和安排下才得以招收学员,传艺授业,使扬州评话艺术后继有人。在演出中除了说传统书目外,还努力改编上演《烈火金钢》、《红岩》、《林海雪原》、《小二黑结婚》等新书目,表演艺术也吸收电影、戏剧的一些手法,加以变革。

扬州评话在长期的发展过程中,经过艺人的不断努力和创造形成了鲜明的艺术特色,具有浓郁的地方色彩。其说表,有"方口"与"圆口"之分。方口语句整齐,节奏感强;圆口近似日常口语,在演出过程中方口、圆口兼用。其表演动作幅度较小,通常身子不偏出书台桌角,两足不露出书台桌围,俗称"小开门"。在表述当时当地情景,揭露事件矛盾冲突,刻画书中各色人物的形象和内心世界等方面,都能细致入微,使观众如见其人,如闻其声,如临其境。扬州评话尤其擅长刻画扬州市井小民的形象,诸如衙役、书吏、丫环、使女、贩夫、走卒、堂倌、屠夫,往往入木三分,呼之欲出。书中环境的描摹,往往大量插入当时扬州的建筑设施、民风习俗,具有浓厚的地方色彩和时代气息。在这基本艺术风格前提下,艺人还根据自己的艺术修养、见闻、阅历和身材素质,创造自己的艺术特色,其中成就最高的是王少堂。

王少堂(1889—1968),扬州人,出生于一个评话世家。其父亲王玉堂、伯父王金章都是以说《水浒》著称的。他 7 岁开始学艺,9 岁登台,15 岁时学完了《宋十回》(《水浒》中讲宋江的故事)便开始闯荡江

王少堂

湖独立演出。擅说武（松）、宋（江）、石（秀）、卢（俊义）4 个“十回”。在长期从艺的过程中，他转益多师，博采众长，善于将父亲的善“表”与伯父的善“演”相结合，并吸取了康国华说《三国》、刘春山说《西汉》的传神含意之长，还向形神兼备、口齿伶俐的朱德春学习。此外，他还注意观察，仔细揣摩所接触的各色人物，对他们的口、手、眼、身、步、神等诸多方面加以体会，力求表演时形神兼备。经过六十多年的艺术实践，他在表演艺术上形成了内涵极为丰富的王派《水浒》的独特风格。这种风格的特点就是说表与演出都达到了炉火纯青的境界，“快而不乱，慢而不断，形神兼备，描摹殆尽”。王少堂也成为扬州评话艺术的集大成者，是扬州评话当代最杰出的代表人物。

目前，扬州评话已被列入首批国家级非物质文化遗产保护名录。

第二节　江苏民间工艺

江苏的民间工艺源远流长。早在史前时期，江苏的陶器和玉器制作工艺就已经相当考究。春秋后期，江苏的青铜铸造业得到了迅速发展，特别是铸剑技艺遥遥领先于中原地区。自东吴东晋南朝以来，江南地区得到开发，民间工艺美术世代相传，至明清时期江苏民间工艺美术进入了兴盛和繁荣的阶段，刺绣、紫砂、漆器、云锦、玉雕、年画、泥塑、剪纸等等均名闻遐迩。近年来，随着人们对非物质文化遗产的日渐重视，江苏省内的民间工艺得到了很好的调查，目前全省共有 127 项（其中传统美术 37 项，传统技艺 90 项）民间传统工艺入选江苏省非物质文化遗产名录，其中有 34 项（传统美术 11 项、传统技艺 23 项)入选国家级非物质文化遗产名录。这些民间工艺是江苏历史文化的结晶,也是前人留给我们的无尽财富。

一、绚丽多彩的苏州刺绣

苏绣是以苏州为中心的吴地手工丝绣品,它与湖南的湘绣、广东的粤绣、四川的蜀绣并誉为“中国四大名绣”。

云岩寺塔出土刺绣经袱

苏绣历史悠久,据考古发掘,早在上古时期吴地就可能已经有了刺绣,这可能与吴人“断发文身”的生活习俗有关。关于苏绣最早的文献记载是刘向的《说苑》,其《正谏》篇中记载了春秋时期吴人迎送晋平公使节排场的情景有“绣衣而豹裘者”。目前能见到的最早的苏绣实物,是 1956 年苏州虎丘山云岩寺塔出土的五代至北宋初期的绣花经袱。这批刺绣经袱共有五块,其中一块是栗色地上绣金黄色莲花和枝叶纹,针法有铺针、平戗、接针等,虽不甚细致,却古朴大方。1978 年在苏州瑞光塔又发现了北宋刺绣经袱,针法有斜缠、接针两种,针迹虽不算工整,但秀面平,并系两面针,正反面均无线结、线头,仅在两线交接处有跳针,被认为是双面绣的雏形。南宋以来,随着刺绣技艺的发展,艺人们将刺绣与书画相结合,出现了“画绣”,刺绣开始成为一种艺术品。

明代以来,苏州地区经济繁荣、人文荟萃、艺术氛围浓厚,在这种背景下,苏绣艺术取得了长足的进步,形成了“精、细、雅、结”(王鏊《正德姑苏志》)的独特风格。进入清代以后,朝廷在苏州设织造署,督造与差派锦、缎、刺绣等物品,以供皇室之需。在苏州城内也出现了“绣市”(乾隆三十一年《吴阊钱江会馆碑记》),提供各类商品绣。

在大量的社会需求下，苏州刺绣进入了发展的全盛期，不管是艺术绣品还是日用绣品均取得了前所未有的大发展。

清末，苏州人沈寿（1874—1921）在其夫余觉襄助下吸收西洋画法创“仿真绣”，所绣《意大利皇后爱丽娜像》一举夺得“南洋劝业会”（1910）最高奖“获奏奖”。其后此幅作品又被清政府当作国礼赠给意大利，并在1911年意大利都灵万国制造工艺赛会上获得“世界至大荣誉最高级卓越奖”，从而打开了苏绣走向国际的大门。20世纪20年代末，武进杨守玉（1896—1981）受西洋绘画的启发创造了“乱针绣”，以纵横交叉、长短不一，疏密重叠和灵活多变的针法，产生西洋油画的光色透视效果，具有强烈的立体感与独特的艺术特色，一改延续上千年的传统平面绣，为中国刺绣发展树立了新的里程碑。

姚建萍绣《英国女王》

新中国成立后，苏州成立了刺绣研究所，从挖掘与整理资料入手，发展了独具匠心的双面绣与运针自如的乱针绣，并创造了虚实乱真绣，给这门传统的工艺注入了新的活力。与此同时，苏州机绣的技术也在不断的探索中。1978年3月苏州刺绣厂试制成功第一台绣花机头的电子绣花机，1979年又试制成功带有4台绣花机头的电子绣花机，解决了联动问题。20世纪80年代后，随着微型电脑的推广应用，电子绣花机也进入了电脑操控的阶段，实现了传统工艺与现代科技相结合，大大提高了刺绣工艺的现代化生产。

苏绣是江苏民间工艺中最具有地方特色的艺术形式之一，其工艺过程涉及设计、勾稿、上绷、勾绷、配线、刺绣、落绷、装裱等诸多环节。其中刺绣是通过穿针引线在织物上组成各种图案的手工艺，因此刺绣过程中的针法及绣法的运用是整个苏绣工艺的核心。据苏州刺绣研究所对历代苏绣作品的研究和归纳，常见的苏绣针法可分为平绣、条纹绣、点绣、编绣、网绣、纱绣、辅助针等七大类四十余种，新兴的针法则有乱针、虚实乱针等。而绣法则是将针法与丝理转折、色彩分析、线条粗细、虚实排列等因素结合运用的方法。

从针法来看，目前流行的苏绣主要是平绣、乱针绣和双面绣。平绣的特点是“平、齐、细、密、匀、光、和、顺”八个字，即绣面平服熨帖、线条轮廓齐整、绣线纤细、排列紧凑、疏密一致、丝理圆转自如、配色浓淡相宜、整体光彩夺目。乱针绣又名正则绣，它以乱中有律、乱中有序的手法，使绣品具有针法活泼、线条流畅、色彩丰富、层次感强的特色。双面绣是在同一块底料上，在同一绣制过程中，绣出正反两面图像，轮廓完全一样，图案同样精美的绣品。近年来在双面绣的基础上又发展出了双面异色绣，即同一块底料上绣出图案、针法一致但色彩不同的绣品；双面三异绣，即在同一块底料上绣出双面图案、色彩、针法迥然不同的绣品。双面三异绣的出现，不仅在苏绣史上是首创，在中国刺绣史上也是空前的创举，标志着苏绣技艺攀登到历史的新高峰。

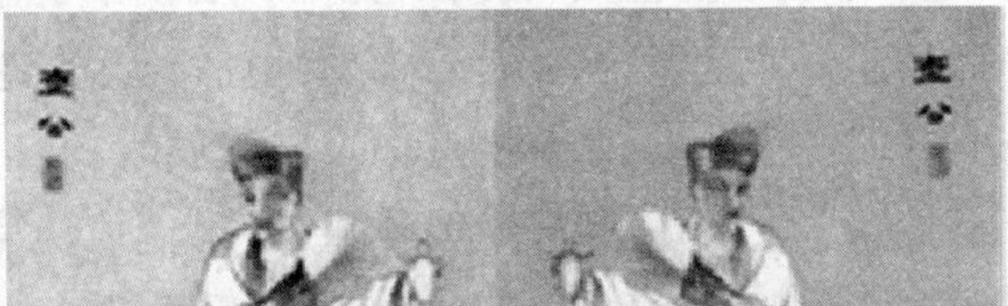

双面三异绣

从用途来看，苏绣又可以分为日用品和欣赏品两大类。前者与水乡生活、民俗风情密切相关，对刺绣画面形象的精确性要求不高，后者因长期以来以摹画著称，所以又叫“画绣”，这类绣品主要是满足人们审美鉴赏的需求，对针法、丝理、色彩均有较高要求。这类绣品中的花鸟绣、肖像绣、风景绣都是深受人们喜爱的题材。

苏绣融审美意趣与实用功能于一体，图案秀丽、色彩典雅、针法丰富、绣工精细，其浓郁的吴文化意蕴和精巧绝伦的手工技艺，令人赞叹不已。目前，苏绣已经列入国家首批非物质文化遗产保护名录。

二、古朴典雅的宜兴紫砂

紫砂是陶的一个特殊种类，黏中带砂，柔中见刚，富有韧性，且颜色鲜艳，有紫色砂泥、奶色白泥、橘色黄泥、猩红朱泥、黛色绿泥等色彩，被誉为“五色土”，盛产于宜兴丁蜀镇一带。用这种紫砂泥烧成的无釉陶器，其胎质坚实细密，表面光挺平整之中含有小颗粒状的变化，所以称之为紫砂。宜兴紫砂的主要产品是茗壶，且在很早就赢得了“茗注莫妙于砂壶，砂壶之精者又莫过于阳羡”（李渔《闲情偶寄》）的美誉。

据考古发现的“青莲岗文化”证明，早在新石器时代宜兴先民就发明了原始陶器。春秋时期越国大夫范蠡隐居宜兴制陶为业，人称“陶朱公”，宜兴也被称为是“陶都”。“紫砂”二字正式见诸文字记载在元代，元人蔡司霑《霁园丛话》云：“余于白下（今南京）获一紫砂罐，有‘且吃茶清隐’草书五字，知为孙高士遗物，每以泡茶，古雅绝伦。”但是关于紫砂壶的起源，由于缺乏充足的证据一直颇受争议。根据文献记载以及传世实物，目前一般认为紫砂壶始于明代中期。

紫砂壶的兴起，与明代饮茶方式由烹点茶饼改为冲泡散茶有关。泡茶需用新式茶具茶壶，紫砂的特性可使茶的色、香、味得到最佳发挥。明代正德年间（1504—1521）宜兴出现了一位制壶艺人供春，他本是学使吴颐山的家僮，颐山读书金沙寺，供春侍奉之暇，窃仿老僧制壶，制品古朴风雅，传器树瘿壶“栗色闇闇，如古金铁，敦庞周正”

树瘿壶(供春制)

(杨钟羲《雪桥诗话三集》),被称为茗具中的逸品。从此,供春就专以制壶为业,他的作品被称为“供春壶”。

供春之后,宜兴制壶名家辈出,明嘉靖至隆庆间有董翰、赵梁、元畅、时朋,号称“壶艺四大家”,其中董氏以制作菱花式壶著称,赵梁则以提梁式壶擅名,然四家传器较少。与“四大家”同时的李养心,善制小型圆壶,精美朴雅,世称“名玩”。明代壶艺最高的是时朋之子时大彬,其作品古朴淳雅,有“砂粗、质古、肌理匀”的特点,标志着紫砂壶艺的成熟。时大彬的弟子李仲芳、徐友泉也是制壶名手,时有“壶家妙手称三大”之说。

清代制壶名家辈出,风格各异,紫砂壶艺进入了繁荣时期。清初的陈鸣远、项圣思等人改变了明代崇尚古朴的壶艺风格,使其向精工巧妍一途发展。清嘉庆年间溧阳县令陈曼生(钱塘人)对紫砂壶艺术化的发展和革新起到了重要的作用。他设计的壶式交由制壶艺人杨彭年制作,并由他及其幕僚撰词作画,镌于壶上,成为一种集造型、诗词、绘画、书法、金石于一体的独特风格,世称“曼生壶”,开创了紫砂壶文人化艺术化的新路。

近代以来,中外交流频繁,紫砂壶也走出国门,远销海外。一批专业技术人员和陶艺家纷纷涌现,其中程寿珍的作品曾获巴拿马万国博览会(1915)头等奖章。新中国成立后,宜兴紫砂获得了新的发展契机,涌现出一大批名家名作。现代紫砂壶艺术以朱可心、顾景舟、蒋蓉等人为代表,他们在用泥调色、壶具结构、制作技术及造型装饰等方面,均进行了大胆的革新和有益的探索,为紫砂壶艺的当代发展注入了新的活力。

紫砂壶按造型可以分为几何形体造型、自然形态造型、筋纹器造型等。几何形体紫砂壶，俗称“光货”，又可分为圆器和方器两种。圆器造型要求达到“圆、稳、匀、正”，要柔中寓刚。掇球壶、仿古壶、汉扁壶等都是圆器茶壶的典型造型。方器造型要求线面挺括平正，轮廓线条分明，方中寓圆，壶口盖必须规划统一，任意转动壶盖，口盖准缝吻合。四方桥顶壶、传炉壶、僧帽壶、雪华壶等是紫砂方器茶壶的典型造型。自然形体紫砂壶造型，俗称“花货”，取材于植物、动物的自然形态，运用雕镂捏塑的手法，配以浮雕、半浮雕装饰，最能代表制壶人以造化为师、匠心独运的特点。鱼化龙壶、松竹梅壶、翠蝶壶、荷花壶等是花货造型的代表作品。筋纹器紫砂壶造型，是将花木形态分作若干等分，将生动流畅的筋纹组成于精确而严格的结构之中，从而形成一个完美的整体。合菊壶、瓜棱壶、玉兰花壶、水仙花壶等就是筋纹器造型的代表。

紫砂壶质地古朴纯厚，高雅脱俗，和文人气质十分相近，因此受到明清以来文人的喜爱。随着把玩的人越来越多，宜兴紫砂壶也分为实用品、工艺品、特艺品及艺术品四个档次。其中特艺品（名人制作）和艺术品制作精湛、功能独具、材质贵重并富有生命气息，是紫砂壶中的拔萃者，具有较高的收藏、鉴赏价值和增值空间。宜兴紫砂壶已入选首批国家非物质文化遗产保护名录。

三、绚丽多姿的南京云锦

“江南好，机杼夺天工。孔翠妆花云锦烂，冰蚕吐凤雾绡空。新样小团龙。”吴伟业的这首词说的就是南京云锦。“锦”是中国古代的丝织物中技术含量最高的织物，《六书故》云：“织采为文曰锦。”作为高档丝织品，锦主要是宫廷及上流社会的消费品。南京是元代以来宫廷御用特种锦缎的主要产地，因其出产的织锦，质地厚，花头大，配色对比强烈，富丽华贵，被誉为美如云霞的“云锦”。由于缺少文献及实物资料，云锦在元代以前的发展情况尚不甚清楚。民间有云锦技术系织女传授的传说，这可能是据南朝梁殷芸《小说》“天河之东有织女，天帝之子也。年年机杼劳役，织成云锦天衣”附会而来。一般认为，东晋末年迁洛阳织锦工匠南来，在秦淮河南岸的斗场市设立“锦署”是南京织锦之始。

南京云锦是在继承元代织金锦的基础上发展起来的。元代曾在南京设立“东、西织染局”，专为皇室、百官织造锦缎。因统治者喜爱金锦，故而用金装饰丝织物纹样的做法在当时的锦缎织造中得到了广泛使用，从而成为南京织锦的一个重要装饰特征，影响至明清两代。元代锦缎还在串枝花、云纹、吉祥图案等有所创新发展，丰富了云锦图案中常用的纹样。明代在南京设立“内织染局”(即“南局”)、“神锦堂”、“供应机房”，并将相当一部分锦缎的需求转嫁于民间机户，以供应宫廷生活及皇帝赏赐之需。在织锦技巧上，明代云锦发展了加金“妆花”锦缎，可在织造时进行自由配色，取得了逐花异色、多样而统一的效果。清代设立江宁织造，云锦织造盛极一时。织金妆花品种不断丰富，创造了写实与装饰相结合的时代风格，并加入西洋花式和织法，金宝地品种发展较快，锦缎花式有了新的变化。

云锦织机

随着封建王朝的没落，作为御用品的云锦也渐趋衰落。民国时期，云锦织造陷入了低谷。新中国成立以后，特别是改革开放的三十多年来，在多方抢救、挖掘、整理、研究的共同努力下，南京云锦重新焕发了新的生机。目前，随着丝织技术的发展，传统云锦的简单品种如单经单纬的库缎、单经双纬的织金缎、双金多重纬的彩库锦等都可以实现机器化批量生产。云锦的用途也涉及艺术装饰品、服装用料及日用工艺品等多个领域。

云锦在漫长的发展过程中，形成了许多品种，大致可以分为库缎、库金、库锦、妆花四大类。其中“妆花”是云锦中织造工艺最为复杂的品种，也是最有南京地方特色并具代表性的提花丝织品种。所谓“妆花”即在织造过程中采用束综按色彩分次提花，用通梭织造和小纬管局部挖花盘织相结合的工艺。妆花织物品种有“妆花缎”、“妆花罗”、“妆花纱”、“妆花锦”等，目前被继承下来的只有“七枚妆花缎”一种。

要织出美丽的云锦，首先要根据织物的用途、规格进行纹样设计和编结程序的设计。纹样的设计讲究形式美、取材广、花形大，编结程序一般有平纹、斜纹、缎纹三种。在设计好纹样和编结程序后，就要根据小样填绘意匠图。意匠是把纹样艺术形态转化为织物组织形态的一个重要过程，它既要能表达出纹样的艺术效果，符合原作精神，又要和木机装造及织造条件相适应。意匠图绘好后，就需要通过挑花结本这道工艺将纹样在锦面上反映出来。挑花结本就是用丝线做经线对应意匠图上的纵格，用棉线做纬线对应意匠图上的横格，挑制成花纹样板，以备上机织造。这些工序完成后，就要准备丝线，完成造机，最后就是在织机上经拽花工和织手工通过拽花、盘织、打纬、送经与卷取等步骤才能织出绚丽多彩的云锦来。云锦制作工艺繁复，一些复杂的妆花织物每天只能织五、六厘米，因此有所谓“寸锦

红底金丝团龙纹

寸金”之说。

南京云锦在长期的传承发展过程中逐步形成了独具特色的云锦文化，其中以纹样文化最具代表。作为宫廷御用织物，云锦纹样以龙、凤、麒麟、狮、海水江涯、牡丹、寿桃及各种祥瑞寓意的图案为主，并通过象征、寓意、比拟、表号、谐音、文字等表现方法来传达诸如君权神授、等级制度、儒释道之理念以及趋吉避凶的心理等文化内涵，从而形成一种集皇权、宗教、伦理、吉祥为一体的纹样文化。例如正龙、团龙、盘龙、升龙、降龙等等各种龙纹图案及与之相配的日、月、星辰、山、华虫等纹样，均有“普天之下，莫非王土”即皇权至高无上的象征意义。又如石榴纹样象征多子多孙，桃子纹样寓意长寿，梅兰竹菊比拟君子，以八仙所拿器物作为八仙的表号纹样，以蝙蝠谐音“福”等等。

南京云锦以其“艺术造型设计的靓美，晕色和谐的典美，织造技艺的精美，纹样图案的奇美”（王宝林《南京云锦》）成为中国织锦史上的一朵奇葩，目前已入选国家首批非物质文化保护遗产名录。

四、精致艳丽的扬州漆器

漆器，是指利用具有高度粘合性和耐酸耐碱的天然漆，通过多种工艺手段，运用雕刻彩绘等手法制作而成的精美器具。我国的漆器经过几千年的发展，产地遍布全国，风格各异，比较著名的有北京漆器、福建漆器、四川漆器和扬州漆器。扬州是我国漆器的重要产区之一。

早在秦汉时期，扬州漆器的工艺制作就达到了很高的水平。从出土文物来看，汉代漆器主要有饮食用具、日常用品、文房用品、兵器等，采用木、竹、铜、皮和夹纻等胎料，装饰上则运用彩绘、针刻、贴金、金银片镶嵌、宝玉石镶嵌等。隋唐以来，扬州漆器工艺脱离了实用的局限，开始出现了供观赏的艺术品，如佛像、屏风漆画之类。鉴真和尚东渡日本时，也将扬州漆器工艺带到了日本，奈良招提寺金正堂供奉的“本尊毗卢舍那佛坐像”就是用干漆夹纻法塑造的。坐像面部稳静中略显严肃，体态丰腴宏伟，衣褶柔和中显出自然，是盛唐夹纻造像东传的优秀代表作。宋代扬州漆器继承了汉唐工艺并有了新的发展，雕漆技艺大大提高，并发展了螺钿漆器和漆砂砚。明清两代，扬州漆器达到了发展的鼎盛时期，并形成了长于雕嵌的鲜明特色。就品种而言，明代扬州漆器较前代丰富，剔红、百宝镶嵌、螺钿镶嵌等工艺有很大发展，八宝灰、波罗漆、戗金、堆漆、剔彩、刻漆等工艺技法也相继出现。明代扬州还出现了著名的漆艺师江千里，他做的点螺器成为当时名士梦寐以求的珍品。清代是扬州漆器最旺盛的时期，作坊林立，品种齐全，并出现了一批著名的漆艺师，如卢映之、王国琛、卢葵生等人。他们把雕漆和百宝镶嵌结合起来，形成了扬州独特的名贵品种——雕漆嵌玉。由于文人画家参与漆器制作，清代扬州漆器成为士大夫收藏把玩的新宠。晚清以来，扬州漆器落户上海，开始了其海外销售的历程，并在各类展览会上屡夺奖牌。如 1910 年在南京举行的南洋劝业会上，梁福盛作坊的漆器获得一等金牌奖；1915 年梁家漆器又在美国举行的太平洋万国巴拿马博览会上获一等奖章。新中国成立后，相继成立了扬州漆器厂、江都特种工艺厂、扬州漆器二厂等大型综合性漆艺企业，促进了传统工艺的传承与创新。

漆器制造的工艺流程极其复杂，大致包括材料准备，漆胎制作、装饰漆艺等主要程序。漆器的制作需要多种材料，包括胎料、漆料、油料、腻子、稀释剂、颜料、装饰材料等，各种质地的材料也五花八门十分广泛。一件漆器的表面，其漆胎的制作要经过卷榛胚胎、接合、布漆、垸漆、糙漆等几道最基本的程序。漆胎完成后，就要进行漆器的装饰，目前尚在使用的装饰漆艺大体可以归纳为：色髹、画漆、罩漆、刻漆、雕漆、填漆、堆漆、嵌漆等八类。其中雕漆和嵌漆是扬州漆器工艺品常

雕漆嵌玉漆器

用的技法。雕漆是先用漆在器胎上涂刷若干层甚至几百层，累积到所需厚度后用刀剔刻出有层次的花纹。根据漆色或纹饰特点，又可分为剔红、剔黄、剔绿、剔黑、剔彩、剔犀等种类。雕漆自唐代发明以来，一直是漆器工艺中的重要品种，由于其融绘画、雕刻、髹漆等多种工艺于一体，且富有立体感，故而深受达官贵人及黎民百姓的喜爱。嵌漆中的嵌玉、骨石镶嵌是扬州漆器工艺的特技。嵌玉源于明代中叶周翥开创的“百宝镶嵌”技艺。这种技术以红雕漆的版面为背景，用金珠、碧玉、宝石、象牙制成花鸟鱼虫、山水人物，镶嵌在雕漆背景上，利用其天然色彩，构成五色斑斓的画面，金碧辉煌、神采飞动而又永不变色。骨石镶嵌，则是在镶嵌的材料上用牛角、兽骨、青田石、寿山石等，运用薄浮雕、半浮雕以及立体雕等技术，镶嵌于平面的漆器上，底色墨黑油亮，反衬骨石的五彩，富于质感而生动逼真。此外，平磨螺钿镶嵌也是扬州漆器中常用的装饰技艺，它将蚌壳、云母、石决明、海螺等材料制成片状，按画面平嵌在漆面上，看上去五光十色，层次分明，手抚则光滑异常，一平如镜，故称平磨螺钿。近年来，扬州漆器厂在不断摸索和挖掘中恢复了久已失传的清初漆器大师卢映之、卢葵生创制的漆砂砚的制作方法，并与点螺、木雕等技法相结合，以西汉金丝楠木为胎，砚身用整木雕制，砚盒则用点螺工艺，砚面采用高岭土和其他金属化工材料与生漆精心配制而成，状似澄泥，姿质滋润，不滑不滞，坚固耐磨，发墨不伤毫，宿墨不干涸，低温不冻结。

雄鸡图百宝嵌漆砂砚盒

扬州漆器以其造型稳固雅致，做工细腻精湛，色彩绚丽典雅，光泽柔和腴润，体现了其与扬州文人风格融合的特质。目前扬州漆器已被国家列入首批非物质文化遗产保护名录。

关键词：

吴声歌曲　吴歌格　苏州评弹　扬州评话　苏绣　宜兴紫砂　南京云锦　扬州漆器

思考题：

1. 江苏民歌的主要内容是什么？

2. 什么叫“吴歌格”？请举例说明。

3. 苏州评弹的表演形式是什么？

4. 苏绣有哪些主要针法？

5. 紫砂壶有哪几种主要造型，其特点分别是什么？

第十五章　江苏城市文化精神

城市是人类文明的主要组成部分，城市的出现是人类走向成熟与文明的标志。城市是历时性的，一个历史悠久的城市，往往是由多种文化不断叠加的结果；城市也是共时性的，一个充满魅力的城市，往往既保存着过去，又活在当下，同时也指向未来。在当今城市大量涌现、快速发展和面貌逐渐趋同的历史时期，每一个城市都应该传承和发展好城市文化，拥有符合自身的城市文化精神。只有这样，城市才是亲切的、自在的，才能让生活其中的人们感到更美好。

第一节　江苏城市的建立

城市的起源，有因“城”而“市”和因“市”而“城”两种类型。因“城”而“市”，是先有“城”后有“市”，“市”是在“城”的基础上发展起来的，这种类型的城市是先有政治、军事的需要而后有市场经济的需要，多见于中国的北方城市；因“市”而“城”，是由于“市”的发展而形成的“城”，这类城市多见于中国南方，是经济发展到一定阶段的产物。江苏城市的建立，有着自身的客观条件和文化因素，也打上了中国南北文化交汇的烙印。

梅里城是史书上记载的江苏地区最早的城市。据《吴越春秋》记载，商朝末年，也就是公元前 11 世纪，岐周古公之子泰伯、仲雍南奔至荆蛮，建立勾吴国。“数年之间，民人殷富。遭殷之末，世衰，中国侯王数用兵，恐及于荆蛮，故泰伯起城，周三里二百步，外郭三百余里，在西北隅，名曰故吴。人民皆耕田其中。”太伯所起之城史称梅里，据考证在现今的无锡梅村。

梅里城的建立，具有三大特点：一是该城市的产生不是出于政治统治的需要，而是在经济发展、民生富庶的基础上，因“市”而“城”，顺其自然形成的。二是该地区原先是不设防的，城市的建立，既是为了防御来自北方“用兵”的威胁，也是向北方学习的结果，《吴越春秋》记载泰伯之父古公在岐周时，“居三月，成城郭，一年成邑，二年成都”。三是城市规模不太大，城乡之间相联紧密。后汉以前，六尺为步，三百步为里，1尺相当于现在的0.231米。也就是说，梅里城的内城长1524.6米，外城长124740米。在不太大的城市区域里，原先的农耕业也保留其间。

公元前770年—前476年，常州武进地区筑有淹城，淹城是中国目前保存最完整的春秋时期城址。淹城系北方奄族人迁徙于江南后始建的。从里向外，淹城由子城、子城河，内城、内城河，外城、外城河三城三河相套组成，这种建筑形制在中国的城池遗存中独一无二。子城呈方形，周长500米；内城呈方形，周长1500米；外城呈不规则椭圆形，周长2500米；另外还有一道外城廓，周长3500米。淹城的城墙，系用开挖城河所出之土堆筑而成；淹城遗址还出土了中国最古老的独木舟，独木舟是这座“水城”的重要交通工具。

夏禹治水时，把全国疆域分为九州，徐州即为九州之一。当时“徐州”只是作为一个自然经济区域的名称，彭城才是这一区域的中心城市。彭城的城建历史悠久，据先秦典籍《世本》记载：“涿鹿在彭城，黄帝都之。”徐州地理位置冲要，“东襟淮海，西接中原，南屏江淮，北扼齐鲁”，素有“五省通衢”之称，为兵家必争之地。据《春秋》记载：“(鲁成公)十又八年……夏，楚子、郑伯伐宋，宋鱼石复入于彭城。”鲁成公十八年即公元前573年，这是“彭城”见诸文字最早的记载。公元前201年，汉高祖刘邦之弟刘交受封为楚王，都彭城，筑石垒城。

苏州城的建立，与梅里、淹城一样，也是苏南向北方学习的结果。公元前 514 年，伍子胥从楚国投奔吴国，向吴王阖闾提议："凡欲安君治民、兴霸成王、从近制远者，必先立城郭，设守备，实仓廪，治兵库。"认为治国的首选，在于有一个稳固的都城。于是，阖闾委托伍子胥"造筑大城"。据《吴越春秋》记载，新建的阖闾大城"周回四十七里。陆门八，以象天八风；水门八，以法地八窗"。《越绝书》对阖闾大城的周长有着更详细的记载："周四十七里二百一十步二尺……南面十里四十二步五尺，西面七里一百十二步三尺，北面八里二百二十六步三尺，东面十一里七十九步一尺。"与其时的"周十二里"的"吴小城"相比，伍子胥"相土尝水，象天法地"，所着力造筑的阖闾大城，周长 19542 米，拥有水、陆城门各 8 座，气势雄伟，构思精巧，代表着更高的城建水平。阖闾大城奠定了苏州城的基本格局，目前许多城市功能仍在发挥着很大的效用。1229 年《平江图》碑问世，该图刻绘了宋代平江（今苏州）城市的平面轮廓和街巷布局，详绘城墙、护城河、平江府、平江军、吴县衙署和街坊、寺院、亭台楼塔、桥梁等各种建筑物，其中桥梁多达 359 座，河道 20 条，庙宇、殿堂 250 余处，可谓"小桥流水、人家枕河"。《平江图》碑是中国现存早古老、最完整的城市平面地图。

扬州也是夏禹治水时划分的九州之一，目前的扬州市是其重要组成部分。公元前 486 年，吴国开凿邗沟，沟通长江、淮河，因筑邗沟而形成的邗城，是扬州建城之始。邗城筑于蜀冈之上，城的南沿在蜀冈南麓断崖上，断崖下即是长江；城为方形，板筑城垣，周长约 5000 米；城南有两道垣，外城垣和内城垣之间有壕沟，外城之外也有壕环绕，郦道元《水经注》记载："城下掘深沟。"公元前 195 年，吴王刘濞在邗城旧址增筑都城。

公元前 495 年，吴王夫差在今南京市朝天宫后山设立冶城，铸造兵器。所谓冶城，其实并非城邑，只是一个规模较大的围有土墙的"百工作坊"。公元前 472 年，越王勾践令范蠡筑城于今中华门外的

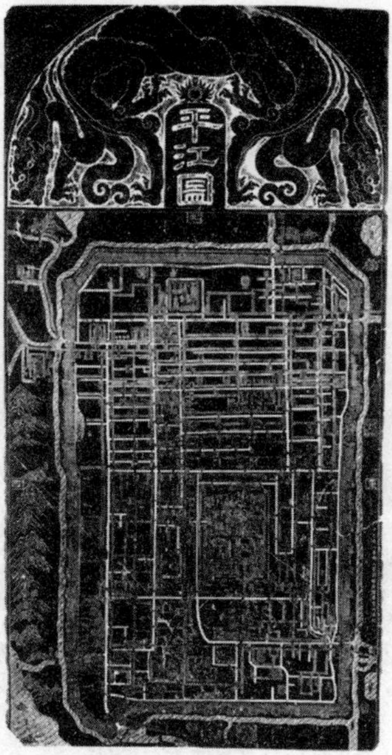

《平江图》碑

古长干里，这是在南京建造最早的一座城池，史称“越城”或“越台”。因筑城工程由范蠡主持，故又叫“范蠡城”。越城很小，城周只有“二里八十步”，相当于现在的 942 米。楚威王熊商灭越后，于公元前 333 年，在今南京清凉山上筑城，置金陵邑。229 年，孙权将都城从武昌迁至建业，开始宫城的规划建筑。其宫城早期以太初宫为中心，晚期以昭明宫为中心，太初宫为南京最早的帝王宫殿建筑。1700 年后的 1929 年，南京作为都城有了历史上第一部系统的城市规划——《首都计划》，在它的指导下，南京出现了以中山大道为代表的林荫大道和中西合璧的近代建筑，形成今日南京老城的总体格局，初步呈现出现代都市的风貌。

公元前 223 年秦灭楚后，在今淮安市马头镇筑城，传为甘罗所筑，因名甘罗城，清河县志载“甘罗城周 427 丈”。公元前 221 年，秦置下相县，宿迁市始建城。公元前 212 年，秦在今连云港市锦屏山侧设立朐县，并立石东海上以为“秦东门”。据《汉书》记载，公元前 117 年在今泰州市设有海陵郡，海陵郡以其地高阜而又傍海得名。172 年，盐城市始筑土城，西狭东阔，状如葫瓢，后人称之为瓢城。208 年，孙权在京口（今镇江）北固山前峰筑“铁瓮城”，又名“京城”，作为治所。957 年，南唐静海制置巡检副使王德麟筑通州土城，是南通市建城之始。

无锡梅里城、常州淹城、苏州阖闾大城、南京金陵邑的主要设计者均来自北方，徐州彭城、淮安甘罗城、宿迁下相县、连云港朐县、泰州海陵郡、盐城瓢城均来自位于北方的中央政府的设置，扬州邗城、南京越城、镇江铁瓮城、南通通州土城的主要设计者均来自南方。江苏早期城市的建立,是经济发展到一定阶段的产物,基本上是南北文化交流的结果。

第二节　江苏城市的发展

城市的形成,是人口与物资汇聚的结果;城市的发展,更离不开便捷的交通。依托大运河、长江、铁路和海洋等纵横中国南北或东西的交通干道,以及密如蛛网的河道,江苏的中心城市发展迅速。三千多年来,江苏城市的空间格局,经历了一个从沿运到沿江,再到沿铁、沿海的发展过程,先后形成了诸多繁华的都市,并构建起了沿运城市带、沿江城市带、沿铁城市带和沿海城市带。

一、沿运城市带

大运河由北向南纵贯江苏全境,与淮河、长江形成十字交叉,沟通洪泽湖和太湖两大淡水湖,连接着黄海,在江苏城市发展中起着极其重要的作用,并促进了徐州、宿迁、淮安、扬州、镇江、常州、无锡、苏州为中心城市的沿河城市带的形成。江苏省境内的秦置县,主要是沿着河流分布的,大致与古今的运河沿线相吻合,大运河开通后交通更加便利。唐宋时期,大运河成为维系统一国家的交通运输基础,特别是安史之乱以后,藩镇割据,中央失去了中原的财政税收,只能依靠东南八州的资源供给,大运河便成了连接政治中心所在地与经济重心江南地区的唯一南北运输通道。

在这条交通孔道上,位于大运河与长江交汇口的扬州、与太湖交汇口的苏州、与淮河交汇口的淮安、与钱塘江交汇口的杭州,位置尤为冲要,也更加繁华,它们一起被誉为运河线上的“四大都市”,其中前三个在江苏,扬州更是有着“运河之都”的美誉。扬州曾经是隋、唐、北宋运河通往江南的枢纽,也是对海外交通的必经之地,日本遣

运河之都——扬州

唐使多由海上抵达扬州。唐朝扬州上升为仅次于都城的全国经济中心，明清时期仍然是盐运和漕运的中心，“青钱十万贯，骑鹤下扬州”，可见扬州城是多么的繁华。北宋末黄河夺淮河河道入海，淤塞了大运河的北方航道，沿运的北方城市逐渐衰落，而淮安却“南船北马”汇聚，“船一靠岸，千车万担”，更加繁华。明、清两朝将漕运总督府和河道总督府设在淮安，来维护这条南北“生命线”。苏州位于太湖平原的中心，始终是江南地区的中心城市。从作为吴国后期的都城开始，苏州两千多年来城址也始终没有变动。随着江南地区的深度开发，清朝苏州更是成为全国最发达的经济城市。沿运城市带汇聚着中国最大的城市群，保留着许多物质与非物质文化遗产，并仍保持着旺盛的发展活力。

二、沿江城市带

江苏省 13 个地级市以长江为界，传统上分为江北、江南(苏南)两大区域；如果再结合地理与经济发展水平来划分，长江以北又分为苏中和苏北两个区域。其中，黄金水道长江连接起了江苏的南京、镇江、常州、扬州、泰州、南通 6 个地级市和句容、扬中、丹阳、江阴、张家港、常熟、太仓、仪征、江都、泰兴、靖江、如皋、通州、海门、启东15个县(市),以及1927年之前属于江苏的上海。

早期的长江喇叭形入海口在扬州和镇江一代,扬州位于长江北岸,由于更靠近直接通往北方都城的要道,因而成为著名的河港兼海港,鉴真六次东渡日本传授佛法,出发地都是扬州。南京位于长江南岸,是所在地区的中心城市和江南地区通往北方的主要集散地,历史上发生永嘉丧乱、安史之乱、靖康之难等社会动乱之后,南京往往也是“衣冠南渡”的重要目的地,在六朝时已成为中国历史上第一座人口超百万的城市。南京控扼南北,襟带东西,虎踞龙盘,地势险要,长期作为江苏省的省会,多次成为全国或半壁江山的都城,有着“六朝古都”、“十朝都会”的美誉。随着泥沙的淤积和长江口的东移,扬州、镇江、南京等城市离海越来越远,逐渐失去了江海双港的地位。元明以后,娄江水道经过疏通成为沟通长江、太湖的主要出海通道,苏州的太仓刘家港便成为对外的主要港口,号称“六国码头”,是元朝南粮北运的海运起点。明初郑和七下西洋,都是从刘家港起锚出海,归国后又在此停泊。清朝中期以后,刘家港逐渐淤塞,地处长江、黄浦江、苏州河和黄海、东海交汇处的上海迎来发展机遇。1843年上海开埠,很快就成为全国最大的贸易港口。扬州、苏州等传统社会最大的工商业城市逐渐让位于上海。1927年上海成为特别市,江苏失去了长江入海口处最大的江海良港,但上海对江苏沿江城市发展的龙头拉动作用,却越来越大。2006年,《江苏省沿江城市带规划》通过并实施,加快沿江地区特别是苏中地区城市化和城市现代化步伐,形成布局合理、特色鲜明、优势互补、协调发展的沿江城镇体系。

三、沿铁城市带

京沪铁路是一条从北京通往上海的铁路铁,建于十九世纪末二十世纪初,连接着中国的政治中心、经济中心和文化中心,以及一系列地区中心城市,沿途大都为沿海经济发达地带。京沪铁路在江苏境内，从北向南连接着徐州、南京、镇江、常州、无锡、苏州等城市。陇海铁路建于二十世纪二、三十年代，贯穿中国东、中、西部，也是从太平洋边的中国连云港至大西边的荷兰鹿特丹的新亚欧大陆桥的重要组成部分。陇海铁路在江苏境内，从东到西连接着连云港、徐州等城市。

徐州是沟通中国南北、东西的交通枢纽

徐州作为苏北地区的中心城市，一直是中国南北、东西的交通枢纽，控扼着黄淮和江淮两大区域。京沪铁路和陇海铁路十字相交于徐州后，有力地巩固了徐州的交通枢纽地位，同时也更加使其成为兵家必争之地，铁路促进了徐州的城市建设，战争在很大程度上破坏了城市的发展成果。与之相比，京沪铁路的开通，使得同样沟通南北的大运河的地位显著下降，制约了扬州、淮安等沿运城市带的发展，却有力地促进了南京和苏南地区沿运城市带的发展。无锡的兴起就是一个典型，它从一个大运河边的小城市，迅速变成太湖流域的交通中枢，并进而发展成为全国“四大米市”之首、民族工商业的重要发祥地和著名的工商业城市。目前，随着高速公路、高铁等交通方式的加入，沿沪宁线城市带已逐渐一体化，形成了一个规模巨大的城市群。

四、沿海城市带

早期的连云港与大陆分离，是大海中的一个岛屿，今天的上海、连云港、盐城、南通的大部分沉浸在大海之下，扬州、淮安是有通海河流的良港。其后，受长江泥沙淤积的影响，扬州与海洋渐行渐远。北宋末以后黄河长期夺淮河河道入黄海，受黄河泥沙堆积的影响，海岸线迅速向黄海推进，淮安也逐渐失去了出海口。不仅如此，在黄河和长江泥沙淤积的双重影响下，江苏沿黄海岸线由砂质海岸转变成淤泥质岸线，加之没有贯通的通海河流，发展腹地不足，成港条件很差。1855 年黄河北徙后，江苏沿海岸线基本稳定，为沿海城市带的发展创造了有利条件。

20 世纪初，连云港成为新建的陇海铁路的起点，获得了广阔的发展空间，孙中山在《建国方略》中，谋划将其建成东方大港。连云港作为亚欧大陆桥的东端，发展后劲更足，已跻身全国十大港口之列。盐城是名副其实的“盐”城，至今还保留着“团”、“灶”、“总”、“丿”、“仓”等与盐业生产管理相关的地名。盐城处在江苏沿海的中心位置，拥有江苏最长海岸线和许多优良的深水港，湿地和滩涂资源丰富。南通地处长江三角洲东北角，“据江海之会、扼南北之喉”，与上海隔江相望。清末状元张謇在南通创造性地开展城市规划和建设，使之成为近代棉纺织业中心、“中国近代第一城”。如今南通与上海通过跨江大桥等多种交通方式相连，不仅为上海打通向北发展的大门，也为南通真正“南通”并融入上海发展提供捷径。2009 年国家通过了《江苏沿海地区发展规划》，将依托上海，加快连云港、盐城和南通三个中心城市建设，集中布局临港产业，形成功能清晰的沿海产业和城镇带。

2010 年，国家批准实施《长三角区域规划》，统筹包括上海、江苏、浙江在内的区域发展空间布局，形成以上海为核心，沿沪宁和沪杭甬线、沿江、沿湾、沿海、沿宁湖杭线、沿湖、沿东陇海线、沿运河、沿温丽金衢线为发展带的"一核九带"空间格局，推动区域协调发展。通过规划建设，将长三角建设成为亚太地区重要的国际门户、全球重要的现代服务业和先进制造业中心、具有较强国际竞争力的世界级城市群。

第三节　江苏城市文化精神

江苏传统意义上的城市，从外观上来看，与北方城市相比，多是建筑错落、道路弯窄、花木葱茏、绿水环绕；从内在布局上来看，也是自然淡雅、精雕细琢、曲径通幽、舒适宜人，人与自然、城市与乡村紧密地联系在一起。城市文化精神是一座城市的灵魂，是在长期的历史发展过程中形成的，蕴含在城市的各种文化载体之中，具有群体性和鲜明的个性，为城市居民所认同和遵循，具有导向作用、凝聚作用、约束作用、育人作用和传承作用，拥有自身的文化品格和内在的力量。江苏城市的文化精神，可简单概括为以下四个方面。

一、自然诗性精神

江苏面积 10.26 万平方公里，其中平原面积 7.06 万平方公里，水域面积 1.73 万平方公里，平原、水域面积分别占 69%和 17%，是典型的"鱼米之乡"。江苏跨江滨海，河湖众多，水网密布，共有大小河流和人工河道 2900 多条、大小湖泊 290 多个，尤其是长江以南的太湖平原和长江以北的里下河平原，大大小小的河流形成蛛网状。在这样的经济地理条件下，江苏的城市更多不是依托陆地来建造的，而是依托水来塑造的，可以说因水而生，依水而发展。

所谓"因水而生"，是指水既能带来肥沃良田和丰富的物产，支撑起城市人口的消费，为城市的建立打下良好的物质基础，又会带来无尽的水涝，促使城市依高地建设，发展出良好的山水城市风貌。所谓"依水而发展"，是指水既能带来便利的交通，有利于人口和物资的汇

因水而生、依水而发展的城镇

聚，促进城市的发展，又会成为一道道“天堑”，限制城市的发展空间，促使依水系形成一个个城镇带。在这样的背景下，城市始终与乡村联系在一起，保持着一种自然诗性精神。

江苏城市文化中所体现出来的这种自然诗性精神，是与生俱来并一以贯之的，可以说是江苏城市文化精神的核心。“南方之地，水势浩洋，民生其际，多尚虚无”（刘师培《南北学派不同论》），是“水文化”在起作用。“南方人善玄想”（王国维《屈子文学之精神》），钟灵毓秀多巧思，可谓“一方水土养一方人”。这种“明自然，顺本性”（梁启超《清代学术概论》）的文化精神，体现在城市居民身上，就是菜佣酒保也有“烟水气”（吴敬梓《儒林外史》）。

二、怀疑创新精神

由于中国南、北社会组织形式的不同，以及对外物质需求程度的不一样，导致了政治、军事力量上的不对称局面。战国以后，江苏地区被并入统一的大帝国，城市文化发展受到业已成为主流意识形态的北方儒、法、阴阳等思想的一统专制，因而在自然精神的基础上，体现出一定程度的“异端”色彩，充满着怀疑和创新精神。

在思想文化领域，枚乘开创了汉大赋，在《七发》中指出真正可以“论天下之释微，理万物之是非”的，不是处于当时意识形态中心位置的孔、老、孟，却来自于庄周、杨朱、墨翟等人。王充本着自然天道观，认为：“苟有不晓解之问，追难孔子，何伤于义？诚有传圣业之知，伐孔子之学，何逆于理？”建立了一个完整的“异端”思想体系。《吴越春秋》和《越绝书》寄托着重振家声的痛苦而隐秘的愿望，开启了地方史学的书写历史。东汉末道教的创立、魏晋玄学的兴起、隋唐禅宗的转化、明朝心学的繁盛，进一步拓展了人的内心，同时充满着激越的主体精神。清朝朴学的求证精神，体现了现代科学实事求是的态度。戏曲、小说等市民文学飞入百姓家，更是起到了思想启蒙的作用。

在科技文化领域，吴国的冶炼技术精良，尤其以铸剑闻名，“干将”、“莫邪”驰名天下，吴国还专门在如今的南京设立“冶城”；阖闾大城（今苏州）规模宏大，气势宏伟，建筑艺术高超，开山水宫苑园林之先河。六朝时，生活在建康（今南京）的祖冲之计算出圆周率已达小数点后的第六位数字，比欧洲早1100多年；句容人葛洪的炼丹术名著《抱朴子》具有重要的化学成就；秣陵（今南京）陶弘景的《本草经集注》对药物学作出重要贡献。北宋科学家沈括晚年居润州（今镇江），撰《梦溪笔谈》，对中国的科学事业影响深远。明清时期的科学界，出现了徐霞客的《徐霞客游记》、徐光启的《农政全书》、王锡阐的《五星行度解》、焦循的《开方通释》、徐大椿的《医学源流论》等不朽著作。

三、精益求精精神

江苏并不是一个地理条件特别优越的地区。据历史记载，从1400年到1900年的500年中，淮河流域共发生350次较大水灾。汉朝时长江以南也是“地广人希，饭稻羹鱼”（司马迁《史记》）。随着黄淮、江淮和苏南地区的先后开发，江苏逐渐成为中央财政的主要来源之一，有“苏常熟，天下足”的民谚。随着经济社会的持续发展和外来人口的大量涌入，江苏逐渐成为全国人口密度最大、经济密度较大的省区，也是世界人口密度较大的地区。江苏为什么享有“锦绣江苏”的美誉？为什么能承载如此巨大的人口密度和经济密度？这与江苏发达的城镇体系有关，其中也离不开江苏人的勤劳、智慧和精益求精的创造。

首先体现在对“江苏人”的精心化培养。江苏向来崇文重教，教育文化昌达，人才辈出。宋文帝元嘉十五年(438 年)，在南京建立了儒学馆、史学馆、文学馆和玄学馆，分专业招生培养。从前汉到明代，江苏籍人在《二十四史》中有传者 6000 余人，在全国数一数二。在清代，共举 114 科(含恩科)，中状元 114 名，其中江苏籍 49 名。同一家族中先后取中“三鼎甲”(状元、榜眼、探花)的全国只有 23 个，江苏就占了 21 个。文化世家的大量涌现，是江苏地区教育文化繁荣的重要标志。吴江薛凤昌曾提出过“世家”的三个标准：“一世其官，二世其科，三世其学。”实际上，这些文化世家由于具备深厚的教育和文化基础，在科举、学术、仕宦等诸多方面都取得了相当的成绩。

其次体现在对“江苏货”的精细化生产。江苏文化是一种根于自然的精细化创造，无论是诗词、曲艺、雕刻，还是饮食、服饰、建筑、园林，都含有许多精妙的诗性成分在内。江苏的丝绸天下闻名，在中国三大名锦中，南京云锦、苏州宋锦名列其中；苏绣有着独特的风格，与湘绣、粤绣、蜀绣并誉为“四大名绣”；苏州缂丝作为制造工艺，别具一格。在饮食方面，淮扬菜“食品之繁，虽历三昼夜之长，而一席之宴不能毕”(薛福成《庸庵笔记》)，碧螺春茶叶、宜兴紫砂陶器、苏州各式糕点也是名

苏州园林——城市和自然的精致结合

扬全国。江苏园林的营造体现了城市和自然的精致结合，形成了一种可居、可观、可游、可赏，融实用性和审美性于一体的生活空间，其成就登上了古典园林艺术的巅峰，拙政园、留园、网师园、环秀山庄等苏州园林列入《世界遗产名录》。香山帮建筑营造技艺高超，苏式家具简约优美，扬州漆器和玉器无比精当。“江苏制造”以其精巧、细腻、素雅和切用，走向省外和国外，赢得了广阔的市场。

精益求精，还体现在对待“家居日用”的审美化态度。俗话说得好：“态度决定一切。”江苏人对待日常生活，绝不是小事一桩、得过且过，而是非常细腻、极端认真、保持适度的，不仅思想上高度重视，过程中还想方设法，使其在实现最直接的实用功能的同时，获得蕴涵其中的更高的审美愉悦。这种生活观经常自觉或不自觉地上升到“道”的层面，泰州学派的基本思想就是“百姓日用即道”。据李渔《闲情偶寄》记载，他把一普通的躺椅加入了自己的改造，虽然只是“前后置门、两傍镶板”，功能及带来的生命享受却已大不相同：“此椅之妙，全在安抽替(屉)于脚栅之下。只此一物，御尽奇寒……抽替(屉)以板为之，底嵌薄砖，四周镶铜……置炭其中，上以灰覆，则火气不烈，而满座皆温。自朝抵暮，止用小炭四块。”此椅之妙远不止于此，置炭的抽屉里放一香饼，就是现成的香炉；在桌面上放砚台，可免因天冷墨汁结冰；衣服受潮时可作熏笼用；还能当坐床、当餐桌，甚至顶替轿子出门，“游山访友，何须另觅肩舆？只须加以柱杠，覆以衣顶，则冲寒冒雪，体有余温”。总而言之，以自然诗性的文化为根底，以智慧勤劳的的品质为抓手，将看似寻常的生活于不经意间做得精细，获得当下的体验和感性的愉快，创造出丰富多元的文化生活，也是江苏城市文化精神所在了。

四、开放包容精神

马克思在《资本论》中指出：“过于丰饶的自然，‘使人离不开自然的手，像儿童离不开引绳一样’。那不会使人类本身的发展成为一个自然的必然。”早期江苏地区生活资料的易得，使得当地人对于生产方式的革新不够重视，从而造成经济文化发展的停滞；再加上山峦阻隔，河川纵横，沼泽连绵，人们只能在河谷或湖泊周围的平原上发展自己的文化，自然的障碍将古代的文化分割为不同的区域，整个江苏地区的发展缺乏内部各个区域之间的相互刺激，人与人之间也就缺乏协作的动力，去创造更大的文明成果。

江苏的开放发展和城市建设，需要外来的刺激。苏南地区早期城市的建立，就是自觉接受北方文化影响的结果，梅里城、淹城、阖闾大城的建造者均来自北方；江苏的黄淮、江淮、沿江、苏南地区及其中心城市徐州、扬州、南京、苏州的先后繁荣，也离不开北方外来人口的开发。再从来自南方的影响来看，春秋战国时期，随着楚国的日渐强大，吴国不得不把都城迁移至目前的苏州；吴国重心的南移，对越国造成了巨大的威胁。吴越长期的争霸，不仅促进了相互之间的沟通与交流，还刺激了各自以对象化为主要特征的理性思维能力的发展。范蠡功成身退后从事“货物所交易”(《史记》)，以崭新的思想观念，为古代士人走出了一条新路。元朝棉花在江苏地区广泛种植，松江黄道婆从海南黎族妇女那里学到纺织技术后回来广泛传播，对社会经济生活产生了深远的影响，从而也奠定了江苏纺织和服装产业的优势地位。

江苏城市文化在内外交汇中，能够保持一种兼收并蓄的包容心态。原始儒学关注现实中的道德伦理秩序，对自然与人的形而上的思路未能探幽寻微。魏晋南北朝时期江苏学人在亲近山水时，体会到某种异质同构的玄理，完成了玄学的创建。道教将儒家的诸多道德信条列为成仙的必要条件，葛洪认为：“欲求仙者，要当以忠孝和顺仁信为本。若德行不修，而但务方术，皆不得长生也。”(《抱朴子》)明代徐光启本着“救儒补佛”的目的，向利玛窦等西方传教士学习天文历法、经济水利，首开“西学东渐”之风。清末随着国门被打开，西方学术思潮大量涌入，由于经济地理等原因，以开埠后的上海为首的江苏地区受冲击最大，也得风气之先。诸多江苏学人本着开放的心态，或自觉接受西学思想，或以“博通古今”之国学功底，力求“学贯中西”。反思传统与回应西学，构成了江苏现代学术的思想基调。他们中涌现出一批大师级的人物，为中国现代学术作出了很大的贡献。

第四节　新时期江苏城市文化精神的构建

改革开放以来，随着经济全球化浪潮来到中国的，是现代城市的崛起，以及现代城市对现代性的热烈追求。2005 年江苏城市人口比重达到 50.5%，2011 年中国城市人口比重达到 51.3%。许多城市在追求现代化进程中，片面地“求大”、“求洋”、“求新”，忽视了“本土”的文化资源，逐渐失去了自身的特色。于是，城市文化精神与它的物质和记忆载体一起，在岁月的雨打风吹中大量地流失了，只有少许的遗存物留在世间，因蕴涵传统的“规则、理念、秩序和信仰”（刘梦溪《学术思想与人物》），而成为城市文化精神的隐喻。对处于经济社会发展新时期的江苏来说，如何在城市化进程中，加强文化精神建设，保持各个城市的个性魅力？

一、凝练新时期的江苏城市文化精神

经过多年的改革探索和总结提炼，江苏省于 2011 年正式推出了新时期江苏精神：“创业创新创优、争先领先率先”（简称“三创三先”）。“三创”体现了江苏人的现实精神状态：“创业”，倡导艰苦创业、自主创业、全民创业；“创新”，倡导解放思想、与时俱进、创新发展；“创优”，倡导精益求精、勇创一流、追求卓越。其中，创业是基础，创新是灵魂，创优是追求。“三先”突出了对江苏发展的总要求和面向未来、奋力开拓的精神导向，“争先”，是江苏改革开放以来形成的鲜明精神特质，体现为主动进取、奋发向上、不甘落后的意识和精神状态；“领先”，既是经济、社会、文化、生态等各方面的工作定位，又是

一种引导和行为过程;"率先",是中央对江苏发展的目标要求,也是江苏率先发展、科学发展、和谐发展的实践追求。其中,争先是前提,领先是责任,率先是目标。"三创三先"有机统一,逐步递进,现实精神状态与未来发展要求全面体现,相互贯通,倡导指向十分鲜明,体现了江苏人的"精气神"。新时期江苏精神的提出,对江苏各城市文化精神的凝练具有指导作用。

江苏许多城市根据自身的历史文化特点和建设发展要求,提出过一些具有明显时代特征的城市精神。比如,南京把"开明开放、诚朴诚信、博爱博雅、创业创新"确立为南京市民精神和城市精神,充分发挥深厚的历史文化积淀和独特的山水城林优势,鼓励创新创业和文明进步,努力打造"绿色之都、博爱之都"。苏州把"崇文、融合、创新、致远"确立为城市精神,探寻和追求一种"宁静致远、内敛不张扬"的境界。无锡把"尚德务实、和谐奋进"确定为个性化的城市精神,其中"尚德"典出自孔子赞誉太伯的"至德名邦"。常州又称龙城,把"勤学习、重诚信、敢拼搏、勇创业"确立为引以为豪的新时期常州精神。新时期镇江精神的主题语为"创业创新、开放文明、务实诚信"。扬州把"崇文尚德、开明开放、创新创造、仁爱爱人"确定为扬州城市精神。徐州曾提出"有情有义、诚实诚信、开明开放、创业创新"十六字城市精神,并围绕城市精神开展"温情徐州"系列活动。宿迁把"团结奋进,敢试敢闯,务实苦干,自立自强"作为宿迁精神,把"生态为归宿,创业求变迁"作为新时期的城市精神。

在新的发展时期,对江苏各城市精神进行凝练,需要对城市文化底蕴的准确把握和对时代发展趋势的深刻洞察,也需要个性化的概括和表述,当然还要走一定的具有公信力的法定程序予以确认。只有这样,才能真正做到历史性、时代性、个性和稳定性的高度统一。对江苏城市文化精神进行精确提炼,是一项难度很大的工作,同时也是一项很有意义的工作,一座没有文化精神的城市往往也是没有灵魂的。

二、保护好具有城市文化精神隐喻的历史遗存

都市文化带有文化叠压的特征，它是过去的城市在一层层发展中叠压起来的。这些带着文化嬗变特征、标志着时代演变痕迹的历史遗存，散落在繁华的现代城市里；其中有许多遗存还不为人识，于落寞处见证着历史沧桑，甚至有的被肆意破坏而毫不心痛，还需要我们不断地认识、发现、保护、欣赏。这种观念在现代城市里已经成为共识。那么，紧接这一问题的是：这些历史遗存中，哪一个可以隐喻这个城市的文化精神？

秦淮河夫子庙

清凉山

究竟是秦淮河，还是清凉山，能够代表南京的传统文化精神？如果让所有南京人（包括来南京的外地人）票选，绝大多数会选择夫子庙。但有些学者提议把清凉山作为南京文化的标志，理由是秦淮河乃“六朝烟月之区，金粉荟萃之所”，其贡院应试、青楼、美食、灯会、游船、古董器玩等，代表的是一种世俗的“脂粉文化”；而清凉山人文荟萃，有石头城、崇正书院、龚贤的扫叶楼、袁枚的随园、吴敬梓的《儒林外史》、魏源的小卷阿、近代大学及图书馆建筑群等众多遗迹，代表的是一种高雅的“精英文化”。撇开雅俗文化的先验性规定，从南京的江南自然诗性文化底蕴、厚重的历史积淀以及城市的现代发展来看，也许后者更能隐喻南京的历史文化精神，虽然目前这些资源还没有

得到有效的整合,并且缺乏一个核心的形象。

三、运用现代技术增添城市文化精神的隐喻

城市文化不是单一的、静态的,是经过历史的综合、始终发展的,因此,完全可以利用先进的技术,给现代城市文化发展注入新鲜的血液。在现代城市中,人与自然失去了曾经拥有的亲密接触,每日接触最多的是拥挤的社会。如何解决这一问题,满足都市人的需要?雷姆·库哈斯在《大都市中的生活——拥挤的文化》一文中,描述了由Roxy设计的纽约电台城市音乐厅:"这是一个巨大的卵圆形空间,覆盖着石青'射线'的天花板像苍穹一样拥绕在观众周围。幕布用一种经过特殊加工的人造纤维织成——它发出的光芒胜过真正的太阳。当光线逐渐变暗,人们会不可避免地想到落日。但是光线不得不再次亮起,并再次暗下。每个完整的剧目会有三四个这样的循环。如果观众能够感悟到这种隐喻,那么他们就像是经历了三四个被加速过的昼夜。"这种利用现代技术获得的落日意象,以强有力的视觉刺激方式满足了都市人对自然的渴望,同时也隐喻着这个西方现代文化都市的辉煌与感伤。

江苏城市一直推崇的是自然诗性文化,这一文化尊重巧夺天工的技艺,摈弃人工雕琢的技术。为此,在江苏城市发展中,当我们运用技术为城市复活自然、增添文化精神隐喻的时候,就应该从自然诗性的角度出发,在追求实用的同时考虑到审美文化的需求,让居民在感受到便利的同时,也能体验到一种亲切的诗意。拿北京和苏州作比较,北京作为中国的政治中心,天安门(故宫)、人民大会堂、长城等已经成为其文化精神的隐喻,鸟巢、水立方、央视新大楼、国家大剧院、春节联欢晚会等正逐渐成为其时代新标识;苏州作为中国曾经的经济中心和当今的地区中心城市,苏州园林、昆曲、古琴等已经成为其文化精神的隐喻,却缺乏足以代表现代城市文化精神的新标识。除了可以兴建一些具有地域特色和时代特征的城市新建筑

外，也可以在传统文化上做文章，以适合苏州这个充满诗性文化底蕴的城市。

第五节　江苏都市圈建设中的城市文化精神

城市从乡村中建立起来，形成城乡二元结构，是城市文明发展的第一步；依托传统的交通方式，中心城市的繁荣及城镇群、城市群的出现，是城市文明发展的第二步；依托现代的交通方式，现代化大都市建设及都市圈、都市群进程的逐步拉开，是城市文明发展的第三步。城市文化贯穿在城市文明发展"三部曲"之中：一方面是走向现代的城市文化，另一方面是传统精神与现代文化混生。江苏在都市圈建设中，一方面要追求现代文化，一方面也要保持好传统精神，只有这样，城市文化才拥有历史的完整性和当下的亲切感，才具有自然宜居的文化生态和孕育创造新文化的能力，才能始终标举城市自身文化特色与精神。

一、江苏三大都市圈规划的提出

大都市圈已成为衡量一个国家或地区社会经济发展水平的重要标志。1957 年，法国学者戈特曼提出"大都市圈"概念。大都市圈形成的基本条件和标准为：区域内有比较密集的城市；有相当多的大城市形成各自的都市区，核心城市与都市区外围地区有密切的社会经济联系；有便捷的交通走廊把核心城市连接起来，各都市区之间没有间隔，且联系密切；必须达到相当大的总体规模，人口在 2500 万以上；属于国家的核心区域，具有国际交往枢纽的作用。按照戈特曼的标准，中国目前称得上"大都市圈"的地区只有三个：京津唐、长三角和珠三角。这三大都市圈将引领国家经济发展的方向，并成为辐射带动相关区域经济社会发展的龙头。

江苏城市在历史演进过程中，先后形成了徐州、南京、扬州、苏州等发达的区域乃至全国中心城市，形成了吴文化、楚汉文化、淮扬文化、金陵文化等一批特色鲜明的地域文化，并拥有南京、苏州、扬州、镇江、常熟、徐州、淮安、无锡、南通、宜兴等10个国家级历史文化名城，为全国之最；同时形成了沿运、沿江、沿铁、沿海等发达的城市群，以及诸多发达的城镇群体，其中昆山市周庄、吴江市同里、吴中区甪直、吴中区木渎、太仓市沙溪、姜堰市溱潼、泰兴市黄桥、高淳县淳溪、昆山市千灯、东台市安丰、昆山市锦溪、江都市邵伯、海门市余东、常熟市沙家浜、吴中区东山、锡山区荡口、兴化市沙沟、江阴市长泾、张家港市凤凰等19个镇为中国历史文化名镇。

在此基础上，2002年江苏省率先推出"苏锡常都市圈规划"，2003年南京、徐州两大都市圈规划也正式推出。苏锡常、南京、徐州三大都市圈是江苏省实施城市化战略，整合城镇群体优势，促进区域经济社会发展的重大战略举措。江苏三大都市圈规划的提出，既考虑到传统区域文化的影响，也考虑到新时期经济发展的需求，还综合考虑到了交通等因素。江苏三大都市圈建设在促进区域经济社会发展的同时，也必将对未来江苏区域文化发展和城市文化精神塑造带来重大的影响。

二、南京都市圈城市文化精神

南京都市圈规划范围包括江苏的南京、镇江、扬州，安徽的马鞍山、滁州、芜湖的全部行政区域及淮安的南部和巢湖的部分地区。该都市圈的功能定位是：长江流域与东部沿海交汇地带的枢纽型都市圈，江苏省核心型都市圈，兼容并蓄、开放多元的文化型都市圈，以上海为龙头的长江三角洲的重要组成部分。总体目标是：推动都市圈的经济、市场发展一体化，培育平等、互利的发展环境；针对市场、产业、基础设施、城市化等方面的共同发展制定相应策略，扩大区域合作，创造多种灵活的合作方式，形成区域一体化发展格局；大力发展循环经济，走新型工业化道路，促进都市圈区域可持续发展；以长江为纽带、沿江城市为依托，联合培育都市圈信息生产和信息服务中心，构建国际性的沿江先进制造业集群和以历史文化、山水城林为特色的城市带。南京都市圈的核心和龙头是南京，镇江和扬州为两个副中心，并向“宁镇扬同城化”方向发展。

南京走向现代化大都市

南京都市圈所属区域，深受金陵文化和淮扬文化的影响，其中心城市南京及镇江、扬州、淮安，更是金陵文化和淮扬文化的核心区域。南京都市圈的城市文化精神，基本上是政治文化主导型。南京就具有所谓的“帝王之气”。公元前 333 年，楚威王熊商打败越国，在南京地区设金陵邑，并在石头山上筑城，以控制长江要塞。相传他还听信方士之言，在紫金山和幕府山一带埋金以镇“王气”，南京古称金陵（“陵”的意思是山陵），就是从这时开始。秦统一全国后，据说秦始皇巡游东南，见金陵之地有王者之势，便于公元前 210 年改金陵邑为秣陵县，使之成为牧马场所（“秣”为“禾”之“末”，也就是草料的意思），同时“凿北山以绝其势”，“凿钟阜，断金陵长陇以通流”，所凿的北山为幕府山、钟阜为紫金山,所开的河道为“秦淮河”。东吴孙权受此影响及诸葛亮“钟山龙蟠,石头虎踞,此乃帝王之宅也”的建议,第一个在南京定都,此后东晋、宋、齐、梁、陈接连定都于此,使南京成为著名的“六朝古都”。隋文帝灭陈后,为了杜绝“金陵王气”,派晋王杨广彻底荡平了建康城的城邑、宫殿,改作耕田。五代十国时期,杨吴的徐知诰重建石头城,后废皇帝自立,史称南唐,定都南京。后来,明朝、太平天国、中华民国先后定都于此。南京有着“十朝都会”的美誉,并与西安、洛阳和北京一起并称为“中国四大古都”。

镇江、扬州、淮安的城市发展也深受国家政策的影响,城市文化中政治意味很强。镇江作为长江下游军事重镇,一直与南京互为表里。东汉建安中,孙权治此,称为“京城”,及迁建业(南京),改名“京口”;六朝时刘裕发迹于此,称之为“北京”;1929 年至 1949 年,镇江为江苏省省会。扬州素有“苏北门户”之称和“运河之都”的美誉。汉初刘濞为吴王,定都扬州。唐末杨行密在扬州受封为吴王,其子杨渭正式建吴国,以扬州为国都。1949 年苏北行政公署等先后驻泰州、扬州。明清时期官商结合的盐政制度,在给朝廷带来巨额财政收入的同时,也给扬州文化打上了鲜明的政治烙印。淮安曾是漕运枢纽、盐运要冲,明清两朝一致将漕运总督府和河道总督府设在淮安,来维护这条南北“生命线”。运河是通过关系来组织运行的,淮安“南船北马”的特殊交通方式,使之具有相当浓厚的官气。

南京都市圈的城市文化精神,具有以下显著特征。一是凝重的历史沧桑感。政治上的巨大变迁,往往会给城市带来沧海桑田般的变化。“金陵王气”的文化隐喻,带给这几座城市多番兴毁。南京的口头禅“多大事啊”、“不存在”,扬州的口气词“乖乖隆的咚”,有着看透一切的市民自娱精神。南京、镇江、扬州等地科举文化、宗教文化的发达,也与之密切相关。二是开放包容的心态。开放包容主要体现在南北兼容的处世态度、雅俗共赏的文化环境、刚柔相济的人文精神三个方面。南京、镇江、扬州、泰州、淮安等城市处在中国南北文化的过渡区，历史上南北文化及人员之间交流频繁，城市文化往往具有强烈的市民精神。此外，有大批外籍人士来此经商、传教、从政、定居。三是浓郁的古商业文化气息。城市经济的兴起，形成了城市工商业者、农户、士子、官宦、艺人和流动性商贩等多元的复合群体，南京夫子庙就是这种混合体的代表。扬州、南京、淮安等城市也是对外贸易和国际友好交往的港埠。南京都市圈的城市文化精神，总的来说，敦厚有余，创新不足。

三、苏锡常都市圈城市文化精神

苏锡常都市圈规划范围包括苏州、无锡、常州，实际上也应该包括南通。该都市圈的功能定位是：全国和亚太地区现代制造业的重要基地、上海都市圈的重要组成部分。总体目标是：在以上海为中心的沪宁杭城市群中，组合苏中，辐射苏北，联合浙北，围绕上海，相对独立，互惠互利，率先实现现代化，不断提升发展水平，加快经济国际化积极融入国际经济贸易体系和世界城市体系。总体要求是：以苏州、无锡、常州为核心优化区域城镇空间布局，加强都市圈内城镇布局网络化；统筹安排和积极推进区域性重大基础设施和公共设施的共建共享，加强特大城市与周边地区的各项联系，促进中小城市的合理集聚优化资源配置，避免重复建设；加强生态环境、人文环境的保护与建设。苏锡常都市圈的关键点是"提升与上海对接与互动水平"。

苏锡常都市圈所属区域，深受吴文化的影响，其中心城市苏州、无锡、常州更是吴文化的核心区域，南通也是吴文化的"移民区"。苏锡常都市圈的城市文化精神，基本上是经济文化主导型。在吴文化中，似乎一直就有避让政治（君位）的传统。根据《史记》记载，泰伯是周太王古公亶父的儿子，他还有一个弟弟仲雍和一个同父异母弟季历。季历和他的儿子昌素有贤名，周太王因此有立季历为储的想法。于是泰伯、仲雍二人同避荆楚，并文身断发，示不可用。后来季历继位做了周季王，他的儿子昌就是周文王姬昌。泰伯、仲雍最后定居无锡梅里，并建立"句吴"国。《吴越春秋》除了记载太伯"三让天下"的故事，还记载了季札秉承"惟仁是处，富贵之于我，如秋风之过耳"的精神，三次"让国"的故事。季札封地在延陵（今常州），被称为"延陵季子"。春秋战国以后，特别是大运河贯通南北以来，苏锡常地区经济快速发展，苏州逐渐成为该区域乃至全国的经济中心。近代中国经济中心转移到上海，苏锡常和南通地区为其重要腹地。

苏锡常都市圈的城市文化精神，具有以下显著特征。一是热爱生活，充满自然诗性的生命精神。苏锡常地区具有热爱自然、享受生活的传统，注重全面提高日常生活的质量，甚至达到了不厌精细的程度。二是克己爱人，具有多元包容的价值取向。除了上文中泰伯、季札的"惟仁是处"，苏州的范仲淹提出了"先天下之忧而忧，后天下之乐而乐"的喻世明言，来自苏州昆山的顾炎武主张"天下兴亡，匹夫有责"。长洲《彭氏宗谱条例》言："宗人生业，以读书习礼为上，次则训徒学医务农，次则商贾贸迁。"既推崇读书做官，又鼓励自主多元发展，市民文化发达。三是柔中带韧，具有创新创业的实干态度。苏锡常和南通地区崇文重教，苏州是著名的"状元之乡"，宜兴是著名的"教授之乡"。除了读书之外，通过精细化的生产和创造，还在园林、丝绸、服装、刺绣、灯彩、木刻、盆景、绘画、音乐、饮食、医药、科技等各个方面都取得了很高的成就。在经济方面，创办了现代民族工商业，创造了当代著名的"苏南模式"。苏锡常都市圈的城市文化精神，总的来说，安逸有余，冒险不足。

四、徐州都市圈城市文化精神

徐州都市圈的设定范围包括江苏的徐州市、连云港市、宿迁市及其所辖县市，实际上还应包括安徽、山东、河南的部分市县，以及省内的盐城。根据规划，徐州都市圈和徐连城镇发展要加强接受长江三角洲经济区和环渤海经济区的产业、技术扩散和转移；发挥承东启西、南引北联的区位优势，加强各城市间优势互补，加快我国东部沿海“低谷”地区的发展；为国家中西部地区开发开放服务，推动陇海兰新经济带加快崛起；充分发挥苏北地区后发优势，成为苏北地区首要的增长极和实施全省区域共同发展战略的重要区域。规划的重点是：围绕“阶段推进、扬长避短、重点突破”，突出对产业、劳动力、政策环境等发展要素的有序培育、择优培育和重点培育；围绕“市场主导、广求机遇、创造特色”，加强对产业发展规划引导；围绕“政府推动、市场运作、形成合力”，深化对城镇布局、交通网络、区域基础设施和公共设施、旅游资源、生态环境等重大问题的协调。徐州都市圈建设的关键点是“发挥徐州和连云港龙头和带动作用”。

徐州都市圈所属区域，深受楚汉文化、海洋（海盐）文化的影响，其中心城市徐州及宿迁是楚汉文化的核心区域，连云港、盐城是海洋（盐）文化的核心区域。徐州都市圈的城市文化精神，基本上是军事文化主导型。以徐州为中心的该都市圈所属区域，自古以来就是兵家必争之地。根据统计，仅发生在徐州的战争，史书记载的就多达400余次。最远的一次，发生在公元前21世纪，即彭伯寿征西河；最近的一次，发生在1948年11月6日至1949年1月10日，即淮海战争。平均每十年左右就要打一回仗。徐州人刘邦从家乡起兵抗秦，宿迁人项羽灭秦后自立为西楚霸王并定都徐州，其后的楚汉之争更是惊心动魄。盐城为新四军总部所在地，是苏北和华中抗日根据地的心脏。连云港的抗日山是我国第一座也是唯一一座以抗日命名的山，青山有幸埋忠骨。

徐州都市圈的城市文化精神，具有以下显著特征。一是质朴厚重，有尚武情结。该都市圈所属地域土地辽阔，民风质朴，加上北接齐鲁、西联中原、南襟吴越，有明显的齐鲁文化、中原文化和吴越文化的影响，再加之战略位置重要，战乱频仍，因而既粗犷豪迈，质朴厚重，又崇尚武术，推崇勇力。与之相关的重型机械、海盐和酒文化也很发达。二是楚风汉韵，重情重义。楚风是指古代楚国的国体“辞”，代表作为屈原的《离骚》;汉韵乃是汉朝的国体“赋”,代表作有刘邦的《大风歌》及项羽的《垓下歌》。楚汉文化有着极其丰富的内涵,重感情,重义气,重集体,重人际关系,言辞慷慨,情真意切。汉朝建立后,楚风汉韵上升为国家文化主体形态,成为中国典范文化——汉文化的重要组成部分。三是务实苦干,有后发优势。徐州都市圈所属地域艰苦的自然条件和恶劣的社会环境,锻炼出本地人民艰苦卓绝、顽强不息的意志品质和务实进取、埋头实干的精神。尤其是盐丁、矿工和船民,既吃苦耐劳,又富有组织,成为革命和斗争的中坚。黄河夺淮后冲出的沿海滩涂和恢复故道后留下的湿地,逐渐成为这些地区和城市发展的新的增长点。而广阔的黄海和蓝色的太平洋,更是徐州都市圈各城市新的“战场”。

传统的农耕文化是一种“植物性”文化,整个生产与生活过程既源于自然又回归自然,体现着人与自然之间的亲密关系。“天人合一”成为农耕文化的最高追求。传统的城市文化则是一种“构造性”文化,整个生产与生活过程既依托自然又异于自然,以物质与精神等消费追求为中心,集聚着人的主体精神和创造,同时也为这种“不自然与无根”状态所困扰,从而带来诸多“城市病”。综观江苏省的城市,虽然在不断的拓展与构造过程中,对自然生产与生活有所疏离,但与传统的农耕文化之间却始终保持着千丝万缕的联系,积淀着极其丰富的城市文化内涵,形成了各具特色的城市文化精神,需要我们进一步继承与发展,做到“城市,让生活更美好”!

关键词:

金陵王气　城市文化精神　大都市圈　南京都市圈　苏锡常都市圈　徐州都市圈

思考题:

1. 从江苏城市的起源,谈谈南北城市文化的区别?

2. 江苏城市在发展过程中,主要受哪些因素影响?

3. 江苏城市文化精神主要有哪些?

4. 南京都市圈城市文化精神的主要特征是什么?

5. 苏锡常都市圈城市文化精神的主要特征是什么?

6. 徐州都市圈城市文化精神的主要特征是什么?

第十六章　江苏与世界文化交流

江苏文化源远流长、灿烂夺目，在形成与发展的历程中，与世界文化有着较早而频繁广泛的交流，谦然吸纳，慷慨输将，为世界文化的繁荣发展作出重大贡献，在世界文化交流史上有着极为重要的意义。

第一节　唐前江苏与世界文化的交流

在世界文化交流史上，江苏较早地加入了世界文化交流的行列，且交往频繁，交流面广，从物质层面的商业往来、手工技术的交流到精神层面的宗教传播及文学艺术的新变，江苏文化较早地以博采众长的胸怀和姿态开始了与世界的对话交流。

江苏与世界文化的交流，迄今为止，有最早而可靠的出土文物为证的，是埃及玻璃制品。公元 2 世纪至 4 世纪，埃及亚历山大城的玻璃制品举世闻名，通过丝绸之路传入江苏。其制品的流入，大致从公元前 2 世纪便已开始，一直持续到公元 5、6 世纪，仍未中断，在中国不少地区的出土文物中都有发现。1980 年，江苏邗江发掘的甘泉二号东汉墓中出土了三件玻璃器皿的残片，即来自埃及亚历山大城。埃及玻璃制品成批输入的同时，其先进的制造工艺也随之传入，为中国南方沿海的玻璃工业所吸收。著名炼丹家葛洪在《抱朴子·内篇》卷二“论仙”中首先提到仿造埃及玻璃碗。

魏晋南北朝时期，建业（今南京）为六朝都城，是江南地区政治、经济、文化的中心，也是对外经济文化交流的中心。东吴时，建业城里设有大市和东市两处市场，不仅本地物品，还有来自南洋等地的奇异珍品都在这里交易。梁朝时人口繁多，城内有著名的四大市：建康大市、东市、北市和秣陵斗场市。城外有谷市、花市、草市、纱市、盐市、牛马市等。建康在当时是中外经济文化交流的中心。百济（今朝鲜半岛西南部）、大和（今日本奈良）、师子（今斯里兰卡）、占婆（今越南中南部）、扶南（今柬埔寨以及老挝南部、越南南部和泰国东南部一带）派遣使者访建康，从事商业活动。

江苏与日本隔海相望，有进行文化交流的便利条件。有关江苏与日本最早的文化交流，传说自徐福东渡日本之时。秦始皇想要长生不老，徐福说东海中有蓬莱、方壶、瀛洲三座仙山，可求长生不老之药。秦始皇派徐福率童男童女数千人出海寻找仙药，但一去不回。日本古代流传有关徐福东渡的传说。据日本学者考证，徐福等人的登陆点是日本纪州（今和歌山一带）熊野的新宫。徐福渡海后在此定居下来，开荒种地，繁衍后代，并带去了中国的先进农作工具、农业技术、中医药等。因此，日本人把徐福尊为司农耕神和司药神。现在日本和歌山县新宫市还保留着徐福墓和徐福祠。徐福是琅琊人，秦时的琅琊郡有一部分属于现在的江苏，所以，徐福有可能是江苏人，或者从江苏出海。

三国时，吴国派遣朱应、康泰去南亚，到过扶南（今柬埔寨）、林邑（今越南中部）等国家，其足迹遍及南洋。据《梁书·诸夷传》载，扶南国的人当时还是赤身裸体，唯妇人著“贯头”，经朱、康二人建议，遂令“男子截锦为横幅”，“贫者以布自蔽”，今柬埔寨人腰间围横幅的习俗就是从此时开始的。越文《四字经》说：“三国吴时，士王为政，教以诗书，熏陶美俗。”越南是我国古代南方的邻邦，其著名学者士燮曾留学中国，研究《尚书》、《左传》，后任交趾（今河内）太守多年，即《四字经》中所称“士王”（也有说士燮就是中国人）。他以诗书教化，移风易俗，直接受孙吴儒学文化的影响。当时,扶南也有使者来建业,并带来歌舞队,其歌舞具有浓厚的佛教色彩,孙吴特在皇宫附近建“扶南乐署”,让宫女学习他们的歌舞。此外,吴国与西域大秦(今东罗马)、海东的亶州(今日本列岛的一部分)也有官方或民间往来。史载“(孙权)黄武五年(226),有大秦贾人字秦论来到交趾,交趾太守吴邈遣送诣权,权问方土谣俗,论具以事对”。黄龙二年(230),孙权遣将军卫温、诸葛直将甲士万人,浮海求夷洲(今台湾)及亶州。因亶州“所在绝远”,未能得至。但其地与东吴江南一带存在民间交往,故而日本山梨县乌居原古坟曾出土吴赤乌元年(238)铭神兽铜镜,兵库县安仓古坟也出土赤乌七年(244)铭神兽铜镜。

东晋和南朝的宋齐梁陈,都以建康(今南京)为国都。东晋义熙九年(413),高句丽王曾遣人至建康向晋献赭白马。南朝宋、齐、梁时期,高句丽、百济、新罗(朝鲜半岛上的三个国家)与南朝的关系又进一步发展。宋武帝刘裕时,对高句丽王、百济王加封进号,此后,高句丽、百济常遣使至健康献方物。宋赠与百济王《易林》、《式占》等书和腰弩等物。梁武帝大同七年(541),百济遣使至建康请《涅槃》经和《毛诗》博士、工匠、画师。在这一时期,我国的经史、历法、医药和汉语相继传入朝鲜半岛。日本多次派遣使节到建康,与江苏有较多往来。南朝时,江南一带的民间音乐流传至日本,被称为吴乐。印度和南亚国家也不断有使节和佛教高僧来到建康。

魏晋南北朝时期,江苏流传深远、影响较大的宗教是佛教。此外,祆教在江苏亦有迹可寻,但影响较小。据史料,516 年信奉天神、火神的滑国(今阿富汗昆都士)使者到建康,和梁朝通使。

佛教创立于公元前 615 年的古印度,开始主要流行于恒河中上游一带,公元前三世纪孔雀王朝阿育王时期及以后,佛教向印度各地及周边国家传播,向北传入大夏、安息、大月氏,并越过葱岭传入中国西北地区,后传入中国内地。有关佛教的记载,最早见于正史的是《后汉书·楚王英传》。刘英被封为楚王,受封的楚国在今江苏徐州,

"英少时好游侠，交通宾客，晚节更喜黄老，学为浮屠，斋戒祭祀"，并下令以缣帛赎人愆罪。这是佛教最早在江苏传播发展的记载。最初，佛教被视为与黄老道术相似，得到统治阶级上层部分人的信奉。

汉灵帝中平五年(188)，黄巾再次起义于青、徐二州，徐州刺史陶谦镇压了境内的起义。笮融与陶谦同乡，聚众投靠陶谦，陶谦任其督管广陵(今江苏扬州)、下邳(今江苏宿迁西北)、彭城(今江苏徐州)三郡的粮食运输，笮融本人信奉佛教，利用职权之便，把三郡的钱粮用来大建佛寺。《三国志·吴志·刘繇传》载其所造佛寺宏伟豪华，"以铜为人(按:此指佛像)，黄金涂身，衣以锦采，垂铜盘九重，下为重楼阁道，可容三千余人，悉课读佛经。"《后汉书·陶谦传》载笮融"大起浮屠寺，上累金盘，下为重楼，又堂阁周回，可容三千许人，作黄金涂像，衣以锦彩。每浴佛，辄多设饮饭，布席于路，其有就食及观者且万余人"。笮融的崇佛，扩大了佛教的影响及传播范围。这是中国正史最早明确记载兴建佛寺、佛像及一般民众信奉佛教的情况。

我国最早的汉族僧侣严佛调是下邳(今江苏宿迁西北)人，《出三藏记集》卷十三《安玄传》说严佛调是"临淮人"，临淮即是下邳的旧称。据称，严佛调"绮年颖悟，敏而好学，信慧自然，遂出家学道"，是汉桓帝、灵帝时在洛阳译经的安息僧安世高的弟子。"世称安侯、都尉、佛调，三人传译，号为难继"，可见，译经水平在当时是很高的。

佛教得到统治者的提倡后，格外需要进行佛典的翻译，西域印度、安息、康居高僧相继东来，从事佛典的转译。康居人中的昙谛、康僧会曾在江苏从事佛教活动，影响深远。汉末移居吴兴的昙谛，晚年在苏州虎丘寺讲《礼记》、《周易》、《春秋》各 7 遍，《法华大品维摩》各 15 遍，后来回到吴兴山居 20 年。吴赤乌十年(247)，康僧会从交趾来到建业(今南京)，从事译经传教活动。他对吴地佛教的传播，影响最大。据说康僧会通过焚香祈祷，得到佛舍利，孙权为他建塔寺，"以始有佛寺，故号为建初寺，因名其地位佛陀里。由是江左大法遂兴"。康僧会在建业的佛教活动以建初寺为中心。

佛教经典中的譬喻文艺为中国文学所吸收。康僧会译有诸多佛典,其中有《杂譬喻集经》二卷。223年—253年在建业译经的支谦,在介绍譬喻文艺方面是集大成者,翻译了《撰集百喻经》,又重译了《法句经》,更译出《百喻经》、《维摩诘经》、《梵摩喻经》等。这些佛典或存或佚,佚本从别译得知,有大量内容丰富、辞藻典雅的譬喻。譬喻文学传入后,最先被中国士大夫所吸收,如曹操《短歌行》将人生短暂譬喻为朝露易晞,与佛经中的譬喻极为相似。

此外,支谦的译经活动对佛法的普及有着重要贡献。据《出三藏记集·支谦传》记载:支谦,一名越,字恭明,大月氏后裔,祖父法度在汉灵帝时率领数百国人归附东汉。支谦自幼学习中国书典,并"学胡书,备通六国言",后从支谶弟子支亮学习佛教,"博览书籍,莫不究练,世间艺术多所综习",被称为"智囊"。支谦在汉献帝末年,与乡人数十人避乱到吴地,得孙权赏识,拜为博士,辅导东宫。从黄武元年(222)到建兴(253—254)年间,支谦共译经三十六部四十八卷,对社会产生重要影响的有:《维摩诘经》、《大明度无极经》、《首楞严经》、《慧印三昧经》、《老女人经》、《阿弥陀经》、《瑞应本起经》等。支谦的翻译和注释都贯彻了他的思想和风格,且其"才学深澈,内外备通",汉文化修养高,文丽简略,对佛教普及化有着重要作用。

两晋时期大畅玄风,建康于东晋初期成为玄学中心,僧侣以清谈玄学与士族接近,同时玄学家也善谈佛理。在玄学与佛学相结合的背景下,佛教逐渐兴盛,建康也成为佛教中心。东晋皇室带头信佛,兴建佛寺,"南朝四百八十寺,多少楼台烟雨中"。梁武帝定佛教为国教。著名僧人佛驮跋陀罗(觉贤)、法显等都以道场寺为据点,翻译佛经,传播佛教。佛驮跋陀罗自印度来华后,先后在长安和南京组织译经,南京成为长江以南最大的译经场所。佛驮跋陀罗在道场寺译《华严经》五十卷(后世作六十卷),还与法显合作译《摩诃僧祇律》等。佛驮跋陀罗传授禅法,尤其是译出的《华严经》对佛教的贡献是巨大的。

印度及西域僧人纷纷来华传法,激起了中国僧人西行求法的愿趣,他们长途跋涉,远游异国,广求佛典。东晋西游僧人中以法显的成就最大。法显出家后深感当时佛典虽已次第译出,但臧律残缺,戒律未备,于是在后秦姚兴弘始元年(399)赴印度寻求戒律。后泛海归国,在建康道场寺与佛驮跋陀罗合译佛经,首唱佛性和"一阐提"不能成佛说,对当时佛教思潮产生了巨大冲击作用。又撰《佛国记》(也称《法显传》),介绍印度和斯里兰卡等国的情况,对日后西行求法起了很大的指导作用,也为研究南亚次大陆各国古代的历史、地理提供了极为宝贵的文献资料,这是法显对亚洲文化的永久性贡献。

南朝梁武帝祖籍南兰陵(今江苏武进西北),原崇奉老子,天监三年(504)四月八日,梁武帝下诏"舍事道法",皈依佛教,四月十一日又敕门下,唯有佛教是"正道"。梁武帝优待僧侣,奖励佛教义学,广建佛寺,盛造佛像,敕僧译遍佛教典籍。在译经方面,初敕扶南(今柬埔寨)僧伽婆罗于寿光殿等处译经,另有扶南沙门曼陀罗带来梵本经典,与僧伽婆罗共译。相传,中国禅宗初祖,被尊称为"东土第一代祖师"、"达摩祖师"的菩提达摩,航海至中国,听闻梁武帝信奉佛法,便至金陵与其谈法。后达摩又"一苇渡江",北上北魏,长住嵩山少林寺。南朝佛教到梁武帝时达到鼎盛。

西域及古希腊、罗马的雕刻建筑艺术经由丝绸之路传入中国,传至江苏。石雕图像由于外来新题材的增多而大大丰富,狮、象、骆驼等的石刻画变得多见。两汉时期动物纹的题材和造型风格有明显的变化,表现在圆雕动物形象逐渐消失,发展成大型镇墓兽石狮、石马和天禄、辟邪。狮子原产于西亚,中国原没有这种动物,东汉时,西域的大月氏和安息曾遣使进贡狮子给中国。石雕狮子的产生与此相关。徐州贾汪东汉画像石中的麒麟是长颈鹿,具有写实手法,可见,仅产于埃塞俄比亚和索马里的长颈鹿已在东汉时传入中国。有翼兽的雕刻起源于亚述,经波斯传入北印度和中国。江苏沛县栖山东汉初期墓画像石中刻有西王母的形象,还有人首蛇身、马首人身、鸟兽人身、人首马身的图像,受到美索不达米亚艺术的感染,又和希腊罗马神话中的有翼天使和蛇形怪人而有飞翼的神像石雕有着微妙的联系。

另一方面，六朝时随着佛教的弘盛，印度佛教艺术也通过海道，由印度高僧传入江苏。其中最著名的是南京和丹阳南朝陵墓前希腊式有翼兽的立体雕像。现存六朝陵墓石刻，南京附近的有25处，丹阳周围的有10处，共计35处。其中以南京宋武帝刘裕陵前石麒麟，梁萧秀墓前石狮，陈文帝陈蒨陵前麒麟、天禄，丹阳梁武帝萧衍陵前石麒麟为突出。南北朝的佛雕石刻艺术非常著名，南京栖霞寺千佛岩是南朝佛雕的代表，徐州云龙山兴化寺北魏石佛为北朝佛雕作品。

江苏连云港孔望山的石刻带有浓郁的佛教色彩。石刻位于孔望山山顶的一处向阳坡上，依山的自然形态雕凿而成，东西长约15.6米，高约9.7米，有110余尊人像，大小不一，图像内容复杂。今学术界基本认同这是一处包含了世俗道教内容的佛教石刻，它混合了世俗生活、神仙思想和佛教内容，可能包括不同时期的制作，但一般认为属于东汉末到两晋时期的作品。处于整个摩崖造像正中间，是表现卧佛题材的一组刻像，共42幅人像，可能为佛家常说的"涅槃"图。孔望山所在的海州地域是我国最早的海上贸易中心之一，是海上丝绸之路的重要港口。佛教徒很早就在这里登陆，开始传播佛教思想。

印度佛教画像由于西域佛僧来华和求法僧的搜求，在南北朝时已为数很多。印度僧侣康僧会247年到达建康时，便从交趾带来天竺佛画。从罗马和印度传入中国的阴影晕染法，对中国画坛也产生了巨大的影响，在6世纪时通称为凹凸画法。梁朝著名画家张僧繇是首先采用凹凸画法的画家，所绘壁画分布在金陵、江宁、润州（镇江）等地。在建康邵陵王纶所造一乘寺寺门上，他用朱色和青绿两色模仿印度式样绘上凹凸形的花纹，被哄传为凹凸寺。

此外，佛经影响到中国志怪小说的产生。彭城（今徐州）刘义庆的志怪小说集《幽明录》中的一些故事，就明显有佛教故事的痕迹。此外，即便是一些史书，如《三国志》、《陈书》等在描述国君（如刘备、陈宣帝）的形象时，常说其双手过膝，长发垂地，双眼能看到自己的耳朵等，这些描写是受到佛经中对佛描写的影响，借用赞叹佛的语言来描写人物。

第二节　唐宋时期江苏与世界文化的交流

唐宋时期，江苏文化与世界文化的交流更加频繁，内容越发广泛，扬州在唐代成为最为繁荣的城市之一；佛教在江苏得以中兴，宗教事业发展迅猛。江苏在主动吸纳世界文化的同时，也积极将优秀文化传播至国外，对周边国家产生深远影响。

唐代，海上交通发达，我国东南沿海对外贸易大盛，到中国经商的波斯、阿拉伯商人都在交州或广州登岸，或北上扬州。当时扬州已成为全国最大、最繁荣的商业城市，是江运、漕运、海运的交通枢纽和商埠，中外商贾如织，为国际大都市，唐政府在这里特设市舶使，专管外商贸易。有些外国商人定居扬州，在中国学习文化，科举入仕。扬州出土的陶瓷器具中，就有波斯（今伊朗）的陶壶；唐墓中出土的有高鼻深目、虬髯露齿的胡俑和着翻领胡服的女佣。

胡人在扬州开设了许多店铺，买卖商品主要为珍宝和贵重药材。在矿物、珍宝方面，输入的主要有玛瑙、玻璃和红石头、绿石头、猫眼等总称为回回石头的多种贵重宝石。做这类生意的商胡，由于他们长期和珠宝打交道，对珠宝的鉴别能力很强。关于胡人辨识珠宝和高价收购的情况，唐人小说中有许多传奇式的描写，这些故事有其事实依据，不过被夸张和神话了。在珍贵药物方面，胡人在扬

唐代胡俑

州药市上经常出售的有安息香、没食子、无漏子、乳香、苏合香、丁香、阿魏、龙涎、羚羊等，这些在当时都是名贵药材，价格很高。同时，他们还把中国的一些稀有药材贩到国外。《太平广记》引有《广异记》中的一则记载胡人识别句容县令家神奇药物的故事。此外，胡人在扬州有酿造美酒“三勒浆”出售的，有卖“胡饼”的，还有在有关记载中提到“胡饭”，当是指胡人饭店中所做的外国口味的饭菜。

位于中国沿海的连云港是著名的不冻港，从汉代起，就是中国对外通商的门户之一，到了唐代，海州港湾一次可停泊“装载珍货数百万”的10条远洋大船。

唐代宗教事业发展迅速，禅宗是隋唐时期在吴地流传最广、影响最大的佛教宗派。唐贞观元年(627)，法融来到金陵牛首山支脉祖堂山悟道修行，创立了牛头禅法，人称“江表牛头”。牛头禅法到唐代末年渐渐衰落，后由日本僧人最澄传入日本。唐代中后期，佛教中心转移到江南。安史之乱后，标志着佛教史上一大革命的南禅宗，成为佛学的正宗。入选《景德传灯录》的江淮南禅宗大师就有55位，其中金陵22位，扬州12位，苏州11位。淮南左律宗大师、扬州大云寺(今大明寺)和尚鉴真东渡日本，成为中日文化交流史上的一件大事。

天宝元年(742)，鉴真接受了留日高僧荣叡、普照东渡赴日弘法的邀请，从742年至748年，鉴真五次东渡，历经艰辛，出生入死，均未成功。天宝十二年，66岁的鉴真早因疲劳过度而双目失明，但他毅然决定第六次东渡。当年12月，鉴真乘坐日本遣唐使的船到达日本。鉴真在日本受到各界人士的盛大欢迎，于日本平城京(今日本奈良)设坛传戒，这是日本佛教史上第一次正规受戒，鉴真被加封为“大和尚”尊号；律宗由鉴真传入日本，在日本从鉴真受戒的弟子达四万余人，鉴真被日本佛教界尊奉为“律宗之祖”。

鉴真及其弟子对日本的建筑、雕塑、医药、文学、书法、印刷等文艺技术的发展作出重要贡献。鉴真对建筑学很有研究，他将唐代建筑艺术带到日本，在他指导下建造的唐招提寺是日本建筑遗产中的重要文物。鉴真和他弟子塑造的卢舍那佛、药师如来和千手观音的干添夹纻造像等保存在唐招提寺金堂内，形成了日本雕塑史上有名的唐招提寺派。鉴真精通医学和药物学，他双目失明，凭嗅觉分辨药物，“和尚一一以鼻别之，一无错失”，极大地促进了日本药物的整理。日本江户时代的药带上，一定要印上鉴真像，日本曾流传《鉴真上人秘方》一卷，有些方剂至今还保存在《医心方》一书中。鉴真弟子中有不少擅长文学，思托的传记作品《大和尚鉴真传》三卷和《延历僧录》五卷虽已遗失，但还有一些内容保存在其他著作中，如日本僧人元开的《唐大和尚东征传》据思托作品而写，是研究鉴真和日本奈良时代历史的重要史料。鉴真携带至日本的王羲之、王献之的真迹多种，还带有大批写经，对日本书法风气的转变起了重要作用。此外，鉴真带至日本的大量唐代工艺品，如刺绣、金银器等，在一定程度上推动了日本手工艺的发展。

唐初，伊斯兰教创始人穆罕穆德的门徒二贤曾“传教扬州”。宋代，先后有不少阿拉伯人到扬州从事商业和宗教活动，其中，普哈丁是声誉最显著、影响最大的一位。普哈丁据传是伊斯兰教创始人穆罕默德的第十六世裔孙，在国内颇有德望。宋咸淳年间（1265—1274）来扬州传教，先后在扬州生活了十年。在传播伊斯兰文化的同时，他还曾参与扬州仙鹤寺的建造。据《嘉靖维扬志》记载：“礼拜寺（即指仙鹤寺）在府东太平桥北（今扬州汶河路南端东侧），宋德祐元年西域补好丁（即普哈丁）游方至此创建。”此寺为我国伊斯兰教著名的清真寺。普哈丁死后，按其遗愿葬在扬州城的土高冈。“西域先贤普哈丁墓”，最初建于公元 13 世纪 70 年代，本来专为普哈丁安葬而建，后来又陆续增添了在中国去世的其他阿拉伯人的墓葬。

基督教最初传入中国是在 3、4 世纪。唐代，景教除长安、洛阳外，在江苏扬州等地都有景教寺院。

摩尼教是 3 世纪时波斯人摩尼（216—277）创立的宗教。摩尼出生在波斯宿利城附近的玛地那，它是采纳袄教、基督教、佛教教义创立的。在768年,唐朝正式允许信奉摩尼教的回鹘可以建寺传教,统称大云光明寺。三年之后,771年正月,又应回鹘要求,在扬州等地建立大云光明寺。

第三节　元明清时期江苏与世界文化的交流

元朝时期,由于欧亚交通的方便,来到中国的欧洲传教士和商人数量之多,是过去历史上从来没有过的。元朝初年,太仓的刘家港发展成一个重要的对外贸易港口,据清光绪《太仓县志》记载:“粮艘、海舶、蛮商、夷贾辐辏而云集,谓之六国码头。”元朝至元十四年(1277),上海设立市舶司,清《松江府志》说,元朝“江南万民率皆私造大船出海,交通琉球、日本、满剌、交趾诸蕃,往来贸易悉由上海出入,地方赖以富饶”。元朝时江南民间海外贸易的活跃性可见一斑。

元朝时期,是中国与欧洲的关系进入到一个新的发展阶段的时期。由于欧亚交通的方便,来到中国的欧洲传教士和商人数量之多,是过去历史上从来没有过的。当时,在地中海区域,正是第四次十字军东侵以后,意大利的威尼斯城邦垄断了地中海东部的航运和贸易,这种情形有利于马可·波罗等传教士的东来。

马可·波罗(约1254—1324)出生于威尼斯的商人贵族家庭。他的父亲尼古拉·波罗和叔父玛窦·波罗都是威尼斯的大商人,在带马可·波罗东来之前曾到过中国一次,在大都受到大汗忽必烈的礼遇。第二次带马可·波罗东来是在1271年,那时马可·波罗才是十七岁的少年。1275年5月抵达上都,见到了大汗忽必烈。据《东方见闻录》(俗称《马可·波罗行纪》)记载,他到过江苏的淮安、宝应、高邮、泰州、扬州、南京、镇江、常州、苏州等地,且担任扬州路总管府总管。在元代来中国传教的著名传教士中,有一个圣方济会教士叫鄂多力克,于公元1325年抵达中国,遍游中国各处,曾在扬州逗留。所著《鄂多力克行记》，提到南京很长的城墙和城内大量的石桥，提到扬州的方济各派的修道院。

元初，一批信仰伊斯兰教的阿拉伯人、波斯人和中亚人，随蒙古军队进入我国，并分布到各地。这就使伊斯兰教文化得以在江苏进一步发展。除扬州外，南京、镇江、常州、苏州等城市都有定居的穆斯林。

元初，元、日发生恶战，中日官方一度中断往来。明朝时，经过双方努力，中日恢复了正式的邦交，两国互派使者，并恢复了类似唐朝的朝贡贸易。明朝政府禁止民间海外贸易，但江浙一地的商人仍不顾禁令，不断到日本进行贸易。

明初，郑和七下西洋是江苏与世界文化交流史上又一个重要事件。郑和(1371—1435)，从永乐三年(1405)冬至永乐十九年(1421)春，郑和接受明成祖朱棣的指令，先后六次出使西洋，此后又在明宣宗宣德六年(1431)冬出使一次，前后共七次，行程近 10 万公里。郑和船队先后到过东南亚、南亚、中东，最远到达东非的索马里和阿拉伯半岛的麦加城，访问三十多个国家和地区。郑和七下西洋，前后持续三十年左右，与所经国家及地区进行了广泛的文化交流和贸易活动，是中外文化交流史上空前的壮举。据史料记载，当时传入中国的物品，有五金、药物、珍宝、食品、布匹、香料、日用品、木料、颜料等类，计 165 种。事实上，郑和船队引进的土特产品，远不止这些。此外，通过郑和下西洋，中国人民对外国的情况也有了更多的认知。郑和随行人员编著的《星槎胜览》、《瀛涯胜览》、《西洋番国志》等书，对海外各国的情况作了详细描写，开阔了当时人们的眼界。

郑和下西洋，依靠一支声势浩大、组织严密的船队，船队以宝船为主，因称下西洋船队为宝船队。宝船每艘约可容四五百人，拥有许多充足的舱位可供货物的运输。由于船舶设计的改进，海上航行的安全和舒适的程度，远胜马克·波罗和伊本·白图泰所乘的中国帆船。水密隔舱的设计，尤为世界瞩目。明代建造大型宝船和多数海船的地点，有南京的龙江船厂，苏州刘家港，浙江、福建、湖广的船厂，下西洋的海船都是江苏境内大江南北的船厂制造的，其中最著名的船厂是位于今南京下关及三汊河地区的龙江船厂。史书详细记录了郑和最后一次从南京出发下西洋的情况，宣德五年十二月初六日(1431年1月19日)，郑和率领的船队从龙湾(今南京下关)开航，共有大中型海船63艘，此次航行的经费指定由"龙江关"将本应上交给南京各衙门的税款和货物拨给船队。船队先后经历占城(越南南部)、暹罗(今泰国)、爪哇、旧港、苏门答腊、阿鲁、南勃里(均在今印度尼西亚境内)、锡兰山、溜山(均在今斯里兰卡境内)、古里、柯枝(今印度境内)、忽鲁谟斯(今波斯港口)、祖法儿、阿丹、天方(均在今阿拉伯半岛)等20个国家。郑和下西洋皆以江苏太仓刘家港为始发港，归国后又在此安泊，明代的刘家港处于江海衔接处，是距离南京最近的海港。郑和船队输出亚非各国的物资，大部分是江南的手工业产品；随郑和远航的人员，大多来自京师或江南卫所。郑和七下西洋，把先进的中国文化传播到海外，大大促进了中外经济文化的交流。

明成祖还与波斯互派使节。永乐十三年(1415)，陈诚和李达从南京出发访问波斯，两位使节归来后写有《西域行程记》和《西域番国志》各一卷，记载了当时波斯首都哈烈(今译为赫拉特)等地的风土人情。

朱元璋定都南京，由于大量的穆斯林参加了朱元璋领导的起义军，并且作战有功而得赏赐，因而大量穆斯林涌入南京，当时穆斯林人数占南京总数约五分之一。为了便于穆斯林的宗教活动，明朝皇帝敕建三山街净君寺一座。明初是江苏伊斯兰教的一个辉煌时期。

明朝后期，西方传教士来到中国。最先到江苏的西方传教士是意大利耶稣会士利玛窦，他于1595年及1598年先后两次到达南京，但只稍作停留。1599年2月，利玛窦第三次来南京。他除了与士大夫广泛交流之外，还在自己的居处展览了要进贡给中国皇帝的礼物，包括自鸣钟、三棱镜、油画等。利玛窦在肇庆绘制、由肇庆知府王泮于万历十三年(1584)刻印的《山海舆地图》早已传到江苏。南京刑部主事吴中明请利玛窦绘制了一幅更大的世界地图,增添了不少说明,并亲自作序,以《坤舆万国全图》为名刻印散发各地。这实际上已把西方的地圆说、经纬度制图法、地球的五带及五大洲的划分等近代西方地理学的概念引入了中国。江苏常熟的瞿太素,曾在广东肇庆跟随利玛窦学习西方的数学、天文,他曾把《几何原本》的部分章节译成中文。在利玛窦的指导下,他制作了天球仪、星盘、星象仪、罗盘、日晷等科学仪器,并把他学到的西方科学知识传播给其他的士大夫。利玛窦之后,还有郭居敬、罗如望、毕方济等许多西方传教士先后来到江苏。他们除了传教以外,也传播了一些西方的科学文化知识。

明朝末年,江苏上海县的徐光启(1562—1633)对江苏与世界文化的交流也起到重要作用。徐光启1604年进士,此后三年在翰林院深造。这三年中,他与已定居北京的利玛窦有密切来往。他与利玛窦合译《几何原理》的前六卷,第一次系统地把西方的几何学体系介绍到中国。他从利玛窦那里学习西方的天文学知识,学会了用西法修历。1632年,他在任礼部尚书期间,以西法主持修订《崇祯历书》,其准确度大大超过了过去的历书。他与利玛窦等传教士合译和编写了《泰西水法》、《勾股义》、《测量异同》等科技著作,还采用西方的方法主持制造火炮,训练用西式火炮装备"车营"等。

清初,清政府曾实行海禁以对付抗清的郑成功水师,台湾统一后,才逐步开放海禁。此后,南洋各国商船又开始来到中国东南沿海,东南沿海的商船也恢复了往南洋一带的贸易。康熙二十四年(1685),清廷宣布在江苏上海县、浙江宁波、福建厦门、广东广州设立四个海关,处理海外贸易事务。

清代,西北、西南的回民起义此起彼伏,然而未波及江苏,因而伊斯兰教继续缓慢发展。

第四节 近现代时期江苏与世界文化的交流

鸦片战争惊醒了中国“天朝大国”的迷梦，江苏的有志之士率先引进西方文明技术，开始了城市近代化的进程，并取得了巨大成就。江苏与世界文化的交流在近现代史上呈现出崭新的姿态。江苏优秀灿烂的文化在世界文化遗产中占有重要地位，成为世界文化中的瑰宝。

一、率先引进西方文明

（一）思想启蒙

两次鸦片战争惊醒了部分知识分子的迷梦，于是“开眼看世界”，积极倡导引进西方文明。江苏吴县人冯桂芬（1809—1874），提出变革思想，主要体现在他的《校邠庐抗议》一书中。其核心内容是回答如何接受与采用当时向中国广泛传播的西学，主张“以中国之伦常名教为原本，辅以诸国富强之术”。

江苏长洲（今苏州）人王韬（1828—1897），于 1848 年初步接触到鸦片战争后开埠通商的新气象，结识英国传教士麦都思、慕维廉、艾约瑟等。1849 年，麦都思正式邀请王韬到墨海书馆从事编校工作。王韬在墨海书馆工作了 13 年，参与编辑出版大量“新学”书籍。1862 年，他因上书太平天国一事被清政府通缉，在英国外交官和传教士的帮助下避居香港。在香港，王韬与英国著名汉学家、传教士理雅各相识，并协助其翻译儒家经典。当年，王韬与理雅各一同启程，开始了他两年多的游历欧洲的生活，成为江苏最早到欧洲游历的文人。在欧洲，他特别注意观察和学习西方文化中的先进东西。两年后，他回到香港，编写了《普法战记》一书，还于 1874 年创办《循环日报》，每日发表评论一篇，宣传变法。王韬宣传变法图强的文章和书籍，在中国近代化的进程中起到一定的作用。

（二）科学技术

江苏无锡人徐寿(1818—1884)，是近代中国的科学先驱者之一，被誉之为“中国化学之父”。19世纪中叶，他曾多次走访上海墨海书馆，学习西方的科学知识。通过自学研究，他涉猎化学、物理、矿学、汽机、医学等领域，成为通晓近代西方自然科学知识的著名中国学者。1861年底，曾国藩荐徐寿等6人到安庆军械所试造轮船。经过研制，“黄鹄”号蒸汽机轮船试造成功。他在研究外洋汽机构造的同时，翻译了《汽机发轫》及《汽机问答》。在其积极倡导下，江南制造居翻译馆于1868年底正式成立。徐寿翻译的《化学原鉴》是对西方近代化学知识较为系统介绍的最早著作，为中国近代化学学科的建立奠定了初步基础。此外，他还译有《化学鉴原续编》、《化学鉴原补编》、《化学考质》、《化学求数》等。徐寿被公认为继李善兰之后译著最为丰富的近代化学家之一。

江苏无锡人华蘅芳(1833—1902)，是近代中国的科学先驱者之一。1862年，受曾国藩举荐，与徐寿父子接受试制汽机和轮船的任务。1865年，华蘅芳奉命参加建设上海最大的军事工厂江南机器制造局。此后，他主要致力于译介西方科技。其译著最多的是数学，如英人华利司的《代数术》、《微积溯源》，海麻士的《三角数理》，伦德的《代数难题解法》等。1880年，华蘅芳与傅兰雅合译的《决疑数学》，是中国第一本介绍西方概率论的著作。除数学著作外，华蘅芳还翻译地质、航海、气象、天文诸方面的西方著作。他的译作，文辞通畅，颇受学界欢迎。

二、积极追求城市近现代化

19世纪60年代至90年代的洋务运动，开启了长江三角洲地区城市的近代化进程。在启蒙思想家“中体西用”口号的影响下，洋务派首先在江苏办起军用工业企业，随着军用工业的创办，一些官营、民营企业随之兴起,共同构成了近代江苏最早的一批资本主义企业。这些企业的创办标志着近代中国工业化及江苏城市近现代化的开始。南通城市近现代化与张謇的大生纱厂密切相关。张謇(1853—1926),字季直,南通海门人。1894年考中状元,次年弃仕回乡,本着"实业救国"的思想,兴办实业,创建大生纱厂,揭开了南通城市近现代化的序幕。张謇为市政建设作出重大贡献,他建工厂,筑马路,开农垦,修水利,办教育,建电厂,办电灯电话公司,振兴商业,建博物馆、图书馆等,集多方面的成就于南通,在中国近代史上是了不起的"早期现代化实验"。清末民初,南通已成为江苏仅次于上海的第二大工业城市。

三、江苏文化与世界文化交流的重要媒介

在江苏与世界文化的交流史上,尤其是近现代,有不少机构起过重要作用,产生过较大影响。这些机构,一类是由西方传教士创办的,如墨海书馆、《万国公报》、教会大学等;另一类是由中国官方及一些学习西方先进科学文化的人士创办的,如江南制造局翻译馆等。

江苏最早出现的采用西方印刷技术的出版机构,是英国传教士麦都思于1843年在上海办的墨海书馆。墨海书馆除了翻译宗教类书籍外,还翻译了《续几何原本》、《代数学》、《谈天》、《地理全志》、《大英国志》、《植物学》、《西医略论》等三十多种科学著作和《六合丛谈》等中文杂志。这些书刊介绍了西方各种近代科学的内容,使中国的知识分子眼界大开。

江苏另一个重要的西方出版机构是江南制造局翻译馆。李鸿章、曾国藩等于1865年在上海创办江南制造局,致力于制造新式枪炮和轮船,同时他们充分认识到翻译出版西学书籍、传播西方科学的重要性,于1868年成立江南制造局翻译馆。该馆翻译出版的西方书籍涉及数学、物理、化学、天文、地学、医药、工艺技术、政治、历史等各个方面。据1909年的统计,译书共达160种。这些书籍在知识界广

为传播，对我国近代科技的发展和近代社会科学思想的传播产生过重要影响。

《万国公报》创办于1868年，是近代江苏乃至全国影响最大的传播西学的报纸。《万国公报》大量登载各类文章，包括连载文章，介绍西方的科学技术和西方社会的各种制度。长篇连载的文章，后来多半还出版有单行本，如韦廉臣的《格物探源》、花之安的《自西徂东》、李提摩太翻译的美国空想社会主义思想家毕拉宓的著作《百年一觉》等。《万国公报》是周刊，加上发行量大，报道及时，在当时影响很大。

近现代，西方传教士在江苏创办过上海圣约翰大学、沪江大学、金陵大学、金陵女子文理学院、苏州东吴大学、上海震旦大学等七所教会大学。这些教会大学对江苏文化与世界文化的交流起过重要作用。教会大学一般有定期派本校教师到西方大学进修的制度，这使得中国教师有机会去西方学习、掌握最新的知识。教会大学还给部分优秀毕业生提供奖学金或帮助他们获得西方一些大学的奖学金，使他们得以到西方去留学深造。这些到西方留学的学生，其中有不少人学成回国后成为著名的科学家、教育家，如吴贻芳、颜福庆等。

四、走向世界的江苏科学文艺

（一）影响世界的江苏科学

东晋炼丹术家葛洪（今江苏句容人），自号抱朴子，他在炼丹实践中积累了不少化学知识，所著《抱朴子》内篇，堪称中国原始化学知识的名著。他的炼丹术，对近代化学和制药学的发展有一定贡献。公元8世纪至9世纪，葛洪的炼丹术便传入大食（今阿拉伯），12世纪再从大食传入欧洲，直接推动了阿拉伯炼丹术与欧洲炼丹术的发展。现代化学正是在欧洲中世纪炼丹术的基础上发展起来的。英国著名科学家李约瑟高度评价中国炼丹术时指出：西方化学鼻祖培根曾受到中国炼丹术的影响。

北宋杰出的科学家沈括，晚年隐居润州（今镇江）梦溪园，在他生命的最后八年中写成了闻名世界的《梦溪笔谈》。《梦溪笔谈》是我国科学史上一部重要的著作，在国际和国内都有较大的影响，其内容十分丰富，涉及范围包括政治、经济、文化、科技等方面。其中自然科学占了相当的比重，包括数学、天文、历法、气象、地质、地理、物理、化学、生物、医药等各个方面。他对自然科学的研究成果，得到国外学者的高度评价。在数学方面，沈括创造了"隙积术"，开辟了数学研究的新方向；在物理方面，沈括发现了地磁偏角的现象，比西方哥伦布第一次航行美洲发现地磁偏角早四百多年；在地质学方面，沈括关于水流冲击作用的论述，比西方学者早700年；"石油"这个词，也是沈括首次使用的。英国科学史家李约瑟把沈括视为"中国科学史上的座标"。

（二）享誉海外的文学名著

南朝刘宋文学家刘义庆（江苏徐州人）的笔记小说《世说新语》，在唐德宗贞元年间就已流传到日本。在日本的流传和影响，江户时代到达顶峰。日本《世说新语》的阅读群由汉学家扩大至庶民阶层，对它的研究也逐渐深入，有大批研究著作问世；同时以《世说新语》为典范的"世说"类书应运而生，如《大东世语》、《假名世说》等。

南朝文学理论家刘勰创作的《文心雕龙》，是中国文学理论批评史上第一部有严密体系的、"体大而虑周"的文学理论专著。《文心雕龙》很早即流传到国外，但最先进入的国家是朝鲜还是日本，很难确定。据韩国启明大学李钟汉教授考证，最晚在九世纪末，《文心雕龙》已相当广泛地在当时朝鲜的知识界流行了。今存的、成书于日本宽平年代（公元889—897年，唐昭宗的初期和中期）的《日本国见在书目》"杂家"和"总集"类，并有《文心雕龙》的著录。约于公元809—820年成书的弘法大师空海的《文镜秘府》"天卷"中，有"吴人刘勰著《雕龙》篇"之语，并引用《声律》篇的部分文字。这些史料表明《文心雕龙》传入日本，当在公元897年之前，至少同传入朝鲜的时间不相上下。如今，《文心雕龙》的价值越来越为人所识，不仅在中国被广泛地研究，且已有朝、日、英、意四种文字的全译本，在这些国家都有其研究者。

元末明初施耐庵（江苏兴化人）创作的长篇小说《水浒传》，在国外流传很广。最早由19世纪法国汉学家安托尼·巴赞介绍给西方读者，后被译为法、意、英、日、朝、越、俄、匈等国文字，对一些国家的文学创作产生一定的影响，并成为世界文学研究中的一个课题。

明代吴承恩（江苏淮安人）创作的长篇小说《西游记》，数百年来，深受世界各国人民的喜爱。《西游记》被译为英、法、德、日、俄、朝、马来、印尼等国文字，多种版本流行于欧亚诸多国家。《西游记》对一些国家的文学创作还产生直接影响。海外学者对《西游记》的研究也不断获得进展。西方学者认为，唐僧、孙悟空和猪八戒被刻画得十分成功，可与哈姆雷特、堂·吉诃德、浮士德等文学形象相媲美。

清代吴敬梓居住在南京时创作的、以南京为背景的《儒林外史》，被译为英、法、德、俄、日、越、匈、捷等文字，日、法、英、美等国的大百科全书中，都有关于它的专门词条。西方学术界对《儒林外史》进行了广泛深入的研究，亨利·韦尔斯将它与薄伽丘、塞万提斯、巴尔扎克、狄更斯的作品相媲美。

清代曹雪芹及其著作《红楼梦》都与南京有着密切关系。《红楼梦》最早流传到国外的记载是1793年。其最先刊本“程甲本”刊行约两年后的冬天，九部十八套《红楼梦》由南京“寅贰号船”运至日本长崎。《红楼梦》先后被译为日、法、英、德、俄、匈、罗、朝、越等国文字。国外研究者对《红楼梦》以高度评价，曹雪芹被誉为世界文坛上的奇才，可与巴尔扎克、塞万提斯、莎士比亚、列夫·托尔斯泰相抗衡，《红楼梦》已成为世界文学的一部分。

（三）走上世界音乐舞台的民间乐曲

当代著名无锡民间音乐家华彦钧（1893—1950），又名瞎子阿炳，精通各种乐器及演奏技巧，其中以二胡和琵琶造诣最深。他双目失明后创作的二胡独奏曲《二泉映月》，用二胡描绘他想象中旧时无锡惠山二泉亭的美丽夜色，抒发其压抑悲怆的情绪，表现他在旧社会饱受艰辛的感受和坚强不屈的性格，具有强烈的艺术感染力。《二泉映月》曲调优美，受到国内外人士欢迎，成为世界音乐舞台上中国著名音乐之一。《茉莉花》是当代著名音乐家何仿(1928—)于1943年在江苏六合采风时收集到的扬剧曲调《鲜花调》的基础上改编而成的，旋律优美欢快，婉转明朗，受到海内外人民的喜爱。

(四)被称为世界戏剧最高水平的三大表演体系之一的梅派京剧艺术

原籍江苏泰州的京剧表演艺术家梅兰芳，曾多次出国演出，把京剧艺术介绍到日、美、苏、法、德、英、意等国家。他两次赴日演出，受到日本文艺界和观众的热烈欢迎。梅兰芳与美国著名艺术家卓别林、罗伯逊等有着深厚的友谊，也结识了高尔基、斯坦尼斯拉夫斯基、阿·托尔斯泰等文艺界著名人士。以梅兰芳为代表的梅派京剧艺术，与苏联斯坦尼斯拉夫斯基、德国布莱希特并称为世界戏剧最高水平的三大表演体系。

(五)以画马而名扬世界的徐悲鸿

徐悲鸿作品

现代著名画家徐悲鸿，江苏宜兴人，是中国现代美术的开山祖之一。他汲取西方艺术精华，融汇中国画的传统技法，成为了自己的独特风格。徐悲鸿擅长油画、中国画，以画马而享誉世界。

(六)走出国门的工艺品与江苏园林等

苏绣早在明朝中期就被葡萄牙人带至欧洲。清末著名刺绣艺术家沈寿(吴县人)曾赴日本考察美术与刺绣，此后，她潜心研究，开创仿真绣法。沈寿绣制的《耶稣绣像》在美国旧金山1915年举行的太平洋万国巴拿马博览会展出时获一等奖，《意大利王后爱丽娜》作为国礼赠给意大利国王和王后，后绣像又曾参加意大利都灵万国博览会展出，获“世界至大荣誉最高级卓越奖”。解放后，苏绣艺术受到了党和人民政府的重视，苏绣艺术家获得了更多与国外交流的机会，参加许多国家与地区的展览，先后有数十位苏绣艺术家赴英国、瑞士、美国、日本、澳大利亚等国展示自己的绣艺。艺术品所到之处，颇受国际友人的赞赏，他们称苏绣制品为“天才的结晶”、“东方的艺术明珠”，称苏绣艺术家为“神奇的艺人”。

紫砂壶是中国特有的传统工艺产品，深受国内外人士的喜爱。17世纪，宜兴紫砂壶伴随中国茶叶由海路传到西方，西洋人称其为“红色瓷器”。宜兴紫砂陶在建国后获得新生。其花色品种从解放初的几十种到1958年已近千种，紫砂艺术品远销全世界，国际需求量也越来越大。日本学者奥蓝天编撰的《茗壶图录》，其中收集32件宜兴紫砂壶，赞为“名器名陶，天下无类”。如今紫砂工艺已成为江苏艺术领域的骄傲，在全世界艺术市场上的价格扶摇直上，为国内外收藏家、鉴赏家所青睐。

扬州作为商业都会城市，玉器和漆器等一向是中外客商所格外青睐的商品。鉴真第六次东渡时，在扬州采办了大量玉器，随行玉器匠师多人。20世纪初以来，扬州漆器从海上出口，销量渐增。到民国初年，平均每半月就有一船漆器外运，年销达二三万件。在当时二十余家作坊中，梁福盛作坊名气最大，1914年，梁家漆器参加巴拿马博览会在上海的预展，获二等奖。1915年，在太平洋万国巴拿马博览会上，梁家漆器荣获一等金牌奖。新中国成立后，扬州漆器厂被列为全国漆器重点厂家，其漆器产品销售到五十多个国家和地区。

无锡惠山泥人起源于明末清初，惠山民间艺人首创捏塑泥人的技艺，代代相传。艺人以惠山特有的粘土为原料，塑造人物、飞禽走兽等作品形象，其作品手法浪漫夸张，线条流畅，色彩鲜明，令人喜爱，驰名海外。现今，惠山艺人每年生产三百多个品种，600 万件产品，远销世界五十多个国家和地区。

江苏园林在国外的影响也是巨大的。德国美学家赫什菲尔德在《造园学》中说："近来没有别的花园像中国花园或者被称为中国式的花园那样受到重视的了。"模仿中国的园林建筑在 18 世纪已成为欧洲的一种社会时尚，"中式园林"为英法德等国家效仿。欧洲第一座中国式花园是英国肯德公爵的别墅，即按江南园林的风格设计。西方社会还产生了一些有关中国园林的理论著作，如英国张伯斯的《论东方的园林》、德国翁则尔的《中国园林论》等。苏州园林艺术不但吸引世界各国的游客，同时也作为建筑艺术输出国外。

江苏地域文化中有特色鲜明的优秀传统。越是有地域特色的文化，越能走向世界。江苏地域文化正在以强化特色与文化创新相结合的崭新姿态，不断走向现代，走向世界，在中国和世界文化中发挥越来越大的影响。

关键词：

江苏文化　世界文化　商业往来　宗教传播　派遣使者　交流媒介

思考题：

1. 佛教对中国文化（包括江苏文化）产生深远影响的主要表现是什么？

2. 如何从文化交流的角度看待郑和下西洋？

3. 江苏文化与世界文化交流的媒介有哪些？

后　记

江干多是钓人居，柳陌菱塘一带疏。

好是日斜风定后，半江红树卖鲈鱼。

清代诗人王渔洋在《真州绝句》中将真州（今江苏仪征市）傍晚时江边风景与渔村生活生动地展示在人们的眼前，令人陶醉，令人神往！其实，在江苏大地上，令人神往的又何止于此呢！从商末周初“三让王位”而奔吴的泰伯到力倡“天下兴亡，匹夫有责”的明清之际启蒙思想家顾炎武；从徐州汉画像石到苏州拙政园、南京民国建筑；从明清“洞庭商帮”到在民族危机刺激下转向“实力救国”、“教育救国”的近代实力家张謇等；从南京市东郊汤山葫芦洞发现的距今约35万年的“南京猿人”的头骨化石，到“钟山风雨起苍黄，百万雄师过大江”，何处不令人神往！

正因为如此，江苏省地域文化研究会为了进一步建立江苏地域文化的传承体系，弘扬江苏文化中的优秀传统，组织编撰这部《江苏地域文化通论》。

本书由陈书禄教授、纪玲妹教授、沙先一教授主编。全书共十六章。第一章、第三章由陈书禄教授撰写，第二章、第七章由葛恒刚副教授撰写，第四章由王青教授、博士生金业焱撰写，第十六章由王青教授、硕士生徐慧撰写，第五章由张仲谋教授、薛以伟副教授撰写，第六章由许建中教授、王定勇副教授撰写，第八章由钱慧贞副教授撰写，第九章、第十二章由陈璇副教授撰写，第十章由吕靖波副教授、沙先一教授撰写，第十一章、第十四章由邓晓东副教授撰写，第十三章由纪玲妹教授撰写，第十五章由姜晓云副教授、郦波教授撰写。全书由主编统稿，并作了一些修订，其中第一至八章由纪玲妹教授分工负责，第九至十六章由沙先一教授分工负责，全书由陈书禄教授统稿。

《江苏地域文化通论》编撰的过程中，参考了国内外学者的有关论著，吸收了其中的一些研究成果，比如《江苏文化概论》、《吴文化概论》、《金陵文化概论》、《维扬文化概论》、《楚汉文化概论》、《江苏文化史论》、《苏州文化概论》、《江苏通史》、《中国地域文化通览》（江苏卷）等，但限于编撰体例，书中没有一一注明。本书在图片使用上有少数作者一时难以联系，出版社暂存稿酬，一旦有联系当即奉上。

本书在编撰过程中，得到了许多专家学者的热情支持和指导，在此表示衷心地感谢！

甲午年"二月春风似剪刀"之时